Tione Concio

De Sacrara

Tione Concio

De Sacrara

ISBN/EAN: 9783741150869

Manufactured in Europe, USA, Canada, Australia, Japa

Cover: Foto ©Andreas Hilbeck / pixelio.de

Manufactured and distributed by brebook publishing software
(www.brebook.com)

Tione Concio

De Sacrara

DE SACRA RA
TIONE CONCIO
NANDI.
OPVS. IACOBI PERESII
A VALDIVIA BAETICI BAEZA
NI, DOCTORIS THEOLOGI, CONCIONA
TORIS EVANGELICI, ET SACRO
rum Bibliorum in Academia Barcino
nensi publici Profes-
soris.

*AD ILLVSTREM ADMODVM, AC REVEREN-
dissimum D.D. Iohannem Dimam Loris Episcopum
Barcinonensem.*

ADDITVS EST IN FINE LIBELLVS EIVS-
dem argumenti verè aureus, editus pridem iussu Illustrissi
mi, ac Reuerendissimi Cardinalis Caroli Borro
mei Archiepiscopi Mediola
nensis.

Barcinone, cum licentia, & priuilegio Regis, Typis Petri
Anno M.D.LXXXVIII.

Pus hoc de Sacra ratione Concionandi octo libris contentum,cum miro quodā & aureo de eadem re, pro appēdice,libello Illustrissimi Domini Cardinalis Borromæi, à perdocto & pio valdè viro domino Iacobo Perez doctore Theologo ac concionatore verè Apostolico,in studiosorum gratiam elaboratum, diligenter perlegi, iussu perquam Illustris ac Reuerendissimi domini Iohannis Dimæ Loris Barcinonensis Episcopi: & sicut auctoris probitas,pietas,& eruditio non vulgaris mihi semper fuit probata, ita etiam opus ipsum, ipsam sanē probitatem, pietatem, ac eruditionem redolens,in quo nil quod sanę doctrinæ aduersetur reperi,sed multa quæ si typis excudātur, mirè possint studiosos iuuare, Barcinone in hoc monasterio D.Pauli Apostoli, ordinis sanctissimi Patris Benedicti,vltimo die Ianuari.1588.

M.fr.Iohannes de Lerma indignus
Prior dicti monasterij.

Ego Petrus Ioānes Nuñesius Philosophiae doctor, & eloquē tiae atq.linguae Graecae apud Barcinonēses public*o*professor iussu Illu,:risimi & Reuerendisimi D. D. Ioānis Dimae Loris Episcopi Barcinonensis legi hos octo libros de ratione concionandi editos ab admodum Reuerendo Iacobo Peresio doctore Theologo viro & solida pietate,& germana Theologiae sacrae intelligētia atque exercitatione insigni.in quibus nil reperi quod pias aures offendere posset,sed studium ardentissimum reipublicae litterariae iuuandae,& rationem atque viam concionandi facillimam & expeditissimam,atque multis consiliis salutaribus,& magna exemplorum atque instrumentorum suppellectile instructam. qua propter,quod commodo reipublicae Christianae sit,edendos & diuulgandos censeo. Pridie Idus Februarij anno.1588

Nos Ioannes Dimas Loris, Dei & sanctæ Sedis Apostolicæ gratia Episcopus Barcinoneñ. Visis approbationibus prędictis huius libri, cui titulus est, de Sacra Ratione Concionandi, editi ab admodum Reuerendo Iacobo Perez doctore Theologo, & verbi Dei concionatore, ac cathedratico sacræ Scripturæ in vniuersitate pręsentis ciuitatis, concedimus licentiam imprimendi, & diuulgandi eum in nostra diocesi. Dat. In palacio nostro episcopali Barcinoneñ. xiij. Februari. M.D.Lxxxviij.

OS Don Philippe por la gracia de Dios Rey de
Castilla,de Aragon,de Leon,delas dos Sicilias, de
Hierusalem,de Portugal,de Vngria, de Dalmacia,
de Croacia,de Nauarra,de Granada,de Toledo,de
Valencia,de Galicia,de Mallorca, de Siuilla, de Serdeña, de
Cordoua,de Corcega,de Murcia,de Iaen,delos Algarues,de
Algezira,de Gibraltar,dlas Islas de Canaria,delas Indias orien
tales,y occidentales.Islas y tierra firme del mar Oceano, Ar
chiduque de Austria,Duque de Borgoña, de Brauante,y de
Milan,de Athenas,y de Neopatria,Conde de Abspurg,de Flã
des,de Tirol,de Barcelona,de Rossellon y Cerdaña,Marques
de Oristan,y de Gociano.Por quanto por parte de vos el do
ctor Diego Perez nos ha sido hecha relacion que aueis com-
puesto,y hecho imprimir enla nuestra ciudad de Barcelona,
con approbacion del ordinario los libros siguientes: Cami-
no y puerta dela Oraciõ,Platica delas mascaras, Auiso de gẽ
te recogida, Dela frequente Cõmunion y Cõfessiõ, Alabaça
dela Castidad,Las addiciones ala vida y muerte dela Princes
sa de Parma,La vida nueua,De Ratione cõcionandi, Docu-
mentos para ganar estaciones,y la Vida Eremitica, el Espiri-
tu delos Thesoros dela Iglesia,de Ratione audiendi Cõfessio
nes.Los quales segun dezis son muy vtiles,y prouechosos,y q̃
los queriades imprimir en los Reynos dela corona de Aragõ
suplicãdonos q̃ porq̃ en esto se offrecerã muchos gastos,fues-
semos seruido dar licencia q̃ vos y no otro alguno los pue-
da hazer imprimir,y veder en los dichos Reynos ala corona
de Aragõ por el tiempo que fuessemos seruido.E nos tenien
do respecto a lo susodicho,ya que los dichos libros estã reco-
nocidos por personas expertas,delas quales hauemos tenido
bastãte informaciõ,y para q̃ de vuestros trabajos alcãceys algu
na vtilidad,lo auemos tenido por biẽ. Porẽde cõ tenor de las
presentes de nuestra cierta sciẽcia deliberadamẽte y cõsulta
damos licẽcia,permisso, y facultad a vos el dicho doctor Die
go Perez q̃ por tiẽpo de diez años contaderos desdel dia de
la data delas presentes en adelãte,vos o la persona, o personas,q̃ vuestro poder tuuierẽ,y no otro alguno,podays,y pue
dan

dī hazer imprimir y vēder los dichos libros, y qualquier dellos enlos dichos Reynos dela corona de Aragon, prohibiēdo, y vedādo expreſſamēte ǭ ningunas otras perſonas lo puedā ha zer, ſin vueſtra licēcia, permiſſo, y volūtad, por todo el dicho tiēpo, ni los puedan entrar enlos dichos Reynos para vēder đ otros Reynos adōde ſe huuieren imprimido. Y ſi deſpues de publicadas las preſentes huuiere alguno, o algunos ǭ durante el dicho tiēpo intentarē imprimir, o vender los dichos libros y meter los impri midos para vender (como dicho es) incurrā en pena de quiniētos florines de oro đ Aragō diuidideros en tres partes, es a ſaber, vna para nueſtros cofres reales, otra pa ra vos, y otra para el acuſador, y demas dela dicha pena, ſi fue re impreſor pierda los moldes, y libros que aſſi huuiere impri mido. Mandando con el miſmo tenor delas preſentes a qualeſ quier Viſorreyes, Lugartinientes, y Capitanes generales nue ſtros, Portans vezes de General gouernador, Alguaziles, y o tros qualquier officiales, y ſubditos nueſtros mayores, y meno res en los dichos Reynos dela corona đ Aragō cōſtituidos, y cōſtituydores, y a ſus Lugartiniētes, y Regētes dichos officios ſo incurrimiento de uueſtra yra, e indignacion, y pena de mil florines de oro de Aragō a nueſtros cofres reales aplicadores ǭ la preſente nueſta licēcia, gracia y prohibiciō, y todo lo en ella cōtenido os tēgan guardē, y obſeruen, tener, guardar, y ob ſeruar hagan, ſin cōtradiciō alguna, y ſin dar lugar ni permitir ǭ ſea hecho lo cōtrario en manera alguna, ſi demas de nueſtra ira e indignacion enla pena ſuſodicha deſſeā no incurrir. En te ſtimonio delo qual mandamos deſpachar las preſentes con nr̄o ſello Real comū en el dorſo ſelladas. Dat. en S. Lorēço el real a. 16. dias đl mes de Abril del año del Señor de. 1 5 8 8.

Yo el Rey.

V. Frigola Vicecan.
V. Comes gener. Theſaur.
V. Terça Reg.
V. D. Hierony. Corella.
V. Quintana. Reg.

V. Campi Reg.
V. Marzilla Reg.
V. Gaſſl pro Cō-
ſernat. gener.

Dominus Rex mandauit mihi Hiero. Gaſſl. vſa per Frigola Vice. Comiti genera. Theſaur. don Hieronymū Corella, Campi, Terça, Marzilla, & Quin tana Regent. Can. & me pro Conſeruatore generali.

In diuerſor um xvy. fol. ex liiij.

AD MODVM ILLVSTRI,
AC REVERENDISSIMO IN
CHRISTO PATRI D.D. IOHANNI
Dima Loris Episcopo Barcinonensi,
_us Iacobus Pe-
resius,

QVICVMQVE In Christo Iesu, sicuti debent, proximos diligūt, ita sunt ab animo coparati, vt nihil nō cogitent, nihil nō aggrediātur, quod eorū è re futurū esse confidāt. Quod cùm ita sit: sic tibi, Præsul vigilantissime, ausim affirmare, eiusmodi meū erga te animum procul dubio esse. Neq́ ve ro erga te solùm, sed erga alios etiam Ecclesiæ tū primates, tum ministros, atq. adeò erga laicos. Quid enim non eorum caussa velim, qui vt iaceté, & tranquillè Deo vinamus, nostri vel corporis, vel animi curam gerunt? Sed vt de te potissimùm loquar (neq. enim alio nunc mea tendit oratio) in te vnum præcipua quadam ratione, vt debeo, affectus sum. Tu enim de me multis, & maximis nominibus bene meritus es: id quod mea declarat per nouem iā annos in hac vrbe commoratio, & meū etiā, nisi aliud præcipiat Dominus, diutiùs in ea cōmorandi consiliū. Quare hoc mihi maximè in votis est, vt mādata tua diligēter exhauriam; & nequaquā mihi quidē ipsi, nam quid in terra mihi iam ætate, & laboribus confectos) sed tibi potius hoc est tuæ gregi vtilitati studeam. Itaq singulis ferè diebus cōcionor: in publica huius vrbis Academia sacram Scripturā profiteor, cōfessiones audio sæpe: & vbi ab his vacat vel orationi, vel Horis Canonicis recitādis, vel libris euoluendis horæ tribuuntur. Sat scio, & cū sū mo animi mei dolore scio, hæc à me omnia minùs rectè, & minùs vtiliter præstari: nā pauperculus imprimis ego sum & y defituor præsidys, quæ ad tā præclara munera obeūda necessaria sunt: & præterea quāuis multa legerim, audierim, didicerim: tamen per ætatē, per labores, per peregrinationes, per alia quæ pertuli multa, eorum magna pars excidit è memoria. Sed his tamen omnibᵒ nequaquā perterritus,

¶ + meum

meum tibi laborem meamq́ʒ operam deeſſe non patior. Quare nunc
meuinſeq́ʒ uſu inſtitutum,cum de munuſculo ad te mittendo, veni-
niret in mentẽ,ſic ſtatui;;rectè me facturũ ſi quen: admodũ paupercula
illa vidua duo nummata in Dñi Gazophylacio obtulit, ita ego vnũ ſal
tẽ offerem. Plura equidẽ volebã ſedin maximis temporu anguſtijs,
quibus me aſſidua premunt negocia fecit amor, vt vno tãtum cõten-
tus ſim Vtinam id ſit alicuius momenti. Eſt autem munus id, de Sacra
ratione concionãdi liber quẽ idcirco elaboraui, vt qui concionari cogitant, & mei potiſſimum diſcipuli, qui me vt eũ ſcribere impulerunt,
habeãt in hoc miniſterio, in quo magna & optima quidẽ Eccleſiaſti
cæ exercitationis pars cõſiſtit, aliquid adiumenti. Cerno me huiuſmo
di oneribus valde imparem eſſe:ſed ſcientiæ tenuitatem, tot annorũ
experimenta aliqua ex parte cõpenſabunt. Nã aliquãdo ſenes vtiles
eſſe poſſumus etiã illis, qui acutiſſimi & doctiſſimi ſint: quippe quia
eos aliqua ignorare plerumq́ʒ oportet quæ non niſi per tempus, & ne
gocia ſcire contingit. Quòd ſi vel vni tantùm Theologo meus hic ſit
vtilis labor, Chriſto gratias ingentes. Si enim paruulo ſæpe lucro con
tentus eſſe mercator ſolet, cùm id lucrum corporale ſit: cur non ego, ſi
vel minimum hoc lucrum ſpiritale fecerim, præclarè mecum actum
eſſe exiſtimem: cùm præſertim, qui vnicũ concionatorem erudierit,
multas ſimul cum eo fratrum ſuorum animas lucratus poſſit exiſtima
ri. At ſpero, diuinam in me ſæpe bonitatem expertus, laborem hunc
meũ, no tantũ minùs doctis ſed multis etiam alijs vtile in futurum. Ita
enim pro ſua omnipotentia Dominus & Deus noſter facere conſueſ-
cit, vt humilibus vſus inſtrumentis, magnifica præſtet. Ecce igitur v-
nã. Præſul ampliſſime, & mentem, & animũ, & operam tibi offero
meam tibi inquam, cui potiſſimum omnia huiuſmodi opera ideò dedi-
cari debent, quòd de concionatoribus, & confiſſarijs diſcernere, eoſq́ʒ
dirigere, tui eſt officij. Lege ergo & expende librum hunc. Quòd ſi eru
ditioni prudentiæq́ʒ tuæ non probetur, eat in ignes:ſin autem probetur,
tuum erit eum tuis concionatoribus commendare. Hoc autem vno,
& tibi & omnibus, qui hoc opus in manus ſumpſerint, me ſatisfacturum ſcio, quòd alij eiuſdem argumenti librũ, editũ iã anteà iuſſu
doctiſſimi, & omni pietate, & ſanctitate clariſſimi Cardinalis
Borromæi Archiepiſcopi Mediolanenſis, huic meo pro colophone
adiunxe-

adiunxerim. Nam cùm hunc tu virum ſi ſpectaris ſemper, & pro animi tui ſanctitate, quaſi magiſtrum habueris:cum q.rs, pro ea, quæ tibi cum illo intercedebat amicitia, hunc ad te librum amoris ergo miſerit:non dubito quin eum ſub tuo nomine nunc in lucem prodire, gratiſſimum tibi ſit futurum. Reliquis autem præterea omnibus factum erit ſatis quandoquidem ex opere tam præclaro plurimum illis, ſi concionari volent, opis & adiumenti accedet Deus Opt. Max. veris & maximis te ſemper augeat, & cumulet diuitys.

AD SACRAE THEOLO-
GIÆ STVDIOSOS IN CHRISTO
Ieſu fratres cariſſimos.

NIHIL Eſt in Eccleſia Dei, Fratres dilectiſſimi, quod in vtramq. partem tantũ valeat, hoc eſt fidelium conſcientias aut ædificare, aut euertere æquè poſſit, atque Theologorum vita, & doctrina. Si enim ij, qua oportet eruditione, & morum integritate præditi ſunt; lux, & ſal, & refugium Chriſtianis hominibus ſunt: ſin ſecus:rectè in eos illud conuenit. *A Prophetis Iſraël egreſſa eſt pollutio in omnem terram.* Omitto nũc Hæreticos, qui ſub talſa pietatis ſpecie, carnis perturbationibus miſerè ſubcumbentes, & humanarum in ſuper Scientiarum cognitione ſuperbiſſimè elati, falſò ſacram Scripturam intelligunt,hoc eſt(more Iudaico)verba nuda inſpiciunt, ſanctorum Patrum, Eccleſiæq. catholicæ ſpiritum contemnunt; Chriſtianum ſplendorem, pulchritudinem, pacem, vnionem, puritatem, (etiam inuita humana Philoſophia)obſcurare contendunt:neq videt miſeri, nulla in promptu eſſe ſuorum errorum ſigna certiſſima, com eſſi ea ſcilicet bella, publicaq. diſſidia, mores corruptos, peſtiferam maledicentiam, crudelia deniq. in catholicos viſcera. De alijs loquor, fidelibus illis quidem Theologis, non tamē ſatis pijs: qui dum parùm moratam vitam agunt, & doctrinam in ore

¶ 5   habent

Iſie. 23.

habent ab Euangelica sanctitate, & perfectione multum dissi-
dentem, id efficere solent nonnunquam, quod deplorauit Propheta illis verbis: *Qui faciunt vt obliuiscatur populus meus legis
meæ, propter somnia eorum, quæ narrat vnusquisq; ad proximum suū.*
Nam cùm populi maior pars, eius sit ingenij, de quo Amos. 5.
*Odio habuerunt corripientem in porta, & loquentem perfectè abomi
nati sunt :* cumque in ea tempora (quantùm conijci potest)
inciderimus,, de quibus 1. ad Thimoth. 4. *Erunt homines (ei p
sos diligentes,* & rursus ; *Erit enim tempus cùm sanam doctrinam non sustinebunt,* &c. sunt ex Theologis nonnulli, que -
rum in eo tota videtur cura esse defixa, vt hominibus pro
libito faciant viuendi licētiam. Præterea cùm omnes ferè,
qui ad consulendos Thologos confugiunt, non quid Domino gratum magis sit futurum sciscitentur; sed de hoc tantùm
anxiè soliciti sint, vt absq; gehennæ timore (nam timore solùm pœne feruntur) propriam effugiant abnegationem, &
ijs omnibus, quæ ipsi sibi in animum inuexerunt, absq; mor-
cifero peccato vrantur: nos, vt plurimum, Theologi, quibus
credita erudiendi populi est cura, è suggestu, è cathedra, in
colloquijs, in scriptis, mille excogitamꝰ modos incredibiles,
per quos huiusmodi hominibus placeamus. Vnde vox illa, in
genti lacrymarum vi ex intimo corde lugēda emanauit in vul
gus; *Conscientia Theologorum.* Quid? quòd vel apud homines
de media plebe circūfertur; *Theologi mundi sunt confusio.* Heu
Heu me miserum! quādo magna medicinæ pars abijt in mor-
bum, in pestem, in exitium. His ergo omnibus exagitatus, &
multorum admonitionibus impulsus, ecce (quod nusquam
in mentem venerat) animum appuli ad scribendū. Primùm
quidem deterrebar, cùm tot cernerē virorum litteris, & animi magnitudine præstantium multiplicata indies monimenta prodire; meæ verò exiguæ facultatis mihimet essem conscius; quippe qui, preter quàm quòd ingenio, & eruditione
parum possum, à vigesimo sexto ætatis anno, mihi, & ijs qui
mecum sunt, proprio labore victum comparem; in omni ferè exercitationum Theologicarum genere, hoc est in profi-
tendis

tendis litteris, in habendis concionibus, in mille|docendi, inſtruendiq́;. populum Chriſtianum modis ſemper elaborem; ſacris confeſſionibus diſtingar; & nullum denique (audeo dicere) ex pijs vtriuſque miſericordiæ operibus non præſtem: His tot, tantiſque negocijs diſtentus, quidnam vnquam de nouis condendis operibus cogitarem? Sed amicis tandē morem gerens, opus quoddam à me ante annos ſex, non ſine magno, tametſi ſubciſſiuo, labore cœptum, conſtruere decreui; quod de comparanda, & exercenda Sapientia inſcribere inſtitui. Vtinam vitam, ſalutem, locum, ingenij ſubſidia nactus, abſoluere ad Dei gloriam aliquãdo id poſſim. Cur autem hoc præ ceteris argumentum elegerim, hoc fuit in cauſſa; quòd id quidem dormire quodammodo videatur; alia iam à multis ſatis tractata ſint. Atingēs certè hoc eſt op': multas enim, ealq́. non exiguas complectitur partes. Quare animus erat, quouſque integrũ, & ſuis partibus abſolutũ prodire poſſet, id ſilentio premere. Sed an mihi liceat ſperare futurum, vt id aliquandó abſoluam, & abſolutum expoliam? Certè id magni eſt laboris, ac diligētiæ. Nam, vt mea eſt ætas, & memoria, & occupatio multiplex; non dubito, quin multa propter obliuionem ſæpiùs repetantur, alia minùs accuratè extruatur, nonnulla præpoſterè collocentur, præſertim in opere, quod non labore continuato, ſed per magna temporum interualla conſtruitur. Quid ergo mihi faciēdum eſſe exiſtimem? Certè dum amici vrgent, hoc tandem à me impetrant; vt qui totum opus conficere nõ poſſum, hanc, quæ nunc exit, de exercenda Sapientia partē, hoc eſt de ſacra concionandi ratione, (tametſi eam quidem etiam impolitam; & laceram) in vulgus edam. Quidam enim de ratione intelligē, di, interpretandi, & amplificandi ſacrã Scripturam tractatus, qui huic operi indiuiduus deberet eſſe comes, quiſq́ue concionatori per neceſſarius eſt, ob temporis anguſtias prætermittitur. Sed & alius de concionatore ſpeciali omiſſus eſt tractatus, qui ad huius muneris abſolutionem apprimè neceſſarius eſt. Quid de locis communibus? de enchiridio? de gene
ralis

Iis Historiæ compendio? deq́; alijs permultis concionatorum operibus, & op̃lb̃? Hæc certè omnia nunc edere tempus nõ concedit: immò neque alia multa, quæ propius ad ipsam nec concionandi rationem accedunt. Quare cùm sint quidem à me huius operis de Sacra ratione concionandi octo instituti libri, seu tomi! quinque ex ijs veluti abortiui nunc prodeunt: sextus inceptus est, neque absolui nunc potuit, itaq́ue illum adumbrasse satis fuit: septim° autem, & octauus cœpti etiam sunt, sed feriatulm tempus requirũt. At insinuabunt ulli siquidem omnes. Neq́; dubito futurum, vt ab aliquo perito Theologo, multò quà à me accuratius tradantur: non secus atq̃. In venatione, quæ alij indicarũt, aliorum est persequi, & capere. Ecce, Lector, animi mei institurũm, ecce mea tenuitas, ieiunitas, & inopia. Vellem tibi profectò lactareas epulas offerre. Sed quid? si non nisi acetum oleo perfusum exhibere possum? De cunctis benè mereri cupientem animum meum ne abijcias: paupertatem ne contemnas. Nam quod dicere sæpe soleo, quodq́; animo altius insidet meo, id tibi debet ob oculos versari: stulta huiusmodi, contemptibilia, & ea quæ non sunt eligere Deum, vt maxima quæq; præstet, ne vlla in conspectu eius caro glorietur.

Peregi in Præfatione hac, quod nemini, qui meorum operũ inspector esse velit, vlla ratione latere velim, cùr scilicet hoc opus lacerum prodeat, & vilijs plenum. Quod non ideo à me dicitur, quòd de mea gloria solicitus sim: quippe quia (Christo Iesu gratias Immortales) inopiæ meæ non sim prorsus ignarus: sed ideo solùm, ne pijs, & doctis viris vlla scandalum afferam temeritate. Vale tandem Christiane & Theologe Lector. Sed interim hoc à te magna animi contentione peto, vt si me viuente hic liber in tuas manus venerit; Dominum ores, vt preciosa in eius conspectu mors mea sit: sin antè iam ab hac vita sublato; ab eodem petas, vt à Purgatorijs ignibus exsoluar (id.n. mea poscit culpa) citius ad Dei conuolē intuitũ. Sed & hoc (obsecro) Dũm precare, vt hi mei labores, in Seruatoris nostri Iesu Christi gloriã, & multorũ vtilitatem cedãt.

Argumentum

ARGVMENTVM TO-
TIVS HVIVS TRA-
ctatus.

CVm rei grauissimæ, vtilissimæq́. manum admouere paro; hoc mihi imprimis non sine numine in mentē venit, qua esset tractāda methodo. Id enim primùm in omni disputatione, doctrinaue constituēdum est: alioqui vagabundus, & incertus rem agens, neq; noueris quæ dicenda sint omnia, neq; quo loco, vt perspicua sint, & sibi cohæreant, ea oporteat collocari. Exemplo mihi est Aristoteles, qui duos Primę Philosophiæ libros huic tantùm ferè studio dicauit, vt qua esset methodo Prima Philosophia tradenda cōstaret: quod & sępiùs agitat per Primam Philosophiā sparsim. Est mihi etiam exemplo D. Tho. qui in Summa Theologiæ, maximo labore, & industria methodū excogitauit, eandemque semper retinuit. Cùm igitur de hac ego re cogitans, antiqua Philosophorum documenta, & exempla repeterem: reuocare in memoriam coepi, alio modo Scientias, alio modo Artes esse tradēdas. Scientiæ quidem iuxta illas quattuor quęstiones, de quibus in secundo de Poster. Analy. est sermo, tradendæ sunt: nimirum, An res sit, Quid sit, Qualis sit, Propter quid talis sit. At multò aliter artes docendæ: vt quæ non sui præsertim gratia, sed in aliorum vsum institutæ sunt. Quare earum tradendarum ratio hæc esse debet, vt de illarum Fine, Materia, Officijs, & Instrumētis disputetur. Qui enim hæc quatuor in Artibus (vt in illis tribus, Dialectica, Rhetorica, & Poëtica) probè norit, haud dubium quin illarum ambitum comprehendat. Et (vt obiter hoc etiam dicam) qui ad Scientiarum cognitionem instrui hac ratione præceptis Artium, maximè verò Dialecticæ, summo studio niteretur, is dubium non est, quin & doctus esse, & docere apprimè posset. Sed immedicabile vulnus deploretur, sanctisq; cōmittatur precibus. Ad rem redeo. Iter meum non intermittens, cogitaui rursus, an hæc

concio

concionandi ratio Ars eſſet, an verò Scientia. Subijt ſtatim in mentem, vt in re clariſſima, artem eſſe, atque in artis modum tractandam. Quare eius Finem, Officia, Materiam, & Inſtrumenta indagare oportuit. Perpendi rem: atque pro meo ingenio Dialecticæ regulis vtens, & Dominum impris Ieſum, vt concionatorem primum, & optimum appellans, deprehẽdi, concionatoris & Finem, & Materiam, & Officia eſſe propria. Cùm verò ad Inſtrumenta deueniſſem, ſubſiſti, hæſitauiq́ue inueniens multum difficultatis in via: ſed Deo pijſſimè fauente, planum tandem iter oblatum eſt. Inſtrumenta namq. duplicia, hoc eſt communia, & propria conſtitui oportere viſum eſt, ſicut Ariſt. cõmunẽ, & propriã in Prima Philoſophia doctrinã inſpexit. Cõmunia inſtrumẽta intelligo, quæ Dialectica, & Rhetorica, & Poëtica tradit, cócionatori .n. neceſſariũ, eſt diſſerere, ornare, & cum accommodata actione dicere. Quare Inuentionis, Diſpoſitionis, Elocutionis, & Actionis præcepta, tanquam inſtrumenta concionatoris communia, tradere viſum eſt neceſſe: eò vel maximè, quòd (malo noſtro) hæc ipſamet aridè, atque per tranſennam Theologi noſtri docentur: illi, inquam, quos ego nunc docere volo: qui licèt in Dialectica, & Scholaſtica, (vt vocant) Theologia ſint ſatis à doctiſſimis magiſtris eruditi: non ita ſunt in inueniẽdo, diſponendo, ornando, atque agendo periti, & induſtrij. Viri namq́. grauiſſimi, qui ſublimiores litteras, & acutiores ſpeculantur: haſce per faciles, &, ſuo iudicio, pedeſtres, nobis qui ingenio minùs multò valemus, docendas relinquunt. Quare neceſſitate ipſa compulſus, de Inuentione, & Diſpoſitione primùm diſputationem inſtitui. Atque vt lectorem integrè admoneam, liber hic de concionandi ratione, pars quædã eſt libri de com paranda, & exercenda Sapiẽtia, quem ante aliquot annos cõtexere cœpi, & negociorum põdere preſſus, abſoluere hactenus nequiui: in cuius poſteriori parte, quæ de exercenda Sapientia inſcribitur, actum eſt à me de Sacra Scriptura interpretanda, & amplificanda: camq́ue diſputationem hoc de ratione concionandi opus ſequitur. Porrò vbi amplificare ſacram

Scriptura

Scripturam doceo; hoc ferè idem argumenti genus de Inuentione, & Dispositione attingo; quamuis pro instituti scopi modo nonnihil dissimile. Quare in hoc de ratione concionandi volumine (quod separatim nūc prodit) Inuentionis, & Dispositionis artem indagare fuit necesse: idq́. non sine magna (vt spero) Theologorum vtilitate: nam exempla semper ex sacris Scripturis attuli, vt cum arte imbiberent etiam Theologiam.

Primùm ergo quòd ad Inuentionem attinet (viri plenè docti Petri Iohannis Nunnesij Valentini opinionem sequutus, quam ipse ex antiquissima veraq́ue Philosophia decerpsit) do cui decem esse loca, ex quibus omnimoda argumentorum genera exhauriri possunt. Præterea Dispositionem In Iudicium, & Methodum sum partitus: Methodum in doctrinæ, & prudentiæ; quæ vtraque concionatori necessaria est, cùm mixtam quandam methodum is obseruare soleat: simulq́ etiam de geneseōs; & analyseōs Methodo tractaui, & de quinque illis cuiusque Methodi partibus, Exordio, Narratione, Confirmatione, Confutatione, & Epilogo. Absoluta autem Inuentione, & Dispositione; de Elocutione etiam, & Actione, ea quæ potissima sunt insinuaui: atque nonnihil etiam de Memoria. In hunc ergo modum generalia concionatoris instrumenta absoluta sunt.

Denique ad specialia instrumenta sum progressus: quæ, iuxta specialia concionandi genera, ad eorundem quattuor generalium instrumentorum rationem reduxi: appositis varijs exemplis, vt artem lectores exactiùs, clariusq́ue retineant, nihilq́ue ferè quod ad eam spectet, desiderent.

Hæc igitur dum præsto, tractatum hunc totum ita dispono, vt quinque illis communibus Methodi partibus constet, Exordio, Narratione, Confirmatione, Confutatione, atque Epilogo. Quamquam Confutatio admixta vbique est; id ita exigente propria huius tractatus natura: qui cùm ex partibus diuersis, sicut & omnis Ars, constet, propriam Confutationem cum propria Confirmatione in singulis partibus requirit. Igitur quinque potissimis partibus, aut tomis hic liber
constat

constat. In primo de Fine, Officijs, Materia, & Instrumentis, concionatoris in vniuersum disseritur. In secundo de Inuentione. In tertio de Dispositione: cui parti appendicem adiunxi, & mox de Eloquutione, Actione, & Memoria quædam addidi. In quarto de proprijs concionatoris instrumentis. In quinto de diuersis concionandi generibus. Quibus veluti librum sextum subnectere necessarium fuit omnium ferè concionandi generum exempla nonnulla, vt & artem, & artis vsum exempla ipsa demonstrent. Septimo autem loco de condendis Promptuarijs egi: quamquam hunc tomum nequaquam est mei muneris absolutum præstare. Nam cùm varius sit, & succrescere semper possit, atque recentibus augeri diuitijs : satis fuit eius aliquas indicasse partes, & aliqua initia perbreuia fecisse. Sed his non contentus, vt omni ex parte pium concionato rem iuuem, atque sacris exercitationibus internis, & externis expeditiorem reddam, octauo loco multa illi experimētis deprehensa do consilia, quibus munitus, multò (ni fallor) vtiliùs & faciliùs, & decentiùs ad populum concionabitur.

Hæc sunt quæ excogitauimus humanam concionatoris iuuantes diligentiam: quæ modestè adhibita laudāda semper est; tametsi Iesu Christi crucifixi concionator, qui animarum saluti inhiat, non tam per laboriosam, & humanā diligētiam, quàm per sanctam orationem, verba, & spiritum à Deo petere debeat, iuxta veterē Sanctorum Patrum consuetudinem.

Ad Lectorem

AD LECTOREM.

QVoniam in hoc libro typis imprimendo, propter operarum siue incuriam, siue inscitiam peccatum aliquādo est in ipsis exprimendis verbis, atque in Ortographiæ, & interpunctionis ratione: tuum erit, Lector, huiusmodi errata corrigere. Quoniā verò quæ obseruare potui ex ijs potissima, quæ que legentibus forsan difficultatem afferent, hæc sunt, quæ hoc loco notanda curaui: nolim te priùs ad librum legendum accedere, quàm ea emendaueris.

Quæ obseruata sunt errata potissima.

Pag.	Lin.		Legendū est.
38,	29.	Idem ferè in Concilio.	His omnib'adde Cōcillū. Et hoc loco debet incipere versus.
39.	29.	imitari?	imitare.
48.	2.	in interna.	interna.
67.	21.	Sed est.	Sed & est.
68.	vlt.	cuius lapidibus	viuis lapidibus.
70.	8.	exposita.	posita.
72.	6.	.Ex effectis.	, ex Effectis.
72.	16.	humili ante.	humiliante.
76.	4.	,eamq́, obtinētes.	: hīc eam obtinentes.
98.	22.	Si ergo me.	Hoc est si me.
104.	15.	Matth. 12. quādo	quando Matth. 12.
132.	34.	& atque.	atque.
Ibid.		simul.	& simul.
140.	12.	vtuntur.	non vtuntur.
142.	3.	verum quidem	verum sciē dum quidem,
144.	30.	ahjs.	allijs.
145.	32.	antelucanam	antelucanam.
149.	18.	Christi gloriæ	Christo gloriç.

151.	2.	sensu.	sensa.
151.	14.	Vos autem.	Nos autem.
168.	24.	Lazare veni foras.	Lazare veni foras.
ibidē.		Quartus.	Quartus: Soluite, & sinite abi
174.	15.	contexerunt.	contexunt. (re.
195.	25.	humanaru.	humana.
297.	19.	infirmandos	informandos.
197.	21.	eadom.	eandem.
201.	27.	expectare.	expectare?
205.	33.	faustum.	fastum.
208.	33.	corire.	coire.
208.	23.	qui ijs.	ijs qui.
209.	17.	eos punitione vero.	eos vero.
209.	19.	negligunt.	negligūr, in suppliciū dabit.
209.	22.	trucudari.	trucidari.
229.	14.	cegit.	coëgit.
236.	28.	vobis.	velis?
261.	5.	dediderit.	dederit.
266.	13.	examini.	ex animi.
268.	24.	sacrinulas.	sarcinulas.

Pag. 304. redundant duo posteriores versus.
Ad hæc obseruare oportet, in designandis numeris paginarum errata esse permulta.

۳۲۰
۱۰۸

DE SACRA RATIONE CONCIONANDI LIBER PRIMVS.

QVI TOTIVS HVIVS TRACTATVS generale continet exordium, & de Fine, Materia, Officio, & Instrumentis Cōcionatoris disserit.

Cap. I. De quo Ecclesiæ ministerio dicendum sit.

TRIA sunt in Ecclesia catholica, præstantissima munera, & beneficia, Sacrosanctum Missæ sacrificium, Diuini verbi prædicatio, Confessionis sacramentum, ab Spiritu sancto in Christiani populi vtilitatem instituta, Sacerdotibusq́; cōmissa. Horum trium, sicut & ceterorum, quæ ad diuinum conferunt honorem, notitiam tradere, Theologorum est: vt qui Scripturæ sacræ interpretes sunt, in qua, vniuersa, quæ ad Dei honorem, & dilectionem, atque Christiani populi salutem spectant, includūtur. At verò officia hæc distribuere, eaq́; exercendi potestatem dare, Episcoporū est: qui Apostolorum munus in Ecclesia obeunt. Atque vtinam ita instruerentur à Theologiæ magistris Sacerdotes, vt rectè, suauiter, facilè, & cum ingenti spiritus consolatione, munera hæc tria Episcopus Sacerdotibus iniungere, & committere posset. Vtinam, inquam, Theologiæ sacræ magistri hoc sibi munus à Domino commissum arbitrarētur, vt nō nudam tantùm docerent Theologiam, quam scholasticam vulgus appellat, sacramq́; Scripturam tātùm exponerent: sed, quemadmodum solet Medici, Iurisq́; periti facere, discipulos suos traditos sibi ita erudirent, vt ad offerendum tremendum illud Missæ sacrificium essent idonei & prompti, ad concionandum instructi, & industrij ad confessiones audiēdas, siue magi-

Canone in Rome d. 12. & canone Ecclesiasticipes d. 35. & canone quorum videas d. 58.

A stroru

DE SACRO RATIONE

strorum spiritalium ministerium excedendum prudentes, vigilantes, atq; bene docti. Nam cùm in hoc tota sit instituta, & in
hoc tota laboret Theologia, cùm in hoc filius Dei effectus homo tot pertulerit, fecerit, dixerit; cùm hûc ea, quæ in cœlo, &
in terra fiunt omnia, dum mortalis vita manet, dirigantur, vt ij,
quos Pater, pro opere quod Filius cōsumauit, ei contulit, in
Ad Eph. 5   Filij cedāt hereditatē: (quod Pau. testatur, dū ait *Christus dilexit*
Ecclesiam. & se ipsum tradidit pro ea, vt illā sanctificaret, mūdās
Ad coloss. 1.   *eā lauacro aquæ in verbo vitæ, vt exiberet ipse sibi gloriosā Ecclesiā*
non habentem maculā aut rugam aut aliquid huiusmodi; & *. Est*
Christus in vobis spes gloriæ, quē nos annunciamus corripientes omnē
hominem, & docentes omnem hominē in omni sapientia, vt exhi-
beamus omnem hominē perfectum in Christo Iesu, in quo & laboro
certādo secundū operationē eius, quam operatur in me virtute; quibus locis quod Matt. 5. & Ioā 17. Dominus docuit, beatus Pau.
nobis explicuit) cur prope inutile censetur, & contemnitur, &
cuiusq; arbitrio relinquitur, a tribus illis ministerijs, quorū hic
vnus tam præclarus, īaq; necessarius est finis: Theologos Iń-
stituere? Cur ita docentur Theologi, vt ex scholis prodeuntes,
nihil nouerint aliud, quam disputare, & generalia verba proferre? Cur arma gestantes armorum vsum ignorāt? Verùm de
hac re disserere non est meum, ad Ecclesiæ Proceres spectat.
Mihi tantùm in animo est, de ratione concionandi modo,
postea de ratione confessiones audiendi; non nihil disserere,
quo Theologi nostri, Dei populo prodesse magis possint.
Quod enim attinet ad instruendum in peruigendo Missæ sacrificio sacerdotem, id & facilius, & communius est, quadam ex
parte, satisque in illis verbis insinuatur, *Sacerdotes Domini incen-*
Leuit. 11.   *sum & panes offerunt Deo suo: ideo sanctierunt, &c*. Quod si per
tempus licuerit; neq; hoc argumenti genus prætermittemus:
modo verò de ratione concionandi primùm est dicendum.

Cap. II. In quo, quam sit utile de Concionandi ratione differe-
re insinuatur. Et obiectionibus quibusdā satis fit.

INter.

CONCIONANDI LIB. I.

Inter cetera, quæ in Theologorum vtilitatem comminisci potest Theologus magister, vnum est præcipuum, concionandi rationem perspicè, & accuratè docere. Nam cùm Theologi non sibi solis, sed, vt ait B. Paulus, vt Dei sint adiutores, hoc est in proximorum piã ædificationem, Theologiæ operã nauent: dubium non est, quin hac vna maximè diuini verbi disseminatione possint id præstare. Prætermitto modò scripturæ interprætationem, quæ si recta ratione fiat, præclarissimum est munus, & ad concionatorem instruendum maximè necessarium: de alijs vt loquar Ecclesiæ ministerijs: quamquam necessarium sit prorsus populo Missæ sacrificium, sitq́. supremum Ecclesiæ opus, dignissimum, & celsissimum: necessaria confessio: spiritualia colloquia vtilissima: tamen præstantissima est certè diuini verbi prædicatio, si effectum, communemq́. necessitatem spectes. Cetera enim omnia pia opera hoc vno fouentur: docentur ignari: conuertuntur peccatores: conseruatur pij: desolati consolantur: animantur pigri: accenduntur ad currendam mandatorũ viam iusti: quo ad fieri potest, ad perfectionis apicem impellũtur imperfecti: & nullum deniq. pium opus est, quod non foueatur, excitetur, stabiliatur. Sed non est animus in præsentia de verbi Dei vtilitate disserere, cùm libri multi communem hunc locum absoluerint: satis sit illud Sap. 16. in medium producere *Non herba, neque malagma sanauit eo. Domine, sed verbum tuum, quod sanat omnia*: Item illud quod Petrus Christo respondit: *Verba vitæ æternæ habes, ad quem ibimus?* Quod volumus nunc hoc est: Theologum ad concionandum commodè instruere.

Neque sit cuiquam labor hic noster ingratus. Non enim à sancta Scriptura in ratione hac tradenda dilcedimus: neq. alie nos contemnimus labores. Quod enim quidam obijcere possent Paulum dicentem, *Quomodo prædicabunt, nisi mittantur?* nequaquam hoc rationem retellit nostram. Nam etsi ipsus quisquam & iustus à Deo vocetur, & ad prædicandum mittatur: ne quaquam is debet vno contentus orationis, & meditationis vsu sanctissimo, litterarum studijs abstinere. Nam Beatus Petrus

1. ad Cor. 3.

Comendat eam Conci. Tri ses. s. c. 1

Con. Tri ss. c. 2.

Vide Conci. Tri. se. s c. 2

Sap. 16.

Iohan. 10.

Roma. 10.

Habetur in lib. Recog. B. Clement. trus consultabat cum fratribus de re Euangelica: Beatus Paulus ad Gala.2. Hierosolymam venit consulturus Apostolos de ijs, quæ prædicabat, & 2. ad Timot. 4. Membranas sibi adferri.
Ad Gal.2. 2.Tim. 4. postulat: & omnes præterea Ecclesiæ sanctæ doctores, qui nobis magistri dati sunt, Sacræ scripturæ, Patrumq́; superiorum libris, & humanarum etiam disciplinarum adiumento vtebantur: adeò vt B. Bernardus, qui scribitur doctrina magis diuinitùs data, quàm humanitùs parta præstitisse, etiam vacasse antiquorum Patrum libris asseratur.

Matth.10. Atdicet quisquam nonne scriptum est: *Nolite præcogitare, quid loquamini?* Profectò sacrilegij genus est abuti sacris testimonijs. Eo loco de defensione propria coram iudice, sermo est: vbi cùm de vita, & moribus reddenda esset ratio, cumq́; sæpe nescirent Apostoli quid sibi obijciendum esset, oportebat eos soli Deo confidentes, de commoda responsione non angi. Prouidentissimus ergo dominus præstantissimum quendam omnibus rebus modum constituit. Nàm eodem capit.10.Matthę. quædam pollicetur se daturum: in quibusdam exigit humanam diligentiam: prædicationem autem, vtriusq́; rei (hoc est & orationis, & scripturarum) studio committit. Pro quo etiam facit illud Pau.1: ad Tim.4. *Dum venio attende lectioni, exhortationi,*
1.Tim. 4. *doctrinæ.* Non igitur sub specie sanctitatis poterit quis laborem hunc nostrum reijcere.

Sed forte quisquam hunc laborem contemnet, quia innumeri sunt homiliarij non recentium tantùm Theologorum, sed sanctorum etiam Patrum, à quibus satiùs videtur, quàm à nostris hisce commentationibus lumen mutuari. Malum hoc in multos serpit, quos ego vulgata voce, *Prædicatores de memoria,* soleo appellare: quippe quia ex memoriæ, non autem ex intellectus aut voluntatis penu quidquam depromunt; quod est maximè & indecorum, & inutile. Rogo: nonne concio tempori, auditoribus, loco, negotijs, atq́; ipsius etiam concionatoris personæ debet esse accommodata? nonne quæ vno tempori congruunt, alio sùnt aliena? Si ergo non habes modum, quo pro ratione temporis, aut loci, aut personæ excogites, &
dispo-

CONCIONANDI LIB. I.

disponas: quomodo poteris vt illite concionari? nonne alter Esaiæ, alter Hieremiæ est spiritus? alter Pauli, alter Iohannis? Vereor ne, quia proprio cares spiritu, ideò alij omnes qui cuique illi sint, spiritus, æquè tibi conueniant: aut, vt verius dicam, vereor, ne id tuo spiritu conuenire putes, quod nō spiritui qui dem, sed memoriæ accommodatum est.

Oportet itaque, immò necesse est, concionatorem, rationē concionandi talem in promptu habere, vt possit excogitare, & disponere, & eloqui, quæ & sibi, & auditoribus pro loco, tempore, negotijs, condicionibus sint accommodata. Ad hęc, genus furti est, alienis tantùm laboribus memoriæ commendatis vti, te verò nihil velle vel oratione, vel studio comparare. De quibus etiā Hieremias: *Propterea ecce ego ad Prophetas dicit Dominus: qui furantur verba à proximo suo vnusquisq.* Quod perinde est ac si diceret: non me consulunt, sed furantur verba Prophetæ alicuius: & si quid addunt, hoc ex scipsis, non ex sancta inspiratione addunt: itaq. veris falsa miscent, aut saltem vera non ea ratione proferunt, qua sunt ab alijs enunciata. Confirmatur hoc etiam ex illo Matth. *Omnis scriba doctus similis est patri familias, qui profert de thesauro suo noua, & vetera.* Parabola est hæc, per quam intelligunt multi, Euangelicum concionatorem in veteri, & nouo Testamēto oportere esse versatum, ac simul non tantùm debere aliorum scripta euoluere, sed iuxta Patrum, & scripturæ doctrinam, noua excogitare præsenti negotio accommodata.

Præterea, si (vt proprio dicemus loco) finis concionatoris est fructum adferre auditorum animis, & ijs veritatem imprimere; nonne exploratissimum est, ea quæ proprio labore sunt parta, atq. ex meditatione prodeunt, efficacius dici, ac imprimi auditoribus? quæ verò tantùm memoriter recitantur, ad aures tantùm peruenire, nec subintrare cor? Terminus quidem principio respondet: itaq. quod ex corde proficiscitur, in cor permeat: quod autem ex memoria tantummodò prūtum, per os effundiur, id auditorum etiam memoriæ ita excipiunt, vt per eorum tantum ora circumferatur. Huc spectat illud Lucæ. 6.

Hiere. 23.

Matth. 13.

Lucæ. 6.

A 3 Bonus

DE SACRA RATIONE

Bonus homo de bono thesauro cordis sui profert bona.

Præterea, semper ne tecum circumferre potes libros, aut alueolos? nonne continget ex cogitandam esse extempore concionem? aut quantumuis libri in promptu sint, nunquid quæcunq; tibi dicenda sunt, in libris sunt reposita? nonne audisti Iurisperitos dicentes: plures sunt casus, quàm leges? Multa se offerunt dicenda, quæ ab alijs tradita non sunt; præsertim cum nemini sit dubium, doctores sanctos nequaquam ea omnia scripsisse, quæ dicebat; sed perstrinxisse multa, quæ Episcopi in terdicendum amplificabant. Tibi ergo necesse est concionandi rationem extempore nosse, ac omni tempore excogitandi artem in promptu habere, cum sæpiùs occasio hæc incidere soleat. Nam (vt hoc etiam addam) cur non imitabimur sanctos Ecclesiæ Patres, qui magistri nobis dati sunt, ac exemplaria? Illi enim meditabantur, excogitabant, disponebant quæ illis erant ad populum prædicanda. Consulere ergo opus Theologis est Scripturam, & Ecclesiæ Patres, hoc est sacros Doctores Græcos ac Latinos, antiquos & recentes, simulque recentia tempora lustare. Equidem non contemno eos quos multi sibi conficere solent alueolos: sed hoc tantùm illis persuasum volo, excogitandum esse præterea, & disponendum pro præsenti ratione quidpiam. Hoc igitur est quod præstare nitor; vt alienis laboribus benè vti noscas, scilicet alienis inuenitis adiungens tua, omniaque aptè collocans & disponens.

Sed scio adhuc à quibusdam hunc nostrum laborem super uacaneum censeri. Inquiunt enim: si sit homo natura lepidus, & facundus, optimus erit concionator, neque arte illi opus est: si verò stupidus, frustra est ars. Quibus ego, si per tempus liceret, prolixè explicarem, quantum inter Ethnicum oratorem, & Christianum concionatorem intercedat. Concionator enim Christianus non verbi sapientia nititur, sed spiritu, non eloquentia sed virtute Spiritus Sancti: neque enim per verbi sapientiam, sed per stultam prædicationem, vt prim. ad Corint. 2. ait Beatus Paulus, mundus instauratus *ad Cor 2.* est. Sed satisfaciamus obiectioni. Tria sunt hominū genera. Sūt facundi quidā, & à natura ipsa eloquentes & loquaces: sunt stupidi: sunt mediocres. Illi primi compescendi sunt: neque enim Euangelica prædicatio verborum pompam admittit; sed Christus crucifixus qui prædicandus est, sermonis grauem simplicitatem postulat; idque ipsa etiam ars Rhetorica requirit. Mediocres vehementer iuuabuntur per artis & rationis concionandi subsidia: stupidi autem, si velint esse attenti, dummodo non sint penitus incapaces, & elingues, ita instruentur, vt in Ecclesia Dei vtilites esse possint.

Sed ecce obiectio altera in meipsum. Dicet quispiam: cùm tu concionari nescias, quo pacto alios concionari docebis? Fateor me indignum concionatoris celso nomine. Sed tamen scio multos esse qui artem docent, in praxi tamen non ita bene versatur: vt in Medicis, & Iurisperitis experimur.

Quamquam igitur ego nunc maximè senio impeditus, non satis bene concionor ad populum: tamen experimenta me docuerunt, quo pacto concionandum sit. At à senibus consilium petendum, non exercitatio. Quamquam neq. obscuri prorsus nominis concionatorem me voluit esse Deus: senem me præclaræ adhuc vrbes vocant, vt ad illas concionaturus prope rem: & (Christo gratias) prædicationis effectus, & fructus semper extitit. Quare si non perfectus concionator; at non omnino inutilis sum. Sed desipio certe dum hæc dico: quare ignoscite obsecro.

At dicet quisquam: quamuis non prorsus perperam doceas, alius multò te meliùs docebit. Fateor: vtinam quis alius doceret: audirem ego libenter. Hoc namq. prædicandi munus ita arduum est, vt dixerit Beatus Augustinus, tunc concionatores concionari nosse, quando iam iam ad concionandum non suppetunt vires. *B. Aug. de doctrina christia.*

        A 4   Scio

DE SACRA RATIONE

Scio præterea alia de cauſſa non omnibus me ſatisfacturum. Quidam enim, cùm & hoc eodem argumento conſcripti ſint libri:cur(inquient)nouum tentas opus?Sed abs re iſti obijciet. Quid enim?non ſcribet vllus in ſanctamScripturam,quia in eam totiam edita ſcripta ſunt?Scribamus ergo vt aliorum laboribus illuſtriſſimis noſtram etiam diligentiam adiungamus:nā & fortiſſimis Trianjs Haſtati,& Scutati,& Velites etiā accedūt. Polliceor autem ego (fauente Domino) meum hunc laborem futurum intelligendis meliùs aliorum ſcriptis lumen non mediocre.Sed & erit præterea Tractatus hic facilis,perſpicuus, quoad fieri poſſit breuis,ac veluti ingreſſus ad alios:itaq. inge nujs ſaltem parum præſtantibus,quale meum eſt, nō nihil proderit.Quare vel hoc ſolo nomine admitti debet;cùm Paulus di cat,*Sapientibus,& inſipiētibus debitor ſum.*

ad Rom. 1.

Cap. III. In quo, difficile concionandi munus eſſe oſtenditur, multaq. in concionatore poſtulatur.

TSI quæcunq. in catholica fiunt Eccleſia ſanctæ miniſteria, propter ingenij noſtri tarditatem difficilia ſint nobis:tamen prædicandi verbi exercitatio,ſi cut vtiliſſimum,& ſublime munus eſt, ita factu veheměter eſt difficile.Quod cùm multis rationibus demonſtrari poſſit:à ſubiecto,vt Dialectici aiunt, potiſſimam ſumo rationem.An non illud præſtantius dices, & natura ſua difficilius, quod in virum præſtantiorem cadit?officia namq.maiora maioribus cōmittuntur.At certùm eſt Chriſtum Dominum noſtrum in hoc veniſſe in mundum, vt annunciaret veritatem. Nam deſe ipſe Eſaiæ . 61. ait. *Spiritus Domini ſuper me eò quod ynxerit me ad Euangelizandum pauperibus miſit me;* &c. Et Iohannis decimo octauo:*In hoc natus ſum, & in hoc veni in mundum,vt teſtimonium perhibeat veritati.* Venit vt medicus, & venit

Eſai.61.
Iohan.18.

CONCIONANDI LIB. I.

nit vt doctor: neq. enim lumē sine medicina, neq. medicina sine lumine. Quamquā meo iudicio (quod sicut & cetera melioribus submitto) medici opus, quod passione, & morte sua præstitit, difficilius quidem est, & magis præcipuum; per quod lumen & vires nobis promeruit. Apostoli etiam, Ecclesiæ funda- *Act. 6.*
mentum, ad prædicandum missi sunt: & Actor. 6. non vult Bea- *1 ad Cor. 1.*
tus Petrus cessare à verbo Dei, & oratione: & prim. ad Corint.
1. inquit Paulus, se missum non ad baptizandum, sed euangelizandum.

Præterea cùm hoc sit in Ecclesia certum, & ex Concilio Tri- *Ses. 5. c. 2.*
denti. satis constet, supremam dignitatem esse Episcopalem; et cùm in eodem Concilio doceatur, officium Episcopi esse concionari, vt qui perfectus debet esse, præcellitq. monachorum statum: colligitur, plurima, illaq. magni momenti esse, quę ad hoc munus præstandum necessaria sunt. Sed quænam illa sint assequi, non est factu facile.

Quare inuestigandum id nobis est: hoc est enim, quod præsertim quærimus, ostendere quænam præsidia concionatori sint necessaria. Duplex est autem deprehendendi modus. Nā aut ratione, & regula, aut exemplo, vel testimonio id assequi possumus. Duplex enim via hæc in omni re iuuare nos potest. Prior illo inuestigandi modus in hoc tractatu locum habet aptiorem, vt proprio videbimus loco. Quare hac primum insistentes via, constituimus, in omni actione siue exercitatione, siue vt sic dixerim, arte sine mediorum rationem sumendam. Nam cùm ex fine pendeant media: qualis finis, talia media; & inter finem, & media proportionem esse oportet. Concionatoris finis ipsa est Christiani populi ædificatio, animarum conuersio, consolatio, conseruatio, prouectio, quidquid denique ad animarum salutem constituendam pertinet, vsque ad perfectam huiusce operis constitutionem. Nemo autem dubitat, inter Dei opera, quæ in nobis efficit, maximam esse animæ nostræ salutem, in quam diriguntur omnia. Hic est enim

DE SACRA RATIONE

tur ergo hinc, multa eaq́. difficilia, grauissimaq́. esse præsidia, quibus oportet ornatum esse concionatorem ad opus præstantissimum, difficilimum, atq́. rarissimum conficiendum.

Sed iam exemplis (quę altera est deprehendendi ratio) ostendamus, quibus indigeat ornamentis concionator. Tria sese off ferunt ob oculos concionatorum genera: Prophetæ, Apostoli, Doctores Ecclesiæ: de ceteris enim nihil moror. Quis enim vel de me, vel de alio quopiam ex ijs qui modo viuimus, pronunciare audeat, absolutum esse concionatorem, ad cuius formam exigendi concionatores sint? At in tanto negotio oportet restes esse omni exceptione maiores. Quod ad Prophetas attinet, & Apostolos, non ita aperté ex ijs deprehendemus, quid nobis concionatoribus prorsus necessarium sit. Nam vt Hebræ. prim. habetur, per Prophetas locutus est Deus: de Apostolis vero ex actis Apostolorum, & ex Iohan. decimo quarto 15.16. notum est quam virtutem in eos Spiritus Sanctus effluxerit.

Heb. 1.
Act. 1. 4.
Iohan. 14.
15.16.

Quòd si quis haberet Spiritum Sanctum, vt Apostoli & Prophetæ, necesse non haberet, vt nos, humanis præsidijs: Spiritus enim Sanctus omnia continet itaque superuacanea esset hæc nostra diligencia. Quamquam Moysen prophetarum præcipuum, atque Dauidem asserere licet omni etiam humana sapientia fuisse instructos. Nam Actor. septim. dicitur Moyses omni Aegyptiorum sapientia præstitisse. Dauidem verò ipsa eius scripta demonstrant, omni eruditione, arteque Dialectica, & Rhetorica, tum etiam & omni Philosophia fuisse ornatum.

Act. 7.

De reliquis autem Prophetis suspicor vel eruditionem sibi eos comparasse, vel ab Spiritu Sancto (quòd magis crediderim) eam, quæ necessaria erat ad Prophetiam, lumine prophetico recepisse. Ferè in eundem modum de Apostolis philosophandum nobis est. Nam etsi Lucæ vigesi. quar. primùm dedit illis filius Dei Spiritum Sanctum, aperuitque sensum, vt scripturam intelligerent: deinde Actor. secundo in linguis igneis Spiritū Sanctū, vt prædicare nossent, in eos effudit: tamen

Luca. 24.
Act. 2.

CONCIONANDI LIB. I.   11

tamen beatus Paulus (vt Acto.22.habetur) secus Gamalielis pe- *Act. 2.*
des doctor euaserat. Meo autem iudicio dubitandum non est,
illos Rabbinos, præsertim pios, omni abundasse bonarum litterarum suppellectile: semper enim populum Dei, sapientia absoluta, humana, atq; diuina comitata est. Sed his duobus concionatorum generibus prætermissis, ad tertium accedamus, quod
nobis, huius, quam scire nitimur, veritatis absolutum est exem-
plu, atq. nobis accommodatum.

Inspiciamus Latinos Doctores atque Græcos, qui litteris
& concionandi peritia nobilissimi fuerunt, quique nobis
magistri, & duces dati sunt: exquiramusque quibus instructi
armis prædicandi munus obierint. Nam quod in illis obserua-
uerimus, quosad concionandi munus à Deo vocatos intelligimus, id pro ratione & regula haud dubie habendum est. Certè enim ornamenta litterarum, atq. virtutum, quibus præstiterunt, illis vel supernaturaliter prorsus collata sunt, vel naturaliter etiam, aut adhibito labore, vel omnibus simul hisce modis.

Cùm igitur ex historia, in qua eorum gesta narrantur, appareat, in illis fuisse accommodatam naturam, ætatem aptam, humanarum omnium litterarum peritiam, ac sacrorum librorū
diuturna lectione partam cognitionem, & præterea vitæ sanctitatem, & spiritum, milleq. alia id genus bona: has omnes o-
pes, vel saltem bonam earum partem, in Euangelico concionatore requiri asserendum est.

Igitur præter naturam aptam & accommodatam, linguarum in primis peritia requiritur, & Dialecticæ, & Rhetoricæ cognitio, atq. eius quam multi ignorant, Poëticę, quæ Rhetoricę
perfectio est. Ad hæc Mathematicarum cognitio pernecessaria est: vt ab Augustino lib. de Doctrina Christiana, satis docetur. Præterea triplicem Philosophiam addiscere, & callere o-
portet. Hoc enim itinere ingressi sunt sancti omnes, humanas scientias præguftantes. Denique intelligenda imprimen-
daque in corde Sacrosancta scriptura est: illiusque phrasis,
quasi natiuum idioma, hærere menti debet, quantumque
fieri

fieri poßit,bona scripturarum pars memoriæ est commendanda,non noui tantùm,sed veteris etiam Testamenti. Hæc enim omnia sancti Ecclesiæ Doctores effecere, dum alios anteriores se doctores sacros maximo studio nitebantur imitari. Hactenus de ijs quę cōcionatori necessaria sunt; quoad naturam & acquisitas litteras.

Secundo concionatori maximè necessaria vitæ sanctitas est: quæ multa complectitur:omnem scilicet virtutē & dona,omnem internam externamq́; mortificationem,omnes pias,sanctas,& vtiles exercitationes,& orationē maximè,ac ieiunium, tum etiam piam lectionem,quæ vehementer & spiritui,& præ dicationi prodest,& misericordiam,& prudentem carnis macerationem,vt perfectus sit homo Dei ad omne opus bonum instructus,vt B. Paulus ait 2. Timoth.3.Sed de his omnibus lū opere quod confeci đ Theologiæ prælectore dictum est à me satis. Ex quo colligitur efficax ad concionatores argumētatio. Nam si hæc in sacræ scripturæ prælectore desiderantur: quantò magis ea in concionatore requiras? Nam si prælector qui docendis præsertim discipulis incumbit, vt rectè intelligat, & exponat sacras litteras,spiritu Dei afflari debet; dicente B. Petro,canonica secunda cap 1. Hoc primum intelligentes;quod omnis prophetia scripturæ propria interpretatione non fit. &c : quantò magis id de concionatore dicemus, cuius partes sunt non docere tantum,sed mouere?Certe id dubitationem habet nullā; cùm ipsa nos doceant experimenta, homines non tam con moueri verbis quam exēplis. Christus quidem cœpit facere, & docere: Gedeonis milites aquam diuinæ sapientiæ manu operis ad os deferebant:quanta manus, tanta lingua:non est regnum Dei in sermone,sed in virtute.

Hoc ergo potißimum est, quod in concionatore efflagitamus;vt quod dicturus sit, primus ipse faciat.& vt ita viuat,vt cū beato Paulo dicere possit Imitatores mei estote.sicut & ego Christi.Si enim equum est,vt parentes, & duces, ac magistros nostros imitemur: iustum est vt ipsi se nobis præbeant imitatione dignos.

Quin-

Quinq. itaq. enumerata sunt, quibus ornatum oportet esse Theologum concionatorem. Primum natura corporis & animæ, muneri apta: Secundum lingua cōueniens: Tertium peritia scientiarum: Quartum sanctarum scripturarum scientia iuxta Ecclesiæ doctores comparata, ipsarumq; firma memoria: Quintum, quod maximum omnium est, diuinus spiritus atq; vitæ exemplum.

At dices: si hæc mihi suppeterent, vt quid concionandi ratio? Adhuc necessaria est. Non enim statim qui nouit rem, illius vsum nouit. Nam experimento edoctus asseruit B. Augustinus, eos, qui non adulterant verbum Dei, sed ex Deo loquuntur coram Deo in Christo Iesu, etiam post diuturnam verbi prædicationem deprehendisse, nondum se esse satis bene assecutos absolutam prædicandi rationem: itaq; voluisse tunc incipere, quādo prædicandi finis aduentabat.

B. Aug. de doctr. Chri.

Sed nos etiam verum esse hoc experimento docemur. Videmus enim viros alioqui doctissimos, & in omni litterarum genere claros, ad concionandum fuisse minus aptos: eos præsertim, qui scholasticis litteris, aut linguarū peritiæ nimium hærent. Fortè est in caussa, quòd sacræ litteræ, concionandiq; officium, hominem poscāt placidum, pium, caritate potius, quàm nimia scientia instructum: quia litterarum scholasticarum instantior cognitio, & affectus, veluti spoliat voluntatem, dum ditat intellectum. Sed missa hæc faciamus.

Qui nimiā scholis hærent, ex ijs multi minùs sunt apti ad concionandum.

Cap. IIII. *In quo iuuantur præsertim ij, qui, cum litteris non sint ornati, volunt tamen caritate, aut necessitate impulsi concionari.*

IAM ad eos nostrum conuertamus stylum, qui, cùm tantum litterarum ornamentum non habeant, volunt tamen pro caritate, quam habent, aut proximorum necessitate ad christianum populum concionari: Quos dum iuuauerimus, & doctissimos quosq;

iuuaui-

14 DE SACRA RATIONE

iuuabimus. Nam sihac nostra diligentia muniti etiam inermes non ignauiter pugnauerint; multo magis pugnabunt armatissimi.

Vt igitur idiam præstem, accipite theoremata aliquot. Sit primum. Si quis natura prorsus aptus non est: ne, oblecro, concionandi munus sibi assumat. Illum autem natura censeo ineptū, qui exprimere verba non potest: nam hic si loquendo risum excitet, ædificabit nihil. Porrò discernet naturam vir pius, & prudens, multi namq́. ad loquendum quodammodo impediti sunt, qui tamen verborum pondere solent ædificare. Neque naturam appello genus, aut corporis formam, aut loquacitatem. Quinimo maximus ille concionator B. Paulus 2. Cor. 10. referēs aliorum sermonem de se inquit. *Epistolæ aiunt graues & fortes: forma verò corporis infirma, & sermo contemptibilis.* Erat enim Beatus Paulus, quamquam prolixiori barba & in pectus demissa, corpore tamē flaccido, neq́. elegāti: sermo verò ei° exi lis erat, idest non Asiaticus, nō eloquens, non sublimis; sed planus, placidus, communis, vim supra naturā nō in verborum cō positione, sed in Spiritus Sancti virtute habens: vitæ autem cō ditio eiusmodi erat, vt etiam prædicans sedentariam artē exerceret. Nec dissimilem fuisse in Christo rationem intelligimus. Nam quod attinet ad corporis decorem & elegantiam, tametsi vulgò speciosus fuisse credatur: tamen certe nimis pulcher aut venustus non fuit, sed graui, & honesta facie, corporísq́. habitu conuenienti: & præterea non compto & composito verborum apparatu, sed pio, placido (vt ex historia Euangelica cōstat) vtebatur: & deniq́. quod attinet ad humanam vitæ conditionem, vt refertur Matthæi. 13. & Marci. 6. contemptus fuit, & illusus à suis ciuibus, dicentibus: *Nonne hic est faber & fabri filius?* Sit ergo concionator contentus, si mediocrem habet ad loquendum naturam: neque sentiat se ineptum, si neque forma, neque generis nobilitate, neque humanis præstat eloquentiæ donis.

Sit Theorema secundum. Qui non sentit spiritum Dei se habere;

2 Cor. 10.

Forma Pauli.

Forma Christi.

Matth. 13. Marci. 6.

CONCIONANDI. LIB. I.

habere,qui nondum membra, quæ sunt super terram, mortificauit, qui nescit macerare corpus, qui orationi deditus nō est, neque expertus vitæ sincerioris vsum; qui tentatus non est, de nique qui non potest proximos exemplo ædificare: obsecramus illum per Christi viscera, & sanguinem, ne prædicandi officium sibi vsurpet. Caueat sibi ne maius iudicium subeat, vt Iacobi 3. scriptum est. Inde enim omne fere emanat malum, quod dum concionamur erudite, & vitâ agimus minùs Christianam, scandalizamus, atque contemnendi verbi Dei damus cau ssam. Quare id nobis deberet semper ob oculos versari, cuius vita contemnitur, eius quoque necesse esse vt doctrina contemnatur. Hoc est quod Psalmo. 49. dicit propheta: *Peccatori autem dixit Deus, quare tu enarras iustitias meas, & assumis testamentum meum per os tuum?* Hoc Malach.2. *Scandalizastis plurimos in lege*. Hoc ad Rom.2. *Nomen Dei per vos blasphematur.* Huc pertinet illud Matth. 5. de sale in sullo, quod ad nihil valet, nisi vt conculcetur ab hominibus: Et illud etiam dictū Hieremiæ 2. *A Prophetis Israel egressa est pollutio in omnem terram.* Neq. verò satis est dū concionaris, bene viuere, sed bene etiā antea vixisse oportet. Nā reuera nisi sis experimētis edoctus, nisi habeas thesaurum in corde, bene concionari nō poteris: scriptum quippe est Matthæi. 12. *Bonus homo de thesauro cordis profert bona.* Et Ecclesia. 34. *Qui non est tentatus quid scit?* Etenim si nō sis in oratione exercitatus, neq. spiritalia fueris expertus, nō poteris ex animo, apta, & penetrantia verba proferre.

Sit Theorema tertiū. Si nō vocaris, si non mitteris à Deo, ne cōcioneris. Jā admonet Hier. cap 23 *Prophetæ currebant & nō mittebādos.* Quod ad Rom. ro. explicuit Beatus Paulus dicens: *Quomodo prædicabunt nisi mittantur?* Sed rogabis: quisnā me mitere debet? Si recte & iuxta euāgelicam norma à Christo Dño verbis & exemplo tradita cūcta agerētur: cōtinerent se homines pij & docti intra penetralia orationis, humilitatis, & paupertatis; & Episcopi partes essent, eos ad prædicandum vocare. Sed si desunt huic officio Prælati, neq. inuitare volunt, sed rogari: tu qui proximorum vtilitate commotus concionari vis, pete à viris

Iacob.3.

Psalm. 49.

Malch. 2.
Ad Rom. 2
Matt. 5.

Hiere. 23.

Matt. 12.
Eccle. 34.

Hie. 23.
Ad Ro. 10

DE SACRA RATIONE

viris doctis, ac verè pijs, & prudentibus consilium. Quòd si illi vt prædices tibi præscripserint: illa tibi sit vocatio, si Prelatus probet libens. Atque de ijs, quæ ad mores, & naturam spectāt, modò satis: postea enim in ijs, quę dicenda restāt, multò plura. Sed illa est maxima, iudicio quorundam, difficultas; si nobis litteræ non suppetant. Huic satisfacturus, premittēdū cēseo im primis, quænam sint illæ cognitiones, quas concionatorem tenere, tamquam Scripturæ pedissequas, operę pretiū est. Sūt eæquidem artes illæ tres, Dialectica, Rhetorica, Poëtica: item Mathematicæ: Philosophiæ etiam tres, Naturalis, Moralis, & Metaphysica: ac tandem humana historia, sine qua veluti discincti homines sunt. Hæc sunt cognitionis humanæ genera; ad quæ cetera reuocantur: Nam Medicina ad Philosophiam naturalem, & Ius ciuile ad Philosophiam moralem reducitur.

Sunt & alia quinq. cognitionis piæ ac spiritalis genera: scilicet Sacra scriptura, Ecclesiæ sanctiones, Ecclesię Doctores, Schola stica (vt vocāt) Theologia, ac Ecclesiastica historia, cuiusmodi est, quam Nicephorus, aut quā Eusebios ediderunt. Hoc enim studij genus vehementer cuncta cetera illustrat. Si vis, hisce iū ge piam, ac spiritalem doctrinam, quæ veluti summa est totius Theologiæ: qualis in libris spiritalibus continetur; vt in B. Iohāne Climaco, in Cassiano, & id genus antiquis & recentibus libris. De Ecclesiastica historia tam multa diximus in libro de cōparanda sapientia, vt nihil necesse sit ea hoc loco repetere. Sed de alijs, quæ enumerata sunt, cognitionis generibus non nihil sigillatim dicere debemus, vt præscribamus ijs, qui in ocu pia laborant, quo pacto eam resarcire valeant. Igitur prin: ū quod attinet ad humanas litteras, si desunt linguæ; niuere vel latinam satis intelligere: quod mediocri fiet labore, si legas libros latinos, & quod ignoras interroges: lingua etenim loquende & audiendo discitur. Sarcies autem iacturam hāc vtilius, si latina in linguam vernaculam, vernacula in sermonē latinum conuertas.

Operæ pretium hoc loco est, pesti, ni fallor, nostri temporis infestissimę nonnihil mederi. Eō tempestate hac calamitosa

deuen

CONCIONANDI LIB. I.   17

deuentum est excitatis, vt sacram Scripturam à quoquam intelligi non posse quidam contendant, si Chaldaicam, Hebrę̄, & Græcam linguam ignorauerit: immò si in Rabbinorum monumentis non sit diu multumq. versatus. Proferunt hi nobis B. Hieronymum potissimum scripturarū interpretem, quoad sensum saltem litteralem; qui linguas omnes, & Syriacam apprimè nouit: proferunt decretum, quo hasce linguas in scholis doceri præcipitur: proferunt experimenta, quæ demonstrant, linguarum peritiam litterali scripturæ sensui assequendo multùm prodesse. Hæc omnia non reijcio: neq. enim contemnere fas est. Sed rei pondus in linguarum peritia ita constituere; vt eum, qui has ignorauerit, ad intelligendas scripturas ineptum iudices, blasphemum (si fas est dicere) & prope hæreticum censeo. Te rogo: si ita sunt necessariæ linguæ, & Hebręorum commentaria, vt absq. ijs Spiritus Sancti sensum in scripturis latentem deprehendere non possis: nullus ergo præter vnum B. Hieronymum, scripturarum intelligentiam est assecutus. Aberrarunt ergo Basilius, Chrysostomus, Gregorius Nazianzenus, Athanasius, Cyrillus, ceteriq. doctores ex Ecclesia illa Græca: Item Augustinus, qui neque Græcam satis linguam est cōsecutus, Gregorius Magnus, Ambrosius, Cyprianus, sanctus Thomas, ceteriq. patres latini, qui linguas ignorarunt. O cæcitatem inauditam! ò ignorantiæ crassissimas tenebras! Idoneus, vt puto, erit tuo iudicio scripturæ interpres adolescentulus aliquis fortè impius, audax, superbus, loquax; à cuius animo Dei sapientia longè absit; qui nauseet semper ad sanctorum Patrum scripta; qui ceteros præ se contemnat; qui adoret Hebręorum commentaria, & commenta; cuius hæc sit eruditio summa, promptè, & facilè scommata multa iacere: contra verò B. Gregorius, B. Thomas, B. Ambrosius, Augustinus, Cyprianus, & ceteri Ecclesiæ Patres non erunt ad scripturam interpretandam sufficientes. Memini cùm Salmanticæ agerem, decerneretq. Academia linguarum scholas constituere, præclarum virum Dominicum Soto ad Academiam scripsisse è Concilio Tridentino, ad quod à Rege nostro Philippo missus erat, vt

Clemens 1. de magistris

B   ab

ab incepto abstineret: futurum enim esse, vt Theologi meliores litteras desererent, & Ecclesiæ doctores contemnerent, atq; superbirent. Non vsquequaq; hac in re hominem laudo; cum obstet ei Clementis decretum: & præterea necessarium valde illius consilium tunc in Hispania non fuisse video, cùm parùm ex animo studij hoc genus in ea reciperetur. Nam & Complutū, vbi linguarum peritia seriò excolitur constructis in id collegijs, & etiam Salmanticę, vitio certè nostro fiebat, vt ferè nihil hæc schola proficeret, respuentibus ferè cunctis hoc studij genus. Equidem non reijcio, sed probo, amplector, cunctisque opto linguarum peritiam: sed tamen ne à vero scopo aberretur, hoc prætereundum non censeo; ferendum nequaquam esse vitium quorumdam linguarum heluonum; qui dū huic studio toti hærent, & Hebræorum libros impensiùs, euoluunt, Patrum simul doctrinam non diligunt, itaq; non sunt in Ecclesia Dei ædificationis proximorum, vti par est, studiosi.

Qui ergo potest linguas nosse, vel degustare; cui licet Rabbinorum antra inuisere; ei non resistimus: quin ad id faciendum illum adhortamur. Obsecramus tamen in Domino Iesu, vt pe dissequa sint illi omnia hæc, illisque vt præsidijs quibusdam vtatur ad sacras scripturas ita intelligendas, vt sacrorum, mysticorumq; sensuum thesaurum haurire & rationem reddere possit pro Ecclesiæ Patribus; qui non tantùm à vero; sensu litterali non ab fuere, sed supra illum altissimos construxere sensus. Quemadmodum enim linguarum peritia, editioni vulgatæ fauere debet: ita & litterales illi sensus, sanctorum doctorum sensibus subseruire.

Quod si cuiquam non contingat linguarum peritia; ne desperet, ne sit animo anxius. Tot enim circumferuntur translationes, tot annotationes & scholia; tot commetaria virorum, qui linguarum periti præstiterunt, & in Hebræorum commē tarijs versati sunt, vt inopiam nostram resarcire possint. Quod certe magnum nobis esse potest emolumentum: quippe quia, tanta

CONCIONANDI LIB. I. 19
tanta varietas in his est, vt raró Rabbinus Rabbino, aut vnus lin
guæ peritus alteri consentiat. Vnde vitabimus nos ita labores,
capiemus veró fructus.
Iam de Dialectica, Rhetorica, & fortè Poetica hoc tantum
dicam ex B. Augustino: *Sola Dialectica fecit me discipulum, cetera*
per memetipsum didici. Hoc autem est, vt verum fatear, meum
præsertim institutum, Dialecticam, & Rethoricã, atque partim
Poëticam exercere, simulq́. tradere admixtam Theologiam,
vt artem & opus simul habeant Theologi.
Quod vero attinet ad Mathematicas, & triplicem Philosophiam: si libros euoluatis ad Theologiam pertinentes,
vt mox dicemus; paulatim ex ijs depræhendetis quæ vtiliora sunt. Neque enim potest quis sacram Scripturam intelligere, qui simul scientias has aliqua saltem ex parte non attingat.
Prætereasi velit quis historiam non nihil inuisere: legat Mar
cum Antonium Sabellicum; legat eam historiam, quæ vulgo
Pontificalis dicitur, & eam quæ à Genebrardo edita est.
Ad sacrum vero studij genus accedentes, id primum con- *De toto Bi-*
stituimus; indignum esse Theologi nomine, qui sacra Biblia *bliorũ volu-*
non habeat. Igitur quicunque hæc legis, quàm primùm possis, *mine verset*
statutis horis perlege omnia Biblia; & vbi laborem hunc ab- *do;*
solueris, quotidie lege duo capita; vnum ex veteri, alterum
ex nouo Testamento. Atque vtinam nullus dies sine vel tan-
tilla Beati Pauli lectione elaberetur. Ad hęc memoriæ manda
quantam possis scripturam: hoc enim te vehementer iuuabit.
Quod in ætate iuuenili perfacile est: postea enim quó ma
ior est etas, eó minus viget memoria; adeó vt illa etiam quæ
retinebas, elabantur. Igitur verset Theologus noster scripturam sacrosanctã, vñ dictum iam superiùs est: atq. (vt nõ sine
multo fructu euoluat illã) quando vno cursu tota pecurrit Biblia, vel, si mauult, quando singula capita, quotidie legit, notet
signo aliquo obscura & difficilia, quę non intellexit; alio vero signo similiter notet vtilissima: ita vt nihil speciale ad-
B 2 nota-

DE SACRA RATIONE

adnotatione dignum sine notula relinquatur, hac enim lectione & memoriâ imbibet Scripturæ spiritum,& phrasim; & tenebit illius scopum,& fiet in sacris litteris peritus, atq. ex consuetudine hac cùm Deo concipiet spiritum,& vt alter Moyses vehementer illustrabitur intellectu,voluntate vero accendetur:si tamen animo legat pio,cognoscendæ diuinæ voluntatis cupido,& propriæ ædificationis auido.

De libris emendis.

Quod verò attinet ad Scripturæ interpretationem;qui sacros omnes doctores Græcos ac Latinos coëmere non potest, habeat saltem Glossam,quam ordinariam appellant,quæ pauperi satis erit. Comparet Iansenij Concordiam Euangelicam in Euangelia,& S.Tho. in Paulum,& Genebrardum in Psalmos: dum non potest sibi alios libros comparare.

De sanctis concilijs.

Quod ad Ecclesiam attinet,nemo sit,qui Conciliorum sum mam non habeat,Conciliumq́.Tridentinū,proprioſq́.Pij.5.& Gregorij.13.motus;atq. vtinā nullus esset Theologorum qui Decretū Gratiani nō haberet. Et oportet quidem horam aliquam saltem diebus aliquot,hisce ecclesiasticis sanctionibus dicare. Recentia vero Ecclesiæ placita nullo modo prætermittenda sunt;item de diuinis officijs editus liber qui Rationale vulgò nū cupatur,vt Ecclesiæ temporibus conciones accommodentur.

De Doctoribus sanctis.

Quod ad doctores sanctos spectat,velim in ijs versatum esse valde concionatorem. Sed si multos habere nō potest libros, habeat saltem B.Gregorium & B.Bernardum.B.Gregorius in Iob,virum ad concionandum aptissimum piumq́. pariet. In Pa storali verò quid non docet ex ijs, quæ ad clericos attinent? In Dialogis autem exempla suppeditat.B. verò Bernardus pietate,& eruditione sancta plenus est: habetque Allegorias,& Ana gogias. His si placet,adiunge, pauper Theologe,Milleloquium sancti Augustini. Hac instructus librorum lectione, feliciter cō cionaberis. Quid si B.Chrysostomus tibi suppeteret?

De doctoribus scholasticis.

Quod ad scholam attinet;vnus sit tibi omnium instar S.Tho mas, quem si nudum legeris in Summa, & in Summa contra gentes, & in Disputatis quæstionibus;audeo polliceri Doctissimum te euasurum, & pium, & ad concionandum, quo ad

veritates

veritates graues, pias, & vtiles aptissimum. Sed euolue item obsecro Hosium illum Polonum S. C. Tridentini presidem: neq. omittas Martinum ab Aspilcueta, hisce nim libris scholasti cam disciplinam discesatq aduersus hereticos eris instructus. Pauperem alloquor Theologiæ studiosum humilē & prudētē. De pijs tandem libris dicendum, in quibus Euāgelij, totiusq́; Scripturæ spiritus exponitur. Audeo dicere, praxim euangelicam in libris quos spiritales vulgus appellat contineri: quales ex antiquis sunt B. Iohannes Climacus, Iohannes Cassianus, Ricardus de sancto Victore; quibus adiūge B. Bonauenturæ opuscula: in quibus libris, si eos attente perlegeris, deprehendes Euangelij viscera, Scripturę spiritum, & graphicam intimamq́. verbi Dei interpretationem. Quod duplici argumento persua dere possum. Primum hoc est, quòd si sanctos Græcos, & Latinos consulas, inuenies multis locis sparsa quæ in libris pijs coa ceruata sunt, & multò magis perspicuè collocata. Aliud est, quod B. Thomas librum collationis Patrum vehementer laudat; vnde vniuersos illos libros, qui de eodem argumento tractant laudet est necesse. Nolim contemni Recentium libros lingua euulgatos communi, vt Abecedarij tomos, librosq́. Fratris Ludouici Granatensis, & id genus alios. Sed nos pauperibus modo consulimus, ijs designantes quandam magis necessariā, & minus caram librorum supellectilem.

De pijs libris.

Hactenus ergo, quæ concionatori necessaria sint commonstrauimus; vt ij, quibus concionari venit in mentem, nunc sese ad tam sublime disponant munus: sicut eos facere videmus, qui vel Medicorum, vel Iurisperitorum munere sunt functuri: qui saltem per duos annos speciali quadam exercitatione se ad id munus obeundum premuniunt.

Ergo concionaturus, iam nunc incipiat per aliquod temporis spatium orationi vacare: pios euoluat libros, videlicet quos enumerauimus: præsertim vero sermonem Domini in monte, qui habetur Matth. cap. 5. 6. 7. & sermonem cœnæ qui habetur Iohan. 13. cum quibusdam sequentibus, atque priorem ad Corint. Epistolam, & ex Esaia, Hieremia, Osea, & Malachia capita
B 3 aliquot

aliquot memoriæ, vt diximus, mandet. Sed obsecramus præterea Theologum, vt præter orationem & lectionem, maceret corpus. Quid enim? Theologus singulis sextis ferijs non ieiunabit? aliquotq́, corporis macerationes non exercebit? Meminerit Christum Dominum nostrum, antequam ad prædicandum prodiret, per quadraginta dies ieiunasse, orasse, pugnasse contra dæmonem, ipsumq́. vicisse: quo nos docuit exemplo, quibus armis muniti, simus ad prædicandum progressuri. Eodem pacto scimus B. Iohannem Baptistam, immò ipsos Apostolos ante aduentum Spiritus Sancti, oratione, & ieiunio se præparasse: totamq́. concionatorum, qui exemplo nobis sunt, vitam nouimus esse pœnitentem. Profectò non vt Ethnicus orator, ad orationem perorandam Euangelicus instituitur concionator: is enim, vt inquit Bea. Paulus non in sapientia verbi sed in doctrina spiritus, & virtutis ad prædicandam ex animo Christi gloriam, atq́. ad persuadenda, mouendaq́. homnum corda instructus in medium prodire debet: non vi præsertim. verborũ apte compositorum, sed exemplo vitæ, & Spiritus Sancti virtute, verborumq́. ex sancto pectore prodeuntium pondere ita armatus, decoratusq́, vt humanas tamen litteras non reijciat. Nam vt Matth. 23. scriptum est, *Hæc oportuit facere, & illa non omittere*;

Matth. 4.

Marci. 1.
Act. 1.

1. ad Cor. 1.

Matt. 23.

Neq. fas est dicere quemquam: si vsque adeo spiritui innitendum est, quorsum tot consilia & admonitiones, præsertim cũ sint viri pij, qui absq́. tot præsidijs verba efficacissima soleant pronunciare? Fatemur eiusmodi nonnullos esse viros, quos & nos ipsi vidimus aliquando. Sed nos concionatorem instruere volumus sanctis Ecclesiæ doctoribus persimilem, qui omnibus, quoad fieri possit, numeris absolutus, doctè, & sanctè, non sine prudentia, & humana pariter, ac diuina industria è suggestu ad populum concionetur.

Cap. V. *Qua ratione ars hæc tradenda sit, & de concionatoris siue concionis fine.*

Certum

Ertum est, nostrum hoc opus non ad cognoscentem facultatem sed ad agentem spectare. Non enim est huius tractatus finis scire, sed agere; non est speculatiuus, sed practicus; morali scilicet Philosophiæ per similis. Quare iuxta communem practicæ disciplinæ, seu morum Philosophiæ methodum tradendus est. Nempe à fine auspicandum, proponenda materia, ostendenda officia, præbenda instrumenta. Ita fecit Aristoteles, qui à felicitate exorsus, ad actiones humanas progressus, virtutum naturam explicauit, & quoad potuit viriutem persuasit: ita D. Tho. 1.2. per quinq. quæstiones primas agit de beatitudine dicturus de actibus humanis: ita Medicus à fine, scilicet salute corporis auspicatus, de propulsanda tractat ægretitudine, deque iuuanda naturali virtute, ac tandem de præceptis siue aphorismis disserit. Quare rectè muneri nostro satisfaciemus, si finem ad quem concio collimare debet, præscripserimus, atq. materiã, ex qua concio conficienda est, & officia quæ præstare debet conciona tor commostrauerimus, & tandem instrumēta præbuerimus, quibus instructus, ex scripturis aptam construat sibi concionē ad officia peragenda, quibus concionatoris concionisue fructum assequatur. Quamquam qua ratione id faciendum sit, præsertim quoad instrumenta, iam aliqua ex parte supra indicauimus.

lib. 1. Ethi.

De fine Concionatoris.

COncinatoris siue concionis vnus est ille finis, quem concionatorum magister edocuit: neq. enim alium constituere finem licet. Est igitur ille, quem ipse Apostolos atque simul cunctos alloquens cōcionatores indicauit Iohan. quinto dicens: *Non vos me elegistis sed ego vos elegi, & posui vos, vt eatis: & fructum afferatis, & fructus vester maneat.* Quod autem obijci potest ex Aristotele, finem Rhetoricæ non esse persua dere, nec medici sanare, sed præstare, quæ ad id necessaria sunt, mox absoluetur. Sat sit modò dixisse hunc esse scopum, vltimumque huius ministerij finem, vt fructus affe-

Iohan. 5.

ratur

DE SACRA RATIONE

afferatur, & ita afferatur, vt duret & perseueret. Non enim vt Rhetores, ita concionatores, dúmodo dixerint debent esse contenti; sed impendere operam debent, vt verbũ Dei fructus sequatur. Quod cùm in multis scripturæ locis doceatur, cumque modo, quia de hac re iam diximus, properemus ad artem ipsam, vno vel altero testimonio in re apertissima sumus contẽti. Ergo constat húc dirigendam esse prorsus concionem, vt Christus Iesus glorificetur, & proximi ædificentur. Hic enim solus est finis: húic omnia media spectare debent, sicut & Iohan. etiam, 15. ait Dominus: *In hoc clarificatus est pater m. eus, vt fructum plurimum adferatis & efficiamini mei discipuli.* Hoc est enim effici Christi discipulos, esse sanctos, atq. eos ad sanctitatem cue here, qui Christi discipulos se fatentur. In hoc Christus missus est, vt filios Dei, qui erant dispersi, congregaret in vnum: hæc est hereditas Christo promissa Psal.2. & Esai.53: hoc passim beatus Paulus desiderat, vt verbum Dei crescat, & multiplicetur. Sed de hac re satis.

Psalm.2.
Esai.53.

Fit ex ijs, illum concionatorem, qui alium quàm hunc finem sibi proponit, simulq. alijs medijs, quàm ijs, quæ à Domino exemplo, & verbo commostrata sunt, vtitur, adulterum esse; vt qui alienam vxorem, scilicet, verbum Dei, sanctumq. eius ministerium soli Christo dicatum, in alium vsum conuertit. De quibus B. Paulus 2. Cor. 4. *Non sumus sicut quidam adulterantes verbum Dei; sed tanquam ex Deo, coram Deo, in Christo loquimur.* Væ his, qui vel humana commoda, vel populi applausum, humanosq. honores, ac deniq. quicquid à Christi gloria, & hominum salute spiritali abhorret concione sibi aucupantur. Grande hoc est, & vtinam non frequens peccatum. Sed neq. de hoc mihi nunc pluribus verbis dicendum, cùm apertissimè scriptura apud Ezechiel. 33. & alibi satis conqueratur de ijs, qui pascũt semetipsos, qui vt Iohan. 10. dicitur, non intrant per ostium, sed fures sunt & latrones.

B. Pau. 2.
Cor 4.
Hierem. 23

Ezec. 33.
Iohan 10.

Neque satis est, si concionator non noceat: quia scriptum est Matth. 12. *Qui non colligit mecum dispergit.* Non enim solum muneri suo deest is, qui damnum intert, sed is etiam, qui nõ ad debitum,

Matth. 11.

CONCIONANDI LIB. I.

debitum, & legitimum finem velis remittí. properat.
   Sed neque recte faciunt, qui hunc finem non integre, & perfecte assequi nituntur, sed tantùm quæ necessaria sunt prorsus ad salutem concionantur: qui, vt suspicor, neque Christum Dominum nostrum, neque B. Paulum, aut quemuis ex Sanctis cóncionatoribus magistrum habere volunt. Christus enim prædicauit: *Estote perfecti, &c.* & prædicare iussit quæcunq. ipse prædicauerat, siue (quod idem est) Euangelium, idq́ omni creaturæ. B. vero Paulus ad Colos. 2. *In hoc,* inquit, *laboro certando, vt reddam omnem hominem perfectum in Christo.* Atq. Ephe. 4. & ad Titum 2. a.i. Christum venisse, vt conderet sibi sanctam, perfectam, gloriosamq́. Ecclesiam. Hoc ergo si ita est: cur tu nõ prædicas Euangelicam perfectionem? quam si persuaderes, proculdubio præcepta persuaderes: nam qui quod maius est persuadet, etiam persuadet minus difficile. Quod si obijcias sanctũ Thomam dicerentem de ijs, quæ fieri possunt absq. peccato: Proh Deum immortalem: cur non perpendis, eum nõ docere quod concionari, sed quod interrogatus respondere debeas, omnibus recte examinatis circunstantijs? Quid ergo tibi insaniæ accidit, qui dum non nisi circunstantijs perpensis docere debes, leuem plebeculam sine discrimine doces? nonne aduertis, auditores non quod tu doces, sed quod ipsis libet, ex verbis tuis esse decerpturos? Vera tu quidem dices, sed non loco, & tempori, & auditorum conditioni accommodata. Est enim ea hominum natura, sunt eiusmodi hodierni mores, vt videas homines nihil aliud quàm falsæ libertatis occasionem quæritantes. Cur ergo non expendis, illos semper minora, quàm doces, agere? cur non ob oculos habes primum illud mandatum maximum de dilectione Dei, ad quod omnis doctrina reuocatur?
   Sed (quod superiùs diximus) obijciet quisquam, quemadmodum finis oratoris non est persuadere, sed ea facere, quæ ad persuadendum necessaria sunt, neq. Medici est sanare, sed omnia præstare, quæ ad salutem docet medendi ars: ita etiam finẽ non esse concionatoris, fructum edere, sed omnem adhibere diligentiam ad fructum edendum necessariam. Quibus ego respon-

Matth 5.
ad Colos. 2.
ad Ephe. 4
ad Timo. 2

DE SACRA RATIONE

respondeo, dubium non esse, quin hoc in manu concionatoris nequaquam sit, vt fructum edat: dicente B. Paulo. 1. Cor. 1. *Neq; qui plantat, est aliquid: neque qui rigat est, aliquid: sed, qui incrementum dat Deus.* Itaque non quidem in anima fidem aut primam gratiam plantare, Itemque rigare, hoc est conseruare, & prouehere, sed ad hoc tantùm adniti cōcionatoris est munus: Deus enim est, qui hec omnia interiùs operatur. At hoc certum est, nunquam sine fructu verbum Dei prædicari: si modò verbum Dei, & non verbum humanum prædicetur. Hoc primum experimentis comprobamus. Nam, obsecro, quando vel Apostoli, vel Prophetæ, aut viri sancti antiqui, vel præsentes sine fructu verbum Dei seminarunt? Proferant prose ad uersarij, si quem habent. Præterea id ipsum communi omniũ sētētia ex Esa. 55. probatur, vbi sic habetur: *Et quemadmodùm nix, & ros descendit de cælo, & illò non redit: sed fæcundat terram, & ger minare eam facit: ita verbum, quod egreditur de ore meo, non reuertetur ad me vacuum, sed prosperabitur, & faciet omnia, ad quæ misi illud.* Non reuertitur nix doctrinæ incutientis timorem, neque ros inuitātis ad amorem: non reuertitur in cælum, idest non frustra venit in terram. Item Esa. 45. *Non dixi Iacob frustra, quæri te me, non in vacuū formaui terram: sed vt inhabitetur.* Non tamen necesse est, vt ad omnes fructus perueniat: satis est, si prosit præ destinatis: nam 2. ad Tim. 2. omnia sustinenda propter electos. Impij autem proficient in peius, vt idem B. Paulus eo cap. ait, & in Psalm. 73. *Superbia eorum qui te oderunt, ascendit semper.* Proderit ergo his quibus prodesse potest. Quare cùm nullus sit locus, vt piè credendum est, à Christianis habitatus, vbi non sit electus aliquis, meritò pro eius salute in quouis loco laboratur. Idq; vel ex eo intelligemus quòd si contemplemur ea oppida in quibus nunquam, aut rarò verbum Dei prædicatur, contra verò ea, inquibus frequenter auditur: deprehendemus quam longe ij, qui audiunt frequenter, ijs, qui nunquam, aut rarò con ciones audiunt, antecellant. Quamquam illud adnotandum, non omnem sequi mox fructum. Nam Iohan. 4. in quit Dominus Apostolis: *Alij laborauerunt, & vos in laborem eorum introistis.*

1. Cor. 1.

Esai. 55.

Esai. 45.
2. Timo. 2.

Psalm. 73.

Iohan. 4.

CONCIONANDI LIB. I.

& rursus: *In hoc verbum verum est, alius est qui seminat, & alius qui metit.* Et reuera ita sæpe contingit, vt vnus concionator excitauerit auditores, alius eosdem conuerterit. Sed & in reprobos extendit sese fructus, vt vel non peccent peccata plura, vel nõ tam grauia, vel non tam ex animo. Itaque semper sequitur fructus, vel præsens, vel futurus. Idq. in caussa erat cur antiqui illi Episcopi à prædicando verbo Dei non cessarent, quia certò cognouerant, nunquam sine fructu prædicari. Nam Eccles. 11. admonemur vt mane seminemus semen nostrum, & vesperi non cessemus. Et. 2. Tim. 4. ait beat' Paulus: *Prædica verbũ, insta opportune & importune: &c.* Et beatus Augustinus non nisi febri correptus, & in lecto decumbens, à prædicatione cessabat. Idéq; ferè de beatissimo illo magno Gregorio licet affirmare.

Eccles. 11.

2. Tim. 4.

Igitur quamquam non cogamus concionatorem, vt fructũ adferat, sed vt omnia efficiat, quæ ad fructum ferendum vtilia sunt: illum tamen consolamur, fructum certissimè ei promittentes. Quod autem de Medico, & Oratore obijcitur, lõge distat à concionatore christiano. illi enim proprijs viribus innixi operãtur humanumq́. opus faciũt, neq. spem certam habẽt assequendi effectum: at verò concionator noster operatur cũ Deo, vt Ionathas, habetq́. vt nuper diximus, diuinas promissiones. Quare absq́. dubio sequetur fructus, si rectè verbum Dei prædicatur. Sit ergo (vt summam colligam) quod ad concionatoris finem attinet hoc certum, finem cõcionatoris esse fructum illumq́ue euangelicum: Præterea etiam illud, si verbum Dei prædicetur, haud dubiè fructum semper aliquem existere. Magni momenti doctrina est hæc: vix enim dici potest, quãtum referat hunc finem concionatori ita esse propositum, vt donec eum fuerit assecutus, nunquam quiescat, immò ei semper inhiet, & pro eo crebris Dominum precibus appellet.

Caput. VI. *De materia Concionatorii.*

Mate-

DE SACRA RATIONE

Ateriā triplicē esse Dialectici tradūt: in qua, ex qua, circa quā, nihilq́; verat, vnam eandemq́ esse materiā ex qua, & circa quā. In nostra Theologia certum est, homines cunctos esse materiā, in qua: ipsum verò Euangelium esse materiam, circa quam totus labor noster versatur: materiā verò exqua, ipsum esse instrumentū vetus & nouū, ex quo desumenda est prædicatio. Quę omnia vno verbo Domi-

Matt. vlt. nus complexus est Matt. vlt. *Data est*, inquit, *mihi omnis potestas in cœlo & in terra: euntes ergo docete omnes gentes, baptizantes eos in nomine Patris, & Filij, & Spiritus sancti, docentes eos seruare omnia, quæcunq́; mandaui vobis.* Expendendum est, prius dixisse, *Data est mihi omnis potestas*, vt consolaretur concionatores, promittens daturum se ijs præsidium è cœlo per gratię dona, atq́ eos seruaturum; nec permissurum eos opprimi pro hominū libito, sed pro diuina prouidentia. Præterea oēs homines doceri vult: non monachos tātum sed coniugio etiam vinctos, & milites, & ceteros quoscunq́. Et vult quidem doceri, vt seruēt omnia, quæcunq́ ipse mandauit. At quid quid sancto Euāgelio compre-hensum est, mandauit, vbi summa perfectio inclusa est, quę

Matt. 5. Matt. 5. Mādata minima appollantur. Est enim discrimen inter
Differt præ- præceptum, & mādatum illud significat, quod sub poena mor-
ceptum à tis adstringit: hoc vero, quod ad salutem spectat; siue necessa-
mandato. rium sit, siue vtile. Idem Marci vltimo: *Predicate Euangelium om-*
Marc. vlt. *ni creaturæ.* Porro id iuxta Ecclesiæ, Patrumq́ interpretationē
annunciandum est.

Matt. 13. Ex quibus autem hæc doctrina depromenda sit, Matt. 13. habetur *Scriba doctus vetera, & noua producit de thesauro scilicet suæ*. Nam nouum Testamentum ex veteri pendet, quoad perfectā explicationē, sicut vetus à nouo absoluitur. Idem fere in Con-
Cōc. Trid. Tridentino ses. 5. cap. 2. vbi Episcopi admonentur, vt populum
ff. 5. sa. 2. doceant, quæ scire omnibus necessarium est, annunciantes sci-licet breuiter, & facile vitia, à quibus declinare, & virtutes quas sectari oporteat; vt pœnam æternam euadere, & cælestem gloriam consequi quis possit.

Ecce prædicationis partem ait sancta Synodus esse vitia car-
pe

pere. Quare aberrant quidam qui aiunt non prædicare Euangelium qui vitia reprehendit, præsertim cùm Christus domin' noster acerrimè inuectus sit in peccatores.

Ceterum vt hęc omnia clariora sint: cùm Ecclesiæ vniuersalis vsus receperit, vt hoc munus, nomine prędicationis euangelicæ exprimatur: de ratione Euãgelij dicamus, ex quo erit reliquũ erit, quid omnibus prædicandum sit, & vnde depromendum. Euangelium bonum nuncium ex Græca lingua nobis sonat: vnde ipse Christus Dominus noster Lucæ.2 dicitur ab Angelis euangelium, in hunc modum: *Ecce annuntio vobis gaudium magnum, quia natus est vobis hodie saluator mundi.* Ipse ergo Christus natus, Euangelium est. Est etiam Euangelium, Christi spiritus datus credentibus: vt Esai. 61. *Euangelizandum pauperibus misit me, vt prædicarem captiuis indulgentiam &c.* Ipsa itaq. beneficia nobis per Christum collata, communicataq. per spiritum datum nobis, Euangelium nuncupatur. Tandem ipse contextus, seu scriptura euangelica, Euangelium vulgatissima appellatur voce, vt omnes norunt, & huc spectat illud ad Gal.2. *Contuli cum illis euangelium, quod prædico in gentibus.*

Satis sit has peritiuiuisse significationes, neq. enim ex professo de hoc disseruimus, sed tantũ colligere volumus, Euangelũ p doctrina euãgelica, & in tota diuina scriptura, & vsitatissima Ecclesiæ cõsuetudine ab oĩbus vsurpari. Harũ significationũ prætermissa prima, qua p Metonymiã Chrs Euãgeliũ dicitur, altera potissima est, proprie enim, ac præcipuè gratia Spirit9 sancti, siue Christi spiritus, Euãgelium dicitur: quod aperte satis ex Hierem.31.cap. colligitur, interpretante Apostolo ad Hebr.8. ait enim Hieremias. *Ecce dies venient dicit Dominus, & faciam domui Israel, & domui Iuda fœdus nouum.* Et paulo post: *Hoc est pactum, quod feriam domui Israel.post dies illos, dicit Dominus, dabo legem meam in visceribus eorum, & in corde eorũ scribam eam.* Quod & cap.a. indicatur. Et beatus Paulus ad Hebr.8. dixit *Dabo in mentem, & superscribam.* Itaque quod præcipuè Euangelium est, Spiritus sancti gratia est in cordibus nostris infusa. De qua beatus Paulus ad Rom.8. semel & iterum: *Qui Spiritum Christi non*

Quid est gelium sit, & quot sig nificationes habeat.

Lucæ. 2.

Ff.i. 61.

Gal. 1.

Hier. 31. Hebr. 8.

Hier. 2. Hebr. 8.

Rom. 8.

b 5.

DE SACRA RATIONE

ber, hic non est eius. Qui Spiritu Dei aguntur, hi sunt filij Dei. Charitas Christi diffusa est in cordibus nostris per Spiritū sanctum, qui datus est nobis: Et rursus: Lex Spiritus vitæ liberauit me à lege carnis. Vnde beatus Augustinus libr. de Spiritu & littera, Leges Dei, inquit, ab ipso Deo in cordibus scriptæ sunt ipsa præsentia Spiritus Sancti. Probat autem sanctus Thomas meritò hoc præcipuè Euāgelium appellandum: nam in vnoquoq. genere ab eo, quod præcipuum est, nuncupatio sumitur: vt in homine à ratione. At quod præcipuum est in lege Euangelica quoad nos, Spiritus Sancti gratia est. Hæc enim est, qua remittuntur peccata, quæ iustificat, quæ ad bona præstanda vires præbet, quæ filios Dei facit, & regni cælestis cum Christo coheredes.

D. August. lib. de spiritu & littera. c. 17. c. 26. & c. 31. 1.2.q.106. art.1.

Iam verò ipse Euangelij contextus qui Christi historiam, vitam, & verba continet, Euangelium dicitur: vnde illud quòd vulgo sacro sancta Dei Euangelia appellamus, in quibus quidquid Christus dominus noster egit, & prædicauit, perstringitur. Non enim totus mundus (vt beatus Iohannes ait) capere vnquam posset tot libros, quot de illius exemplo, doctrina, & miraculis scribi possent. Quæ autem tamquam doctrina propriè euangelica, & ab ipsomet Dei Filio prædicata in Euangelio continentur: ea sunt, quæ ad Dei perfectam cognitionem, & amorem, perfectumque operum vsum spectant: qualia sunt primùm quidem, quæ Christi mysteria nobis enarrant, vt quæ de mysterio Trinitatis, & Incarnationis Christi, cæterisque omnibus, quæ ad fidem christianam explicitè pertinent, in Ecclesia Christiana traduntur: Nam quòd Deus sit, illéque maximus, hoc naturalis lex, & ratio tradit. Hæc igitur ad perfectam Dei cognitionem disponunt. De quo Iohannis 8. *Hoc est opus Dei vt credatis.* His accedunt quæ disponunt ad affectus pūritatē: quæ scilicet mundi contēptū prædicant, vt homo Spiritus Sancti capax sit iuxta illud Iohan. 14. *Et ego rogabo Patrem, & alium paracletum dabit vobis spiritum veritatis, quem mundus non potest accipere.* ij enim qui ex mundo sunt, Spiritum Sanctū accipere, id est, capere non possunt; iuxta illud etiā Iohan. 8. *Sermo meus nō capit in vobis.* Qui em̄ nimiū amat creaturas nō potest

Iohan. 21.

Iohan. 8.

Iob an. 14.

ver

CONCIONANDI LIB. I.

verbum Dei capere: qui plus amat quam par est, ægre capit: quippe quia iuxta affectus mortificationem caritas in corde vires acquirit, & colligit. Tandem in euangelica doctrina, vt omnia opera nostra à caritate perfecta oriantur, & ab eadē absoluantur docemur. Quæ omnia nouum Testamentum absolute nobis integreq́; suppeditat.

Ceterum quoniam subobscura est Euangelij propria ratio, hæc verò disputatio de concionis materia tanti est momenti: libet de hac re seriò philosophari, explicareq́; quid præceptū, & quotuplicia præcepti genera sint, idemq́; de consilio dicere; vt tandem quando doctrina Euangelica sit præceptum, quādo consilium, aliaq́; id genus multa deprehendantur.

Præceptum doctrina est, in qua id præcipitur, quod ad vitam æternam consequendam, & ad pœnam æternam vitandam necessarium est. A præmio itaq; & pœna vt ab effectu definitur. Præceptorum genera sunt quatuor. Quædam sunt diuina, naturalia, qualia sunt duo amoris præcepta, decemq́; decalogi. Nihil nunc moror, si quatenus naturalia sunt amoris præcepta, de naturali amore sint accipienda, quousq́; illustrato per fidem intellectu de supernaturali amore accipiantur. Alia sunt diuina positiua, qualia sunt quæ in lege veteri à Deo data sunt, ad legem veterem propriè spectantia: quæ quia iam abolita sunt, ideo his prætermissis alia sunt nobis in noua lege præcepta diuina positiua, scilicet de Fide, & Sacramentis: quę impressa naturæ non sunt vt prima illa præcepta, quæ ideo naturalia appellantur, quia natura impellit ad illa; sed data sunt à Deo vel scripto, vel traditione. Tertij generis sunt præcepta humana Ecclesiastica: scilicet quę non proximè à Deo, sed ab Ecclesiæ Prælatis proficiscuntur, & ex constitutione, aut vsu pendent; vt de quorundam obseruatione festorum. Tandem sunt præcepta humana, & laica, quæ à Principibus, vel Rebuspublicis ob publicum bonum promulgata sunt.

Consilium verò doctrina est ad melius expeditiusq́; finē consequendū instituta. Finem appello, perfectū Dei amorē in hac vita, in altera verò gloriam æternam celsiorē. Qui enim cōsilia obseruat

Vide D.
Tho. 1.2.q.
108.ar. 4.

D. Tho. 1.2
q. 103. a. 4.

DE SACRA RATIONE

obſecrunt, multo magis aptus ad diligendum Deum erit; atq; mi
nore impedimento ad illum properabit, vt 1.Cor.7. docet B.
Paulus de eo, qui virginitatem vouit. Conſiliorũ genera quattuor ſunt. Quędam enim ad tempus data ſunt, vt quę Matth.6.
Lucæ.9. Dominus docuit, in quibus pro legatione præſenti ſibi
commiſſa inſtruebantur Apoſtoli, & ijs quædam concedeban
tur, quædam vero denegabantur ex ijs, quæ pertinent ad exter
nos vſus: quæ tamen iam non ſunt obſeruanda: vnde doctores
ſancti omnia illa modò ad ſpiritum referunt, ſicut & quæ Marci vlti. promittuntur Euangelicis concionatoribus. Quamquã
B.ille Franciſcus, non ſine numine, vt Dei virtutem oſtende-
ret, hæc à fratribus ſuis obſeruari voluit.

Secundum genus eſt eorum conſiliorum quæ de contemptu
mundi diſſerunt. negare reipſum docent, ferre crucem, renun-
ciare omnibus, quæ poſſides, & odio habere etiam patrem, &
matrem, & vitam propriam: quæ omnia ij præſtant, qui omnibus prætermiſſis ſoli Deo vacant. Quorum primi ſunt, qui ſe
religionibus mancipauerunt, vbi tria illa eduntur vota, quibus
omnia terrena ad tria illa, ſcilicet honores, & diuitias, & delitias reducta, abijciuntur, contemnuntur, & odio habentur. Vn
de Religioſi. Religioſq́; perfectionis ſtatum habere dicuntur.
Nam dum omnibus terrenis renunciant, idq́; voto confirmãt;
ſtabilem habent viuendi modum conſequendæ perfectioni
aptiſſimum: quamquam contingere poſſit, vt perfecti nõ ſint;
ſi ex corde non renuncient, euellantq́; omnem concupiſcen-
tiam. Fieri enim poteſt, vt perfectus ſit quiſquam, qui ſtatũ perfectionis non profiteatur, nimirum ſi putum ab omni terreno
affectu cor habeat: cõtra verò vt is, qui in ſtatu perfectionis de
git, imperfectus ſit, quoniam perfectum Dei amorem non eſt
adeptus. De hiſce verò cõſilijs legite Lucam præſertim cap.14.
& .9. Quibus quidem & totum Euangelium, vniuerſumq́; nouũ
Teſtamentum refertum eſt.

Tertium conſiliorum genus ipſa eſt Euangelica perfectio.
His enim conſilijs (de quibus præſertim Matt.5.6.7.) diuina mã
data aperiũs, et plicantur, atq́; illorum ſublimitas, & finis deſcri
bitur

bitur. Addūtur quippe ea præceptis:qu{ę} in illis inclusæ (tamersi ignorata) erant. Sed & sparsim in veteri Testamēro, immo &in Philosophicis libris, quæ mplurima erautvel tradita, velinsinuata: nunc autem in sacrosancto Euangelio expressa, atq. perspicuè & perfectè exposita sunt edocta: & ita tamē, vt perfectionis in caritate præsertim consistere, intelligamus. Tantùm enim perfectionis habebit quisq. quantùm amoris: iuxta illud 1. Cor. 3. *Maior est caritas*, & Col. 3. *Caritas est vinculum perfectionis*. Non enim, quod quis plura præstet opera, cùm perfectum non habeat amorem, perfectus est: sed quòd maiorem habeat caritatem. Præpoderat ergo caritas omnibus alijs operibus: & eatenus opera meritoria sunt, quatenus vel à caritate elicita, vel imperata: tantumq́. habent meritu, quanta, ex qua proficiscuntur, caritas est. Nihilominus tamen ex natura sua quędam sunt opera alijs perfectiora: & in vnoquoq. præcepto est opus necessarium ad salutem; & est opus perfectum.

1. Corin. 3.
Colos. 3.

Genus tandem consiliorum quartum, omne virtutis opus, quod non est præceptum, a S. Thoma appellatur. Quidquid ergo boni operis præstare quis poterit, quod non præstans nequaquam peccaret, consilij id opus est. Hæc ergo sunt præceptorum & consiliorum genera.

Rursus hæc omnia consilia alia quadam ratione diuiduntur: aut enim sunt consilia generalia; aut particularia. Nam quę Dominus noster in Euangelio nobis tradit, generalia sunt: quæ vero nobis nos ipsi excogitamus, sunt particularia: qualia solent viri pij diuino incensi amore excogitare, vt in Religionum auctoribus videmus, qui multas corporum macerationes, ac pias exercitationes inuenerunt. De quibus Esai. 3. *Dicite iusto, quoniā bene: quoniam fructum adinuentionum suarum comedet*. Et de quibus etiam ait B. Chrysostomus, pias animas plura, quam in scripturis Deus precepto vel consilio doceat, in Dei gloriā prę́stare.

Esai. 3.

Ceterùm non est hoc loco prætermittendum, omne consilium posse fieri præceptum; quamuis non omne præceptum fieri possit consilium. Multa enim, quæ perse ipsa consilia sunt, possunt esse media ad præstanda præcepta nobis necessaria: vt

C   sicti u-

DE SACRA RATIONE

si ieiunium, vel frequens receptio Corporis Christi, vel contēptus corporei cultus, & ornat' media essent ad castitatem reti nendam necessaria. Nam vbi ad vitandum peccatum mortiferum, vel ad diuinum præceptum exequendum media necessaria sunt, consilia iam non sunt, sed præcepta. Tum etiam necesfaria sunt vbi aduenientibus circunstantijs iam pertinēt ad præcepta: veluti, actu diligere inimicos, eisq́; benefacere, cùm in necessitate versantur, præceptum est, cùm alioqui sit cōsilium.

D. Tho 1.2
q.108 ad 4
& ad vlt.

Hic tamen ex amine opus est prudenti & acuto, vt intelligatur an ex necessitate medij, vel circunstantię, consiliū abeat in præceptum. Et hoc est quod vulgo circumferri solet, cōsilia in pręparatione animi esse præcepta: hoc est oportere ita animatum esse quemquam, vt consilium exequi velit, si quando muterur in præceptum. Igitur diuersa est ratio præcepti, & consilij. Præcepta enim semper obligant, quamquam si affirmatiua sint nō pro semper, sicut negatiua: at consilia non obligant ex naturasua semper, sed solum vbi occurrerit specialis ratio, propterquā in præcepta mutentur. At contra, præcepta naturalia non abeunt in consiliorum naturam, quamuis fortè propter paruitatē materiæ, aut deliberationis defectum aliquando eorum transgressio non mortale, sed veniale aut nullum fortasse peccatū sit. Idē ferè de præceptis noui testamēti dicendū. Pręcepta autē humana, siue Ecclesiastica, siue laica sint, sæpe reuocātur: & tūc quidem mutata videntur in consilia: nisi forte ex circunstārijs incommodum pariant. Veluti olim præceptum erat quotidie cōmunicare: hodie verò consilium est, si absq́; incōmodis fiat.

Iā vt vlteriùs progrediamur, ex multis, quę cōcionatoris materię multū adferāt lucis, plurimū refert intelligere, qd lex naturalis, & vetus, & noua interse distēt. Lex quidē naturalis tantùm naturalia præcepta præcipiebat: quę & præcepit lex vetus, aut potiùs recepit, & vt generalia cōplexa est. Naturalia enim immuta bilia sunt, & omni tēpore nos astringūt: neq́; villius legis sunt propriæ, sed omniū communia. s. cūctos homines, qua ratione homines sunt, deuinciētia. Quamuis, quia in Euāgelica lēge absoluta, & perfecta sunt, pprius ad eā quodammodo spectare dicātur. Addidit lex vetus præcepta illa oīa legalia, ceremonialia, &

CONCIONANDI LIB. I. 35

iudicalia: illa in quā, quę à Deo apposita sunt ad Christi aduentū spectantia, vt populus ad illum recipiendū disponeretur. Qua ratione à B. Paul. ad Gal. 3. lex appellatur pedagogus in Christo, Christusq́. ad Rom. 15. minister circuncisionis, id est qui circuncisionē adimpleuit, atq. absoluit. Qui enim ad ministrat, in suā curā recipit id quod administrat. Vnde lex illa imperfectionis appellata est, vt quę ad pueros spectabat, qua ten° talis lex erat. At noua lex nō differt essentia à veteri lege. Nā vt ad Ro. 4. B. Paul. ait, vnus Deus est qui iustificat circucisionē ex fide, & prę putiū per fidem: nam fides ex circuncisione, vt ex figura, pdijt. Gentiles autē accepta aliunde fide, quā per circūcisionem, perfidem: viuā seruantur absq. circuncisione. Differt ergo solū per fectione lex noua à veteri. Nam lex noua perfectionē amoris prędicat, scilicet perfectū amorē, & amor vinculū perfectionis est, id est quod stabilit, firmatq́. perfectionem. Itaq. perfecti, qui in lege veteri extiterūt, ad legem nouā spectabant, in cuius virtute spiritū perfecti amoris acceperūt. Fit ex ijs omnibus (qcōcio natoribus oībus summopere persuasum velim) Euangeliū qua tenus Euāgeliū, quoad pręcipuā illius rationē, amoris perfectionē significare: itaq́. prędicare Euangeliū idem esse, q perfectū dei, & proximi amorē prędicare. Húc igitur arcū intindere, húc oēs labores, & industriam, húc omnē doctrinā dirigere debet euāgelicus cōcionator, vt omnē hominē perfectū faciat in Christo. Erit autē perfect°, si perfectū habeat amorē. Merito autē, licet Euāgeliū cōtineat plura, vt dictū est. f. pręcepta fidei, & sacramentorū, atq. prętereà cōsilia primi, secundi, & quarti generis, de qbus supra: tamē ab amoris perfectione appellationē su mere debet. Vt enī Euāgeliū etsi gratiā & contextū euāgelicū significet, pręcipue tamē pro grā sumitur; quoniā hoc pręcipuum est: ira quamq́ Euangeliū multa simul opera moralia doceat, vt Matt. 5. 6. 7. videre est: tamē ab amoris perfectione pręcipue est appellandū. Hoc uni in Euāgelij lege pręcipuū est, vt ad Ro. 8. 7. docet D. Pau. *Nō accepistis spiritū*, inquies *seruitutis iterū in timore sed accepistis spiritū adoptionis filiorū, in quo clamamus Abba pater.*

Cùm itaq. in amore consistat perfectio, cuíq. perfectio ratio

Paul. ad Ga la. 3. Rom. 15.

Rom. 4.

Matt. 5. 6. 7. ad Rom. 8.

C 2 sit

DE SACRA RATIONE

sit, quę Euangelium constituit præsertim: sit, vt prædicare Euangelium, si exactissimè loquamur, nihil aliud sit, quàm diuini amoris, ac item dilectionis proximorum perfectionem prędicare. Cetera etiam prędicare debemus, vt quę huius perfectionis media sunt, aut effecta: qualia sunt, præcepta fidei, & sacramentorum, itē omnia opera morali˜, & religionis præcepta, & quę ad decem mandata spectant, de quibus Matth. 5.6. 7, & præterea mortificatio, contemptuq́. rerum omnium, quæ ad secundum consiliorū genus spectant, ac tandem quę ad quartum cō filiorum genus. Sic enim niti debemus Deo perfectum vndequaque parere populum, semper insinuantes ad amorē esse : ad spirandum, in quo perfectio consistit: idq́. siue in religione, siue in matrimonio viuas & quidquid operis exerceas. NāChristi Iesu amor, & gloria, noster semper scopus esse debent.

Ex his explicari facile potest quod Matt.5. Dominus dicit: *non veni legem soluere, sed adimplere*. Quod triplicem habet sensum. Nam adimpleuit, quidquid in ea pręceptū erat exactissim. è prę stans: & pręterea adimpleuit absoluens, perficiensq́. quidquid in ea docebatur, id est mysticos docens, aperiē sq́. sensus, addē sq́. illa omnia, quę ad perfectā iustitiam spectabant, quę in lege veteri non erāt apertè tradita & deniq. adīpleuit ad ea efficiēda prębēs spiritū. Qui tertius sensus aptissimus est, explicatq́. discrimē quod inter legem veterem, & nouam interesse diximus.

Sed obijciet quisquā: nonne in lege naturę præcipiebatur summa illa Dei dilectio in primo mandato, quā B. Aug in hac vita præstari non posse pronūciat? quid enim est perfectionis, quod in præceptis dilectionis & iustitiæ non sit comprehensum? In lege veteri (vt in Iob, in Dauide, in Sapientiæ libris, in Prophetis) nonne maxima insinuatur perfectio? adeò vt de inimicorum dilectione sermo sit? Nam Prouerb.5. habetur. *Si esurierit inimi cus tuus, ciba illum*: Et de cohibendis oculis, de mexima temperantia, deq́. altissimis operibus multa sunt in antiquis libris con prehensa. Immò & philosophi de summa perfectione, & (quod maius est) de IesuChristi mysterijs multa loquūtur: vt Orphæus, Apollo, Sibyllæ, Plato, Socrates, Epictetus, Aristides: quid Seneca:

CONCIONANDI LIB. I. 37
Seneca? Vtinam libros hosce Theologi euoluerent: reperirent proculdubio in his mirabilem sanctitatem. Præter hæc omnia, fuerunt in lege naturæ, & veteri viri sanctissimi: quales Enoc, Iob, Abraham, Dauid. Nonne dictum fuit Abrahæ, *Ambula co-* *Gene.*17. *ram me, & esto perfectus*? Nonne Dauid Psalm.72. *Quid mihi in cæ* *Psalm.*72. *lo & a te quid volui super terram &c*? Cur ergo perfectionem Euangelio ascribimus, cùm eam verbis & exemplis lex naturæ, & vetus tradiderint?

Sed quod ad exempla attinet, sicut supra dictum est, posse quemquam in statu imperfecto viuere perfectè, & etiam in statu perfecto imperfectum existere: ita etiã de statu veteris legis philosophari possumus. Potuit quidem Iudæus perfectus esse sicut Dauid. Quod cum ita sit, proh dolor! quot sunt christiani imperfecti? Sed hi certe iuxta spiritum ad statum Iudæorũ pertinent, sicut rursus Iudæi, qui spiritu perfecti erant, ad christianum statum pertinebant. Quòd verò attinet ad obiecta ex libris, negare non possumus, quin in libris citatis, & mysteria fidei insinuetur, vt auctores sunt Theodoretus in libro de affectibus Græcorũ, Nicephorus in libro de Ecclesiast. historia: quini mo reuera in commemoratis Philosophorum libris, de mortificatione innumera sunt præcepta, & consilia. Ceterùm omne genus consiliorum nullibi præterquam in sacro Euangelio, est ita appositè explicatum, & (vt diximus) per quattuor genera distributum, vt nihil perfectionis desideretur, & eo ordine digestum, vt certis gradibus ad finem peruenias: itemq́; nullibi finis hominis, hoc est beatitudo, ita fuit apertè declarata, vt in Matth.5. vbi in rebus corporeo appetitui aduersantibus cõstitui- *Matt.*5. tur, & omnia simul consilia concinnè, absolutè, & distinctè enumerantur. Itaque hoc totum Euangelio acceptum ferre debemus, quòd perfectionis legem integram, & absolutam, phrasi plana, & syncera nobis exhibuerit, eamq́; Christus Dominus noster non verbis tantum, sed re etiam ipsa, hoc est exemplo confirmarit. Igitur tametsi perfectionem affirmamus nunquam fuisse ante Christum. Dominum nostrum sic à tenebris erutam, & in aspectum, lucemq́ue prolatam, clareq́ue & gra-
C 3 pluce

DE SACRA RATIONE
plicè verbis, & exemplis descriptam:tamen non negamus in diuinis naturalibusq́; præceptis eam contineri. Certè enim nihil perfectius esse potest, quam primum mandatum, vbi & ex obiecto, & ex modo summa perfectio præcipitur. Docemur enim in eo quantùm fieri possit Deum amare: Deum, inquam, per fidem cognitum, quæ docet infinitam, & in comprehensibilem Dei bonitatem. Porrò voluntas magis amat, quàm intellectus cognoscat: amat, enim, apertè & expressè. Nam cognitio in nobis est, amor vero est extra nos: vnde diligimus Deum vt in se ipso est, non vt in nobis cognitus est. At in se ipse incomprehensibilis est: in nobis vero finito modo cognoscitur. Igitur cum primum præceptum supremam dicat amoris extensionem, & intensionem, dubitari non potest quin absolutissimum sit. Quare prætermissis præceptis de fide & Sacramentis, atq; consilijs primi & secundi generis, quæ media sunt ad finē, atq; si vis, quarti generis, quæ effecta sunt: quod attinet ad perfectionem, nihil legi naturali, quę de dilectione est, iuxta fidem intellectę, Euangelium addit, sed tantum illam explicat, latentiáq; in ea eruit, & occultata pandit.

Hactenus satis dictum est, quid prędicandum sit. Nolim autem Euangelicos concionatores in explicando quodnam sit peccatū mortiferum, & quodnam veniale immorari. Immo velim eos de Euāgelica perfectione ita ad auditores loqui: Hęc perfectio est Auditores: hāc si amatis, rectà ingrediemini, longi usq́. aberitis peccato. Sed quid dicam de ijs, qui (quod meos meminisse animus horret) ad peccata venialia quandam liberaliter concedunt hominibus licentiam? Nimirum ita illi : Certe licet bono animo paulisper ludere, saltare, vestibus indui prętiofis, vultum, quò pulcrior appareas, fucis & vnguentis linire, & id genus alia. Hoc certe est Reipub. Christianæ pestem, & exitium inferre. Cum enim homines hodie propensissimi sint ad malum, & sibi ipsi licentias immodicas vsurpent; deprauatum q́. sit innumeris peccatis, pessimiq́; consuetudinibus vulgus, vt 2. ad Tim. 3. satis docetur: quid vtilitatis proueniet ex hac concionādi ratione? immo quid nō damni? Nonne in omni opere, & in
con-

2 ad Tim. 3

CONCIONANDI LIB. I.

concionando maxime(qu**ę** in Ecclesia exercitatio est potissima)omnium circu**st**antiarum habenda est ratio? cur igitur nõ expendunt concionatores tempora,& mores,& personas, vt videant quantùm sit necesse non laxare habenas,sed potius cõtinere?Praeterea vnde obsecro acceperunt talē pr**ę**dicãdi modum?Rogo;an ex sacra Scriptura?an ex Sancti**s**?Certè cùm per fectissima qu**ę**q. ad mortificationem, & amorem spectantia totis viribus omnes concionatores sancti praedicauerint, hi praedicant longe aliter,& aberrant à tritis Patrum nostrorum semitis:itáque cùm se concunatores Euangelicos esse profiteantur;certè turpiter mentiuntur.Nam cùm eam agant personam,cuius est munus Euangelicam perfectionem praedicare; ipsi quidem id praedicant quod impedimentum perfectionis esse solet,quodq́. illi quodammodo obluctatur?

Sed ais forsan tu qui sic concionaris,Diuum Thomam s**ę**pe ea quae tu praedicas,licere affirmasse.At ego sic contra: Similiter posses praedicare licere cuiquam vxorē alienam osculari, quia DiuusThom.apertè,si id bono animo fiat,licere pron**ū**ciat.Vide ergo tuipse an concionatorem hoc docentem laudaturus sis. Certè à Diuo Thom.definita sunt multa,non vt ea populum doceas; sed vt tu ipse scias, & rogatus respondere possis,& in sacris confessionibus intelligas quid peccatum mortiferum,quid veniale,quid non peccatum , quid perfectio sit. Concionatori igitur sanctus Thomas non suppeditat semper concionandi materiam:sed diluit difficultates,ne veritas ignoretur.Consule autem Diuum Thomam in concionibus(nam multas reliquit ille scriptas)videbit́q. quàm alius sit ab ea, quã in scholasticis libris sustinet personam . Imitare igitur eum cum concionaris concionantem ; imitari veró , vt decet , in cathedra, in colloquijs,in audiendis confessionibus disputantem.

Sequitur ergo ex ijs , qu**ę** actenus dicta , & explanata sunt, concionatorem Euangelicum , vbi peccata mortifera inter dicendum inciderint,debere acriùs illa detestari, & auditores ab eis deterrere : in peccata autem venialia inuehi;

2.2.q.154.
a.4.in cor.

C 4   sed

sed mitiùs. Quæ quidem res ciusmodi est, vt eam etiam indocti præstare possint. Quis enim non alterum monere sciat, ne peccet? At verò vbi de perfectione Euangelica dicitur: hûc ner ui omnes intendendi sunt, hîc viribus, rationibus & persuasio nibus opus est, in hoc concionatorem Euangelcium omnem suam operam impendere oportet, vt etiam ea, quæ non sunt necessaria, & quæ prætermittere non est peccatum persuadeæ t: atq. id quidem nõ frigidè, sed summo cum animi affectu atq. conatu. Nam vt à veneno deterreas non multis opus est verbis: at summi laboris est atq. industriæ, ab his, quæ licent, sed non expediunt, animos auocare.
Sed obijcies multa hîc residere pericula. Primùm enim arbitrabuntur (dices) christiani, esse peccata mortifera, quæ peccata non sunt, si tam acriter in ea inuehamur. Deinde, cum maioris momenti sit persuadere præcepta, vt quæ necessaria sint ad salutem; nõ debemus illis prætermissis. consilia præsertim prædicare. Tandem afficietur atq. angetur populus vehementer, cùm se viderit tam longe à perfectione Euangelica distare.

Cm. Tridẽ.
ses. 24. c. 7.
ses. 5. c. 3.

His vt respondeamus, primùm proponendum est, ex sacro Conci. Triden. vehementer esse concionatoribus & Episcopis commendatum, & Parochis presertim, vt certo & constituto. tempore, quæ sunt necessaria ad salutẽ, Christianus populus ab ineunte ætate doceatur; quò instructi omnes in lege sint, quam profitentur; sciant omnia legũ genera; sciant omnia omnis generis mandata, naturalia, iuris positiui, diuini; ac etiam sciant ef se leges humanas, Ecclesiasticas, & Ciuiles; sciant quid sit consilium, & quot sint consilium genera, quæ illorum commoda, & quid sit propriè Euangelium. Et hoc quidem parochorum præsertim est munus.
Si ergo in ijs esset instructus populus; tunc concionator Euã gelium seriò & ex professo prædicaret, nullumq. incommodũ, sed ingẽs vtilitas in eius prædicatione sita esset: quippe quia sci ret populus, quænam futura esset vita christiana, & forte plures christianè viuere vellent.
Sed cum tam infelicia sint tẽpora, vt populus sæpe etiã ea quæ
necessa

CONCIONANDI LIB. I. 41

necessaria sunt ad salutem ignorer:fateor oportere nunc maximè(tametsi semper id fieri debeat)ita prędicare verbum, vt præcepta semper interponantur,habita temporis,loci,persona rum,negotiorum,& eius Euangelij,aut festi,de quo agitur, ratione.Illud tamen semper pro certo constitue;Euangelicã per fectionem suadendam esse.Ita enim fiet,vt christianus populus in fide,& in lege,& in Euangelio pariter instructus sit. Non est necesse me hoc loco dicere,populũ iam satis,atq. adeò plus satis doctum esse in discernendo peccatũ mortale à veniali,& à perfectione,ideò vt quoties vel puellã reprehendas,tibi mox acutula respondeat:hoc non est peccatũ mortale. Quare nihil est certè periculi,si perfectionem persuadeas.Sed neq. ego vero, quin aliquãdo,si oporteat,ita dicas:Perfectio hæc est,Auditores, quam prædico;Euangelium est:sed vestra res agitur; Christiani enim estis,non Iudęi,nonGentiles,naturali tantum ratione viuentes:Euangelium à me prædicari poscitis,itaq. prę dico,& iure prædico, vt intelligatis, quæ vos homines christia nos deceant,atq. humiliemini vestram considerantes imbecillitatem,& conemini semper ad maiora,neq.in Christi dilectio ne, & obsequio vnquam aliquid satis esse ducatis ; cùm lex nostra amoris sit;cùm nos Deus vere dilexerit,& diligat; cùm amantem redamare æquum sit.Rectè igitur facies si hæc, qua dixi,ratione aliquid ad perfectionem pertinere auditores do. ceas:non autem si(vt fieri sæpe solet)tamquam per ludibrium id dicas;quasi non multum referat id corde excipere & re præ stare. Quibus addiderim;ex hac prædicandi ratione populum à peccatis omnibus vehementer deterreri.Si enim tanto cona tu perfectionem suadeo, nonne imperfectionem damno? non ne peccata detestor?Verbi gratia; si suadeo ne virginem cõspicias;quanto magis,ne quid minùs honestum committas? De ceteris eodem modo licet virtutibus,& vitijs disserere.

Hacten⁹ de materia in qua,&circa quã. Vnde colliges etiã ma teriã ex qua desumēda sit doctrina.Desumēda enī est ex scriptura,ex Sanctis,ex Ecclesia,ex libris pijs,ex historia Ecclesiastica & humana, atq. ex sancto Tho. Hi enim libri suppeditãt doctri nã,exēpla,& solidas veritates,atq. vtiles.Hi sunt fontes ex qbus.

42   DE SACRA RATIONE

catho'ica,sanctq,& vtilis doctrina manat:quare non est quòd quasdam nobis fodiamus cisternas,quę continere aquas non valent. Hęc ideò à me dicuntur,vt intelligas,non à viris, quos nescimus fuisse sanctos,doctrinam hauriendam:sed ex Christo Iesu,qui fons est aquę viuę, & ex sanctis doctoribus: quoniā & ipsi de fonte Domini nostri IesuChristi doctrinā imbiberunt.

Ex scripturis quidem veritates primum sunt decerpędę. Vti nam,ô concionatores ea omnia annūciaremus Christiano po pulo,quæ Deus populū suū doceri voluit. Nam vt ait Paul *Omnia quæ scripta sunt ad nostrā doctrinā scripta sunt*. Si ex hoc fonte hauriremus aquas,multa quę prędicamus,nequaquam prędica remus. Nam,obsecro, danturne in sacrosanctis litteris homini bus licentię? Nonne minima quæque potius prohibentur?

Rom.15.

Præterea phrasis scripturæ obseruanda est:nam cum diuino fungamur munere,& in doctrina,& in genere dicendi Deum imitemur oportet.

Ecclesia verò vtilissimā prębet doctrinā ad cultum ecclesiasti cū spectante:scilicet de reuerētia tęplorum,de ratione sanctarū piarumq́.vestiū,de imaginibus,de ieiunijs,& id genus ceteris. Porrò vtilissima &pijssima sunt multa in concilijs,&in Iure ca nonico,presertim in Decreto ad coseruādā virę integritatem.

Ex sanctis verò doctoribus,quos magistros nobis dedit Eccle sia,Gręcis &Latinis,modus interprętādi scripturas sumendus: nō ex Rabbinis:nō ex hęreticis:nō ex hac labe,quæ irrepsit; vt obliuioni fere datis sanctis,toti in hoc hęreamus, vt inuestige mus an sic vel secus in Hebręo, vel in Græco libro scriptum sit;an sic vel secus hic,aut ille transtulerit. Cur concionator trās grederis terminos Patrum tuorum in concionando ? Quādo interpretaris scripturas,licet tibi,sed temperate,vt fecit Beatus Hieronymus,originum,& versionum habere rationem:sed in ter concion andum nō aliter interpretanda est scriptura quàm fecerint sancti,quippe quia ij certè sunt,qui scripturæ spiritum sunt assequuti, quique recte neuerunt eam populo interpre tari. Esto tu igitur illorū discipulus,& eris bonus magister. At ve rò quāquā sancti oēs optimi magistri sint,seligēdus est tibi vnus

Alequis ex Guilis c.n·

vel

CONCIONANDI LIB. I.   43
vel alter, quem sequaris præsertim ceteros etiam perlustrans. *cionatori*
Si vis allegoriis, B. Aug. magister est præcipuus: si anagogias, B. *præalus eß*
Ambr. si mores, B. Gregor. si contextu, B. Hierony. B. aut Chri *gendas.*
sost. præstantissimus concionator fuit, quamquam acerrimus.
Sed quamuis ex his vnus vni tibi muneri præsertim deseruiat:
tamen omnes omni bona supellectile referti sunt, & in coru
vnoquoq. dogmata, pietate, & omne sanam doctrinā reperies.
Ex historia etiam Ethnicorum, dicta, vel facta potes desume
re. Nam & B. Paulus Athenis prædicans, & ad Titum scribens,
Poëtas citat: & Dūs in Euangelio vulgaris vtitur prouerbijs.
Ex libris pijs speciales doctrinas, & actiones pias accipere pos
sumus. Est enim valde vtile explicare, exprimereq̄. peculiares
virtutum & vitiorum actiones: & præterea exempla virorum
sanctitate insignium, quæ libris huiusmodi commemorantur,
ad commouendos audientium animos aptissima sunt,
Tandē ex sancto Thoma solidæ veritates habētur, quas nō
ignorare est omnino necessarium. Non aute, vt dictu est, oēs
vesitates prædicandæ sunt. Nō enim prædicatio instituta est ad
decidendas subtiles difficultates, sed ad populum in fidei veri *1.p. in præ*
tate & integritate atq. vitæ candore erudiendū. Nam D. Tho. *mio.*
doctrinā, quam in Summa Theologiæ tradit, lac & puerorū ci *In præfatio*
bum appellauit: scripturam, sanctosq̄. doctores cibum esse so- *ne 1 partis.*
lidum asseruit. Tu ergo dum annūcias Euangeliū, non lac, sed
cibum solidū christiano populo porrige. Quod si lacte pascere cum oportet, non difficili & subtili, sed facili atq. vtili vten-
dū est. Sed quæcet quispiā: semper ne eadem doctrina prædicā
da, nimirū ea, quæ ad ædificationē spectat? Respōdet D. Paul. 1. *Paul. 1. Co*
Cor. 1. *Sapientiā aūt loquimur inter perfectos.* Omnis ergo generis *rint. 1.*
doctrina prædicāda est, & omnis generis doctrinā continet scri
ptura: sed p personarū ratiōe aliter atq. aliter est prædicandū.
Quod præserum propter abditissima christianæ religionis my
steria dico, quæ nō oībus prædicāda sūt, sed cordatis & ingenio
præstātib⁹, alioqui em margaritas mitterem⁹ ad porcos. Opor
tet nonnūquā, vbi per auditores licet, de dogmatib⁹ fidei nō ni
hil dicere ad populū, sed facili & breui sermone; ne qd ignoret
    corum

44 DE SACRA RATIONE

Quæ phra-
si concionan-
dum.

corum, quæ saluti comparandę vel necessaria sunt, vel vtilia. Elucidandum tamen est, antequam hinc soluam, magni momenti negotium; scilicet qua phrasi prædicandum sit Euangelium. Neque enim parum refert quo genere dicendi vtaris: sicuti neq. parū refert quomodo edulia condias: quippe quia cōdimentū sępe placere magis solet, aut prodesse, quàm cibus ipse. Porrò ad materiā dicendi genus spectat. Nam qualis materia, talis phrasis: & præterea non tantùm res quæ in scriptura agitur, materia est, sed ipsa etiam phrasis: vtrumq. enim est ab Spiritu Sancto.

Satisfaciam ergo quæstioni huic, si exempla & testimonia, ac rationes in huius rei declarationem attulero. Primùm cōsidera, obsecro lector, diuini verbi seminatores. Moysen vide qui balbus, blæsusúe fuit. Deinde euolue Prophetas, & vel elegantissimum Esaiam, atq. expende eius prophetiæ prima ver-

Esai. 1.

ba : *Cognouit bos possessorem suum, & asinus præsepe domini sui.* In huneetiam modum locutus fuit nuncius ille Iohannes Baptista, cuius prædicatio de dispartiendis cibis, & vestibus, deque alijs similibus facilitate, & sermonis humilitate, tota procedebat. Lege ipsum Euangelium, & deprehendes quàm sincera, quàm familiaris in Christo phrasis: adeò vt non desint, quibus displiceat euāgelica simplicitas. Porro sicut Christus, cæteriq́. illius ministri prædicarunt, ita scriptum est; immo forte politi' scriptum est, quàm prædicatum. Tandem audi beatum Paulū

Paul 2 cor.
10. & 11.

2. Corint. 10. *Quoniam quidem, inquiunt, epistolæ graues & forteis præsentia autem corporis infirma, & sermo contemptibilis.* & eadem epistola cap. 11. *Nihilominus feci à magnis Apostolis, etsi enim imperitus sermone, sed non scientia.* Vides apertissimè notatum de hoc

Corint. 1.

beatū Paulum, quod sermone eloquēs non esset. Si ergo sum mus ille in ecclesia prædicator à Deo electus, ita fuit in dicēdo veluti rusticanus: ne Demosthenem, aut Tullium conemur imitan, si modò Christum Iesum crucifixum prædicare, & fratribus prodesse, nobis animus est. Sed & beatus ille Chrysostomus, præstantissimus certè post Apostolos Euangel'j prædicator, etsi multa, subtilia, ac pia doceat: stylus tamen pius est, ac faci-

CONCIONANDI LIB. I.

facilis, ʠ irtu & rationum firmitate, non autem verborum lenocinio innitens.

Agamus iam teſtimonijs. Eſt ille locus primus. 1. ad Corin. 1. *Miſit me Chriſtus non baptizare, ſed euangelizare, non in ſapientia verbi, vt non euacuetur crux Chriſti.* Sapiētiam verbi, vt ex illo cap. & duobus ſequentibus colligitur, eloquentiam appellat humanam. Nam quemadmodum qui cibum præclarè condîtū edit, non tam naturali quam artificioſo ſapore perfunditur, ita vbi euangelicus concionator phaleratum dicendi genus vſurpat, euacuatur crux, ideſt ſiquid affertur vtilitatis, nō verbo Dei, ſed orationis elegantiæ aſcribitur. Sed dicet quiſquam: nonne verbum Dei externo aliquo apparatu condiendū eſt, vt auidius expetatur? Abſit tantum malum. Certè enim ſi ita quis agat, ſiſtitur externo in condimento, verbum autem Dei, ne primis quidem labijs deguſtatur. Quod vel ex eo conſtat; quòd quando verbum Dei nudè ab Apoſtolis prędicatum eſt, id homines libenter exceperunt, & amarunt; nunc verò cùm fucum illi ineptum, & indecorum obtendimus, nemo eſt qui non videat quomodo ſe res habeāt humanæ, quomodo ſyncera, & vera, & apoſtolica doctrina à multis reſpuatur, vt 2. ad Timo. 4. Paulus præ dixit, inquiens: *A veritate quidem auditum auertent &c.* Quare ſimplici oratione cum chriſtianis auditoribus agendū eſt, vt ipſiſſimum Dei verbum ament.

D inde 1. Corin. 2. præclariſſimus locus eſt, *& ego inquit, cū venissem ad vos fratres, non veni in ſublimitate ſermonis annūcians vobis teſtimonium Chriſti; & ſermo meus, & prædicatio mea nō in perſuaſibilibus humanæ ſapientiæ verbis, ſed in oſtenſione Spiritus & virtutis, vt fides veſtra non ſit in ſapientia hominū ſed in virtute Dei.* Quid, obſecro, apertiús dici potuit contra inſanam eloquentiam, & contra eos, qui volunt humano colore verbum Dei commendare? An Deus eget Ariſtotele, & Demoſthene, & Cicerone? en non ſtultā fecit Deus ſapientiā huius mūdi vt ait B. Pau. Nā quia in Dei ſapiētia mūdus nō cognouit per ſapientiā Deū: placuit Deo per ſtultitiam prædicationis ſaluos facere credentes. Chriſtus quidē humanā ſapientiam infatuauit, & verbis ſtultis,

hoc

hoc est stultam quandam (humano iudicio) speciem præseferentibus, virtutem euangelicam intulit: tu vero cōtra vis ipsum Euangelium humanæ eloquentiæ viribus confirmari? Certè Euāgelium aurum est: Itaq́; tu infanus magis es quàm ille Roboam, qui scuta ærea inaurabat. Si verbum Dei habes quod suꝑ auru m & topaziō est,& super mel, & sauum, quid inauras aurum ipsissimum? quid condis ipsissimum condimentū? Non ne vides vt ꝓbro afficias verbi Dei vim, virtutē, robur, & dignitatem, si nō seipso, sed aliena ope illud cōmendare studeas? Lege etiam cap.3. eiusdem epistolæ vbi dicit, *nemo se seducati si quis vult sapiēs esse stultus fiat, vt sit sapiens.* Præscribitur ubi vt stultus mundo fias, & vis tu apparare sapiens? per stultitiam victus est mundus; & cogitas tu sapientia illum superare? Eodem spectat quod cap. 4. scriptum est; *Regnū Dei non est in sermone*, sed *in virtute.* Hanc etiam doctrinam sancta Tridentina Synodus sess.5.capi.2. docuit his verbis. *Doceant populum. concionatores sectari virtutes fugere vitia breui & facili sermone.* Breui, inquam: nam quoniam sæpe sunt concionaturi, ac populus tam ægre fert res sanctas; non permultas horas, vt olim, sed moderato tempore concionari oportet ad populum: facili vero; qui scilicet à cunctis percipi possit; sicut & locū Pauli interpretatur Diuus Thomas præsertim verba illa; *non in sublimitate sermonis.*

Iā vero doctrinā hanc rationibus cōfirmare liber. Primū de hc: esse in prædicatione congrua ꝓportio. Nam si Christū prædicas crucifixū: si stultam (vt ait beatus Paulus.1. Corint,1.) prædicas prædicationem; vt quid accurata, & sublimia verba? Nōne oportet doctrinæ phrasim consonare? Te rogo: an nō iuxta Rhetoricæ etiam præcepta, pro ratione materiȩ, de qua dicitur, ornatus quȩrendus est? Cur ergo humilitatem superbo prædicas stylo? mortificationē tumentibus verbis? castitatē lasciuientibus? Præterea graues homines grauiter oportet loqui. Cōsule principes vtrosq́. , Ecclesiæ, s. & humanȩ Reip. deprehē deq́; illos grauiter agere cūcta. Quare cū cōcionatoris officiū sit supremus; cur nō erūt eius verba grauissima? Nā etiā B Paul⁹ Tittum

CONCIONANDI LIB. I. 47

Titum, vt grauiter ageret admonuit. Confirmatur hęc ex. 1. Pet. *Paul. ad*
1. *Si quis loquitur tamquàm sermone Dei*, ideſt dignos Deo; corā quo *Tit. 2.*
loqueris. Talem ſcilicet, inquit, te in loquendo præbeó vir chri *1. Pet. 4.*
ſtiane qualis ipſe eſſet, ſi loqueretur Deus. Si ergo Chriſtianus
quicumque ſemper ita loqui debet, ac ſi Deus loqueretur; quā
tò magis Euangelicus concionator? Tandem : nonne experimur grauia, & ſana, & pia verba ad cor penetrare? cōtra vero
nimiū ornata, & curioſa, & ſpūoſa, placire qdē auribus, & laudari
ab aud.toribus, ſed & in auribus tamē ipſis & in lingua manere?
Colligitur ex ijs, quantum abeſſe à cōcionatore oporteat io
cūm omnē, verbaq. riſum mouentia. Si enim elegantior, & cō-
ptior illū nō decet ſtylus, quanto minus iocoſus? Lege, obſecro
lector Tho. Caietanum 2-2.q.198. ita docentē: *Prædicatores diui-*
ni verbi peccant recreationis gratia dicēdo aliquid ridiculi inter prædi-
candū Sed & S. Tho. aſſerit eadē q.ar.2.ad 1. excludendum eſſe
iocum à ſacra doctrina. Quam regulam ex B. Ambroſio colligit in 1. lib. de officijs S. Tho. eamq. cum ratione adeo coniunctam eſſe conſtat; vt Tullius etiam eam in rebus grauibus præſ-
cripſerit. Oportet ergo cōcionatorem eſſe ſemper grauem, &
modeſtum: æ nequa quam Quintilianum, vel Ciceronem ſtu-
dioſius ſmitari, ſed Chriſtum Ieſum crucifixum, beatumq́. Pau
lum, acæteros Eccleſiæ magiſtros, ita, vt neque latum vrguem
eorum terminos prætergrediatur.

Sed quæret quiſpiā: nonne Rhetorica vtemur, quā Eccleſia
probat? Quid ſi concionator natura & arte eloquens eſt, vt B.
Chryſoſtonus, & doctores aliquot ſancti? Certè nos Rhetoricam non damnamus, neque procul à noſtris finibus arcemus.
Cur eni Dialectica, & Rhetorica, humanas ſcilicet ſcientias, à
Deo profectas, quarum tium in ſacra Scriptura reperimus,
ſpernemus prorſus? Id igitur à concionatore poſtulamus, ne
Rhetoricæ, vel etiam Dialecticæ nimium hæreat. Non enim *Matt. 5. &*
orat pro roſtris, ſed verbum Dei pauperibus annunciat: ſi- *Lucæ 4.*
cut ſcriptum eſt: *Pauperes Euangelizantur*. Ea ergo licet illi
vti Rhetorica, & Dialectica, quæ verbo Dei ſanè, rectè,
ac piè explicando neceſſaria eſt. Deinde nefas certè eſt
verbi

DE SACRA RATIONE

3. Reg.c.19
1.Corin. 1.

verbi Dei vim velle in arte constituere: tota enim ab ipso Deo pendet, hoc est à diuino quodam spiritu, ac in interna spiritualíq́. energia. Quippe quia solus est Deus qui hominum corda mouet, vnde 1.Cor.1.scriptum est: *Neque qui plantat, est aliquid: neq. qui rigat: sed qui incrementum dat Deus.* Non enim de re humana agitur, quæ in humana persuasione consistit: sed de re supernaturali, quæ sola potest Spiritus Sancti virtute præstari. Expendant hoc, obsecro, Theologi, meminerintq́ue per simplices prædicatores fieri fructum, & factum fuisse semper in Ecclesia, experimentísq́. deprehendi, eos qui nimium arti & verborum flosculis innituntur nihil fere prodesse conscientijs. Meminerint viros alioqui doctissimos, & eloquentissim. os, vbi spiritu Dei non ferebantur, iactasse eloquentiam: vbi autem renouati sunt per nouam vocationem, anteactum concionandi modum damnasse, atq. simplicem & facilem arripuisse. Multa id genus alia auduci possunt, quæ confirmant, parcè Dialectica, & Rhetorica vtendú, neque vllo modo in eis fiduciam collocandam.

Sed forte mihi rursus ita obijcies. Immò inescabitur populus ad Dei verbum audiendú, si ornatè loquimur. Dixi iam, secus euenire: nam potius Dei verbo contempto, & obliuioni tradito, in sola eloquentia, verborumq́. nitore & splendore consistitur: ideóq. Christus Dominus noster humillimis vtebatur parabolis. Nã quemadmodú, ægrotus si forte aliquid minus sanú illi porrigas, vt eum ad meliorem cibum inuites, deuorat quidem auidius id quod minus sanum est, postea verò ad sanum nauseat cibum: ita & ægerrimus populus subtilia, pulchra, & placentia complectitur, verbum autem crucis respuit. Si ergo cuiquam vestrum quis persuadere velit, quò magis verbum Dei recipiatur, humanis coloribus, subtilibúsq́. sententijs inserenda illa esse, quæ ad salutem necessaria sunt: respondendum est ita: Absit à me, vt aures, preciosáq́. vesti inseram ex sago frustrú.

Luc 4.16.

Si enim Euangelio non credunt, cuinam credent? Maxima est certè vis puri verbi Dei. Prædica ergo, Euangelice concionator, castis, pijsq́. verbis sanctam, sanamq́. doctrinã ritè exeplo,

&

CONCIONANDI LIB. I.

& spiritu ornatam. Quòd si verbo Dei non credunt, neque si quis ex mortuis resurgat, illi credent. Quid enim? non assequeris verbo Dei instructus ædificationis effectum; & verborum humanus flos tibi cum præstabit? Potentius erit Dei verbum si illi præsidium humanum accedat? Cur insinuas humano adiumento verbum Crucis egere, cùm verbo Domini Cæli firmati sint? Dictum ergo est, prædicandum esse Dei verbum: deinde quid sit Dei verbum, quod prædicandum est: præterea ex quibus sit libris Euangelicæ doctrinæ haurienda: a dextremum qua phrasi prædicandum, vt nihil, quod ad materiam spectat, à concionatoribus desideretur.

Caput. VII. De officio concionatoris.

ID appellatur officium in quauis arte, quod si quis præstiterit, suo munere præclarè functus est. Vt eius qui ægri curam gerit, officium est, quantum possit, omnia adhibere remedia ad salutem comparandam necessaria, scilicet ad expellendos humores, ad propulsandam ægritudinem, ad restituendam pristinam sanitatem, ad vires reficiendas. At verò quia de re sacra, munereq́. sublimi sermo est nobis, quid de concionatoris officio scripturæ doceant, proferamus. Primum Acto. cap. 6. de concionatore Euangelico loquens B. Pet. ait: *Nos autem orationi & verbi ministerio instantes erimus*. Ad Timot. 1. cap. 4 inquit B. Paulus: *Exemplum esto fidelium in verbo, in conuersatione, in caritate, in fide, in castitate*, quasi dicat hæc omnia debes præstare; idq́. cumulatè, vt sis aliorum exemplum; & cōcionatoris munus ita rectè obeas. Ad Titum. 2. *In omnibus præbe te ipsum exemplū bonorū operū in doctrina, in integritate, in grauitate*. Accēde. 1. rursus ad Tim. 4. *Dum venio, attende lectioni, exhortationi, & doctrinæ*. Vide, obsecro, quot possit à concionatore sacra scriptura. Nimirum vt orationi instet, vt sacrā verset scripturam, vt sanctè inter proximos versetur, vt in eos sit misericors, vt sit zelo fidei incensus, castitate fulgens, moribus integer, grauisq́. constans, prudentia & animi fortitudine præditus, ac tandē vt exhortetur, doceat, verbūq́. Dei disse-

Acto. 6.

ad Tim. 1. c. 4.

ad Tit 2. 1. ad Tim. 4

D minet.

DE SACRA RATIONE

minet. Quæ omnia, si perstringantur, ad quattuor illa reducuntur, orationem, exēplum, lectionem, prædicationem. Hęc si nō adsint, garrulus eris, non concionator; aures demulcebis, ædificabis nihil; auicula eris rostro fortè pergrandi, alis tamen ferè destituta.

Sed dicet quisquam: de ijs officijs nunc sermo non est, quæ extra suggestum præstare debet concionator: sed de ijs, quæ in i pso, dum concionatur, suggestu. Esto ita: de ijs dumtaxat dicamus: illud tamen pro certo habentes, si desunt, quæ proposita sunt, ne quaquam posse concionatorem suo munere bene fungi ideo enim, vt fundamenta fuerunt primum iacienda, repetendaq́. erunt sæpesæpius.

f. S. ca. 2. Officia ergo concionatoris sancta Synodus Triden. paucis sinuis verbis complexa, est sess. 5. cap. 2. uempe, vt concionator persuadeat virtutes, dissuadeat vitia. Hæc ergo sunt quæ ocionatori præscripsit Synodus standa: sicque a nobis accuratius exponenda sunt, nunc ualeant in illorum verborum breuitas complectitur. Inquiramus igitur in sanctis scripturis, quæ officia concionatori tribuantur. Id hac ratione assequemur, si deprehēdamus, quænam sint illa, quæ per scripturas populo tradūtur: ea enim ipsa debet præstare concionator, cùm eius sit muneris, scripturam populo proponere ac interpretari, et quod ipsa docet totis viribus suadere.

Rom 4.15. De scriptura pronunciat B. Paulus ad Rom. 15. Quæcunq́ scripta sunt, ad nostram doctrinam scripta sunt, vt per patientiam & consolationem scripturarum spem habeamus. Itaq́ scripturæ est et patientiam gignere, & consolari, vt non tantum patienter feras, sed *D. Paul. ad* & consolationem habeas ad ipsum 2 ad Tim. 3. Ianius explicat B. *Tim. 2. c. 3* Paul. dicens: Omnis scriptura diuinitus inspirata vtilis est ad docendum, ad arguendum, ad corripiendū, ad erudiendum in omni iustitia; vt perfectus sit homo Dei ad omne opus bonū instructus. Docet, qui simplicem tradit veritatem: arguit, qui rationibus persuadet & cōuincit; corripit, qui reprehendit, confutatáq́. vitia: in omni iustitia erudit, qui perfectā in regrāq́. sanctitatem, præsertim vero ab *Isai. 8.* solutā mortificationem, & dilectionē seriò demōstrat, vt Isai. 8.

scriptū

CONCIONANDI LIB. I.

scriptũ est: *In manu forti erudiui te.* Hæc ergo omnia prestare debet cõcionator. Rursus 2.ad T1.3 inquit D. Pau: *Prædica verbũ in* 2.*Timot.*3. *sta importune, argue, obsecra, increpa in omni patiẽtia & doctrina* Importune prędicat, qui nõ tantũ in loco ad id cõstituto, sed qua cũmq. oblata occasione prędicat. Obsecrat, qui per sancta mysteria precatur, vt B. Pau. 2. ad Cor. 5. *Obsecramus pro Christo recon-* 2.*Cor.*3. *ciliamini Deo.* Ac tandem ad Tit. 1. de Episcopo ait *Amplectentẽ* ad *Tit.*1. *eum, qui secundum doctrinam fidelem sermonem, vt potens sit exhortari, & eos, qui contradicunt, arguere.*

Ex his omnibus S. Tho. in locũ citatũ 2. ad Tim. 3. colligit quatuor esse concionatoris officia: finẽ vnum. Primum officiũ & secundum sunt docere fidei veritates, & refutare falsa: quę ad speculationẽ, idest res fidei spectãt. Tertiũ & quartum sunt eripere à malo, & inducere ad bonũ: quæ pertinẽt ad praxim. Effectus, tandem vnus est; scilicet homines ad perfectum perducere. Ceterum si attentius rem expendamus, hęc quattuor duobus verbis Con. Trid̃en. complexum est. Cum enim fides virtus sit, sub virtutis persuasione, & fidei persuasio comprehensa est, & contrarius error sub vitij dissuasione. Duo ergo sunt officia concionatoris summa; in vitia inuehi, & ad perfectam legis obseruantiam auditores commouere.

Vt autẽ, quę dicimus, clariora sint, se paratim enumeremus of- D.*Tho.*2.2 ficia ad fidẽ spectantia, atq. ad ceteras virtutes: illud interim ad *q.*47.*ar.*2. monẽtes, fidẽ in intellectu speculatiuo collocari vel maxime. (quamq̃ enim fides, quęcumq. in scriptura sunt, cõplectatur; id tamẽ cõpsensu prestat, nõ praxi) ceteras virtutes in volũtate, appetituq́. sensitiuo: prudentiã vero in practico potissimũ intellectu sedẽ habere. Vnde fit, vt fides è regione ceterarũ virtutũ cõ diuidatur. Ad fidem igitur spectãt (quod ad suasionem attinet) officia hęc: tradere fidei dogmata sicut illa tradit Ecclesia: explicare deinde illa, vt antiquiores sancti & scholastici explicant; rationibus præsertim à simili: item ea persuadere: quod quidẽ solet consolari humanum intellectum: non quia rationibus catholicus innititur intellectus, sed quia lætatur cum ea quę credit

D 2

DE SACRA RATIONE

credit,videt cum ratione esse coniuncta,vel nequaquã rationi contraria:quemadmodum quamuis quis certò sciat amicum suum virum esse probum;gaudet tamen cum videt idceteros attestari. Quod autem attinet ad diluendas rationes fidei con trarias,primùm explicandus est error,sciendumq́.quid hæreticus,vel quicumq́ falsum contra veritates sanctas dicens, proprie intelligat:secundo quibus fundamentis,& rationibus innitatur;vt postquam non segniter erroris summē,infirmaq́. fun damenta ostensa sint,resutentur;deinde acrius & firmiùs,erro ris tenebræ discutiantur. Quoad ceteras virtutes Theologicas, vel morales eisdē fere gradibus pergat concionator.Si de virtute agit;doceat,explicet,persuadeat,& obiectis satisfaciat.Si in peccata pugnat;explicet vitiũ,iaciat contra illud argumenta,tã dem reprehendat,atq. excusationes falsas esse ostendat. Hæc sunt officia,quæ speciatim præstabit concionator.Hûc referun tur actiones,siue officia alia,quæ generalia sunt;vt arguere, ob secrare,consolari,animare,& id genus plura; quæ in suasione & dissuasione comprehensa sunt. Id vero præsertim doceat concionator;virtutem sectari,siue mortificationem absolutã, non modò non esse impossibile,sed esse quidem facile,& sua ue,Magni namq.momenti,& valde necessarium est officium hoc,cùm sint nonnulli qui Euangelium sequi,& sine vllo mor tali peccato vitam transigere,ferè impossibile arbitrantur.Hęc omnia concionator aduertat,expendatq́. Hęc enim præstita (si modo ea bene quis præstat)ingentem afferūt auditoribus in via Domini vtilitatem.Hîc tamen aduertendum est in præstã dis his officijs, non tantùm virorum perfectorum, sed etiam paruulorum, & tyronum rationem habendam esse; vt vnicuique pro suæ vocationis ratione dissuadeamus falsa, & iniqua,& persuadeamus vera & vtilia.Porrò hûc referendum est officium illud quod cuncti norunt scilicet mouere;item & delectare,ita tamen vt Christianum concionatorem non dedeceat.Hoc enim si castè fiat,& modestè,solet persuasionem ad iuuare:sin minus,solet potius impedire.

Sed quæret quisquam, cur inter officia præcipua non po-
fuerim

CONCIONANDI LIB. I. 53

posuerim delectare auditores; cum hoc sit vnum ex ijs, quæ in oratione maximè requiruntur; quo nimirum fit vt libentius audiant auditores? Huic ego respondebo, id quod de honore soleo dicere. Nusquam in diuinis litteris laudatur (quod ego sciam) quod quis sibi honorem quærat: immò Iohan.5.scriptum est; *Quomodo potestis credere qui gloriam ab inuicem accipitis, & gloriam, quæ à solo Deo est non quæritis?* De fama tamen in vtroque Testamento multa dicuntur: & ipse Dominus præcepit, vt luceat lux nostra coram hominibus. Eodem modo vt concionator delectet nullibi in Scriptura præcipitur: vt autem moueat præcipitur multis locis; vt, Lucæ.24. *Nonne cor nostrum ardens erat in nobis, dum loqueretur in via, & aperiret nobis scripturas?* Vt consoletur, sæpe numero Beatus Paulus præcepit; adeò vt 2.Corint.1.appellet Deum totius consolationis; ac passim doceat, consolationes non deesse seruis Dei. De delectatione autem idem Paulus insinuat 2.Timoth.4. insigni illo in loco: *Prædica opportunè, & importunè.* importune scilicet mundanis hominibus, qui nolunt audire verbum Dei: alioqui sermo bonus semper est opportunus, sicut & oratio in omni loco ex eodem Paulo. Cur igitur ò Paule tam instanter prædicandum? Quia veniet (inquit) tempus cùm sanam doctrinam, illam scilicet, quæ ad salutem, ad despiciendum mundum, ad sectandam omnem sanctitatem, veritatemque ipsam vtilis est, non valebunt ferre homines; quippe quia ij, qui ex Deo non sunt, verbum Dei audire nolunt. Sed ad sua desideria coaceruabunt sibi magistros prurientes auribus. Coaceruat magistros (teste D. Thom.) qui indignos, & insufficientes multiplicat: & is potius coaceruat, qui quattuor indignos quàm is, qui cētum dignos multiplicat. Nam de dignis Sapien.6. scriptum est: *Multitudo sapientum, sanitas est orbis terrarū.* Prurire est verbum significans scalpendi libidinem. Quod vulgo dicitur: *tener comezon.* Quare prurire auribus dicitur qui illas scalpit, seu titillat, & quò magis scalpit, tanto maiorem in illis pruritum excitat, ita vt semper audire noua, inaudita, curiosa, & quandoque noxia concupiscant. At noua excogitare non debet cōcionator, sed vetera

Ioh.ad 5.

Matt.5.

Lucæ. 42

2.Corin. 1.

2.Timo. 4.

Iohan.8.

Sapien.6.

D 3 persua-

Acto. 17.
Pro. 9.

Esai. 30.

persuadere. De quibus Acto. 17. *Athenienses ad nihil aliud intendebant, nisi audire, aut dicere aliquid noui.* De quibus etiã Prouc. 9. *Aquæ furtiuæ dulciores sunt.* Qui igitur prędicant populo talia, hi sunt qui pruriunt auribus, idest, pruritum auribus faciunt scalpentes illas verbis placidis, vt auditores delectentur. De quibus Esaiæ. 30. *Dicite nobis placentia,* quæ scilicet non ad pœnitentiam prouocent, sed pariant delectationem. De quibus Propheta: *Non ad penitentiã prouocat.* Vnde fit, in quit, B. Paulus, vt à veritate auditum auertant, & ad fabulas conuertantur: non quidem poëticas (has enim è pulpito nemo dicere auderet) sed ad alia quædam (vt inquit D. Thom.) mira, non autem veritati Euangelicæ conuenientia. Fabula enim composita est ex miris, à quibus veritas abest. Ad argumentationem igitur ita respondeo. Oratoribus humanos scopos esse propositos, ideoq́. rectè eos facere si auditoribus delectationẽ afferant: at nobis nullã aliã delectationem, quàm Spiritus Sancti consolationem esse desiderandam. Quod autem nobis tamquam inuictum argumẽtum obijciunt, hac ratione delectari populum, facileq́. persuaderi: soluetur facilè si dicamus, tantùm id à veritate abesse, vt immò contrarium euenire ipsa passim doceant experimenta. Certe non delectabant populum sancti concionatores, sed lacrymas, & suspiria ciebant. Quod quoniam hodierni concionatores nõ faciũt, accidit (quod verissimis lacrymis deplorandum est) vt assuefactus hodiernis prædicationibus populus, diuinam legem obliuioni det, neque id quod verè Dei verbum est, libenter satis audiat. Itaque impletur, quod scriptum est: *Faciunt, vt obliniscatur populus meus legis meæ propter somnia eorum:* & illud. *A Prophetis Hierusalem egressa est pollutio in omnem terram.*

Relinquitur ergo ex his omnibus, officia concionatoris Euãgelici, oportere esse Euangelica: hæc scilicet, sermone facili, & simplici, & qui dignus sit viro Apostolico, persuadere virtutes omnes, & dissuadere omnia vitia, ita vt ad Euangelicam perfectionem populum impellamus: vt ex B. Paulo, & S. Conc. santisq́. Patribus declaratum est.

Caput

Caput. VIII. De instrumentis concionatoriis.

DE concionatoris instrumentis dicturus, inuestigandum accuratius in primis censeo, quænam sint illi necessaria, vt munere sibi iniuncto rectè fungantur. Certum est autem quattuor ea esse: scilicet vt primò excogitet dicenda; secundò excogitata disponat, dispositáq. ornet, vti par est; tertiò memoriæ, disposita, ornatáq. commendet; quartò ijs aptam, & decoram actionem adiungat. Hæc enim si effecerit, nihil est quod in illo amplius requiramus.

Ad hæc quattuor munera concionatori Euangelico obeunda, & generalibus, & præterea peculiaribus ac proprijs est opus instrumentis. Deprehendimus enim omnes ferè artifices communibus quibusdam vti regulis, habereq. præterea proprias, quibus muniti, rectè suo munere fungantur. Nam exempli caussa in arte medendi, Medicus iuxta Dialecticam disserit, sicut & quicunq. alius Philosophus: sed præcepta quædam habet specialia, quæ non habet Astronomus.

Generalia ergo concionatoris instrumenta, sunt tres illæ facultates, Dialectica, Rhetorica, Poetica. Dialectica docet inuenire, & disponere; Rhetorica eloqui; Poëtica verò iustam & accommodatam præstat actionem, ac pronunciationem. Memoriæ autem præcepta ex Physiologia petuntur.

Habet etiam Theologus propria quædam præcepta supradictis quattuor muneribus respondentia, de quibus suo loco. Nunc verò de generalibus instrumentis dicamus; non quidem ex professo; nam cum ijs agimus qui Dialecticam non ignorãt; sed ita solùm, vt quæ Dialecticæ oblitis, aut ijs, qui non satis inuentioni, & dispositioni vacarunt, necessaria videantur, tradamus. Perstringam igitur, quæ meo iudicio huic instituto satis sunt: adducamq. exempla Theologica, vt labore vno multiplicem fructum pariam.

Sed

DE SACRA RATIONE

Sed constituere primum oportet, duplex esse thema, quod potest concionatori disputandum proponi: aliud enim est simplex, vt si concionator de virtute aliqua disserat, vt de oratione, ieiunio, eleemosyna: aliud vero compositum; vt si doctrina aliqua tractanda proponatur, verbi gratia, *Pauperes euangelizentur*: vel etiam integra aliqua pars Scripturæ exponenda sit. His ita constitutis de Inuentione generali primum disseramus.

LIBER

LIBER SECVNDVS DE
PRIMO CONCIONATORIS INSTRVMENTO, SCILICET DE INVENTIONE: IN quo decem illa loca Dialectico, & Rhetori communia breuissimè explicantur, ex quibus concionator rationes sumat ad explicandum, probandum, confutandum quoduis thema sibi propositum.

Caput. I. In quo decem loca enumerantur, & facili, ac accommodato exemplo explicantur.

QVAM quam de Inuentione multa sint à multis doctè conscripta, præsertim à Rodolpho Agricola, qui iustum de hoc argumento edidit volumen: tamen mihi semper placuit ea opinio, quam ex antiquorũ penetralibus hausit Petrus Iohannes Nunnensius Valentinus, vir certè ad omnes artes, & res vtiles pertractandas mirè factus: qua nimirum decem loca Inuentionis traduntur, quæ memoriæ gratia ita licet enumerare. *In libro de consti. artis Dialect.*

Proposito themate, si simplex sit, vnius tantum vocis, si compositum sit, singularum vocum indagare oportet nomen, caussam, effecta, definitionem, partitionem, subiecta, adiuncta, consentanea, & dissentanea, & quæ de ijs circumferuntur testimonia. Nihil enim ad rem aliquam spectare potest, quod ad vnũ ex his locis non referatur: quamquam sint, qui in sex loca decẽ ista reuocare tentarint. Sunt itaq; hæc loca veluti capsarum, pyxidumúe tituli, qui indicant, vbi aromata condantur.

Exemplum sit in nomine, Euangeliũ: in quo primùm, si nomen perdendas, bonam significat annunciationẽ. Nam de Euãgelio prophetauerat Esai. ca. 40. *Quàm pulcri pedes euangelizantium:* Et Angeli decantarunt pastoribus, *Euangelizo vobis gaudium* *Esai.c.60. Luca.ca.n dium magnum.* Cauſſa eſt Chriſtus. Effectus eſt, inſtauratio totius mundi alioquiruentis ad interitum. Subiectum ſunt homines. Aiuncta ſunt miracula, præceptaq́. Eccleſiæ. Conſentanea ſunt, quęcumq́. à Philoſophis, hominibuſue morali probitate pręditis dicta, & acta ſunt. Diſſentaneusdeniq. eſt mundi amor. Hæc itaq. perſtrinxiſſe libuit, vt veluti depicta ob oculos cuncta haberemus loca. Modò de ſingulis breuiter agamus. Nõ enim Dialecticũ modo agimus, ſed concionatoris aliqualem adiutorem.

Caput II. De loco à cauſſis.

SED quamquam memoriæ gratia primo loco nomē collocauerimus: à cauſſis tamen initium ſumendum eſt. Nam iuxta rectam methodum, à notioribus, ſiue ab ijs, ex quorum cognitione reliqua pędent, in omni negotio ſumendum eſt initium.

Lib. 1. Eth.
cap. 3. docet
Ariſtotelu.
Ariſte. 1.
Phyſic. c. 1.

Cauſſæ autem ſunt, à quibus tota pendet cognitio. Immò, ſi per tempus liceret, vobis, niſallor, oſtenderem apertè, omnia loca ad cauſſas, & effectus eſſe referenda. Nihil eſt enim, quod iuxta cauſſas, & effecta non debeat explicari. Quidquid enim eſt, quod ad rem pertinere poſſit, eam vel iuuat, vel oppugnat, vel ab ea proficiſcitur. Porrò quæ rem iuuant, rei cauſſam, & effecta iuuant, & propugnant: contraria verò, rei contrariantur; veluti caſſæ efficientes, vel formæ contrariæ, aut etiam finis aut materia aliter, quàm oportet diſpoſita. Quare omnia ad cauſſarum naturam quodammodo exigenda ſunt. Sed prætermittamus hæc modò: ſatis enim eſt aperuiſſe exactam rerum cognitionem à cauſſis, & effectis pendere.

Iob. 5.

Cauſſa itaq. (vt à definitione proficiſcamur) illa eſt, cuius vi aliquid ſit. Vnde Iob. 5. *Nihil ſine cauſa fit.* Itaq. quidquid fit, à cauſſa fit: & cauſſa eſt, quæ rei producendæ vim habet.

Cauſſarũ genera Plato ſex eſſe voluit: Materiã, Formã, Efficientem, Finẽ, Exẽplar, & Inſtrumẽtũ. Reprehẽditur tamẽ Plato à quibuſdã, quòd abſq. cauſſa cauſſas multiplicarit: quãdoquidẽ exẽplar & inſtrumẽtũ ad efficiẽtẽ cauſſã reuocari poſsũt. Nõ co inſicias.

Sed

CONCIONANDI LIB. II. 59

Sed non est huius loci de hac re disputare. At Plato exemplar inter caussas adnumerauit, vt per Ideas perfectiones Dei apprehendi possent. Sunt enim in Deo infinitæ perfectiones, quas ideas appellare licet: sicut in vnoquoq; nostrum ideæ sunt, signæ exemplaria illarum rerum factibilium, quas noster cognoscit intellectus. Hoc genere argumenti frequentissimè scriptura vtitur, ab exemplo nos monens. Vt quando Christus dixit, *Exemplum dedi vobis, vt quemadmodum ego feci vobis, sic vos faciatis.* Item: *discite à me quia mitis sum, & humilis corde.* Item: *diligite inuicem, sicut dilexi vos.* Quo item genere argumenti vtitur beatus Petrus dicens, *Christus passus est pro nobis, vobis relinquens exemplum, vt sequamini vestigia eius.* Et id genus mille sunt loca, in quibus ab exemplari argumenta ducuntur. Mouent autem vehementiùs, & se animis auditorum faciliùs insinuant, & tenaciùs memoria retinentur exempla. Quare Theologis familiarissima esse debent, præsertim apud vulgus imperitum. Instrumenta præterea retulit Inter caussas Plato, quæ sunt etiam ad argumentandum vtilissima: sicut ad Corinthios 1. cap. 3. *Dei sumus adiutores.* Sumitur autem efficax argumentum ad rei nobilitatem commendandam, si caussa præcipua instrumento præcipuo vtatur. Sic loquitur beatus Petrus, *Non corruptibilibus auro, vel argento empti estis de vana vestra conuersatione paternæ traditionis, sed pretioso sanguine agni immaculati Christi &c.* Quamquam ergo dicturi sumus de hac re posteà: interim concionatores intelligant celeberrima esse hæc duo loca in Scriptura. Tota namq́; doctrina de vitando conuictu, & consuetudine hominū vitijs deditorum hoc loco nititur: vt 1. Corinth. 5. & Galat. 5. *Modicū fermentum totam massam corrumpit.* & 1. Corinth. 15. *Corrumpunt bonos mores colloquia praua:* Et Hebrę. 12. Ideoq́; *& nos habentes tantam impositam nubem testium, deponentes omne pondus, & circūstans nos peccatum p'r patientiā curramus ad propositum nobis certamen.* To tą́q́; ministrorum Dei doctrina (de qua 1. Corint. 4. *Sic nos existimet homo &c.* ex loco ab Instrumento petēda est. Hæc igitur diximus, vt vberiorem inuentionis materiam concionatori præ-
laremus: alioqui instrumentū ad caussā efficientē, exēplar
ad-

Quare Platonis exēplar fecit caussa genus.

Ioh. in 13.
Matth. 11.
Iob. 3. 13. &
25.
1. Pet. 2.

1. Cor. 3.

Epist. 1.

1. Corint. 5.
Gala. 5.
1. Cori. 15.
Heb. 12.

1. Cori. 4.

ad formam, seu etiam efficientem reuocare possumus.

Caput III. De caussa finali.

Quattuor itaq. sunt caussarum genera. Horum primū finis est: primum inquam, vt Arist. ait, in intentione. Quare d'illo primùm dicendum est; cùm à fine etiā cetera pendeant. Finis definitur, cuius gratia aliquid fit. Est hoc genus argumenti præstantissimum. Finis enim est, quo consequuto res perficitur; quique scopus est agenti præfixus; quique vtilitatem, & iucunditatem solet adferre. A fine autem laudantur omnia. Vnde beatus Paulus. 2. Corin. 4. seipsum ad aliorum ædificationem commēdat. Non inquit, *sumus sicut quidam adulterantes verbum Dei, sed sicut ex Deo coram Deo in Christo loquimur.* Quibus verbis insinuat se non in aliud, quàm in Dei honorem, ac proximi vtilitatem verbum Dei annunciare. Id ipsum Philip.1. *Quid enim dum omni modo Christus Euangelizetur siue per veritatem, siue per occasionem.* Quod ad Phili.2. explicat dicens: *Omnes qua sua sunt quærunt.* Et Iohan. 8 *Non quæro gloriam meam, est qui quærat, & iudicet.*

A fine sumitur distinctio. Vnde lex, & Euangelium à fine distinguuntur. lex enim bona pollicebatur temporalia, puerosq́. veluti pedagogus instituere nitebatur: nihil enim ad perfectū adduxit lex: at Euangelium omnem hominem in Christo perfectum facere studet. Distinctio vitæ, & status, à fine sumitur præsertim. A fine sumitur ratio omnium quæ agenda, vel cognoscenda sunt. Ita beatus Pau. 1. Cor. 6. & 10. *omnia mihi licent, sed nō omnia expediūt.* & ad Philip. 3 *Omnia arbitratus sum stercora, vt Christum lucrifaciam.* A fine denique suademus, & dissuademus: opera probamus, aut reprobamus. Vt, si Christianus es, vide in quem finem vocatus es, nempe vocatus es in perfectionem. Qua enim alia de caussa baptizatus es, quàm vt exuto veteri homine, Christum Iesum induas? Item cum dicat B. Paul. 1. Cor. 10. *siue manducatis, siue bibitis, siue quid aliud facitis, omnia in gloriā Christi facite: vt quid obsecro, Christiani saltant?* vt quid

præ

CONCIONANDI LIB. I.

pretiosam comparant vestem, vt quid vana loquamur, aut agunt? Cùm enim hæc facientes à fine legitimo diuertant, opera hæc mala sunt, & in ijs venialis saltem culpa committitur.
Ecce ex fine colligitur, quid mortale, quid veniale sit, quod opus non sit cum ratione coniunctum, atq; ad honestum finē destinatum. In quem sensum (licet & alium habeat) accipi illud potest Matth.6. Si oculus tuus fuerit simplex, id est, si tota tua intentio feratur in Deum, si sit in quam simplex, nō mistus cum affectu aliquo terreno, tunc totum corpus lucidum erit, id est omnia opera erunt lucida, pulchra, pura, & Deo grata. Contrà verò si aliter, quàm propter Deum, intueatur oculus tuus etiam illa, quæ extra Deum non sunt: eueniet, vt bona opera tenebrosa sint. Ex quo intelligitur, quàm à vero scopo aberrent illi, qui suis operibus bonam quandam, vt ipsi dicunt, intentionem pretendunt, cùm tamen subocculte in sua commoda ferantur. Nō enim quicumque verè operum finis est, sed ille solùm quem integrè, & verè, & pure accōmodatis querimus medijs.

Vt autē concionatoribus copiosissimam à fine inueniendi *Finis multi-* suppeditemus materiā, ecce tradimꝰ diuersas finis significatio- *plex est.* nes, vt ex tot fontibus haurire facile argumēta possint. Est finis quo, & finis quod: scilicet aut significat finis adeptionē, aut significat rem adeptam. Vel, vt clarius dicam, aut sumitur finis pro actione ipsa, qua finem cōsequimur, aut significat rem ipsam, quam exoptabamus, & qua iam comparata perfruimur.
De fine quo, est illud psal.118. *Inclinaui cor meum ad faciendas iu* Psal. 118. *stificationes tuas propter retributionem.* Et Iohan.17. *hæc est vita æter-* Iohan. 17. *na, vt cognoscant te solum Deum verum, & quem misisti Iesum Chri-* stum. De fine quod Psal.72. *Dius cordis mei, & pars mea Deus in æ-* Psalm. 72. *ternum.* Et 2.Corin.10. *Omnia in gloriā Christi facite.*
Est alius finis vltimus, & alius non vltimus. Finis non vltimus 2. Cor. 10. gratia est, & spiritus, & ædificatio fratrum, & obtēperare Deo, & id genus cetera. Finis vltimus gloria est, nimirum Deus ipse.
De vtroq. sine psal.83. *Gratiam & gloriam dabit Dominus:* De nō Psal. 83. vltimo Lucę,11. *Dabit bonum spiritum petentibus se.* & 1.Corin.12. Lucę 11. *Omnia ad ædificationem fiant in vobis,* & rursus 2.Cor.12.Omnia 2. Cor. 12.

62 DE SACRA RATIONE

uissimi propter ædificationem vestram.

Rursus est finis artis, & artificis. Quod non ideo tantùm à me dicitur, quòd ars tantùm nitatur præstare quod suum est, artifex verò effectù assequi:sed ideo etiã, vt intelligat cõcionator, eundem esse illi finem constitutum(vt supra diximus) qui est diuinæ scripturæ, quiq. est ipsius etiam Christi. Itaq. hic ille est finis, de quo Esaias 27. *Hic est omnis fructus, vt auferatur peccatum: Et ille venit, vt peccata tolleret.* Iohan. 2. & Col. 1. *In hoc laboro certando, vt reddam omnem hominem perfectum in Christo.* Sed de hoc satis superiùs dictum est. Ex quo argumenta etiam peti possunt contra eos concionatores, qui perfectionem Euangelicam persuadere aut parùm curant aut omnino negligũt.

Præterea vbi sunt plures fines, est finis proximus, & finis mediatus: vt B. Augustinus ait. Creauit Deus hominem, vt Deum cognosceret, cognoscendo amaret, amando operaretur, operando vitã promereretur æternam. Hac ratione Iob. 5. homo ad laborem esse natus dicitur. Et Gen. 2. *Posuit Deus hominem in paradiso, vt operaretur, & custodiret illum.* Certum est vnum finẽ ad alium dirigi, quousq; ad vltimũ perueniatur. Id enim quod comparare nitimur, in alterum præterea finem illud destinãtes, & finis, & medium est, quamquam ratione diuersa.

Tandẽ alius est finis generalis, & alius proprius. Cõmunis finis verbi gratia est placere Deo. At singulæ virtutes, & vitia, p prios fines habent: vt castitatis est finis ingenij acumẽ, vinũ robur, corporis puritas, cãdor, & pi° odor, & deniq. carnis triũph°

Ex his ergo omnibus finibus multa Theologis, & pulcra suppetet argumentorum copia. Velut à fruitionis beatificæ magnitudine, & item à pulcritudine gratiẽ persuadebis sanctè viuere. Item si concionatoris finis ædificare tãtùm est: quorsum alia, quæ vel obsunt, vel non prosunt? Præterea, si exhibere omnem hominem perfectum tuus est scopus: cur aliud prædicas, quàm quod iuuat ad hunc finem cõparandum? Si tam pulcra, nobilis, & vtilis est castitas: cur non eam summo studio sectaris: Si prudentis est, nihil, vt finem tuum perfectè assequaris, prætermittere, ac non tantùm quæ impediunt, sed etiam quæ non

Esai. 27.
Ioh. 2n. 2.
Colos. 1.

Iob. 5.
Gen. 2.

non profunt, declinare; cur non vt Paulus & facis, & prædicas? Is enim 1.Cor.6. ait. *Omnia mihi licent sed non omnia expediunt: omnia mihi licent, sed non omnia ædificant.* 1.Cor.6.

Caput. IIII. De caussa formali.

Ecundum caussæ genus forma est: locupletissimus etiã locus. Est forma, quæ dat esse rei. Quod esse cùm multiplex sit, multiplicem etiam esse formam oportet. Est enim forma aut naturalis, vt hominis anima; qui dat esse homini: aut non naturalis, cuius generis multæ sũt. Nam supernaturalis forma virtutum omnium est caritas: eate nus enim virtutes opera Deo grata, & meritoria edere possunt, quatenus à caritate imperantur: ita vt caritate impellente, scilicet propter Dei amorem fiant. Ipsæ etiam virtutes, donaq. omnia à Deo infusa, formæ supernaturales cẽsentur. Scientiæ etiã. humanæ formæ acquisitæ sunt: virtutes item, habitusq. vel boni, vel mali. Huc referre licet officia, & vitæ conditiones. Quæcũq. enim hominem in certo quodam esse constituunt, formę cen sendæ sunt: vt matrimonium, virginitas, sacerdotiũ, militia, nobilitas, itẽ corporis forma, & habitus, & id genus cetera omnia. Quamquam & ad adiuncta, alia tamen ratione, possunt pertinere.

Ex hoc loco B. Paulus argumenta sumit ad Cor. n. c. 2. quando à capillis argumẽtatur, q pro velamine dati sunt mulieri. Si ergo mulierẽ cooperuit natura, ne seipsa detegat. Phil. 3. *Imitatores mei estote, & obseruate eos, qui ita ambulant, sicut habetis formã nostram.* Et 1. Cor. 2, *Animalis homo non percipit ea, quæ sunt Spiritus Dei, &c.* Vbi argumentatur à ratione, seu forma humanæ rationis: quamquam ab illius adiuncto simul argumentatur. Et Ecclesi. alt. 19. capi. *Amictus vestium, risus dentium, ingressus pedum enunciant de homine*. Nos ergo efficacissimè peruadere possumus ab his omnibus formis in hunc modum. Es eques: esto igitur officiosus, & fortis: esto, inquam, in bello ſeuus, in pace benignus. Es sacerdos: vaca ergo sacræ orationi & lectioni

1.Cor.6.2.
ad Phili. 3.
1.Cor. 2.
Ecclesi. 19.

64 DE SACRA RATIONE

lectioni: alioqui non respondes ei, quam habes status formam. Atq. ita de ceteris: Quae tamen omnia non sine iugi, laboriosaq́. exercitatione comparari possunt.

Hoc argumenti genere & sacrosancta scriptura, & sancti doctores vtentes, appellant homines Dæmones, & bestias; vt equos, mulos, porcos, canes. Cùm enim iuxta affectum, quem ad res quis habet, specialiter discernatur: si terram amat, terra est; si aurum, aurum est &c. Inde qui bile furit in fratres, leo est, aut equus: qui inhonestus est, porcus est: qui alios in sermone rodit, canis est; qui odio proximos habet, est diabol'. Igitur multa, eaq́. efficacissima ad persuadendum hinc possunt argumēta sumi. Veluti, cur vis esse porcus? cur canis? cur, cùm sis virgo, non satis honestè agis? cur vidua delicijs te dedis? Eâdem ratio ne asserimus quemquam verè hominem non esse, quoniam vita bestias imitatur. Sed refertur etiam comparationi ad simile huiusmodi argumenti genus.

Tandem sunt formæ artificiosæ, ex quibus pulcherrima sumes argumenta: velutiin hunc modum. Quadratum erat sancta sanctorum, quia quadratus debet esse vir iustus: ita vt quo cumq. vertas illum, fixus sit, & in virtute firmus. Quo genere argumenti, de Arca Testamenti, de Templo Hierosolymitano, de vestibus sacerdotalibus, dq́. multis, quæ certam habebant figuram, possumus philosophari, ab externis ad spiritualia colligentes. Veluti: oblongas defers vestes? esto ergo quietus, & grauis. Ac deniq. ex re quauis quæ in certo rerum genere hominem constituat, argumentum de sumi potest. Vt: christianus es: viue ergo iuxta Euangelium. Item iuxta diuersas ætates, tamquam ex forma, argumenta produci possunt.

Quod argumenti genus; si expositione amplificetur, vastissimum est. Vbi tamen annotari mi labore, diligentia, exercitatione, atque oratione sedula opus esse.

Caput. V. De caussa efficienti.

De caussa

CONCIONANDI LIB. II. 65

DE cauſſa efficienti,quæ dignitatis ordine tertiũ cauſſæ genus eſt,dicamus.Eſt cauſſa hæc à qua eſt res.Ita
dixeris accommodare. Nam ſi definias; à qua aliquid fit:in omne cauſſæ genus definitio hæc compe
tere poteſt.
Eſt multiplex efficiens cauſſa.Eſt imprimis cauſſa efficiens ab
ſoluta,ſiue(vt vulgo aiunt)totalis,quæ ſine alterius præſidio rẽ
facit.Deus creator eſt hac ratione:*Ipſe dixit & facta ſunt.* Hoc
pertinet ad acrem illam quæſtionem,an poſſit eſſe vllum crea
di inſtrumentum,itemq. vocationis,ſeu prædeſtinationis. Nã
Ephe.1.*Elegit nos in ipſo ante mundi conſtitutionem.*Et 1.Iohan.4. Ephe.1.
*Prior ipſe dilexit nos.*Et Rom.5.*Cum inimici eſſemus,reconciliati ſu* 1.Iohan.4.
mus Deo per mortem filij eius. Roma.5.
Eſt etiam cauſſa adiuuans,ſcilicet inſtrumentum, quo maior
cauſſa vtitur.Qua ratione 1.Cor.3. cõcionatores,& miniſ. ti Ec- 1.Cor.3.
cleſiæ,adiutores Dei dicuntur. Præclarus certe honos,& præcla
rum munus,quòd ſis Dei adiutor, ô concionator,& quicumq.
alius Eccleſiæ miniſter.
Eſt etiam cauſſa procreans,&gignens:quæ effectum prima
producit.Iacob.1.*Voluntariè genuit nos verbo veritatis,vt ſimus ini* Iacob.1.
*tium aliquod creaturæ eius.*Etenim verbum Dei totum renouat
hominem,omnem docet ſanctitatem.
Eſt item cauſſa cõſeruans, quæ effectum productũ conſeruat.
De qua 1.Cor.1.*Qui conſeruabit vos vſq; in finem ſine crimine* . Et 1.Cor 1.
Phil.2.*Qui dat velle,& perficere pro ſua bona voluntate.* ad Phi 2.
Eſt præterea cauſſa ſpontanea,ideſt liberè agens. Qua ratio
ne dictum eſt Cain,*Sub te erit appetitus tuus,*Gen.4.Et de Chri- Gene 4.
ſto Eſa.53.*Oblatus eſt,quia ipſe voluit.* Eſai.53.
Eſt cauſſa naturalis:ſcilicet natura ipſa agẽs ſola appetitus pro
penſione.De qua ad Gal.1 *Prout animalia bruta ducebamini eun-* ad Gal.1.
*res.*Et in epiſtola Iudæ:*Quæcumq; ignorant blaſphemant: quæcũq;* Iudæ.10.
autem naturaliter tamquam animalia bruta norunt,in his corrumpũ
*tur.*Et ita ſe reuera habet res.Flocci faciunt homunciones ſanctitatem,&tamquam animalia rationis expertia totos ſe rebus
ſenſibilibus mancipant.

E Eſt

Est caussa cogens, quæ violentia ad quidquã agendum impellit. De qua Esa.28. *Sola vexatio dabit intellectum auditui.* Et Iaco.2 *Dæmones credunt, & contramiscunt.*

Esai.28.
Iacob.2.

Est caussa, quæ fortuita appellatur, scilicet quando effectus fit citra agentis voluntatem: vt quando verbum fortè efferimus, ex quo alter ædificatur, nobis id non præsentientibus: vel etiã quando quidquam dicimus cuiusdam rei gratia; alter verò secus interpretatur: vt in in multis veteris testamenti actibus, in quibus nequaquã ipsimet agentes, ea quę suis actibus figurabãtur, presentiebant: veluti, inebriatus est Noe, nec sensit filiorũ ludibrium: quod de Christo interpretamur, qui nouã plantans vineam, amoris ebrietate & mortè in Cruce consopitus, nudatus est. Sũmum quidem amoris indiciũ, in cruce nudũ tale opprobriũ pertulisse. Sed notandũ hoc loco est quoad Deũ nihil à fortuna, vel casu fieri; sed omnia dirigi in certos fines. Iob.5. *Nihil sine caussa fit:* in pijs presertim: vt Rom.8. *Diligentibus Deũ omnia cooperantur in bonũ.* Nihil ferè pius facit piè, quod a Domino in piũ m honestũq. finẽ non dirigatur: &ea de caussa in postrema Primę horę parte ita dicimus: *Dirige opera manũ nostrarum super nos, & opus manuũ nostrarũ dirige:* Quibus verbis à Domino petimus vt omnia opera nostra in illius gloriã, fratrumq. nostrorũ nostramq. ędificationem dirigantur. Nã si Luc.12.cap. habetur: *Quinq; passeres væneunt dispondio, & vnus ex illis nõ est in obliuione cõ ram Deo:* Et Matth.10. *Nonne duo passeres asse væneunt, & nullus cadet super terrã sine patre vestro?* Quid dicens? de hominibus? quid de filijs Dei? Nihil eorũ est in obliuione apud patrẽ cælestem: nihil ab illis piè fit, quod in finem pium à Deo non dirigitur.

Iob.5.
Rom.8.

Luca.12.

Matt.10.

Est hoc genus argumentũ à caussa efficienti, & locupletissimũ & efficacissimũ, sanctissq. scripturis valde familiare: quo Christº dominus presertim vbi de perfectione agebatur, vsus est. Atq. ita Matt.c.5. concludit; *Estote ergo perfecti sicut pater vester cælestis perfectus est.* Vnde B. Paulad Ephe.5. *Imitatores Dei estote sicut filij carissimi.* Et in Leui. sæpe: *Sancti eritis, quoniam ego sanctus, um.* Et 1. Iohã.5. *No ergo diligamus Deũ, quoniam ipse prior dilexit nos.* Et rursus: *Diligite inuicẽ sicut dilexi vos* Iohã.13. *Nonne enim oportet*

Matth.5.
ad Ebr.5.
1.Iohan.5.
Iohan.13.

vt

vt filius imitetur patrê?nonne patrê appellamus Deû? Nonne omnia habemus à Deo?Nonne fumus opera manuû eius?Nõ ne illius oues?Difcipuli?milites?ferui?Si chriſtiani à Chriſto dicimur,Chriſtum ergo oportet imitemur.

Hoc argumenti genere & laudamus & vituperamus:&ſuademus,& diſſuademus à progenitoribus,ab inſtrumẽtis,ab omni genere cauſſę efficientis argumentũ cõficietes. Eiuſmodi argumẽtũ eſt 1.P.1:*Nõ corruptibilibus auro,vel argẽto redẽpti eſtis à vana veſtra cõuerſatione,ſed pretioſo ſanguine agni immaculati & incõtaminati*. Hinc damnare poſſumus omnem humanã pōpam, & veſtiũ pretioſarũ luxum:quoniam à Dæmone excogitatus eſt,nõ à Chriſto crucifixo & nudo. Hinc hæreticorũ placita condẽnamus,quoniã ab impijs &imperitis hominibus profeminata ſũt. Hinc doctrinã piã &catholicam amplectimur,quoniã parẽtes habet tot ſanctos,&doctos viros . Hinc perſuademus homini vitã cũ ratione coniunctã quoniã ſi animal rationale eſt,oportet,vt opera faciat rationi cõuenientia.Hinc impios dãnamus, quoniã pro libito agunt res,nõ pro ratione.Demũ qualis efficiẽs cauſſa talis effectus.Sed non ita latè patet argumentũ à materia,de quoiam eſt dicendum.

1.Pet.1.

Caput. VI. De cauſſa materiali.

Ateria eſt ex qua aliquid fit. Sed eſt quædã materia de qua,& quedã præterea materia circa quã,& quedã materia in qua.I'orrò materia ex qua,&naturalis,& artificialis,& doctrinalis eſt.Accipite exẽpla.Gen.3. homini dicitur:*In ſudore vultus tui veſceris pane tuo,donec reuertaris in terrã,de qua ſumptus es &c*.Vbi vide obiter quid Eccleſia præterea dicat *Cinnes, & in cinerẽ reuerteris* Nam cũ puluis,ſcilicet terra quędã leuis,viles carnis noſtrę propẽſiones ſignificet; cinis quidẽ quę aduſta eſt terra,nõ ſolũ vilẽ , & infirmã noſtrã naturã,ſed pecato etiã aduſtã ſignificat.De materia ex qua artificiali,lege 3. Regũ de Salomonis tẽplo:lege.Apo.21.de noua Hieruſalẽ:quę ſancta Eccleſia in officio dedicationis explicuit, dũ cęleſtẽ Hieruſalẽ ex cuius lapidibus, Ideſt ex ſpiritib' cęleſti

Gene.3.

Apoca.21.

bus,ſan

DE SACRA RATIONE

sanctorumq́; animis constructi, quadratam esse docet.

Materia de qua habetur Ioh.3 *Qui est de terra, de terra est, & de terra loquitur*. Materia de qua doctrinalis, ipsa sacra scriptura est, legem, Prophetas, & psalmos complectens, vt Psal. *Beatus quem tu erudieris Domine* Materia circa quam Christianus homo versatur, bona opera sunt: De quibus Ephe. 2. *Ipsius sumus factura, creati in operibus bonis, quæ præparauit Deus, vt in illis ambulemus*. Et, vt ex Theologia didicistis, vnaquæq; virtus, & vitium suũ habet obiectum, circa quod versatur.

Ephe. 2.

Tandem materia in qua, anima nostra est: quæ à Paulo nunc templum Dei, nunc Spiritus Sancti templum speciali ratione appellatur 1.Cor.3.

1. Cor. 3.

Possunt quidem ex hisce omnibus caussarum generibus argumenta duci. Sed sola caussa ex qua, proprie materia est: reliquæ verò caussæ quæ materiæ dicuntur, ad alias caussas reuocari possunt. Ex hoc autem genere caussæ & laudamus, & vituperamus, & suademus. Hinc omnia terrena floccipendimus, quoniam ex terra sunt: & animus cælestia, quæ vili hac materia carent. Hinc Iohan. 3. *Quod natum est ex carne, caro est*. Vilissima caussa materia est: temporalia & omnia ferè materia sola sunt. Docemus ergo ex materia, qualis sit res, quantiq́; momẽti: vnde & laus sequitur, & persuasio. Ceterùm hoc genus caussæ latiùs patebit quando de definitione disseremus. Ex materia enim, rerum temporalium definitio sumitur.

Iohan. 3.

Caput. VII. *Quo traduntur notationes vtilißimæ circa caussarum vsum.*

Nterim nonnihil de vsu caussarum adnotemus. Theologos igitur adm.onemus, vt docentes, à primis, & generalioribus caussis auspicentur. Vt si de redemptione per Christum facta disserere velis: exordire à Deo creatore. Sed si persuadendum est, aut caussæ inquirendæ: à postremis, & proximis sumendum est initium. Verbi gratia, vnde tot peccata modo in orbe? Cur absque timore

CONCIONANDI LIB. II.

timore peccatur? Poteſt quidem cauſſa in genere, vel in ſpecie inquiri: atq. vel cauſſa propria, vel occaſio ab hominis malitia ſumpta. Si de occaſione ſermo ſit: in promptu eſt ex Eccleſi.7. cauſſa ſcilicet, quia non proſeitur. citò contra impios ſententia, ideò abſq. vllo timore filij hominum perpetrant mala. Si roges, cur non proſeitur cito ſententia: reſpondet Sãct. Paulus Rom.2. *Ignoras quod benignitas Dei ad pœnitentiam te adducit.* & 2. Pet.3. *Patienter agit propter vos nolens aliquem perire, ſed omnes ad pœnitentiam reuerti.* Si roges, cur tam patiens? ipſemet Paulus Rom. etiam 2. dit, *An diuitias bonitatis eius, & patientiæ & longanimitatis contemnis?* Si rogites, cur vſq. patiens eſt? reſpōdetur, quia bonus eſt, quia totus ipſe amor eſt, & miſericordia. *Eccleſi. 7.* *ad Rom. 2.* *2. Petri. 3.* *Rom. 2.*

Si autem de cauſſa ex parte hominis ſermo ſit: cauſſa vel malitia eſt, vel ignorantia, vel infirmitas: itaq. de ſingulis ſigillatim dicendum. Si malitia; quæro, vnde malitia? ex peccandi conſuetudine, ex odio in virtutes, ex reprobo ſenſu. Vnde hoc? quia propter peccata ſunt quidam homines à Deo derelicti. Si quæ ſint peccata rogas: illud præſertim, *Quis vocaui & renuiſti.* Si roges, cur reſiſtunt vocationi? variæ cauſſæ ſunt: vt, quia dilexerūt magis gloriam humanam, quàm Dei. Si quæras cur magis diligunt terrena: quia in ijs, quæ norunt corrumpuntur; & quia volunt. *Perditio tua Iſrael.* Oſe.2.13. Feré eodem modo philoſophaberis de cauſſa ignorantiæ. Cur ignorāt? quia nō ſunt edocti: ſci licet, vel deficiente magiſtro, quia non adeſt, vel quid ipſi docē di non adſunt, vel quia etiam ſi concionem audiant, conciona tor non ſeminat illud verbum, quod eſt triticum, vt Hierem.23. Si de infirmitate quæris: in promptu eſt propenſio ad malum, atq; peccandi conſuetudo. Si quæras vnde tam mala propenſio, & ad peccandum facilitas: ex vita liberiori, & diſſoluta, ex ornatu ſuperfluo, ex intemperantia in eſu, & potu. Cur etiam in hæc labuntur? Quia nihil aſperum pati volunt, ſed omnia facilia corpori, & ſuauia quærunt. Vnde hoc? ex proprio amore, quia ſemetipſos impenſiùs diligunt. Et cur tantopere ſe diligunt? quia verbum Dei non corripit illos: nimirum non docentur, non ſuadentur. Cur non id præſtant concionato- *Prouer. 11.* *Oſee. 13.* *Hierem. 27*

E 3 res?

res?quia cùm sint sal,euanuerunt.Et quidnam salien diuina ade
mit sal?ambitio,auaritia,deliciæ.

Sed de hisi am satis.Tantùm enim Indicare voluimus, quonam pacto,& quando à primis caussis vel vltimis auspicari de
beamus.Vbi tamen est aduertendum attentius,nullam in hoc
discursu prætermittendam caussam: claudicaret enim earum
series.Deprehendemus autem caussam aliquã prætermissam,
quando exposita caussa effectus mox non sequitur.Verbi gra-
tia:si roges,cur tot peccata?et respondeas, quia liberi sunt ho-
mines:non benè respondisti.Nam posita libertate,non sequi
tur mox peccatum.
 Igitur vti diximus si vis quidquam construere,à superioribus
caussis, veluti à fundamentis est incipiendum. Si verò operis
facti rationem vis scire:exordiri à fine oportet.Vt si quis qualis domus aliqua sit discernere velit:inquirat primum, in quẽ
finem illa domus condita est.Sic Apocalypsis methodum scire volens,quorsum Iohannes Apocalypsim scripserit,indaga
bit.Atq. ita in concione,& deliberatione,à fine semper exor-
diemur : &inde retrogredi caussam efficientem inuestigabi-
mus,in qua examinabimus,quæ illius vis,& quantùm duratura:
tum de loco,de tempore , ceterisq. circunstantijs illi accommodatis,atq. etiam de instrumento quæremus. Vt si persuadeamus alicui ad Deum conuersionem:ostendemus conuer-
sionis auctorem Deum;& ostendemus item quàm sit potens,
quamq. diu conuersio illa duratura sit,quæ per ipsum non fiat:
deinde ostendemus illius instrumenta,& id genus alia. Hæc
tibi lector,de caussa dicta sint,vt non tantùm earum naturam,
sed etiam vsum assequaris.Quæ omnia quamquam ad metho
dum spectare videantur: tamen reuera inuentionem adiu-
uant: præstant enim modum quo aptiùs inueniamus.

Caput. VIII. De loco ab effectu.

Secun-

CONCIONANDI LIB. I. 71

Ecundus locus ab effectis est. Effecta siue facta sunt, quæ à caussa fiunt. Cùm igitur sint quatuor caussarum genera, tot erunt & effectorum. Est effectus quidā à fine: qualia sunt omnia media: veluti oratio medium est ad comparandum omne bonum spirituale: sicut scriptum est. *Petite, & accipietis.* Est effectus alius à materia: vt homo terrenus, quia est a terra: nam scriptum est, *Primus homo de terra terrenus.* Est alius effectus à forma: vt scriptum est; *Faciamus homo ad imaginem, & similitudinem Dei.* Est deniq. effectus ab efficienti caussa: vt scriptum est, *Ipsius sumus factura creati in operibus bonis.* — *Matth. 7. 1.Cor. 15. Gene. 2. Ephe. 1.*

Est hoc genus argumenti locupletissimum. In hoc omnia facta, & dicta reuocātur: omnia enim, quę cogitamus, loquimur, & operamur, & quæcumq. per nos agitur, effecta nostra sunt. Inde Matt. 12. *Ex verbis tuis iudicaberis, & condemnaberis.* Id est, verba via tamquam effecta, insinuant quinam sis: ex loquela enim cognoscimus quicūq. cuias sit. Legite Matt. 12. cap. Et Psal. 1. loquens Dauid de iusto, ita ait. *Et erit tanquam lignum quod plantatum est secus decursus aquarum, quod fructum suum dabit in tempore suo, &c.* *Matth. 12. Matth. 12. Psalm. 1.*

Valet hoc argumenti genus ad docendum. Tota quippe Metaphysica, & Physiologia hoc argumenti genere progreditur. Inde etiam probatur, quòd sit fides in homine, qualiſq. sit. Veritas etiam Euangelij, & Ecclesiæ Romanæ Catholicæ potestas hinc confirmatur. Quę omnia insinuat B. Pau. Rom. 2. dicens: *Inuisibilia Dei &c.* De Christo Iohan. 15. habetur: *Si non venissem, & opera fecissem quæ nemo alius fecit, &c.* *Rom. 2. Iohan. 15.*

Ad laudandum vel vituperādum optimus est hic locus. Omnes enim ferè Psalmi, præsertim illi, quorum initia sunt, *Benedic, & confitemini,* ab operibus laudant dominum: vt Psal. 18. *Cæli enarrant gloriam Dei.* Hinc vituperat Paulus Ephe. 5. *Quæ in occulto ab ipsis fiunt turpe est & dicere.* Et Rom. 6. *Quem fructum habuistis in iis, in quibus nūc erubescitis?* Hinc homines delicijs dediti, & valdè compta vituperari possunt. Quid enim aliud comessari est, quàm lupū agere? Quid aliud bibere nimis, quàm bouē *Psalm. 18. Ephe. 5. Roma. 6.*

E 4   refer

DE SACRA RATIONE

referre? quid aliud calami stirare caesariem, quàm effœminari? quanuis hoc & in fœminis reprehendendum etiam grauiter est. Itaque ab ipsis operibus vituperabis, dum eorum vtilitatem ostendes.

Eodem argumenti genere suademus, aut dissuademus. Vt

Psalm. 36. Psal.36. *Noli emulari in malignantibus, &c.* Ex effectis dissuadetur
Psalm. 72. vitia, & persuadentur virtutes. Et Psal.72 *Donec intrem in sanctua riũ Dei, & intelligam in nouissimis eorum,* etiam ex effectis argumentum petitur.

Eodem etiam genere discernitur, quænam, & quales caussæ
Matth.7. sint. Tota hoc docet scriptura, præsertim Matth 7 *A fructibus eo rum cognoscetis eos.* Fructus peccatorum spinæ sunt, & tribuli: at fructus piorum misericordia, & mansuetudo, & humilitas, quæ
Ephe.5. per vuas, & ficus significatur. Ita Ephe.5. argumentatur B. Pau
Ioban.4. lus ita I. Ioban.4. *Probate spiritus, an ex Deo sint.* Vbi ex: Deo veniente in carne, idest humilitante se, colligit, qui spiritus sint ex
Acto.9. Deo. Acto.9. collegit Angelus piũm esse Paulum, quando ora
ad Gal.5. bat. Legite, obsecro, attentius ad Gal.5. vbi opera carnis, & fructus spiritus depinguntur, vt inde cognoscentis fructus frequen tiores, & carnis effecta communia. Hinc discernetis, quæ oratio, quæ reuelatio, quæ ecstasis, quæ deuotio à Deo sit. Nam si parit humilitatem, mansuetudinem, obedientiam, honestatē, sanctumq. timorem, & silentium, cum oreiq. carnis libertatē, à Deo est: sin altera, à Dæmone. Hinc contra Hæreticos, & infideles pro fide Catholica pugnabitis in hunc modum. In fide Christi docentur quis, & qualis Deus sed octrinaq. traditur spi ritualis, & cælestis. In Ecclesia Romana pietas docetur, & sanctitas, & bona Sanctorum litteræ, atq. in eam sese cuncli præcipiunt, ipsaque pios, & veram pietatem colunt. Contra vero Hæretici impudici, contentiosi, impij, maledici multa contra rationem etiam naturalem & dicunt, & faciunt. Atque vtinam in hoc argumenti genere Theologi serio, & accuratè se exercerent.

Locuples etiam hic locus est ad capessenda consilia. Iuxta effectus enim, quos assequi volumus, consilia instituimus. Dauid
vt

CONCIONANDI LIB. II. 73

vt in Saulis manus non incideret, ad Geth fugit. 1. Reg. Chusai ad Absalonem remittitur, vt callidè Dauidi patrocinetur. Hinc consilia Euangelica: ad seruanda enim precepta nobis ea data sunt. Qui enim non vult occidere, ne irascatur. Hinc omnia Religionum statuta: iuxta scopum enim religionis cósilia dantur. Qui orationem solam cupit, vt inde feruentiùs amet Deū, consilia sibi ad mentis quietem excogitat: qui verò ad mundi contemptum inhiat, totus in mortificatione est. Ita etiam &c orationem, & lectionem, & sanctorum hominū conuictū christianis commendamus, vt sancta operentur opera: consilijs enim vehemēter præcepta iuuantur. 1. Cor. 7. Hac ratione Bea. Paulus virginitatem, aut continentiam commendat, qua fit, vt magis vacare liceat orationi. 1. Cor. 7.

Ex hoc loco conijcimus, quid mali parere possit otium, abundantia, luxus. Sic enim colligimus indies homines quamplurimos, in pluss, deteriorq. peccata lapsuros, nisi ab his rebus ab ssocant. Paulus ad Gal. 6. Nolite irridere Deus non irridetur. que seminauerit homo hec & metet. Ex eodem etiam loco sic disserere possumus, Qui fructus prouenire potest ex loquacitate? Qui fructus, si adolescentuli, aut etiam puellæ meraciùs bibant? Qui fructus ex lasciuia vestium luxu! ex alijs deniq. huiusmodi mūdi pestibus? Ita colligit scriptura ex otio multa exoritura mala Prou. 2. Eccl. 33. Ezec. 16. Optimus hic locus est ad dissuadēda multa, vbi ex ijs incommodis, quæ moraliter, & vt plurimùm subsequantur, colligimus, vt si quis mulieris cultum nō omni ex parte honestum inuerecundiam pariturum comminetur. Prouerb. 2. Eccle. 33. Ezech. 16.

Ex hoc loco disserimus, quisnā auctor aliquod opus fecerit, aut aliqua protulerit verba: etenim ex folijs, & fructibus qualis sit arbor coniicitur. Inde colligimus hominem non esse factū à Deo talem, qualis nunc est. Nam manus ille potentissimæ, & amore differentes, hominem ita ad mala propensum nequaquam effecissent. Ergo inuidia Diaboli peccatum inuexit in mundum. Inde coniicimus Christum esse Deum: nam tot & tā magnifica, quæ pro opera faciebat auctoritate miracula, à solo Deo fieri potuerunt. Hinc illud: qui non est contra vos pro vobis Matth. 7.

bis est. Hinc vanitatum, pomparumq́; huius sæculi auctorem colligimus esse dęmonem. Nam vel Christus Iesus auctor est, vel dęmon: non Christus Iesus: nam nudus ille pendens in cruce non inspirat corporis cultum, & tormenta patiens non docet corporis indulgentiam: atq. ita de ceteris.

Hactenus de duobus locis, à caussa, & effectis: qui amplissimi nobis futuri sunt, si serio & ex animo agamus; nimirum retexentes scripturam, & noua iuxta illam in quacumq. re oblata excogitantes.

Caput IX. De loco a subiectis, & adiunctis.

Ertius, & quartus locus à subiectis, & adiunctis nuncupatur: respondet enim hęc sibi mutuò. Subiectū appellatur, in quo res alia inest, (scilicet, quod alijs rebus) subijcitur, vt locus rei in loco existenti. Vnde facilè colligitur adiuncta esse, quæ in subiectis insunt, siue quæ subiectis adiunguntur: veluti res locatæ in ipso loco.

Subiecta, & adiuncta, vtraq. sunt duplicia. Sunt enim quædam cohærentia siue continua, & vnita, vt arbores, & terra, in qua sunt: alia verò auulsa, idest seiuncta, & separata; vt quæ sunt in loco.

Subiectorum genera ex adiunctis cognoscentur. Aristoteles verò nouem adiunctorum genera in nouem categorijs enumerat. Omne enim accidens, quod substantiæ, siue rei, in accidentis modum accedit, adiunctum illi appellatur. Qua in re variam nobis materiam argumentandi ab adiunctis suppeditauit Aristoteles. Alij verò circunstantias, quæ numero sunt septem apud Aristotelem in Ethicis, & S. Thom. 1. 2. q. 7. ar. 3. adiuncta appellant: vbi caussas, & præsertim finem nonnunquam vocāt adiuncta. Cicero verò tria facit adiunctorum genera: quæ præcedunt, quæ comitantur, quę subsequuntur: vt in peccato occasiones præcedunt; comitantur casus, & amissio gratiæ, & Dei inimicitia; sequuntur denique pœna, & conscientiæ anxietas. Nobis tamen consuendo, vt quattuor præsertim subiecti, & adiuncto-

CONCIONANDI LIB. I. 75
iunctorum genera habeatis in promptu, scilicet locum, tēpus, personam, & negotij quod agitur conditiones.
Exempla argumentationum à loco innumera sunt. Esai. 26 *Esai. 26.*
Misereamur impio, & non discet iustitiam facere, in terra sanctorum iniqua gessit. Ecce vt expendat in terra fidelium esse homines peccatores. Inde sepe, *Beati, qui habitant in domo tua Domine. Ec- Psalm. 88. ce nunc benedicite Dominum, qui statis in domo Domini, &c.* Ad fi- *Psalm. 133.* nem respicit illa argumentatio: sed à loci dignitate sumitur, Et Esai. 56. & Matth. 21. *Domus mea domus orationis vocabitur.* *Esai. 56.* Exempla argumentationum à tempore extàt apud. Esai. 49. *Matt. 21.* Et apud Paulum 2. Corint. 6 *Ecce nunc tempus acceptabile.* Et a- *Esai. 49.* pud Lucam. 12. *Hypocrita faciem cæli & terræ probare nostis*, quo *2. Cor. 6.* modo hoc tempus non probatis? Exempla sunt loci à personis Ec- *Luca. 12.* clesia. 13. *Qui tetigerit picem coinquinabitur ab ea. Qui communicave- Ecclesi. 13. rit superbo, induet superbiā.* Et apud Pau. 1, Cor. 5. & Gal. 5. *Modicū fer- 1 Ier. 5. mentū totā massam corrumpit.* Et 1. Cor. 15 *Corrumpunt bonos mores ad Gal. 5. colloquia prava.* Sed & Psal. 9. (licet alius sit verè illius loci sensus) *1. Cor. 15. Cum sancto sanctus eris, &c.* A tempore item argumenta sumi *Psalm. 9.* possunt in sanctis Ecclesiæ temporibus Aduentus, Quadragesimæ, & Pentecostes ad insinuandum Ecclesiæ spiritum, & ad admonendos homines. Item: Si tempore nouæ legis sumus, operemur ve filij lucis. Quo pacto argumentatur Beatus Pau. ad Rom. 13. *Hora est iam nos de somno surgere &c.* *Roma. 13.*
Ex hoc loco animos addimus catholicis. Nam cùm multi sint hæretici nobis hostes infestissimi, oportet catholicos non tantùm verbis, sed operibus præsertim pro Ecclesia propugnare. Similiter ad virtutem eò magis homines adhortamur, quòd plures sunt, qui inquinatè viuant. Nam si Deus habet tot inimicos, & tam impios; elaborandúm nobis est, vt habeat amicos strenuos. Desumi hinc etiam potest argumentum, quo suadeamus, in tam periculosis temporibus, & tanta humanæ vitæ fragilitate cauendum esse à periculis.
Ex hoc etiam loco ad venerationem Templorum suaden: dam efficax, & amplissimum argumentum desumitur: veluti
hoc

DE SACRA RATIONE

hoc modo. In hoc Templo sacræ conciones habentur: imagines venerantur: immò etiam veneratur Deus ipse in Eucharistiæ ineffabili mysterio præsens: huc peccatores veniam petituri conueniunt, eamq́. obtinentes, Deo reconciliantur. Cur igitur tu hîc nulla cum reuerentia versaris? Hæc, & alia si expendas, videbis quam ingens tibi dicendi supplex accedat.

Neq. potest ex hoc loco argumentandi copia deesse. Omnia enim ferè, etiam cauſſæ, & effecta, & quæcunque in nobis, vel circa nos sunt, adiuncta, vel subiecta sunt: veluti locus, domus, cubiculum, vrbs, prouincia, regnum, lectus, sella, mensa: quid non? Nos etiam ipsi subiecta sumus. Huc adnumerare poſſumus amicos, vestes, actiones, pericula, euentus, occasiones, corporis humores, membra, signa omnia physiognomonica, & accidentia. Ex ijs ergo omnibus argumenta depromere potes. Neq. tibi durum videatur, si initio non facilè occurrant: exercitatione enim, & labore tibi habitum comparabis, quo facilè, & promptè hinc inde multa huiusmodi argumenta deceerpas. Valet autem ad omne genus dicendi plurimum hic locus scilicet ad laudem, vituperationem, suasionem, dissuasionem, & ad aperiendam rei naturam. Hinc enim (vt suo loco dicemus) definitiones sæpe sumuntur: hinc consilia: hinc præsagia. Experimini ergo, & videbitis argumentorum hic latere thesauros.

Caput. X. De loco a dissentaneis.

Arist. in po. categ. ca. de oppositis.

Vinctus est à dissentaneis locus, & ille quidem locupletissimus. Quid dissentanea sint non est difficile intelligere. Sed ea duplicia sunt. Quædam enim sunt repugnantia, quæ sibi mutuò non certa lege repugnāt, veluti quælibet rc alteri: nulla enim est res, quæ nō ab altera distet. Quædam verò sunt certa lege sibi repugnantia: & hæc aut sunt contraria siue aduersa, aut priuantia, aut relata, aut cōtradicentia. Est hic argumentandi locus in sacris libris frequentiſſ.

CONCIONANDI LIB II. 77

tissimus, aptissimusq. ad interpretandum. Afferamus exempla: mox indicabimus vsum. Placet vehementer locus ille Esa. 5. *Væ qui dicunt bonum malum, & malum bonum; facientes tenebras lucem ponentes amarum dulce, & dulce amarū m.* Ecce quàm apposité ex loco à contrarijs agat propheta aduersus eos, qui patientiam appellāt ignauiam: vltionem fortitudinem: spiritualem sapientiam ignorantiam: versutiam sæculi sapientiam: castitatem, & mortificationem acerbam: delicias mundi suauissimas. Sed partes quas hic locus complectitur singulas persequamur. *Esai. 5.*

Est amplissimus locus ab aduersis ex quo laudamus, vituperamus, suademus, explicamus, definimus. Laudamus vt Psal. 1. *Beatus vir, qui non abijt in consilio impiorum.* Hinc ampla laus, si quis laudetur quod crimine omni carueritː vnde Bea. Virginis Conceptio summè commendatur. Vituperamus autem: vt Iohan 8. *Qui ex Deo est verba Dei audit.* Et alibi: *Vos ex patre diabolo estis: non estis filij Abrahæ.* Vbi & ab effectis, & à contrario simul Dominus colligit. Patet hic etiam ad amplificandum campus in hunc modum. Non est hic castus, sed obscœnus: non mundus, sed sordidus. Atq. ita de ceteris. Item ad explicandum: vt ad Rom. 14. *Regnum Dei non est esca & potus &c.* Porro hic explicandi modus facilis est, & abundans: velut si dicas. Non est officium sacerdotis diuitias quærere, non ociosum esse, non genio indulgere: sed offerre incensum, & panes, &c. Admoneo verò lectorem vt in interpretandis sacræ scripturæ locis vtatur hoc genere, seq. in eo vehementer exerceat. Definitur etiam ex hoc loco 1. Iohan. 3. cur Caim Abelum occiderit, nempe quia illius opera erant mala, huius vero bona: & Sapiē. 5. colligitur totum impiorum in pios odium. Hinc desumitur ratio cur concionatores, & confessarij quidam odio habentur: quia nimirum aduersantur mundo. Hinc dominus sæpe, in Euangelio præsertim Iohannis docet, cur ipse à mundo odio habitus sit, & cur mundus Apostolos persecuturus fuisset: nempe quia non erant de mundo. *Psalm. 1.* *Iohan. 8.* *Iohan. 2.* *Roma. 14.* *1. Iohan 3.* *Sapien. 5.* *Iohan 7.*

Porrò duplicia sunt contraria: scilicet & medio carentia, & habentia medium. Medium autem alteri extremo comparatū,

con-

contrarij seu aduersi refert imaginem. Nam viride cum nigro comparatum, album censetur: cum albo vero collatum, est nigrum. In Euang. Matth. 12. dicitur *Qui non colligit mecum, dispergit & qui non est mecum, contra me est*. Quod de his accipiendū est, quorum munus est suam in vinea Domini operam præstare. Eodem etiam modo in humanis actionib' dicimus, si opus nõ sit bonum, vel supernaturaliter, vel moraliter; esse malum: quia actus humanus ex deliberata voluntate profectus, nullus est indifferens. At Lucæ 9. habetur *Qui non est aduersus vos, pro vobis est*. Quod de his accipiendum est, qui libertatem operandi, & non operandi habent. Neque tamen propterea nego esse opera quædam ex natura sua indifferentia, vt sedere, manducare.

Ad persuadendum, & obiurgandum efficacissimus hic locus est, vt ad Rom. 2. *Qui prædicas non furandum, furaris?* Ad Titum 2. *Qui confiteturse nosse Deum factis autem negat.* Quod de illo scilicet dicitur, qui cum credat in crucifixum, amat delicias, cùm adoret coronam spineam, concupiscit auream, cùm honoret Christi opprobria, ambit terrenos honores. Hoc genus argumenti familiarissimum est B. Paulo. Argumentatur enim sæpe à contrario, a gentibus, ab infidelibus, à veteri Adamo, à lege qua ex parte maledictionem, & solùm terrorem dicit Ehe. 4. 1 Thesa. 4. Gal. 3. 1. Cor. 15. & alibi sæpius. Eodem argumenti genere vtitur Beatus Iacobus contra maledicentes. *Numquid ex eodem fonte manat aqua du'cis & amara? Qui fieri potest vt eodem ore benedicatū Deum, & maledicatu creaturis quæ ad illius imagine factæ sunt?* Ita si quis Christianus doceri cupiat, quæ bonum Christi mutem deceant, iuuabit multum aut infidelis, aut hæretici mores ob oculos ei ponere. Nam cùm illa contrarij notis sint, oportet nostra opera, eorum operibus contrariari.

Caput. XI. De priuantibus.

Ex

Matth. 12.

Lucæ 9.

Rom. 2.
Tit. 3.

Ephe. 4.
1. Thes. 4.
Gene. 3.
1. Cor. 15.

EX generibus dissentaneorum priuantia secundo loco enumeranda sunt: ex quibus argumenti genus petitur in sacrosanctis Scripturis amplissimum. Sæpe enim à luce ad tenebras, à cæco ad videntem fit argumentatio. Quod frequentius est in Euangelio B. Iohannis, & Epistolis. Sed in B. Paulo. *Abijciamus opera tenebrarū & induamur arma lucis.* Certum enim est hoc legis gratiæ tempus, esse diem, in quo Christus Dominus noster Sol verissimus illuxit. Quare non licet nobis viuere quasi in nocte ageremus. Nox enim vt B. Paul. ait ad Rom. 13. ebrietatem, & alia patitur: at in meridie nemo audet turpia patrare. Ecce vobis argumenti genus pijssimum, & firmissimum. Cui simile est hoc aliud. Si adsit lumen gratiæ, anima videt: sin verò secus, cæca anima est. Vbi enim non est Deus, tenebris sunt omnia circumfusa: vbi verò Deus habitat, fulget gratia cælestis. Videte quam sit hîc magna suppellex. Neque in hac re affero scripturarum loca: nam nullo negotio innumera deprehenderis, libros sacros euoluentes. In libro enim Concordantiarum quamplurima in promptu sunt, præsertim ex Iohanne, & Paulo.

Iohan. 1.
1. Iohan. 6.
2. Roma. 13
Ephe. 5.
1. Thes. 5.
ad Rom. 13.

Caput. XII. De Relatu.

LOcus à Relatis etiam optimus est. Ac meminisse oportet, quædam esse relata secundum esse, quædam relata secundum dici, vt Theologus ex quouis relatorum genere argumenta depromat. Præterea esse relata paria, vt simile, & dissimile: item imparia, vt maiora, minora, digniora, indigniora, & id genus cetera.

Cognita relatorum natura oportet attentiùs Theologos inspicere, relata eatenus pertinere ad hunc locum, quatenus opposita seu dissentanea sunt: alioqui ad caussam, & effectum seu ad alios locos referuntur. Pater enim, & filius

dupli

DE SACRA RATIONE

dupliciter considerari possunt: scilicet & quatenus caussa & effectus, & quatenus relata sunt.

Ex relatis ergo hac ratione consideratis multa pulchra, & efficacia prosilient argumenta. Verbi gratia. Si pater es, sit tibi curæ filius: si filius, esto patri obediens. Si magister es doce discipulum: si discipulus es, disce à magistro. Ita argumentatur Malachias cap. 1 *Si ego dominus ò vos serui timorem cur non habetis? si ego pater, cur vos filij non me amatu?* Et 1. Tim. 6. *Habentes alimenta, & quibus tegamur, ijs cōtenti simus.* Nam à magno & paruo ibi argumentum ducitur in hunc modum. Ea quæ parua siue pauca sunt, faciliora multò, & minus periculosa, aut grauia sunt, quam multa & magna: non ergo opus est multis, cùm pauca sufficiant. Et Prouer. 30. pulcrè ex ratione serui, & Domini, atq; ancillæ, & Dominæ argumentum elicitur in hunc modum. *Per tria mouetur terra, & quartum sustinere non potest. Per seruum, cùm regnauerit: per stultum, cùm cibo satiatus fuerit: per odiosam mulierem, cùm matrimonio iuncta fuerit: & per ancillam, cùm fuerit hæres Dominæ suæ.* Quid sibi hæc volunt? Nimirum (si litteralem sensum spectes) ingens esse malum si serui hoc est peccatores regnent; domini verò idest homines piè viuentes ab impijs conculcētur. Mysticus autem hoc loco sensus docet, legi diuinæ ancillari debere humanam mentem, non autem è conuerso humanæ naturæ peccato infectæ licere diuinam legem esse subiectam. Quid enim? Nonne humanę leges regnāt? Nonne etiam (quod deplorandum est) praua quædam de honoribus, delicijs, & alijs eiusmodi rebus muudi placita? Ecce ergo argumentum. Si serua est humana ratio; obtemperet Domino, qui per diuinam à se profectam legem, liberū nostrum arbitrium regit, & gubernat. Quod autem de stulto dicitur satu rato, quoad sensum litteralem, hominem mundanum significat, non cibo tantum, sed alijs etiam mundi bonis diffluentem. Deum Immortalem! Quid non criminis admittit homo viribus, auctoritate, diuitijs abundans! Nimirū opprimit pauperē: rapit alienam aut vxorem, aut filiam: & alia facit eiusmodi quā plurima. Mysticè verò hic stultus saturatus sentientem significat ap

CONCIONANDI LIB. II.

cat appetitum nihil non concupiscentem, nihil non potientē. Sed hoc argumentum ab adiunctis est etiam, atq. à caussa. Terra enim, idest pij, fideles, humiles, & obedientes Deo, videntes sentientem appetitum saturari rebus terrenis, anguntur, & contabescunt, quia terrenarum rerum immodica affluentia multa mala parit. Porrò mulier odiosa, litteraliter aut eam significat, quæ odio habere videtur virum, aut eam, quæ moroso, ac difficili ingenio cùm sit, mariti sibi odium conciliat. Cùm igitur ducatur vxor, vt amore, & operibus prosequatur virum: certè animo consternetur vir, si in vxore non amorem, sed odium deprehendat, itemq. non amoris, sed odij occasionem, qua eam cogatur repellere, & auersari. Mixtum hoc loco argumentum ex caussa, & relatis construere licet in hunc modum. Quis ferat amorem in odium couerti? Quis non dispereat, vbi mulierem videat viro inimicam? Mysticè verò odiosa mulier, quæ iniustè in matrimonium assumpta est, ipsa est deprauata hominum consuetudo. Ita enim homines miserrimi eam veluti matrimonio sibi iungunt, vt ei perpetuò hæreant, & vbi quis ad aliquod bonum eos hortatur, quod mundus damnare soleat, subinde illud repetant, *Quæ diram*? itaque relinquant patrem suum cælestem, & matrem etiam Ecclesiam, dum hāc odiosam hominum consuetudinem tamquam vxorem sibi coniunctissimam amplectuntur. Demum ancilla caro nostra est: hæc enim in hoc est instituta, vt pareat, obsequaturque rationi. Domina, ratio est, siue anima. Hæreditas autem bona sunt quæ sibi homo studiosè colligit. Quemadmodum ergo ferri non potest, si Dominæ bona ad ancillam transferas: ita neque ferendum est animam corpori cedere, hoc est dum corpus ditescit, animam ad egestatem, & miseriam deduci. Hæc argumenta à relatis sunt. Et id genus mille à relatorum oppositione colligi possunt.

Caput. XIII. De obtradicentibus.

A con-

DE SACRA RATIONE

Contradicentibus est quartum argumentandi à dissentaneis genus, & id quidem non ignobile. Porrò duobus id modis fit: aut in vocibus, aut in enunciationibus. In vocibus contradictio est, scilicet in voce finita, & infinita, aut negata: vt Iohan. decimo quar. *Vsq, modo non petistis quidquam*. Et Psalm. 55 *Pro nihilo forsitan inimicos eius humiliassem*. Et illud, *Pro nihilo saluos facies eos*. Erunt fortè id genus exempla quæ mihi non occurrunt. Id tamen certò ausim dicere, vsum huius loci sæpe optimum esse: scilicet vbi non contrarium, sed negatum conuenit verbum efferri. Exempli causa. Ludere non est sacerdotis: fucare faciem non est mulieris honestatem verè amantis: otiari non est hominis. Estque hoc veluti aposiopesis genus, multa simulans verbis comprehendens. Quod & venustum est, & solet sæpe accommodatius esse ad carpendum, quàm si ita diceres: Ludere est hominis nequam, & luxuriosi: fucare faciem est meretricis: otiosum vagari est ferarum.

In enunciationibus verò contradicentibus pulcherrimi, & efficaces argumentandi modi latent: per hypotheticas scilicet argumentationes, qualis est collectio ex opposito consequentis. Ita argumentatur Beatus Paulus prim. Corin. 15. si mortui non resurgunt, neque Christus resurrexit: at certum est resurrexisse: ergo resurgunt. Multæ id genus argumentationes hominum errorem detegentes construi possunt. Vt: si frequentem dominici corporis communionem ideo damnas, quia sic maiorem Deo haberi honorem affirmas: qui fit vt cùm abstineas a Communione, non tu satis Dominum reuerearis? Si non reuereris: ergo non te mouet Dei honor ad frequentem communionem insectandam. Item: si amor Dei te mouet ad magnificum Templum construendum: cur non te mouet ad subueniendum pauperi? vel ad ornandum dirutum Sacrarium? Non te mouet ad hoc: ergo neq. ad illud.

Item huc pertinent argumentationes Hypotheticæ, quæ in disiunctiuis fiunt. Vt verit 3 Regum decimo octauo. *Aut Dominus est Deus, aut Baal est Deus. Si Dominus sequimini eum: si Baal sequi-*

CONCIONANDI LIB. II.

sequimini eum:eligite quem ex ijs vultis. Item: aut Domino, aut mundo seruiendum. Item:aut ferenda est iniuria,aut contemnendum Dei mandatum. Item:aut facite arborem bonam,& fructus eius bonos:aut facite arborem malam, & fructus eius malos. Ex ijs ergo argumentationibus iuxta hypotheticam formam colligitur assertio per Assumptionem negantem, in hunc modum. Sed Baal non est Deus,ergo Dominus:sed mūdo non est seruiendum, ergo Christo Iesu. Atque eodem modo in ceteris.

Caput. XIIII. De repugnantibus.

Vinctum tandem genus est à repugnantibus. Est hoc argumenti genus locupletissimum. Nā cùm in hoc non si: sumendum ab vno ad alterum argumētum, sicut in quattuor generibus superiùs expositis,in quibus vnum vni certa lege pugnat,sed ab omni re pugnante sumatur;possintque vni, & eidem rei multa diuersa ratione repugnare:accrescit magna argumentandi,& persuadendi suppellex. Vt quàm distat ab homine Christiano nummorum appetentia,loquacitas,comessatio?Item:quid sacerdoti commune cum mundano fastu? quid cùm delicijs? quid cùm lusu? Ecce ergo quantus lateat in loco à dissentaneis thesaurus.

Caput. XV. De loco a consentaneis.

Extus locus est à consentaneis,siue à similibus,siue à comparatione: nam his omnibus nominibus appellatur;neq. refert hoc,aut illo potius appelles,dūmodo rem ipsam intelligas. Est locus hic,quo à cōdicionibus,seu adiunctis alicuius rei sumuntur argumenta ad rē, cui similia cōpetant:vt à patre in filium. Deniq. à quauis re in qua

F 2   duo

DE SACRA RATIONE

duo, vel plura inter se conueniant, argumentum à consentaneis duci potest. Est autem amplissimus hic locus. Nulla enim res est vel naturalis, vel artificiosa, vel animata, vel inanimis; nulla actio vel naturalis, vel moralis, ex qua à simili non duci possit argumentum. Nimirum duci potest à cælis, ab elementis, à mistis omnibus, ab vrbe, bello, naui, & alijs quam plurimis. Immò, quod attentiús annotandum est, à dissimili etiam duci potest. Nulla namque res est in creaturis, quæ si iuxta naturam inspiciatur, non habeat imperfectionem aliquam perfectioni adiunctam. Solus Deus vndequaque perfectus est, nullam habens imperfectionem neq. affirmatiuuam, neque negatiuam: omnis verò creatura vel negatiuam habet supremi generis; adeò vt ipsa etiam Christi humanitas posset non es se: vnde fit vt in omni re, & in bonam, & in malam partem duci possit argumentum. Id tamen aduertendum; nihil vetare ex eadem re, diuersis rationibus, diuersi generis colligi posse argumenta. Exempli gratia ex patre ad filium tamquam ex causa ad effectum ducitur argumentum hoc: Si pater qui te genuit nobilis fuit, & fortis: esto tu item. Præterea ab eisdem vt relata sunt, sic argumentamur. Quid est quod pater tuus suit temperatus: tu autem es intemperatus? Item: Ille potest te corripere, tu subditus esto. Atque tandem tamquam à simili duci potest ratio hæc: Cur non imitaris paternas virtutes?

His constitutis locus hic in duas partes diuiditur: in comparationem, & in simile, & dissimile. Comparatio in quantitate fit: simile, & dissimile in qualitate. Neque vero quantitatis, aut qualitatis nomen propriè sumendum est, vt apud Metaphysicos. Nam & comparationem, & similitudinem, aut dissimilitudinem, ad omnia nouem prædicamenta possumus referre. Hoc tamen discriminis inter comparationem, & similitudinem esse videtur, quod comparatio vnius est ad vnum, vel duo, vel plura: vt exempli gratia, si miles armis est instructus, cur non tu, litterarum studiose, libris etiam instrui curas? at verò similitudo ad minus duorum ad duo est: vt sicut

se ha

se habet oculus corporeus ad lumen solis, ita oculus animæ ad lumen gratiæ.

Comparatorum genera sunt à maiori, à minori, à pari. A maiori tota vtriusque Testaméti scriptura argumentatur. In veteri contextu sæpe: *Sancti eritis, quoniam ego sanctus sum*: quasi dicat; si Deus est sanctus, oportet vt populus sanctus sit: nam qualis est dominus tales oportet esse seruos. Ita Christus argumentatur: *Si ego laui pedes vestros dominus, & magister, & vos debitis alter alterius lauare pedes.* Ita Paul. *Imitatores Dei estote sicut filij charissimi.* Sed quid moror? tota sacra scriptura à Deo ad hominē, sed præsertim à Deo homine ad hominem argumentatur. Hic (quoniam opportuna se offert occasio) libet circa magni momenti rem paulisper immorari. Sunt quidam stolidi homines apud quos huiusmodi argumentum ita infirmum est, vt quoties eos hortamur, vt se ad diuinam imitationem conformēt, respondere audeant sibi possibilia non esse, quæ Christo, vt pote Deo facilia factu erant. Hos si opus esset redargue re, impiæ certè blasphemiæ redargueremus. Insinuant enim inualidum esse argumētum in sanctis scripturis frequentissimū. & inscitiæ videntur Spiritum Sanctum notare. Sed cùm stultis, agamus mithius. Heus stulte, rogo à te. Nonne est rationi cōsentaneum, vt quando Deus omnipotens se demittit, tu quoq; humilieris? Nonne, æquum est, vt tu dominum, magistrum, ducemq; tuum imiteris? Fateberis hæc, credo, nisi prorsus ratione careas. Sed respondebis, quamuis hæc ita sint, tamen tē nō posse, id quod & vis, & iustum esse sentis, te prestare. Si hoc affirmas, iam hæc alia quæstio est, quæ non erat tibi cum priori commiscenda. Sed nunc tibi etiam respondeo, in Deo te omnia posse. Nam & Psa. 43, scriptum est: *Inter inimicos nostros ventilabimus cornu &c.* Et Euangelium dicit apertè, in hoc veniste Christum, *vt sine timore liberati de manu inimicorum nostrorum seruiamus illi &c.* B. Paulus hoc idem confirmat dicens: *omnia possum in eo qui me confortat.* Sed ad rem redeamus.

5 A minori etiam in scriptura frequenter ducuntur argumēta, vt Luc. 11. *Si vos cum sitis mali, nostis bona data dare filijs vestris:*

Iohan.13.
1.Cor.11.

Psalm. 43.
Luca. 1.
1.bils. 4.

Luca 11.

F 3   quan.

DE SACRA RATIONE

Lucæ.18. quanto magis pater vester de cælo dabit spiritum bonum petentibus se? Item Lucæ 18. si iudex iniquitatis importunè postulatus subuenit viduæ:multo reuera magis orationibus continuis Deus inuocatus quod honeste petierimus largietur. Item Psal. 102.

Psalm. 102. Roma. 6. Quomodo miseretur pater filiorum, misertus est Dominus timentibus se, quoniam ipse cognouit figmentum nostrum. Et ad Rom. 6. Sicut exibuistis membra vestra seruire immunditiæ & iniquitati ad iniquitatem:ita nunc exhibite membra vestra seruire iustitiæ in sanctificationem. Item:si homo homini humanitatis iure, aut etiam ex nobilitatis debito fidelis esse solet: non erit fidelis Deus, quem tota sacra scriptura fidelem prædicat?Si verus amicus amicum nequaquam deserit, sed omni ratione etiam non appellatus eum iuuat: quid faciet ille, qui tam impensè electos suos diligit.

Heb. 12. A pari Hebræ. 12. Quòd si extra disciplinam estis, cuius participes facti sumus omnes:ergo adulteri, & non filij estis. Hinc sumpto argumento à Iudæis, imò à Gentibus argumentamur. Neq. enim necessaria paritas in omnibus est. Si Iudęi suam seruant legem:

Iere. 35. cur tu christianè nonseruas Euangelium?Si filij Rechab sermonibus auscultarunt patris sui, & eius audientes fuerunt præcepto, cur tu christianè non audis sermones Christi, & præceptis eius obtemperas?

Post comparationem sequitur vt de similitudine & dissimilitudine agamus. Argumentum à simili vastissimum est. Potest autem ex toto veteri Testamento desumi:itemq. ex omnibus Euangelij Parabolis, & ex omni creatura, vti diximus. Hinc figuræ, allegoriæ, metaphoræ. Atq. ego vobis auctor sum vt quid quid similium vel audieritis, vel legeritis, vel vos ipsi excogitaueritis, in alueo reponatis ad marginem annotato vsu, cui deseruire possit:sicut de hac re sunt multi libri conscripti à viris doctis, qui de similibus inscribuntur.

A dissimilibus est vltimum hoc loco argumenti genus. Vt si ita argumenteris. Non decipit Deus quemquam, sicuti mundus solet decipere. Quem enim vmquam fefellit Deus?Certè neminem. At nihilo magis homines Deo fidunt: mundo autem

tem, cùm sæpe eos fallat, facilè credunt. Hoc tamen loco est
aduertendum non idem esse argumentari a repugnantibus, &
à dissimilibus. In illis namque repugnantia est, in his tantùm
diuersitas. Vt non decet sacerdotem quod decet laicum: huic
enim colligere iussè res temporales, licet, sacerdoti autẽ nullo
modo: sed tantùm rebus sacris esse intentum. Ita Beatus Petrus   *Act.6.*
Acto.6. *Non est equum nos derelinquere verbum Dei, & ministrare*
mensis: eligite qui huic muneri vacent. Eiusdem generis erit præclara hæc argumentandi ratio, efficax, & pia. Non damno recreationem laicam, si honesta sit: sed ea tamen non decet sacerdotem. Ludat laicꝰ modestè: non vllo modo sacerdos. Qui
à repugnantibus argumentantur, damnant partem alteram:
qui à dissimilibus, non damnant, sed non recipiunt. Ita Beatus
Paulus argumentatur se nolle circumducere mulierculam, se
nolle ex eleemosyna viuere. Ita docet obseruare eos qui am-   *Philip.3.*
bulant sicut habentes illius formam. Ita Numeror. vigesimo   *Num.23.*
tertio. *Non est Deus sicut homo, vt mentiatur.* Hactenus de loco à
consentaneis.

Caput. XVI. De loco à diuisione.

Eptimus locus est à diuisione. Hanc definitioni præ-
posuimus, quoniam notior est. Est autem diuisio, totius in partes distributio. Vnde quot sunt totius, &
partum genera, tot sunt & diuisionis. Sunt tota essen-
tialia: sunt tota integra: & mille alij modi totius describuntur.
Diuiditur homo in animam, & corpus: corpus in membra, vt
in partes integrantes. Diuiditur subiectum in accidentia, & ac
cidens in subiecta, & accidens in accidentia. Quibus de rebus
consulite Dialecticam artem. Sumitur autem diuisio à caussis,
& effectis, subiectis, & adiunctis, immò & à dissentaneis, & con
sentaneis.
    Est autem huiusmodi argumentandi genus ad docen-
dum, ad laudandum, ad vituperandum, & ad persuadendum

vtilissimum. Huc pertinet ingens exemplorum copia, dum à supremis ad indiuidua vſq. diuidentes deſcendimus, & partes omnes hinc inde ſingulas perſcrutamur. Exempli gratia; poteſt quis exemplo Pauli ad Hebræos commendare infortunia hoc modo. Quis ex ijs quos iam inde à mundi primordijs Deus habuit amicos, non eſt mala paſſus? Certè nullum reperies, ſi vel legem naturæ, vel veterem, vel Euangelicam requiras. Ac profecto (niſi obſtaret quorundam concionatorum, qui docti ores videri volunt, ſuperbia) optimus concionandi modus ille eſſet, quo exemplorum enumeratione, explicationeq́. populus edoceretur, ita vt capta à genere diuiſione in exēplis ſiſteremus.

Elaborandum autem vobis, lectores; eſt, vt quemadmodum in vno alueo ſimilia, ita in altero exempla reponatis. Nã perſuadent vehementer & memoriæ firmiùs hærent.

De ratione diuidendi acuratiùs dicere, præceptaq́. tradere, muneris noſtri non eſt. Hoc tãtùm dixerim, in omni loco duci poſſe diuiſionem, & habenda eſſe in promptu diuiſionum genera, quę Dialectici tradunt: nempe totius ſuperioris in partes inferiores, vt generis in ſpecies, in differentias, in propria, & ſpecies, & indiuidua. Rurſus hoc vobis ſummè commendo, vt quacumq. re propoſita, illius accuratam faciatis diſtributionẽ: hinc enim multa claritas, & facilitas, & proprietas, itẽ & argumentorum robur. Ita factum frequenter in ſcripturis reperimus. Nam diuiduntur homines in filios Dei, & diaboli: in filios lucis, & tenebrarum: in ſeruos peccati, & Dei: in hominem nouum, & veterem: in filios Abrahæ ſecundum carnem, & filios ſecundum ſpiritum. in adulterantes verbum Dei, & ex ſinceritate prædicantes. in homines, & beluas. Similiter caſitas in omnes partes, & gradus diuidi poteſt. Eſt enim interna, externa, in intellectu, in voluntate, in oculis, in lingua &c. Cùm igitur ob omni loco deſumi poſſit diuiſio expendite, obſecro, quantũ hinc ad quamuis rem lumen accedat, quanta ad perſuadendũ efficacia. Hæc de diuiſione.

Caput

CONCIONANDI LIB. I.

Caput. XVII. De loco a definitione.

Grauus locus à definitione, est locus facilis, si semel definitio rectè facta sit. Quamquam enim omnis disputatio à definitione debet proficisci: vltimum tamē quod fit à perscrutante, definitio est, vt quæ multarum rerum cognitionem postulat. Frequentius est in scripturis à definitione argumentum. Vt, *Quæritis me interficere, ergo filij diaboli estis. Non facitis opera Abrahæ, ergo non estis filij Abrahæ. Qui ex Deo est, verba Dei audit. Ei, Ego dæmonium non habeo, quia nō quæro gloriam meam.*

Cice. li 1. de officiys.
Iohan 7.
Iohan. 8.

Obsecro autem Theologos, vt huiusmodi, præsertim argumentationes, quæ à definitione traduntur in diuinis libris, in formam redigant, proprietatem expendētes: faciet enim illos exercitatio hæc ad argumentandum expeditiores. Si, exempli gratia, definias ex scriptura, quid sit propriè sacerdos: homo est, inquies, Deo dicatus, & consecratus ad populi orationes, sacrificiumq́; offerendum. Eiusmodi homo est amans Deum, & mandata eius custodiens.

Sed aduerte, in sacra Scriptura numquam exactam haberi definitionem. Non enim sacra Scriptura, vt B. Hieronymus ait, legibus Aristotelicis adstricta est. At definit verè, & propriè: vel ab effectis, vt quando quisnam sit Abrahæ filius, definit, ille scilicet, qui Abrahæ opera facit: vel a causis, vt quando definit legem, quòd per Moysen data sit; Euangelium verò quòd per Christum sit annunciatum, vt Iohan. 1. & ad Hebræos 1: vel ex fine, vt si legem definias, quòd pedagogus sit puerorum, nullúmque ad perfectum adducat; Euangelium verò quod viros in Christo pariat, vt crescamus omnes in virum perfectum, in mensuram ætatis plenitudinis Christi. Ex quo (ne illud quod mihi in intimis hæret visceribus, vmquam reticeam) velim te, ô concionator, obiter notare, perfectionem Euangelicam esse id quod propriè, & ex munere proprio Christus tamquam propriam, & nouam doctrinam prædicauit: itaque

Iohan 7.
Iohan, 1.
Heb. 1.

Heb. 7.

oporte-

DE SACRA RATIONE

oportere etiam te in hoc Christum ducem, & magistrum imitari. Iam verò ne ab instituto digrediamur, si quis definitiones absolutas expetat, eas ex Sancto Thoma petat, qui per articulos digessit definitionis partes, & vbi transitionem articuli præcedentis facit, definitionem paulatim colligit. Vtinam cum ctarum rerum Theologicarū definitiones in alueo quodam conscriptas in promptu haberet Theologus. Quod non eò à me dicitur, quòd populo è suggestu prædicandæ sint definitiones acuratæ; neque enim id in aliquo vmquam probarim: sed ideò tantùm, quòd oportet ipsum concionatorem ad intelligendam veritatem firmum sibi iacere fundamentum, vt propriùs, atque clariùs eam populo exponat. Definiendum est autem ex effectis, vel aliunde eò modo quo res faciliùs à populo intelligatur, magisque illi prodesse possit: populo namque delinitiones à caussis, & effectis magis conueniunt. Quod vel exemplo Scripturæ, & Sanctorum satis colligitur, qui non exactè definiunt. Quo fit vt nullam ferè accuratā definitionem

ad. Heb. 11. in scripturis teperias, præter illam Pauli Hebræor. 11: *Fides est substantia rerum sperandarum, argumentum non apparentium*: Quæ per tropum datur. Est enim sensus: fides est assensus quidam, in quo continetur fundamentum, radix, & caussa bonorum, quæ spectamus: & quæ quasi argumento conuincit intellectum nostrum, vt credamus quæ non videmus.

Hoc autem loco, si vacaret, definitio diuidenda esset, vt vulgò fit: docendumque ex omni loco definitionem posse sumi: sed præsertim ex materia, & forma, quæ propriè ad essentiam pertinent: quamquam & ex omni caussarum genere, & ab effectis, immò ex subiectis, & adiunctis, & à contrario etiam: vt si definias virum iustum, qui non agit impiè: ægrum qui non præstat sani hominis opera. Ceterùm hoc non præterijsse sat est. Neque verò ad id oportet ex sacris Scripturis loca adducere; cùm multa passim occurrant; nos autem ad alia festinantes pergamus.

Id

Id tamen moneo Theologos, in omni re, de qua illis disserendum est, definitionem confici debere per omnes caussas & effectus, præsertim propter quid, & finem. Ille enim scit, qui causas scit. Exempli gratia. Fidem definire vis? quere in quo prædicamento sit? in Qualitate enim est. Rursus cuius speciei? Habitus est. An naturalis, vel aliunde? Naturalis non est. Adquisitusne ab homine, vel homini datus? Infusus vt sit necesse est: nam supra rationem attollitur. In quanam facultate est? In intellectu. Ad quid data? Vt quæ supra naturam, & rationem sunt assequaris. Quidnam præstabit? intelligere, an assentiri? Assentiri: nam quæ supra naturam, & rationem sunt, intelligi, & comprehendi non possunt. Ecce iam certa definitione dices, fidem habitū esse infusum, quo ijs quæ supra rationē sunt assentimur. Quid etiam castitas sit, ita colliges. Virtus quidem est à genere Temperantiæ: sed cùm multa sint, in quibus oportet temperantiā exercere, non circa potus, neq. cibos, neq. vestes, neq. id genus alia versatur; sed temperantia est circa venerea. Atque de his iam satis.

Caput. XVIII. De loco à nomine rei.

Onus locus à nomine rei inscribitur. Cuius duæ sunt partes: notatio nominis, & coniugata. Non est hic locus vt præcedentes, efficax per se sumptus, quamuis alijs iunctus efficax sit. Est festiuus, & mordax, allusionibus vtilis: sed non vsquequaq. concionatori in hæc officia idoneus, parcè enim his ipse vti debet.

Notatio idem est quod Etymologia : nam voces notæ *Ad Heb. 7.* rerum sunt. Ita argumentatur Beatus Paulus ad Hebræos septimo de Melchisedech, quod interprètatur Rex Iustitiæ. Omnia ferè veteris Instrumenti nomina hoc argumenti genus suppeditant. Abel est luctus, vel vanitas. Noah, requies. Abraham pater multorum. Isaac, gaudium &c. Ex quibus nominibus argumenta ducuntur, & iuxta litteralem, & ad mysticos sensus accommodata. Verbi gratia. Benè Abel dictus, qui

tam

92   DE SACRA RATIONE
tam citò è viuis sublatus est,frandulenter à fratre occisus. Ita 1.
Reg.25.Abigail disseruit,Nabal secundum nomen stultum es-
se.Coniugatorum locus lepidus est,& persuasioni accommo
datus.Vt si Christianus es,viue Christianè.Porrò si Christianū
definire vis,à notatione incipe in hūc modum.Christus est vn

1.Reg.26. ctus:christianus qui vnctionem participat,saltem fidei: nam si
des vnctio est,cùm Dei donum sit:sed qui non habet gratiam
integrè vnctus non est:vnde Ecclesia diffiniuit quidem eum
qui habet fidem esse Christianum:nam & fides mortua vera si
des est,tametsi non viua:sed noluit definire Christianū absq.
gratia perfectè esse Christianum:non enim habet perfectā vn
ctionem fidei viuę,sed habet vnctionis fundamentum,scilicet
fidem.Colliges ergo ita:Si christianus est qui in Deum credit,
& illius seruum se profitetur,viuat ch r istiano more. Iu hunc
modum in Leuit.argumentatur dominus.*Quod sanctum est, san*
cte exequere.&P sal.10.*Iustus dominus,& iniustitias dilexit.* R ursus,
Odio sunt Deo impius & impietas.& Matt.16.*Tu es Petrus & super*
*hanc petram,*scilicet confessionis tuæ *edificabo Ecclesiam meam.*

Psalm. 10. Porro à subiectis,& adiunctis hoc argumentandi genus sumi
Matt. 16. tur mutato substantiuo in adiectiuum vel in aduerbium.

Caput. XIX. De loco à testimoniis.

POstremus locus est ab assumptis, siue à testimonijs.
Hoc genus Theologis præstantissimum est,vt prima
parte q.1.art.8.probat sanctus Thomas. Primùm nihil certius quàm quod prima veritas dicit, quæ nec
falli,nec fallere potest.Itaque fides nostra diuinis præsertim
nititur testimonijs.At Theologos obsecro,vt à testimonijs pru
denter argumententur: alioqui enim nullum argumenti genus infirmius:facilè namq. multi,quauis interpretatione illud
solent eludere.Igitur oportet te aut Hebraicę,atq. adeo chaldi
cæ,græcæq. & latinę linguę peritia excellere, valdéq. edoctum
esse, quid interpretes præsertim antiqui,siue chatolici, siue Rab
bini intelligant; aut si fortè Ecclesia catholica sensum indicauit,

CONCIONANDI LIB. II.

nit, decisionem in promptu habere, aut ita distinguere loci, quem affers scopum, vt peruersæ interpretationi nullus sit reliquus locus. Si enim varijs præsidijs instructus non es, pro varia eorum, cum quibus disputas ratione, satius tibi est rationibus tantùm semper agere.

Alterum testimonij genus est Traditio: Id scilicet, quod nō per scripturam, sed per manus à Christo Domino nostro continua successione ad nos vsque peruenit: vt pleraq. quę de Sacramentis habemus: itē quòd die Veneris, & Sabbati à carnibus abstineamus, diem Dominicum obseruemus, Petri successorem perpetuum Episcopum Romanum habeamus, & id genus alia, quę à Christo emanarunt quadraginta illis diebus, qui bus ante Ascensionem cum discipulis conuersatus est, de cælorum regno illos edocens. *Act. 1.*

Tertium est testimonij genus, Ecclesię decisio, quę in Concilijs, in Iure Canonico, in Extrauagātibus, Motibusue proprijs continetur. Vbi illud notandum est, nō quidquid in hisce scripturis continetur, de fide esse (multa enim quasi ex opinione inferuntur, vt in Concilio Constantinopolitano, quod Angeli sint corporei) sed id tantum quod sub anathemate definitur. Ex quo tamquam ex fidei decisione, ad discernendum quid sit contra fidem, sumendum est argumentum.

His quartò adiungitur Ecclesię consuetudo, quæ plurimū valet ad fidem astruendam: vt quòd confessio seu exomologesis initio missæ facienda sit: quòd qui contrahunt matrimonia, benedictionem accipiant: quòd sacris vestibus induamur: & alia id genus, quę Ecclesię consuetudine præsertim nituntur: sicut quòd beatissimam Virginem in corpore assumptam esse, & abiq. originali peccato conceptam fatemur.

Quinctum genus, sanctorum Testimonia sunt: nō quòd alicuius Sancti auctoritas infallibilem habeat veritatem: hunc enim honorem sacris tantum scripturis defert Beatus Augustinus, ac ijs præterea, quibus ex infallibilem tribuunt auctoritatem; vt Traditionibus, & Ecclesię decisionibus. Quamquam si omnes fere Sancti idem pronuntient, tamquam in fide certum habendum.

DE SACRA RATIONE

bendum est. Hac enim ratione aliquot scripturæ libri in cano nem redacti sunt, quòd cuncti Patres illorum testimonijs tam quam diuinis vtantur. At vero necesse non est vel B. Hierony mo, vel B. Augustino omnino credere, quando ex propria sen tentia locuti sunt: errare enim potuerūt vt homines: cùm præ sertim an Paulus in raptu viderit diuinam essentiam vel non, inter sanctos disceptari videamus.

Id tamen vehementer persuasum esse velim concionatori bus, iniquum esse, non nisi scripturæ testimonijs omnia velle confirmare. Duo enim incommoda inde sequuntur. Vnum est, scripturam retorqueri: quod nefas est apud Deum: nam contra Spiritum Sanctum mentiris, dum colligis quod neque hoc loco, neque altero scriptura dicere voluit. Vnde non immerito à multis prælatis vbi alicui prædicandi copia fit, districtè præcipitur, vt scripturam iuxta sanctos interpretetur: hi e nim nobis magistri dati sunt. Alterum incommodū est, quòd sic quodammodo sanctorum doctrina negligi videtur: qui ideo dati etiam nobis sunt, vt ab ijs, eaquæ sacra scriptura non expressè docet, petamus. Nam contra aleatores istos, qui talis, aut tesseris ludunt, nihil habebis ex sacra scriptura: habebis tamen ex sanctis, vel ex Iure canonico: sicut &contra quoscum que mulierum fucos, & id genus multa vitia recens in mundo, magno cum nostro malo exorta. Huiusmodi enim multa mala nuper in Ecclesiam, mundo in præcipitium ruente, caco demon inuexit: quæ vt reprehendas, satis tibi esse debeat, si à sanctis ea reprahendi videas.

Iungere hoc loco rectè poteris scholasticorum Theologorū consensum, & opiniones à viris doctis, & bene moratis profectas. habet enim etiam & suum pondus: vt quæ à Victoria, Cano, & Soto, & Castro nostris tēporibus profectæ sunt, olimq́. ab Scoto, & Capreo. & Caieta. quæ ad ostendendum doctrinā aliquam peculiarem optimæ sunt. Adiunge & Canonistarum auctoritates, & sententias: nam & ipsi locum habent in Ecclesia dignum: vt Abbas, Iohannes Andreas, & nouus, qui etiam vete ribus æquandus est, Azpilcueta Nauarrus.

Sextus

CONCIONANDI LIB. II.   95

Sextus locus Philosophis tribuitur, quorum auctoritas valet etiam nonnumquam, non tantum vbi desunt testimonia sacra (si forte desint nonnumquam expressa) sed vbi suppetunt etiam. Id autem velin rebus creditu difficillimis, vel vbi perfectissima quæq. suades, aut vilissima reprehendis, vel vbi agis cum infidelibus, apud quos plurimùm sæpe valet hoc argumētum, ex ipsorum scilicet, cum quibus agis, testimonio sumptū. Cuiusmodi etiam est, quod contra Iudæos ex Rabbinis cōmodè sumi potest. Ad Titum.1. Epimenidem citauit Paulus, in cretenses qui erāt mandaces, malę bestię, vētres pigri. Et Acto.17. primū argumentatus est ab ipsis Atheniēsibus, ex ara Ignoto Deo dicata: deinde adducit Aratū poëtam indoctrina illa: *Genus Dei cùm simus &c.* Neq. id quidē immerito. Certè enim apud Socratē, Epictetū, Senecam, Aristotelē, Platonem, & alios, contra vitia, & pro heroicis virtutibus pręclara testimonia sunt. Sibyllarū exemplo vsus est B. Augustinus, & Bea. Catherina. Porro Sibylla deorum consilium significat, Sola, inquit Hieronymus cōtra Iuuinianum, virginitas nouit consilium.

Tit. 1.
Act. 17.

D. Hieron. cont. Ioui.

Septimum genus testimonij historia est: non diuina (hæc enem ad sanctam Scripturam refertur) neque Ecclesiastica (hæc enim in quinctum locum reuocanda est, quamquam & ad hunc septimum pertinere possit) sed historia humana: cuius vsus B. Augustino probatus est, & experimento confirmatur. Gentilium enim, & quorumcumq. infidelium exempla vehementer persuadent catholicis. Cur enim non faciat christianus quæ facit infidelis, in his, quæ ad virtutem, & bonos mores spectant? Fidelium etiam humana exempla multùm persuadent pijs. Atque vtinam ad hoc argumenti genus cōcionatores, qui acutissimi videri volunt, se demitterent: certè auditoribus plus multò prodessent.

Deniq. vt summam colligam, testimonia sunt quæ adduci possunt ex libris vel dicta, vel facta. Vtile autē esset præsertim dictorum & factorū Theologos sibi conficere alueum aliquē: sicut fecit Plutarchus, & alij: etiā plures qui multa & anteacti, & præsentis temporis apothegmata iu vnum congesserunt.

Qui

DE SARAC RATIONE

Qui labor multò esset vtilior, si per loca communia distribueretur. Sed de his satis.

De horū locorum vsu dicendum videbatur: ceterùm vbi de dispositione tractabimus, de vsu etiam locorum disseremus: Id interim annotantes, quod ad testimonia attinet, non debere eſ ſe frequentiora, neq. rariora, ſed adducenda vbi neceſſe eſt, ad confirmandas veritates præcipuas, ſcilicet eas quas in concionibus præcipuè ſibi concionator tractandas propoſuerit. Vt ſi dānamus tanquā peccatum mortiferum, malo animo alienā cernere vxorem, aut probro afficere fratrem; iuuat adducere Euangelij locum Id docentem. Atq. hoc quidem Patrum exēplo nititur conſilium: nam & ij teſtimonijs parcè vſi ſunt. Id tamen nulla ratione eſt prætermittendum; teſtimonia quæ afferuntur, explicanda fore, præſertim vbi ſubobſcura ſunt: atq. id iuxta ſenſum proprium, vel litteralem, vel myſticum litterali innitentem. Quibus & hoc adde: expoſitionem ipſam, ſi fieri poteſt, ipſi teſtimonio ſæpe vt præuiam eſſe præponendam: eſt enim ſuaue, & feſtiuum. rei dicendę locum præparare. Vt ſi oſtēdere debeas, humilium, & manſuetorum orationem Deo placere; ita dicito. Oratio tantò acceptior eſt, quantò maiori ſit cū reuerentia, & ab animo, ei qui exoratur gratiori proficiſcitur: talis eſt humilium & manſuetorum oratio. Hactenus de inuentione, quæ multam (ni fallor) rerum ſupellectilem vobis prę ſtabit: accipite modò de diſpoſitione præcepta: quæ inuenta diſponere docebunt, atq. ad perfectum vſum perducere.

LIBER

LIBER TERTIVS DE SE-
CVNDO CONCIONATORIS INS-
TRVMENTO, SCILICET DE DISPOSI-
tione: quo docetur Concionator qua ratione argumenta collocare, ijsq́; commodè vti possit.

Caput. I. De primo dispositionis genere, nempe de Iudicio, seu argumentatione.

Dispositio est rerum inuentarum apta collocatio. Parùm enim refert ædificaturum quempiam, omnem comparasse materiam, si eam proprijs in locis iuxta finem institutum, non collocet. Hoc igitur nobis modò demonstrādum est, qua ratione argumenta inuenta debeant collocari. Est autem duplex dispositionis genus: Iudiciū, & Methodus: siue argumētatio, & methodus. Argumentatio est constans collocatio argumenti, & coueniens cum quæstione proposita, ad eliciendam veritatem. Quæ pars ideò appellatur iudicium, quia veritas propositæ quæstionis per illā discernitur: & appellatur syllogismus, aut ratiocinatio, quia colligitur veritas per rationē: & appellatur argumentario, quia per argumentum colligitur. Vt cùm argumentatur B. Paulus: *Si Deus pro nobis, quis contra nos?* quæstio erat, an præualere possint homines cōtra nos, qui Dei sumus. Argumētum est: Deus est pro nobis. Vnde sic collige. Si vir fortissimus pugnat pro quouis contra minùs fortem, nihil timēdum periculi: at Deus pro electis suis pugnat: quis ergo poterit aduersus illos quicquā perficere? Sed quò rectius intelligatur quid argumentatio sit, aut argumentū, au: (quod idem est) medium; constituendum est, propositam quæstionem duplicem esse. Aut enim est simplex, vt an Deus sit: aut coniuncta, vt an Deus sit infinitus.

Rom. 8.

G

DE SACRA RATIONE

tus. Si simplex, argumentum collocatur cum tota quæstione si mul. Exempli gratia, si probamus esse Deum ab effectis; argumentum hoc est. Huius mundi machina ingens, præclara, pulchrè sibi constans, sine gubernatore existere non potest: hunc autem necesse est esse Deum: ergo Deus est. Si velimus discernere an Deus infinitus sit, argumentum quæri potest aut à prædicato, aut à subiecto. Quo loco aduertendum est semper, cum ex vtroq. extremo (vt aiunt) argumentum sumi possit, ingentem esse argumentorum copiam. Exempli gratia: si quæstio est, an sit virtus amplectenda: habita prædicati ratione, colligo huiusmodi argumentum. Quod cum ratione coniunctum est, amplectendū est. Habita verò ratione subiecti, sic differo. Quod suaue, & vtile est, id amplecti debemus: talis est virtus: ergo, &c. Argumentatio autem hæc duplex est: vna simplex, siue catego rica: altera coniuncta, siue hypothetica. Vtráq. sacra Scriptura vtitur. Simplex illa est Iohan. 8. *Qui ex Deo est, verba Dei audit: propterea vos non auditis, quia ex Deo non estis*. Confice syllogismum, quo possis homines multos confundere, & cōuincere hoc modo. Ille est ex Deo, qui verbū Dei audit: sed tu non audis: ergo: ex Deo non es. Coniuncta est illa Matth. 12. *Aut facite arborē bonam, & tunc facietis fructus bonos, aut facite arborem malam, & fatebimini esse fructus malos*. Si ergo me fatemini bonam arborem, fateri debetis, fructus bonos: aut si diffiteri nō potestis, meos fructus esse bonos, cur dicitis me arborem malam?

Syllogismum cōiunctum in tres partimur species: condjcionatū, Disiunctiuum, & copulatiuum. Quæ argumētandi formæ concionatori sæpe vtiles sunt. Nō est mei Instituti disputare, an possint in syllogismi formā reuocari: tantùm enim animus est, copiam dicendi concionatori suppeditare. Simplex argumen tatio, siue quoad formā, siue quoad materiā, primū in Syllogismū, Enthymema, Exēplum, & Inductionem distribuitur.

Syllogismus rarus est in scripturis: sed reperitur: vt in superiori exēplo: *Qui ex Deo est verbi Dei audit*. Et rursus Io. 8. quasi in hūc modū fit argumētatio. Qui sequitur luce non ambulat in tenebris: ego sum lux: ergo qui sequitur me, nō ambulat in tenebris.

Enthy-

Iohan. 8.

Matth. 12.

Iohan. 8.

CONCIONANDI LIB. III.

Enthymema est. Vt Rom.8 *Nihil ergo damnationis est his, qui* Rom.8. *sunt in Christo Iesu, qui non secundum carnem ambulant.* Colligit enim ibi ex fine cap.7 hoc modo. Gratia Dei per Iesum Christum liberat nos ab omni malo, scilicet culpæ, & penæ, & perturbationum: ergo ei qui perfectè liberatus est, neq. de cetero ambulat secundum carnem, nihil damnationis. Non ergo colligant hæretici cōtra purgatoriū: sed colligāt à purgatorio liberari, qui perChristi gratiam liberati, perfectè viuunt in Christo.

Exemplum est, vt Iohan.12. *Exemplum enim dedi vobis, vt que-* Iohan.12. *madmodum ego feci vobis, ita & vos faciatis.* Idest: ego laui pedes vestros Dominus & magister: ergo & vos debetis alter alterius lauare pedes. Est supplenda maior: scilicet, debent discipuli magistrum, & serui Dominum imitari.

Inductio fit Heb.11. de fide, & cruce. Quòd enim sine fide im- Heb.11. possibile sit placere Deo, Patriarcharum, & Prophetarum adductis exemplis ostenditur, quaſi plurimorum facta enumeratione ex Abel, vſq. ad Samuelem, & Dauidem. Quòd autē crux Christi ferēda sit, eamq́. Deus amicis suis varijs im partiatur modis, quam quam non quidem personis in medium adductis probat: tamen affert varia laborum, crucisq́. exempla, quæ Dei amici immò & amicissimi tulerunt. Quis enim sanctorum sine cruce vixit? Et Ecclesi.à ca.44. ad.50. vt ad virtutem populum accē- Eccle. 44 deret, longam facit Sanctorum enumerationem, eorum virtu- ad.50. tem & sanctitatem laudans. Est autem valida & ampla argumē tandi ratio, à multis indiuiduis, siue ab omnibus colligere, in quocumq. genere verseris.

Est etiam demonstratio propter quid 2. Cor.6. *Si ynus mortu-* 2.Cor.6. *us est, ergo omnes mortui sunt.* Vbi D. Paul.à caussa ad effectum argumentatur. Christus enim caput est: homines cuncti in illum fide viua credentes, membra viua illius sunt. Est autem pulcherrimum argumentū genus: Ille ieiunauit, ergo & ego ieiunare debeo: orauit, ergo & debeo ipse orare. Si colligat hæreticus ille persoluit, ergo & ego: explicet ille veram Philosophiam & Theologiam, & facile intelliget caput quidē membris non plus communicare posse quàm ipsa capere possint.

G 2 Esto

DE SACRA RATIONE

Esto tu viuum & absolutum Christi membrum per mortificationē,& amore.& quidquid tibi fuerit necesse dabit tibi Deus. Si vrnam quis deferēs paruā accedat ad perennem & inexhauſtum fontem,sibi imputet quòd non multùm sibi aquæ hauſit. Ita ergo ex fonte Christi hauries quantùm tibi luerit necesse,si integra & perfecta vnione illi fueris coniunctus.

Iohan.15.   Demonstratio quia,scilicet ab effectis,Iohan.15.habetur *Si opera non fecissem quæ nemo alius fecit,excuſationem haberent de peccato ſuo.* Miracula etenim Christi,si iuxta omnem circunstantiā expendantur,efficaciter Christum esse Deum probarunt; cùm in testimonium suæ diuinitatis fierent,atq. in gloriā Dei, vt homines Deum cognoscerent,diligerent,colerent,venerarētur. Nam si falsum Christus dixisset,nūquam Pater in nomine suo tot fieri miracula permisisset:id enim fuisset falsis assēt:ri:quod est à summa bonitate,summaq. veritate alienum.Præterea miraculis iungenda est Christi vita sanctissima. Quare impijssimi Antichristi miraculis,eius dicta non probabuntur:cùm sit ipse in nomine suo venturus,atq. tam impia & inquinata futura sit eius & vita,& doctrina.

3. *Reg.18.*   Dilemma,siue argumentum cornutum,est ab argumentis cōtrariorum.Vt 3.Reg 18.inquit Helias:*Si Deus est Dominus, sequimini eum:Si Deus Baal,sequimini eum:* quasi dicat. Verum sequi oportet Dominum:contrarium reijcere. Tunc sic:aut Deus est Dominus,aut Baal est Dominus:si Deus Dominus est,sequimini Deum:si Baal est Dominus,sequimini eum. Efficax eodem modo erit hoc argumentū.Aut à Deo est mulierū cultus,& ornatus,aut à diabolo.Non à Deo,ergo à diabolo. Aut mentalis oratio est bona:aut mala.Non mala,ergo bona.

1.Cor.15.   Argumentum ad incommodum à contradicentibus sumitur.Vt 1.Cor.15.*Si enim non resurgemus,ergo Christus non resurrexit:ergo vana est fides,qua promittit absolutissimam gloriam:ergo vana est fides vestra,qua creditis: ergo miserabiliores sumus cunctis hominibus.*

Epicharema argumentatio est innoluta:idest,in qua sine vlla forma, quasi per vnius propositionis modum, fit iudicium.

Vt Io-

CONCIONANDI LIB. III. 101

t Iohan.6. *Verba vitæ æternæ habes, ad quem ibimus?* item. *Quomo-*   Iohan.6.
do potest homo renasci denuò, cùm sit senex?

Sorites argumentatio est, quæ continuo progressu, à primo   Rom. 6.
ad vltimum colligit. Vt ad Rom.6. Si Christus mortuus est, ergo
& nos morituri sumus in illo: si Christus semel mortuus est, ergo & nos semel prorsus peccato mori debemus: si ille ampli9,
non moritur, nec nos iterum peccando sumus morituri: si sur-
rexit, in æternum victurus, ergo & nos semper bene acturi: si
mortuus est ille iuxta carnē, ergo & nos peccato mortui: si ille
iterum non moriturus, ergo & nos nunquam de cetero pecca-
turi. Non ergo regnet peccatū in mortali corpore nostro, neq.
amplius exhibeamus corpora nostra seruire peccato, neq. arma peccati; sed semper bene viuamus; & membra nostra sint
arma iustitiæ. Est hic efficax, & pulcherrimus argumentādi modus. Veluti si vis amare, cognosce: si vis cognoscere, conside-
ra: si vis considerare, ora: si vis orare, expedi te ab impedimen-
tis: si vis te expedire, aufer omnia superflua, & externa, & morti-
fica perturbationes: si vis mortificare, relinque omnia: si vis relinquere, odio habe. Itaq. si vis amare Christum, odio cuncta
alia debes habere.

    Postremum argumentandi genus appellant Parabolā, id est
simile. Sed hic modus recurrit ad inuentionem, & totus in materia cōsistit, vt supra diximus, cùm de simili ageremus. Exem-   Lucæ.12.
plum est Lucæ 12. *O hypocritæ, qui simulatis desiderare Messiam, fa-*
ciem cæli & terræ probatis. Id est per signa cæli & terræ, dignos-
citis pluuiam venturam; & signa huius temporis, scilicet aduentum Messiæ non probatis. Cognoscitis non necessaria, subtilia
& communia: & non discernitis spiritalia, quæ tanti momenti
sunt. Hæc de argumentandi forma.

    Ceterùm vehementer hoc loco annotandum est, alia in dis-
putatione, alia in concione argumentationis forma vtendum.
Etenim stricta illa argumentandi forma in concione ferè nunquam vsurpatur: sed prudentia opus est, vt eo modo dispo-
nantur propositiones, quo satis intelligantur, & vim habeant.
Id autem matura adhibita consideratione, & exercitatione

G 3   non

non erit difficile.

Scire tamen lectores velim, quod me experimēta docuerūt, non ad vnam solùm construendam argumentationem, sed etiam ad integram concionem vtile esse, à propositione maiori incipere, illamq́. satis explicare, & probare, & amplificare; dein de ad minorem progredi, eodemq́. modo illam persequi; atq. tandem breui compendio conclusionem elicere. Exempli gratia, si velim dissuadere lusum, sic aggredior. Viri cordati est à malis sibi cauere, eorumq́. occludere vias, & minimas quasq. scintillas extinguere. Hoc deinde comprobo testimonijs, exē plis, ceterisq́. argumentis accommodatis, veluti in hunc modū. Quanta Dauidi ex alienæ mulieris conspectu, ruendi occasio? Certè ab omni etiam specie mali obstinendum esse docet B. Paulus. Nam quàm facili occasione Dina virginitatem amisit? Nonne bonos mores colloquia in honesta corrumpūt? Quorsum Christus Iesus Dominus noster tot consilia dedit? atq. ter renis omnibus renuntiādum dixit? Quorsum virginitatem cō mendauit, nisi vt peccandi occasionibus cunctis vias obstrueret? Sequitur iā assumptio: in hunc scilicet modum. At ex lusu, quot solent prouenire mala? non tātùm ex iniquo lusu, sed ex minimo etiam & honesto iter fit ad maximos & sceleratos lusus. Id etiam eodem modo cōfirmo rationibus, aut exemplis in medium adductis, hac ratione. Quamuis non me lateat, iuxta Theologorum placita, lusum & moderatum, & honestum recreationis gratia factum, peccatum non esse: tamen dum tot malorum ansam & occasionem hic residere demonstro, fieri debet, viri Christiani, vt ab his tantæ calamitatis initijs vobis caueatis. Ecce lector huiusmodi generis argumentandi vsum: quamuis primas tantùm in hac re lineas duximus: non enim est instituti nostri res ipsas seriò tractare, sed tractandi modū solùm aperire.

2. Reg. c. 12
1. Thesal. 5.
Luca. 14.

Caput. II. De Iudicio, seu argumentatione quo ad analysim.

Plura

CONCIONANDI LIB. III.

PLura de argumētationis natura dixiſſem, niſi (quod in omni arte perneceſſarium eſt) docendum foret de argumentatione iam facta diſcernere. Eſt enim & iudicij quædam analiſis, ſicut & geneſis, Non tantū igitur debet Theologus argumentationem conſtruere, ſed oportet etiam illum, de argumentatione facta diſcernere. Doceamus ergo, qua ratione deprehendere poſſimus in conſcriptis operibus, vbi nā quæſtio, vbi probatio ſit. Accipite quæ ſequūtur. Quicquid ſcriptura continet, vel ſimplex narratio eſt, ſiue aſſertio, aut affirmatio; vel eſt ratiocinatio. Nō eſt difficile id indicare. Etenim id, quo tantū docemur, affirmatio eſt; id verò quo ſuademur probatio. Vbi igitur ſuboluerimus probationē; oportet primùm omniū, ſtatum preſentis tractatus inquirere. Id enim in omni negotio primū eſt, atq. præcipuū; ſtatum, ſcopum, thema eorū quę aſſequi volumus deprehendere. Quod, vt inferiùs docebo, ex antecedētibus, & conſequentibus, colligi poteſt, ſi rē accuratius expēdamus. Argumēto ſiue quæſtione reperta, expendēdum eſt, ꝗ ſubiectum, quod prædicatum ſit; vt videamus quid de quo cōcludatur, atq̄ ita mediū, ſiue argumē tum perquiramus, quo tale prædicatū de ſubiecto cōcluditur. Inquirendum ergo medium ſiue argumentum. Si vna tātum propoſitio eſt, in illa erit medium. Exempli gratia. Iohan. 8 *Qui ex Deo eſt verba Dei audit: propterea vos non auditis, quia ex Deo non eſtis.* Queſtio eſt: *Ex Deo non eſtis.* Probatio eſt: *Verbum Dei non auditis.* Item Pſal. 36. queſtio eſt: *Noli æmulari in malignantibus.* Probatio eſt: *Quoniam tanquam fœnum velociter areſcent.* Porrò, vbi ſunt hæ particulæ, quoniam, quia, quare, igitur, ergo, ſi, vt, & id genus aliæ, probatio eſt. Reperto medio, conferendum illud eſt cum prædicato quæſtionis, atque tunc in promptu habenda ſunt ea quæ de inuentione diximus; ſimulq̄. diuerſa argumentandi genera, quæ nuperrimè explicuimus; vt facta collatione inter medium & prædicatum, & perpenſa diſpoſitione argumentationis, intelligere liceat, ex quo loco argumentum producitur; & quo genere argumentandi conſtructa argumentatio eſt.

Iohan. 8.

Pſalm. 36.

G 4 Porrò

DE SACRA RATIONE

Porrò scriptura frequentiùs argumentatur ad incommodũ, à contrario, ab effectis, à simili. Oportet autem multa supplere, quæ Spiritus Sanctus verborum compendio comprehendit. Nam Spiritus Sanctus tantùm voluit perstringi verba præcipûa; cetera vero orationi, & considerationi, atq. studio nostro *Iohan. 8.* reliququi. Ergo B. Iohan. ab adiunctis, vel ab effectis argumenta tus, quasi demonstratione vsus est in hunc ferè modum. Qui ex Deo est, verba Dei audit: vos non auditis: ergo ex Deo non estis. Item fieri potest argumentũ est à caussa in hunc modum. Propter res quæ facile & citò pereunt, angi homo non debet: sed impiorum bona cito peritura sunt: ergo non est impijs inuidendum, tametsi multa illis ex optata contingant. Potest autem, immò debet quæ'libet ex ijs propositionibus explicari, & probari.

Sed difficultas inest vbi multa sunt media. Verbi gratia. Matt.
Matth. 12. 12. quando Dominus probat, se non in Belzebub eijcere dæ-
1. Cor. 3. monia: & 1. Cor. 13. probat B. Paulus. se rectè prædicasse Corin
ad Gal. 3. thijs: & idem ad Gal. 3. probat esse filios spiritus: & Heb. 7. pro-
Heb. 7. bat translatam esse legem: & Iohan. 15. probat Dominus, nullã
Iohan. 15. esse iustam Iudæis non credentibus in illum excusationem. In his ergo perpendendum, an illa omnia media sint diuersa, an verò componant vnius medij integram argumētationem. Di uersa erunt, quando per distincta loca procedent: vnam con-
stituent argumentationem, quando diuersæ illæ partes se mu-
Matth. 12. tuò fouētes, ad idem spectabūt. Exemplo res erit facilior. Mat thę. 12. quæ stio est: non eijcio dęmonia in Belzebub. Prima pro batio est ad incommodum: sequeretur enim Satanam contra se ipsum pugnare, ac regnum suum destruere velle. Nam Chri stus apertè pugnabat contra peccata, & contra omnes demo-
nũ opiniones: quare si dęmon contra dęmonē pugnaret, regnũ eius destrueretur: quia omne regnũ in se diuisum desolabitur. Secunda ratio est ab exemplo in hunc modũ. Filijvestri, discipu li mei, simplices & pij, & incantationum incapaces, in nomine Dei expellunt dęmones; à me (inquam) instructi, & à me acci-
pientes virtutē: ergo & ego. Tertio argumentatur à simili hoc
modo.

CONCIONANDI LIB. III. 105

modo. Si ego aduersus Belzebub me gero virum fortem, qui eo subacto, illius arma & arcem occupo: ergo non in illius nomine dæmonia eijcio.

Porrò duo hic annotanda. Alterum est sæpe contingere vt inter argumentandū digressio fiat: quam non oportet adnectere argumentationibus. Exempli caussa: in hoc eodem cap. Matthæi, Dominus dicit. *Si ergo ego in spiritu Dei eijcio dæmonia peruenit in vos regnum Dei*, De quo in Psalmis sæpe: vt Psal.141. *Regnabit Dominus in sæcula Deus tuus Sion.* Et Isaiæ. 32. *Ecce in iustitia regnabit rex. & sapiens erit.* Item Hiere.23. Et Matthęi. 4. Hoc autem attentiùs inspiciendum, ne torqueamur, si digressionem continuare velimus.

Psal. 141.
Isai. 32.
Hierem. 23
Matt. 4

Alterum verò notatu dignum est, honnunquam ex multis præcedentibus, vnum quiddam colligi: vt in hoc codē.12. Matth. cap. *Qui non colligit mecum dispergit.* Si enim conclusum est, Christū esse Messiam, & cruentum cū dæmone bellum esse gerendū, & in hoc venisse Christum, atq. in hoc seruos suos tanquam milites elegisse; sequitur, sicut miles culpā admittit, si vbi periculū imminet, non dimicat, ita & Christi operarios, qui nō colligunt cum Christo, male agere, immò & quodāmodo dispergere. Ité Iohan.15. duo sunt argumenta: à verbis vnū, ab operibus alterum: quibus concluditse esse Messiam, à Patre missum. At 1.Cor.3. vnū est argumētum tanquā Sorites. Eius enim conclusio est hæc: rectè feci vobis prædicans humilia. Prima verò probatio est: quia eratis carnales: sicut enim pueris lac dādum est, non cibus solidus: ita carnalibus humilia, & facilia danda præcepta. Probatio aurē alia est quia est inter vos zelus & cōtentio. Hoc probatur quia vnus dicit sum Pauli, alius autem Apollo. Hæc modo de argumentationis iudicio.

ca. 12 Mat.

Iohan. 15.
1.Cor. 3.

Item Theologos obsecro, vt vtrāq. exercitationem sedulò, & frequēter vsurpent: scilicet thema sibi aliquod proponant, idq. multis argumētationibus persuadere nitantur ex omni loco petitis (quāquam non semper omnia loca argumentū præstant) tū præterea contra thema argumētentur codē modo per loca, & argumentationes diluere conētur, loci natura, vnde argumētum

DE SACRA RATIONE

Modus in- tum petitur,examinata,ita enim fiet,vt facilè argumentari,faci
terpretandi leq́. respondere possint. Tum etiam argumentationes aliorū, sa
D. Thom. cræ præsertim Scripturæ,& D.Thomæ corroborare nitantur:
ea supplentes, quæ argumēn breuitas comprehendit. Sanctus
enim Thomas ita exponendus est, vt argumenta facta contra
respōsionem corroborentur satis, examineturq́. ex quo loco
producantur:præterea corpus articuli in formā redigatur, dis-
cernaturq́. ex quo loco: solutiones verò, & iuxta formam, &
iuxta materiam perpendantur. Ita fiet, vt breui tempore, & ad
argumentandū, & ad persuadendum habiles sitis, iuuante natu
ra, & studio. Et quamuis vobis à minùs obscuris progrediētibus,
non erunt statim cuncta in promptu, labore tamen improbo
cuncta comparabitis. Hactenus de argumentatione.

Caput. III. De methodo, altera dispositionis parte.

Methodus dispositio est argumentationum, ac eorum
omnium, quæ inuenta sunt. Docet enim methodus,
qua ratione totius operis dispositio procedat. Metho
dus, Græca vox, viam, modumq́. significat. Vulgata
voce idem est quod *La traça de las cosas*. Nihil autem aliud methodus re ipsa est, quam ipsa præcepta dicendi, differendiúe. Du
plex est methodus: vna doctrinæ, altera prudentiæ. Illa certā, &
infallibilē docēdi viā docet (vt 2. de Posteriori Anal.)à nominis
2. de Demō- etymologia, homonymia: descriptione, definitiōe, pprietatib'
stra. cap. 1. & caussis, ac tandē partitione. Nā hoc est tādem scire, intellige
re quid res sit, qualis sit, propter quid sit talis: & q doctus esse vo
luerit, hæc tria in prōptu debet habere, & in his trib' exactè exe
quendis insudare. Ita procedit S. Tho. ita procedere etiam debet, quicumq. opus velit conficere, aut de aliqua re discernere.
Prudentiæ methodus est, quæ probè circunspectis circunstantijs, & condicionibus personarū, temporis, negouorum, & lo-
corū procedit. In hac autē methodo oportet excellere cōcionatorē, quippequia in eum & Rhetorica, & prudentia omnis,
quæ in oratore olim desiderabatur, iam sese recepit: soli enim
concionatores nunc sunt, qui Rhetoris personam sustinent.

V tra

Vtraq. methodus in genesis,& analyseis methodum distribuni potest. Illa prior præcepta tradit, quibus instructus, quodcumq. nouum opus conficere possis; hæc vero, quibus de confecto opere rectum valeas proferre iudicium.

Sed fortaffe quis, requirens maiorem in præceptis perspicuitatem, rogabit, quotnam sint operum genera, quę confici possunt. Tria dixerunt esse antiqui. Demonstratiuú, Deliberatiuum, & Iudiciale. At ego qui Theologos instruo, facilius, ni fallor, de hac re docebo. Igitur Theologus aut in scholastica versatur disputatione, aut(vt vulgi nominevtar)in positiua. Appello scholasticam, quamcumq. disputationem, quæ soli doctrinę methodo innititur: qualis est S. Thomę. & Aristotelis in omnib' libris quos edidit, immò & B. Pau. ad Ro. & ad Gal. & 1. Cor. 15 in quibus sola veritas cognoscenda tractatur, siue speculatiua, siue practica. Aliud genus est disputationis, in qua voluntas præsertim suadenda est, vt imperetur opus, talis ferè est tota diuinę scripturæ tractatio: & talis esse debet morum disputatio: vt etiam ipse Aristoteles in lib Ethic. insinuat & huc referendæ sunt conciones, & sermones de Deo familiares. Vtrunque genus complectitur sacræ scripturę expositio, etiam apud scholasticos. Non enim quisquam hos duos differendi modos negare potest: cùm non tantùm docendi Christiani sint, sed excitandi etiam Aliud genus est Encomiasticum, siue laudatiuum, quando alicuius gesta narras, vt illum euehas & commēdes. Húc refer historiam, quæ laudationem, ac deinde contrariam vituperationem, siue simplicem narrationem cōtinere solet, huc opuscula omnia reuocantur, quæ sunt innumera: sunt enim alicuius ex generibus his partes. Nam distributio hæc nostra ex intellectus & voluntatis partitione colligitur. Aut enim docere vis intellectum, aut suadere, mouereq́ voluntatem, aut vtrunque simul. Nam Iudiciale genus, tantopere antiquis celebratum, iam obsoleuit prorsus; quando mo rossimis terminis, & testimoniis, inauditisq. dilationib' agitur cuncta, ita vt rationis vim exibilasse Iuris periti videantur.

1. Eth 5. 2.

Caput. IIII. de fine in omni opere primùm inuestigando.

DE SACRA RATIONE

PRoposuimus vtcumque materiam omnem: modo vero tradenda præcepta sunt, & ad construendum, & ad discernendum de opere constructo generalia.

Illud sit primum; statum, finem, scopum, themaue in primis inspiciendum esse, illudque semper ob oculos habendum. Nulla enim actio, præsertim in homine, carere debet fine; cùm omnia ex fine pendeant. Nolim autem hoc loco arctiùs sumi finem; sed ita latè, vt etiam rē subiectam, siue (quod idem est) obiectum complectatur. Si vis concionari in Septuagesima; habeto ob oculos hunc tendere totum Euangelium, vt homines sciant, (se ad excolendam animæ vineam, eo præsertim tempore, conduci. Si vis in Sexagessima; propone tibi hūc scopum; dispositionem requiri in corde, vt verbum Dei fructum ferat. Si in Quinquagesima; finis ille est, labores Christianis esse subeundos. Sed rogabis, quo nam pacto finis deprehendendus sit. Si tu tibi vis nouum componere opus; expende accuratè quid tibi ipse velis, & tui ne vnquam scopi obliuiscaris. Si alienum vis assequi institutum, consule libri argumentum (nam vt plurimùm libri proprijs inscribuntur argumentis) argumentum autem, libri scopus & status est: ac præterea capitis etiam cniuscumq. argumentum, eius insinuat scopum. Quod si argumento liber caret; consule quid partes præcipuę docere potissimùm nitantur: &, si omnes particulares partes libri, in communem vnum tendant scopum, ille totius libri scopus est: si verò diuersa omninò cuiusque partis argumenta sint: diuersos esse vnius & eiusdem operis scopos deprehendes. Quod in epistolis sępe contingit: inquarum vna sæpe auctor multis & diuersis negotijs satisfacit. Multa ex annotatione hac fiunt perspicua, Primum quid apud Galatas Apostolus contendat: nimirum necesse non esse, vt legis veteris opera præstet quis, vt iustificetur: sed per fidem in Christum iustificari. Quo loco nō intelligit sola fide esse hominem iustū, aut gloriam adipisci: sed primam gratiam recipere; siue iustificari per fidem cum attritione, vt in Baptismo, in Pœnitentia, immò & in omnium Sacramentorū receptione: in qua ex attrito quis

1. Eth.ca.

CONCIONANDI LIB. III.   109

to quis sit contritus. Eodem modo ad Rom. B. Paulus intelligit per fidem sine operibus legis, hominem iustificari. Non enim ibi tractare propositum erat Paulo, an sola fides faciat hominem iustum, vel in gloriam perducat, sed an iustificatio per opera legis, vel per fidem, tanquam per præcipuam iustificationis dispositionem, radicem, & fundamentum contingat. Quòd si in eadem Epistola, de non distinguendo Iudæo & Græco disserit: quamquam & speciale alterum epistolæ argumentum constitui possit: ad præcipuum tantùm illud destinatur; quando non per carnem, neque per lege, sed per fidem contingit iustificatio. In Epistola ad Cor. diuersa docet, ac in reliquis Epistolis: quamquam ad Hebræ. Christi diuinitatem, ipsumq́ue esse Messiam nouæ legis latorem persuadere vult. Porrò commune est B. Paulo, in omnibus ferè epistolis, sub finē politica tradere præcepta de parentibus, filijs, marito, vxore, dominis, seruis &c. Iohannes in Euangelio de Christi diuinitate agit: Lucas de passionibus, Mathæus, & Marcus humanitatē celsissimam ostendunt. Esaias in Messia describendo totus est: Hieremias populi peccata plorat: Ezechiel comminatur: Daniel aduentum Messiæ notat: Apocalypsis, ecclesiæ euentus, ab aduentu Christi primo ad alterum. Ecce qua ratione illustrentur Sacri libri, & quiuis alij. Igitur quando ex fine omnia pendent, omniaq́. in finem dirigi debent, atq. eius habita ratione, omne ferendum est de ceteris iudicium: sequitur in primis non bis laborandum esse de fine: siue constituere velimus opus, siue de constructo discernere.

Specialia Euāgelistarum institua. Instituta Prophetarū

Caput. V. De quinque cuiusq́. operis partibus.

ALterum præceptum est, substantiam, totumq́. rei pōdus confirmatione, & confutatione constare. Hæc enim duo in omni negotio necessaria sunt, vt rem adstruas, & vt eandem defendas. Confirmatio rem constituit, confutatio propugnat. Porrò non tantùm his duobus

DE SACRA RATIONE

bus præcipuè tota constat disputatio: sed oportet etiam in singulis eius partibus miscere, aut confirmationi cófutationem, aut confutationi confirmationem, prout rei vel auditorum ratio postulat. Si suadeas castitatem, vtere confirmatione, dicēs eā animi pacē esse. Sed quóniā habet mulos castitas impugnatores, subiūgenda est confutatio, quà dicas difficilem esse quidem initio castitatem, sed tamen, vbi sem'el comparata est, mirā illi in esse suauitatem. Annotandum est preterea, non nū quam à confutatione auspicandum esse. Quod sæpe facit Aristoteles, vt in libris de Anima satis cōstat. Queadmodū enim si terra culta est, nihil prohibet quominus semē spargas: si vero inculta, oportet primū eā aratro proscindere: ita si audito res in errore versentur, oportet primum confutatione vti: si vero bene sentiāt, & animo sint à re quæ dicitur non alieno, ducendum est à confirmatione initium. Id tamen admoneo: & confirmationem & confutationem in tres partes esse distribuendam. Nam in principio & fine collocāda sunt potissima: in medio mediocria: vt primùm auditor commoueatur, & tandem dictis acquiescat. Nam in medio cùm non nihil lassus sit: si quid non audiat, nihil inde incommodi. Atque hæc modo satis de confirmatione & confutatione. Ita in Psalmo. 1. & 2. & Iohan 1. &. 8. & in illa B. Stephani oratione. 1. Cori. 15. Ita totus S, Tho. Hæc autē si libros euoluaris, deprehēderis esse vera. Nam & Euangelium etiam totum ita est distributum, vt vita & doctrina primum ocupet locum, alterum mors & resurrectio Christi. Sed quia est rerum natura cōparatū, ita auditorē disponendum esse, vt & velit audire, & ea quæ dicuntur, intelligat, exordio, & narratione opus est. Item, cùm etiam oporteat quæ dicta sunt, probare auditorem, eademq́. memoria retinere; epilogo opus est, quo & res memoriæ caussa in pauca conferantur, & vt eas probent, auditorum animi excitentur.

Fit ergo ex his, in omni tractatione quinq. esse partes: scilicet exordiū, narrationē, confirmationē, cōfutationē, & epilogū. Vnde intelligimus, quàm sint cum ratione coniunctæ vera

Rheto

Rhetorica,& Dialectica:ipsa enim natura nos, etiam arte desti
tutos, docet hisce præceptis esse vtendum. Exempli gratia si ade
ant pauperes diuitem, ita fantur. Domine quando diues & pius
es, miserere mei. vide humilitatem, & paupertatem meam; nã
neq. habeo victu n,neq. vestitum obsecrote,vt & mihi subue-
nias,& Christo placeas,& tibi cælum compares; ita enim fiet,
vt plura tibi Dominus suppeditet: eia ergo, pie vir, quando tantum bonum, per caducas diuitias tibi comparare potes; agito
eleemosynam: pro hac enim paucula eleemosyna, æternam ti
bi Dominus gloriam reddet. Videmus sæpe aliàs, vbi cogit naturę necessitas, naturam quodammodo ipsam sibi opem & au
xilium quærere: nimirum ea solùm instructos homines ita dicere, vt quinq. his partibus suam orationem componant. Ex
his velim obiter notari, quàm sit vtilis ad orationis vsum humi
litas: si enim corporalis paupertas ita ad obsecrandum cogit:
quantò magis cogere ad bene orandum nos debet paupertas,
& humilitas spiritalis. Magna certè res, si artem ipsam animi affectus pariat, Id tamen annotandum diligentius est ; in omni
genere siue encomiastico, siue disputatorio, siue persuasorio,
in omni tractatu concione & sermone, in omni deniq. quod
voce peragitur negotio, has quinq. partes desiderari. D. Tho.
1.p.q.1.propoſuit exordiū: Porphyrius in quinq. vocibus: Arist.
in lib. Philoſophiç,& in lib. etiã de Poſte. Analyſi. Sed hoc ita fa
ciendum, vt non affectemus Rhetoricã: nulla enim Rhetorica,
nulla Dialectica præſtantior, quàm quę diſſimulata ſerpit : ars
enim affectata tædium parit. Exempla in promptu ſunt. Si laudas, rectè à perſona laudanda exordiris, vel à principio communi, ſcilicèt quàm dignum ſit viros bonos laudare. Si diſpu-
tas: neceſſe habes auditorem diſponere, atq. diſputationem cõ
cinnare, quouſq. ad ſtatū peruenias. In perſuaſorio genere ma-
nifeſtius id eſt , quàm vt oporteat nunc à nobis demonſtrari.
Neq. vero in toto opere, vel concione, aut quauis diſputatio-
ne, ſeu ſermone his quinq. partibus ſemel opus eſt vti: ſed in
partibus etiam ſæpenumero neceſſarium valde eſt interponere exordiola, & narratiunculas, atque per quendã tranſitionis,
modum

DE SACRA RATIONE

modum etiam epilogos: præsertim vbi nouum argumentum, vel grauissimum, vel vtilissimum construitur, vel vbi difficile us aliqui id est dicendum. Exempli gratia, absoluta confirmatione, facienda est epilogus, vt liceat vehementius irrumpere in aduersarios per confutationem.

At id summopere annotandum, diuinam Scripturam nequaquam hisce omnibus partibus semper vti: solùm enim confirmatione, & confutatione, maxima ex parte contenta est; eisq́;

1.Cor.1. minus ornatis. Nam, vt ex B. Paulo 1. Cor. 1. colligitur, quia nō cognouit mundus per sapientiam Deum: placuit Deo, per stultitiam prædicationis saluos facere credentes. Oportuit ergo Apostolos totum conuertere mundum, non orationis apta dispositione, aut dictionis ornatu, aut rationum vi artificiosa instructos: sed doctrinæ sinceritate, humilitate, vitæ integritate, affectuum omnium mortificatione, & Spiritus Sancti abundantia, & miraculis. Quibus accedit, quòd sacra Scriptura Dei infallibili nititur authoritate: satis enim est Deti dixisse, vt credas, & obedias. Sed Apostolis totum negotij pondus fidei erat, & credendis mox gratia dabatur: modò autem non est in fide, sed in operibus difficultas. Quare Patres Ecclesiæ, vt ex eorum patet lectione, Dialectica Rhetoricaq́; vsi sunt, tamet si non tanquam gubernatricibus, sed tanquam pedissequis. Quid enim vetat, quo minus iumento tuo vtaris? At nemo est quin videat, non iumento quo insides, sed Deo confidendum tibi esse. Eodem igitur modo concionatores nostri temporis vti debent litteris, non tanquam præcipuo instrumento, sed vti seruo. Nō

1.Cor.1. enim in sermone, sed in virtute est regnum Dei. Quòd si Spiritus Sanctus aliud inspiret, nonnullosq́; Apostolis similes esse velit: non reijciamus, sed obuijs vlnis eos amplexamur. Scriptura quidem sacra, quæ breuitatem, & grauitatem habet, summas tātùm veritates lectoribus & concionatoribus proponit, & perstringit: illi autem inde colligere sibi debent, & coaceruare magnam copiam, & conficere velut ingentem quendam thesaurum. Conficient autem, pro ratione studij, spiritus, atq; auxilij, quod à Domino acceperint.

Iam

Iam autem, vt ad rem veniam, dicturus de singulis orationis partibus, id annotarim; nequaquam me artem Dialecticam, aut Rhetoricam profiteri. Tantùm enim sum pollicitus in cōcionatorum gratiam, de ratione concionandi me dicturū: quē dum specto scopum, satis est, si generalia hæc instrumenta perstringam, & insinuem, vt locus pateat ad docenda, quæ sequētur, mox instrumenta particularia. Quare an hæ quinq. partes ad Dialecticam, vel Rhetoricam spectent, mei muneris non est dicere. Meo iudicio Dialecticæ partes sunt. Dialectici enim est docere inuentionem, & dispositionem: at hæ quinq. partes ad dispositionem pertinent. Tantùm igitur nunc docebo, quæ vel experimenta, vel memoria, & exiguum meum ingenium mihi modo subministrant.

Caput. VI. De Exordio.

HÆC cuiusq. tractationis prima pars est. Quæ licèt ex omni locorum genere reuera duci potest: tamē præsertim ducitur ex persona dicentis, vel auditorum; rum ex negotij ipsius qualitate, & modo, quo est dicēdum. In duo enim iuxta intellectū, & voluntatē, omnia quæ ad hāc partem spectant, reuocantur: scilicet vt attentus, & beneuolus adsit auditor. Attentus erit, si rem vtilem, vel magnam, vel suauem dicturus sis, vel si methodo facili eam per spicuā fore affirmaueris. Beneuolus autem etiā erit si res ipsa futura sit vtilis: & item si à viro bono & graui proficiscatur oratio. Tunc enim insinuari etiam potest, & leuiter attingi, quàm æquum sit, vt talis viri orationem, auditores beneuoli excipiant. Extāt exēpla apud B. Paulū in omni epistola, nam Epistolæ tractatus sunt potius quam Epistolæ. *Paulus Apostolus, &c.* Præsertim ad Galatas 1. *Paulus Apostolus non ab hominibus neque per hominem, sed per Iesum Christum, & Deum patrem, qui suscitauit eum à mortuis, & qui mecum sunt omnes fratres, Ecclesiæ Galatiæ. Gratia vobis & pax à Deo patre, & Domino nostro Iesu Christo, &c.* Nonne efficacissima ad attentè beneuoleque audiendum ratio,

ad Gal. 1.

DE SARAC RATIONE

tio; quòd is qui loquitur, legatus sit à Deo missus? Ad Galat. e-
Gala.9. tiam.9. ex persona audientis sumit exordium dum ait : *Filioli
mei, quos iterum parturio, donec formetur in vobis Christus.* Filios vo
cat: vt etiam B. Iohannes Euangelista. Quare si filij sunt ex inti-
1. Ioban. 2. mis sensibus à patre dilecti, quos iterum cupit parere in Chri-
3. 4. & 5. sto, per spiritus renouationem, donec perfectè Christum induant: æquum est vt ipsi patrem attentè, beneuoleq́. audiant,
& ab eo doctrinā salutarem expectent. A methodo B. Lucas e-
xorditur in Euangelij procemio. *Visum est mihi assecuto omnia à
principio diligenter ex ordine tibi scribere.* A magnitudine etiam
Frouer. 8. rei dicendæ, & beneuolentia, & attentio cōparatur. Vt Prouer
biorum 8. *De rebus magnis locuturasum*, ait sapientia. Porrò hæc
omnia, iuxta loca vniuersa, quæ videbuntur accommodata, &
conducibilia, explicari possunt, & commendari. Si enim ad om
nia loca exigantur, efficaciùs multò, ex vno vel altero loco ora
tionem iuuabunt. Nonnunquam etiam diuina scriptura ab o-
ratione ipsa auspicatur. Vt Deut. 32 *Audite cæli que loqcor: audiat
Deut 23.* terra verba oris mei. Vbi oratio & contestatio simul fiunt. Sed
& à sola Euangelicæ historiæ narratione exordiri sæpe oportet. Item à contrario etiam exordia fiunt, pro auditorum con-
dicione, si deprauati sint. Hæc satis de exordio. Sed illud non
prætermittendum, inuocationem, siue petitionem exordio esse aptam: quod & poëtæ fecerunt, & modò facimus. Immò &
in omni orationis loco, vtilis deprecatio est.

Caput. VII. De narratione.

Aulo difficilior est narratio. In qua statuendus, atq.
explicandus est status: & distributio orationis facien
da. In exordio quidem in genere proponitur quod
in narratione explicatur: at quamuis exordiorum ge
nera diuersa non sint, quòad orationis genera diuersa (fere e-
nim eodem modo in laudatorio, disputatorio, atq. persuasorio
genere, exordio est vtendum) tamen narratio in his tribus generibus paulo diuersa est. Qui disputat, debet de nominis ety-
molo

mologia, homonymia, existentia, atq. descriptione, definitione partitioneq́. dicere, quousq́. ad quæstionis statum peruenia; quo statuto, aggrediatur confirmationem. At qui laudat vel vituperat, rei originem, patriam, & id genus cetera, quæ ad eam cognoscendam pertinent, explicare debet; quousq́. proposita iam ea ob oculos veniat ad eius laudem vel vituperationem. Ille vero qui persuadere nititur, fere eodem, quo qui d sputat, gressu progreditur: nisi quòd facilior debet esse persuadentis narratio, atq. facundior, Exempli gratia, si de sacramento disputare velis; explicabis in narratione, sacramentum esse gratiæ causam: item à sacro sacramentum dici ita expones, vt quot *S. Thom.* ;. sint res sacræ, quot huius vocis significationes explices; scilicet *p.q.60.a.1* qua iuramentum significat, & qua signum: mox de signorum diuersitate dices; vt tandem sacramentum definias: subiunges præterea, esse diuersa sacramenta nouæ legis: sed omnia in vna illa ratione cōuenire, quòd gratiæ caussa sint: atq. ita iuxta constitutū finem, cetera, prosequeris. Si laudas beatā Eulaliam; nar rauo hęc erit. Olim cùm Romani Hispanis imperarēt, & in Tarraconēsi prouincia, Decius præses, Christianis esset infestus, fuit Barcinone puella quædā nomine Eulalia, &c. Si persuadere velis sacrę scripturę studiū, & meditationē: docebis quid & qualis sacra Scriptura sit; quę, &c̄p doceat; statuesq́. hęc tibi esse dicēda.

Ceterum ad narrationem præcipuè faciendam (quo in genere pauci sunt qui præstent) & itē ad exordium, ceterasq́. partes, hoc do concionaturis cōsiliū; vt studiose, & attente concionē excogitēt, illamq́. meditētur, sollicitè perpendentes, qua ratio ne finem suū assequi valeāt: ita enim fiet, vt voluntatis cupiditas, ipsum veluti compellat, & cogat, ad plurima excogitanda intellectum. Est enim voluntas veluti domina, cui intellectus etiam quodāmodo iniuitus, parere sępe solet: vt in latronib', & in perditis quibusdā mulierculis, atq. in alijs, qui magno feruūt ad ali quā rem desiderio experimur: ex quo fieri videmus, vt indocti aliquādo, & qui ingenio parū possunt, ea excogitēt, quę nō ita facile viris acutissimis, & doctissimis occurrāt, igitur si hoc face re solet impēsior natura; quid faciet Dei spiritus, & caritas?

H 2 Iuuat

Iuuat præterea inspexisse aliorum monimenta. In scripturis
Psalm 72. Psal.72. *Quam bonus Israel Deus* narratio est: & Hierem.12. *Iustus
Hier.12. quidem es Domine, si disputem tecum, &c.*
Sit autem etiam hoc vobis familiare consilium. Si periculum
aliquod immineat, in narratione diluendum. In hoc enim præ
sertim est insticuta narratio, vt summa doceatur veritas, viten-
turáque pericula omnia; vt pede inoffenso confirmare liceat,
& confutare.

Caput. VIII. De Confirmatione.

Bi dispositus auditor est, dispositáq. materia, rem aggredi licet confirmatione, & confutatione. Est autem confirmatio, & confutatio orationis totæ substā-
tia. In hoc enim res tota consistit, vt probes vera, pro
bataq́ defendas; & præterea refutes contraria. Hæc enim duo
ad rei comprobationem pertinent. In confirmatione & côfutatione est maximus inuctionis vsus. Ex omni quippe loco res
confirmatur. Porrò in côfirmatione & côfutatione illa semper
regula seruãda; à notioribus, à facilioribus, à magis perspicuis, à
generalioribus, ad minus nota, difficilia, & obscura, & particula-
1. Phy.c.1. ria progrediédum esse. In quo id etiam quod superius tradidi,
obseruabis; vt validiora in principio, & fine colloces: quia in his
præsertim locis, vehemētiùs agendū est. Hoc itaq. ordine, in his
partibus est procedēdū. Exēpli gratia. Si scripturę studiū Theologo persuadeas, manifestissima, & prima hęc ratio est ; quod
scriptura principia & fundamēta continet Theologię; qui autē
principijs caruerit, Theologus esse nulla ratione potest. Secūda
verò ratio est; quòd de scriptura Theologus côcionaturus est,
& ex eadem argumēta sumpturus. Vltima tandē est ratio; quòd
thesauri omnes diuinæ sciētiæ in Scriptura sunt inclusi ; illiusq́.
studiosi sapientes verè sunt; ipsaq́. Scriptura totius disputantis
Theologiæ finis est, & forma.
Sit alia his adiuncta regula, innitendum esse initijs, quousq. ars
tibi In naturam sit versa, & comparatus habitus, quo in omni
argumentatione, quam instituis, tu tibi apud te ; & materiam,
& for

CONCIONANDI LIB. III.

& formam expendas. Hac enim ratione fiet, vt argumentiuim, & energiam intelligas, & aptiùs, & fœcundiùs, & efficaciùs argumenteris, vt rationis vim nemo possit subterfugere. Porrò quā quam auditor argumentādi formam nesciat, sentiet vim. Quemadmodum enim argumentum efficax vehementer persuadet, ita & forma occultam habet energiam. Nam etsi, vt supra dictum est, non expediat argumentandi externam formam inter concionandum retinere: tamen ita struenda argumentatio est, vt forma ipsa volenti aduertere perspicua sit. Exempli gratia. Suadere vis sanctam orationem in hunc modum. Quis nō amplexabitur actionem illam, quæ mentem attollit? quæ potiorem rerum cognitionem tribuit? Dubiū certè nō est, quin res ipsas conspicere, & perpendere, acutum, promptum, & ad res graues percipiendas aptissimum reddat intellectum. Igitur cùm oratio hæc præstet, quippe quia in ea res considerantur, & serió expenduntur; cur orationem non amplexabimur, tā torum bonorum parentem? Sentit naturalis intellectus insitā sibi artem. Natura enim & materiam, & formam præsagit. Atq. ita omnes sacrarum Scripturarum argumentationes, in formā possunt redigi firmissimam.

At verò quoniam (vti dixi) confirmatio, orationis caput est, & cor, omniaque in illam referuntur : operæpretium erit alia, conficiendis confirmationibus adiungere præcepta. Quæ tunc statuentur aptiùs, cùm confirmationis finem, effectumúe consiuerimus, iuxta quem præcepta danda nobis sunt. Finis proximus probatio est, & persuasio. Illa respicit solum intellectū, & in illo sistit: hæc verò ab intellectu ad voluntatem progredi tur. Probatur veritas in disputatione: persuadetur in cōcione. Vt igitur finem hunc assequaris: ex omni loco petenda tibi argumenta sunt. Quamquam oportet quidem eligere magis efficacia. Satiùs enim est quattuor vel quinq. rationibus, ijsq. efficacibus vti, quàm multis, eisq. parū validis. Vbi enim plures sunt inualidæ, reliquarum dignitatem eleuare, & extenuare videntur. Nostra enim natura in malum propensa, deteriora retinet, meliora obliuiscitur. Eligat ergo vir prudens rationes potiores:

H 3 easq.

118 DE SACRA RATIONE

eaſq. diſponat ordine, quem nuper docuimus.

Admonemus autem illum, vt confirmatiónem texat pērſpi cuam, diſtinctam, efficacem, & concinnam. Perſpicua erit, ſi vo cibus, & dicendi modo non ignoto vtetur. At hoc non niſi ac curatus, doctus & eruditus præſtare poteſt intellectus: non enim, niſi qui bene nouit, bene ſuum ſenſum explicat. Diſtincta autem erit confirmatio, ſi ſingula ſeorſum, & proprio loco dicantur. Plurimùm enim eſt incommodi, ſi res permiſceantur, neq. ſingulæ proprijs locis collocentur. Contra verò, amplificat certe orationem, & dilucidam facit diſtinctio. Efficax eſt confirmatio, quando argumentum eſt validum, forma verò firma. Concinnam appello, quando ita ſunt rationes, argumentationeſúe diſpoſitæ, vt prior ſequentem poſtulet, ſeqúes præcedentem explicet. Ita argumentatur Paulus 1.Cor.11.contra mulieres, quæ in Eccleſia caput non velant: ita 1.Cor.14.vbi perſuadet magis optandam prophetiam, quam linguarum donum: ita 1. Cor.15. vbi probat reſurrectionem. Nos etiam hac ratione poſſemus perſuadere vouendum: quia nimirum duplex ineſt in voto bonum; ſcilicet facere, & promittere: quia eſt in diuinum cultum: quia eſt plena traditio: quia eſt amoris ingens confirmatio. Item perſuadebimus abſtinendum à vino, quia calefacit ſanguinem, prouocat ad libidinem; animum reddit peruicacem, inſolentem, ferocem, diſponit ad ebrietatem, dum incipit non nihil capitis quietem turbare.

1.Cor.11.
1.Cor.14.
1.Cor.15.

Accipite conſilium aliud valde accommodatū, & perneceſſarium; ſed generale. Sit ſermo veſter circunſtantiarum omnium rationi accommodatus: præſertim verò perſonarum auditorum; vt pro illarum captu, attemperetis ſtylum, atq. dictionem, & rationum, ſeu argumentationum naturam. Cum acutis auditoribus vtimini rationibus acutis: cum alijs valere poſſunt argumenta præſertim ab exemplo, ab effectis, à ſimili deſumpta. Præterea in genere diſputatorio, rationes ſint conſciſſæ, ab ſolutæ (vt aiunt) & ad formam ſtructæ: in genere perſuaſorio, vbi de re morali agitur, ſint argumentationes accommodatæ circunſtantijs omnibus: multa namque pro modo præſertim

circun

circunstantiæ suadenda sunt. Ita Paulus 1. Corin. 7. cùm inquit *Tempus breue est: reliquum est, vt qui habent vxores tāquam non habentes sint; à* matrimonio abstinendum, ex temporis præsertim circunstantia suadet. Dominus etiam prope iudicij diem, hinc persuadet ab omnibus abstinendum.

Hæc in promptu habui, quæ præscriberem ad confirmationem absoluendam consilij. Qui plura cupiunt; sunt libri de hac re, quos euolant: nos enim pernecessaria tantùm, eáque breuiter propter temporis angustias tradimus.

Porro quod quidam affirmare solent ad confirmationem referendū esse, vt & Auditores moueas, & eosdem delectes: id quidē, meo iudicio parùm rectè: et eisdē partem hanc, ad Elocutionē, & actionem potius pertinere dicendum est. Quamquam certè, si vera fateri volumus, nulla magis res ad mouendos, & ad delectandos Auditores valet, quàm pro materia, & forma, vis ac robur argumentorum. Natura enim ita comparatū est, vt intellectus noster, ijs quæ vera, certa, firma, & efficacia sunt, summopere delectetur. Nā cùm eius obiectū sit ens, & verū: hoc certè amat, hoc amplectitur, hoc vt proprio pabulo delectatur, nutritur, & adolescit. Non negauerim in reliquis plurimū esse ad mouendū, & ad delectandū præsidij: sed potissima sunt ea quæ diximus: quæ nimirū sola per se sufficiunt; & si ne quibus cetera sunt ferè inania. Nam si argumenteris Christiano non esset saltandum, quia Christianos non decet, arte vti diabolica, in generis humani perniciem inuenta; quin imò oportet eos diuinis parêre præceptis, perfectam castitatem redolentibus, hoc præsertim tempore, quo est ad malum hominum natura magis, magísque procliuis: hęc reuera intellectum mouebit, & delectabit rationum vis tam euidens.

Cap. IX. De Confutatione.

Varta cuiusq; tractationis pars, confutatio est: in quâ omnia etiam ferè, quæ de confirmatione diximus, aptissimè conueniunt. Huius partes præcipuæ, duæ sunt. Prior est diluere aduersariorum argumentationes, altera verò refutare contrarias opiniones: vtrumq. enim necessarium est, vt veritas maneat inconcussa. Sed est prior dilutio. Nam prius est hostem prosternere, illiusq́; arma, vt Euangelium ait, auferre: subsequitur deinde vastare agros, vrbē diripere, arcem occupare.

In diluendo hæc accipite consilia. Primum estote fideles in referendis rationibus, & opinionibus côtrarijs, ne ridicula aut mendax vestra dilutio sit. Præterea, quantò maiorem vim videatur habere argumentatio, tantò maioris momenti erit dilutio. Exempli gratia. Si obijciat quisquam, indignum esse homine graui, in hominem crucifixum credere; qui sibi opem ferre non potuit; qui pauper fuit, & humilis; qui non tuetur suos, sed cum illis malè agi permittit: argumentationem satis efficacem quoad homines, construxit: quam vbi dilues, ostendes, sic instauratum fuisse genus humanum; & hanc maximè rationē humanæ saluti fuisse accōmodatā. Quare argumēto efficaci, sic efficacissimam adhibebis solutionem, cui auditores possint facilè acquiescere.

Sit alterum consilium. Si potes retorquere argumentum, & ex eadem materia facere argumentationem contra aduersarium, vt B. Chrysostomus, & B. Augustinus sæpissime fecerunt: rem efficacem & pulcherrimam conficies. Exēpli gratia. Per suades humilitatē exemplo Christi, & aduersarius hac se ratione tuetur, quod erat ille Deus, retorque hanc tu rationem, dicens, humiliandum esse hominem, quando Deus ipsæ humiliatur: si enim rex se dimittit, cur non seruus? Item si suadeas cuiquam opera perfectionis; & respondeat ille esse nimis alta: vrgebis tu rursus, hac potiùs de caussa nitendum ad illa esse, quo niam illustrissima sunt. Vtinam Theologi magnam diligentiam adhiberent, vt contrarias argumentationes in ipsos retorquerent aduersarios.

Sit

CONCIONANDI. LIB. I.

Sit tertium consiliū, vt aduersariorum argumentatio potissimū primùm omnium diluatur. Quemadmodum enim Goliath mortuo, omnes fugerunt Philistæi: ita validissima argumentatione diluta, ceterę corruūt. Hac ratione B. Ioan. Baptista predicabat Iudęis: *Nolite dicere patrem habemus Abraham: qui opera Abrahæ nō facitis.*: Hoc enim erat Iudęorum asylum. Et Christus Iohanis. 8. *Si filij Abrahæ estis, opera Abrahæ facite.* Et B. Paul. Rom. 10. & ad Galatas, quod non incarne, sed spiritu filiatio cōsistat, probat argumēto Esau, & Iacob: qui cùm ex eodem patre & matre, codemq́. cōcubitu nati fuissent; vn° tamen odio à Deo habitus est, alter dilectus. Atq. ita nos dum in mundum inuehimur, in hoc primùm incumbere debem°, vt consuetudinem, in quam statim homines confugiūt, prosternamus: ostendétes, bonas etiam ex natura sua consuetudines, vt horam Matutinam, & Vigilias, propter incōmoda, ab Ecclesia sublatas fuisse:itaq́. multó magis auferri debere eąs quę malę sunt; vt quę in populo christiano, & præsertim inter mulieres adoleuerunt, saltādi, otiandi, faciesq́: partim sucandi, partim detegēdi, quò ab hominib° videri possint. Sed hac in re prudētia opus est. Etenim oportet, quando argumentatio validior sub obscura est, tunc à facilioribus, quę ipsī Intelligendę viam præmuniūt, incipere: idq́. arte quadam: nempe insinuatis & dilutis priùs infirmis quibusdā rationibus, ne postea sint impedimento. Alioqui enim, si viderint nos aduersarij, ab inualidis rationib° initium sumere; timere fortasse nos & prope victos iacere suspicabuntur. Exempli gratia. Qui cōtra orationē mētalē obiecta diluere velint; primùm, vel aliud agētes, ostendāt nō esse quòd quis se excuset, quòd deficiat nos ad eam tempus: non enim deest vn quā tēpus ad ea, quæ volumus, etiā ridicula, & superuacanea: quare neque ad orationem. Quibus veluti conclusis, ad potissimam argumentationē gradum facient: probantes scilicet oratione non effici melancholicos homines, aut insanos: non enim Deus est auctor mali, sed boni. Quid enim? diuina colloquia hominem reddent discolum, vel morosum? Sed hac etiam in re prudētia

1. Reg. c. 17

Ioan 8.
Rom. 10.

CONCIONANDI LIB. III. 109

luamus quæ pro diffidentia struuntur rationes. Neque verò de refutatione quidquam est speciale dicendum:nisi quòd hæc cum confirmatione, orationis robur omne continet: nihil enim aliud in concionatore requiritur, quàm vt vera adstruat, falsa destruat, malum pellat, bonum constituat.

Caput. X. De epilogo.

Pilogus vox Græca est. Cuius partes constitui tres solent: enumeratio, amplificatio, commiseratio.
Enumeratio, est breuis quædã, perspicua, & summam tantùm continens rerum dictarum, præsertim earum, quæ præcipuæ sunt, commemoratio. Exēpli causa, si laudasses orationem, ita per orare posses. Orationem, viri Christiani, descripsimus, esse mentis cum Deo spiritale colloquium: quo acuitur ingenium, atque promptum ad sublimia redditur, inflammatur voluntas; animus ad benè operandũ vires colligit: & multa denique nobis deteguntur arcana, quæ nos ad penitiorem diuinarum rerum cognitionē perducũt.

Amplificatio instituta est ad mouendum: quando scilicet re assumptam vnam ex adductis rationibus amplificamus, & presertim illam, quæ ab exemplo fit, aut à simili, aut à contrario: vt si præmium iusti, aut pœnam peccatoris aliquo exemplo confirmans, amplifices.

Commiseratio, est quæ ad misericordiam mouet. Qualis esset quæ sumpto argumento ab iniuria quę sit Deo, quandam veluti misericordiam ita excitaret. Considerate obsecro, ô Christiani, quanta afficiatur Deus (si ita fas est dicere) contumelia, non tantum ab impijs, sed etiam à pijs: ab illis quidem per impurissima peccata, ab his per negligentiam & animi remissionem

Non nulla autē sūt hic annotãda. Primũ illud; hãc partē esse (sicut de narratione diximus) difficillimã, & ideò viri docti & acuti iugem, & contumacem requirere laborē. Plurimum
enim

DE SACRA RATIONE

enim refert recte nec ne perores. Nam cùm hic fit finis; & cùm iuxta finem ferri ǣ præcedentibus iudicium soleat, elaborandum hic est maxime,vt auditor bono erga ea quæ dicū tur,animo fit.Ergo,si quę dicta sint superiùs videantur durio ra;lenire & mollire debet ea epilogus:&(vt vno verbo omnia complectar) præcedentibus omnibus debet,addere quoddā veluti condimentum·Quare multa diligentia,prudētiaq́. hoc loco opus est.

Requirit præterea epilogus integras dicentis vires, neq. ex dicendo immintas : itemq́.integrā vocem,& memoriā. Qua re concionatoribus auctor sum,vt epilogum verbis conceptis scribant,ac memoriæ accurate commendent.

Ceterùm hoc loco annotasse oportet, non semper vnius generis epilogo opus esse.Nam si concionator locum cōmunem, aut vnicum argumentum persequitur,epilogo illi quidē opus est,iuxta omnem circunstantiam expenso : at si homiliā facit,hoc est quandam veluti interpretationem;non ita est illi epilogus necessarius.Quamquam nihil vetat epilogum semper fieri:licet non de vno tantùm argumēto disseratur.Quòd si post expositionem Euangelij,vt fecere Sancti,ad locum,vel loca communia concionator progreditur; non est ei omittē dus vlla ratione epilogus.At magna in hoc pudentia necessaria est; ne forte molesti simus,atque dum persuadere nitimur, tædium fortè pariamus.Quare si feliciter quis orauerit, quàm breuissimè peroret: immò si de aliquo argumento,sufficienti iam tempore ita cōcionatus est,vt res benè cesserit, sistere debet breuissimo in epilogo, & eam partem,in qua tam feliciter dixit,epilogum reputare.

Hæc igitur sunt vel orationis,vel cuiusque tractatus,aut libri partes.Nullū enim confici potest opus vel breuissimū, quod non hisce partibus constare debeat .Immò , vt sępè admonemus, partes etiam partium minutiores , hisce quinque, solent illustrari.Id tamen(vt sum matim insinuem harū partium naturam)non preteribo;omnes partes præcipuas,distinctas, & concinnas esse oportere : hæ enim conditiones

valde

CONCIONANDI LIB. III. 125

valde illustrant, redduntq́; gratam orationem, atq́; potentem. Esse tamen debet præcipue exordium suaue, & placidum: nac ratio integra, iterq́; ad subsequentia præmuniens, confirmatio efficax: confutatio acuta, & vehementer vero similis, atq; exemplis illustrata: ac tandem epilogus prudens, efficax, & beneuolus, adhæc esse debet exordium breue: narratio mediocris, cōfirmatio, & confutatio, status necessitati, hac in parte respondētes: epilogus deniq. circunstantijs accommodatus.

APPENDIX DE CONFICIENDIS EXORDIIS & epilogis, Præfaciuncula.

Quamquam ex his quæ hactenus dicta sunt, ratio conficiēdī exordia, & epilogos satis colligatur: tamen arbitror cōcionatoribus vtilissimum fore, specialem & magis perspicuā ad hæc duo viam aperire: hæc enim quoniam non semper in promptu sunt, viros doctos & pios, nonnunquam premere solent. Cum illis nunc ago, qui exordia, & epilogos concionibus apponere studebt, Rhetoricæ artis studiosi: eos autem omitto, qui hac de re soliciti non sunt. Igitur in lib. 5. cum de diuersis concionum generibus disseram, specialia quædā, quo ad exordia, & epilogos, præcepta constituam: itemq́; cùm prō ptuaria tradam, alterum ex ijs erit, in quo exordia, epilogosq́; communes, siue testimonia, ex quibus confici possunt rudi minerua enarrem: sed nunc methodi ratio poscit, vt vtriusque partis excogitandæ, artem doceam.

Consilia adinueniendis exordijs, & epilogis vtilia.

IN promptu semper concionatori habenda sunt Generalia illa, & efficacia instrumenta, humilitas, fiducia, oratio, vitæ puritas, & cordis mundicies: Hisce namq́; subsidijs (quibus diuinum nusquam deest auxilium) exordia & epilogos, ceteraq́; omnia sancto muneri necessaria, & vtilia, nobis comparabimus, si patientiam & perseuerantiam in laborando, & excogitando adiungamus. Quamquam enim omne datum opti- *Iacobi. 1.*
mum

mum, omneq́; donum perfectum à Deo sit, tamen: vult diuina sapientia, atq; iusticia, vt medijs quę vel scriptura, vel ecclesia, vel sancti & pij viri nobis præscribunt, sedulò vtamur. Non enim Deo displicet, quinimmò valde placet, ad erudiendum populum, sanctas versare scripturas, sanctorumq́; virorum doctrinas, atq; etiam artem, quam illi nobis insinuant, expendere, sanctisq́; doctrinis accōmodare.

De excogitandis exordiis.

EXcogitandis itaq; exordijs Dialectica inuentio vtilissima, & ferè sufficiens sola est. Si enim thema simplex sit, circum ferri debet per loca: si coniunctum, itidem oportet per loca quod ad subiectum & prædicatum circunferatur. Exordium igitur dum facis, ob oculos habe, id à rei dignitate, vtilitate, & difficultate, aut etiam partitione desumi. In hoc enim est constitutum exordium, vt auditorum concilies tibi benignitatem, beneuolentiam, attentionem, & docilitatem; certamq́; & firmam, de rei cognitione, & vtilitate, gignas spem. Quare fit, vt etiam à rei dicendæ iucunditate, facilitate, breuitate, & dicendi modó, & à temporis, personarumq́; & negotiorum circunstantia, ceterisq́; omnibus, quæ Dialectica aperit inuentio, sumi possit exordium. Id tamen prætermittendum, nequaquam est, quod diuturna, eaq́; laudabilis inuexit consuetudo: scilicet vt sacram virginem adeuntes, humiliter ab ea precemur, vt gratiam nobis impetret, atq́; spiritum, sine quo verbum Dei vtiliter doceri non potest. Hic hodie cōcionatoribus scopus exordij esse solet: adeò, vt quibusdam exordij loco sit, Angelicam tantummodò salutationem, vnà cum auditoribus recitare: quia nimirum, hoc est quod quæritur; vt adsit gratia cœlestis. Non damno prorsus: ceterùm satiùs mihi semper est visum, auditores exordio præparare. Ratio enim naturalis id postulat: rationi verò spiritus Dei non repugnat; immò ratio ipsa diuinitatis quædam participatio est. Nos ergo, vt decet Theologos, iungamus spiritui diuino rationem humanam: & auditores præparare, simulq́; gratiam adipisci niamur: ita

vt

CONCIONANDI LIB. III. 127

vt ex ipsa præparatione, petendam esse gratiam deducamus, omnesq́. exordij partes in eum finem deflinem'. Sed non desunt qui sic obijciāt. Si nō nisi exordio peracto, gratiam à Deo petis: ergo abſq. gratia, ipſum exordium (quod verbū Dei etiam eſt) fecisti. Quibus respondeo, neq. signo crucis munire se ante cōcionem, immò neq. in pulpitū ascendere poſſe cōcionatorē abſq. Dei auxilio. At hoc quidē auxilium, cùm domestica & secreta oratione (vt Christianum decet concionatorē) sibi quiſq. compararit: tamen iterum gratiam in ipso concionis exordio non ineptè precatur. Non enim aut imprudenter, aut irreuerenter is agit, qui in oratione gratiam poscit, tametsi sciat, neq. ipsam orationem, quam facit, sine Dei auxilio fieri poſſe.

His ita constitutis, adnotamus, multa eſſe ex quibus possit exordium peti. Potest (vel diximus) thema per Dialectica circumferri loca. Exempli gratia. De virginitate dicturus, ita potes exordiri. De cælesti quadam virtute, quam naturalis ratio non vſquequaque attingit, quam Deus ipse factus homo in mundū attulit, & commendauit, & qua in summam euehuntur homines dignitatem, habendus mihi hodie sermo eſt. Quis autem nisi diuino illustratus lumine, de tam excelsa virtute dicere potest? Si ergo viri Christiani, de illa rectè concionantem audire me vultis: mecum simul gratiæ ſpiritum à Deo summa contētione petite: quādoquidem(vt B. Paulus docuit) ſpiritalia & sublimia non nisi ab animis ſpiritu illuſtratis diuino, dici & intelligi valent. Spiritus quidē hic à Deo patre per Iesum Christum, Spiritu Sancto auctore, donatur: at nos, quamuis à Deo id impetrare non valeamus, tamen matrem habemus pijſſimam, quæ & Dei mater & virgo eſt, virgo inquam virginum, & virginitatis vera mater: Adeamus ergo illam, ſupplicesq́ue exoremus, vt nobis gratiam precetur. Quod ita fiet, si Euangelica salutatione illam salutauerimus, dicentes: *Aue Maria.* Sit hoc exordium ceterorum veluti archetypus; vt in ceteris exemplis indicare tantùm sufficiat rei materiam, cetera liceat prætermittere. Hûc referre licet, à præsenti euentu desumptum exordium. Veluti si exempli cauſſa ſi aliqua ingruat peſtis,

vel

DE SACRA RATIONE

vel bellum immineat, aut terræ sterilitas, à præsenti malo ita duci poterit. Orare semper cogimur, & ad Deum confuge re:nunquam enim nos deserunt humanæ miseriæ, & in periculo semper versamur. At præsens periculum & calamitas plus solito nos cogit orare, & verbum Dei auidissimè audire, vt corrigantur peccatores, excitentur segnes, solatio tristes afficiantur. Nõ nunquam verò exordia communia accommodata sunt. Vt siquis de quocumq. argumento dicturus, in medium proponat, quàm vtile sit, de verbo Dei disserere ; sicuti scriptum est, *Scrutamini scripturas*: vel quàm instanter dixerit Dauid, *Doce me iustificationes tuas*: vel, *Beatus quem tu erudieris Domine*. Cuius generis multæ sunt exordiorum formæ: de quibus opusculum de ex ordijs communibus non inutiliter sibi faciet cõcionator.

Iohan. 5.
Psal. 104.
Psalm. 93.

Est & aliud exordij genus, de quo alibi sumus dicturi: quo scilicet vel Euangelij, vel etiam Epistolæ summa, vel historia, de qua dicendum est, vel mysterium vice exordij perstringitur: in fine autem ostensa rei dignitate, aut vtilitate, aut etiam difficultate, ad præstandam attentionem, & gratiam petendam auditores excitantur. Trademus postea huiusce rei exempla. Interim hoc vnum multorum instar esse potest. In compendium redigatur Euangelium illud de nuptijs in Cana Galileæ celebratis. Addatur præterea, mysterio id non carere: non enim abs re voluisse Dominum, vnà cum matre & Apostolis, interesse nuptijs, ibiq. aquam in vinum conuertere, vt hoc ex omnibus eius miraculis, primum in Euangelio enarraretur. Ad extremum, vt tantum possit declarari mysterium, exoretur Dominus, vt doctrinam à concionatore excogitatam, quæ, vt humana est, frigida quidem aqua est, ipse in vinum spiritus, & veritatis conuertat. Potest etiam ex vno tantùm Euangelij loco exordium duci, veluti in Euangelio Epiphaniæ, ex stella, Quemadmodum enim stella Magos duxit ad Christum, illumq́. eis ostendit: ita & diuinæ gratiæ lumen Christum ostendit. Stella igitur debet esse concionator, Christi sanctitatem, eximiamq́. doctrinam populo commonstrans: quam certè non aliter cõmostrabit, quàm si à Deo habuerit splendorem. Orãdũ ergo est,

eſt, vt cōcionator auditoribus quaſi ſtella ſit.Quot ita fietʒii ſtellam matutinam,quæ ſolent habet in manibus, & eum regibus oſtendit,humiliter & confidenter adeamus.

A figura etiam pulchrè,& cum ſuauitate quadam,exordium ſumitur:ita tamen vt quoad fieri poſſit,accommodata præſenti ſit argumento.Exempli cauſſa,Euangelio de Samaritana cō uenit figura illa ex Geneſi,de puteis,quos Abraham effodit,Phi liſtæi terra obſtruxere, Iſaac verò renouauit. Argumentum enim inde ſumitur ad docendum,puteum viuæ aquæ,verbum Dei eſſe:quod à patre in lege naturæ,& veteri,ſtructũ eſt; à mũ do poſtea per doctrinas terrenas,veluti obſtructum:deniq. re nouatum à Chriſto Domino noſtro,qui aquam nunc ex eo Sa maritanæ propinauit. Hinc autem ſumpta occaſione, exorari poteſt Chriſtus Dominus noſter,vt ſpiritus aquam concionatori & auditoribus præbeat,itemq́. Samaritana illa cuſtos & ma ter noſtra poteſt appellari,vt huiuſmodi aquam à Chriſto Do mino impetret.

In eundē modũ exordium eruitur à ſimili:quale eſt in Euãge lio de nauicula,illud de naui in medio mari poſita, quę etiã ſi præſidijs omnibus humanis circũmunita ſit,tamē ſi ventus nõ adſpiret, progredi non poteſt.Talis eſt futurus cōcionator, ſi gratię aura illi nõ adſpirauerit: quatũuis doctus &acutus,& fir ma memoria ſit predicus,&preclarã ſibi cōcionē excogitauerit.

Hæc duo poſteriora exordiorum genera,ampliſſima ſunt & iucunda.Quare rectè facientij,qui concionari cogitant, ſi iam nunc paulatim hinc inde multa congerant huius generis exem pla:multò namq. facilius eſt,ea,quæ occurrunt,ſetuare, quàm quæ latent anxiè requirere.

Eſt præterea graue,&doctum,Chriſtiq́ theologo dignũ exordium,quod à ſacro teſtimonio,vel ab Euangelio(vt ſæpe me mini me feciſſe)vel ab epiſtola,vel à quauis parte officij ſumitur.Nomine officij cōplector & ſacrũ Miſſę officiũ,& horas canonicas,&maximè orationē,qua illo die vtitur Eccleſia.Exēpli gratia,in Euãgelio ſeminantis,illa verba exordio aptiſſima ſũt: *Vobis datũ eſt noſſe myſterium regni Dei:ceteris autē in parabolis.* Itē *Lucæ.8.*
I   illa

illa ex epistola B.Paul.*Bibebant de spiritali consequente eos petra.* Christus namq̃. est petra,quę ambulantes iuxta spiritum in deserto sequitur,& quæ oratione percussa,aquam gratiæ eiaculatur:quod tūc scilicet fit,cum per Christi crucē & sanguinem,eūdem Christum exoramus. Porrò ex orationibus,aut etiā ex preꝫfationibus proprijs ipsius diei,propriū mysterium colligitur,iuxta quod ad gratiā petendam,fideles exhortādi sunt:vt indie natalis Domini,ad nouam in Christo natiuitatē,& in die ascensionis,ad spiritalem in cęlo habitationem. Plura fortè quam erat necesse diximus;aliaq̃. aut necessaria,aut magis vtilia prætermisimus:tu tamen lector nostrę ignosce paupertati: quandoquidem consultò,vel ex negligentia nihil omisimus, multò certè plura oblaturi,si per nos præstari potuissent.

De excogitandis Epilogis.

ANnotasse primum oportet,epilogos,sicuti exordia,in duplici esse differentia. Sūt enim epilogi quidā communes , & sunt quidam præterea proprij. De cōmunibus in posteriori huius libri parte sumus dicturi. Interim vero illud cūctis notū esse velim,cōmunes epilogos,ad vitā Christianā in vniuersum esse referedos.Exēpli gratia.Beati q̃ seruiūt deo:q̃ mandata exequūtur diuina:q̃ Christi consilia sequūtur: qui bona appetunt spiritalia: qui ad ea inhiāt,solicitè semper orantes: qui Christū Iesum crucifixum cognoscere,diligere,sequi,& imitari nituntur.

Hic tamen accuratissimè est expendendū,epilogum commune aut esse simpliciter cōmunem,aut ex modo siue forma. Simpliciter cōmunis ille est, qui de virtute,siue de vitio in vniuersū contexitur,ita vt sola amplificatione coalescat. Veluti si (vt in exemplo proposito) de exequēdis Dei mādatis in vniuersum loquaris,aut de vitandis vitijs. Epilogi vero cōmunes ex forma, & proprij ex materia illi sunt,qui in quouis genere virtutis aut vitij,amplificatione propria fiūt. Vt si dixisti d'humilitate,exhortare ad eā auditores,caussas potissimas quābreuissimè attingēs, hoc modo. Eia igitur,ó viri christiani ad humilitatē totis viribus cōtendite,internè: externèq̃.illā induimini:humiles enim sunt,quos Deus exaudit,quos diligit,quibus dona plurima,&deniq̃. gratiā &gloriam impartitur. Sic cōtra dissuadens superbiā,

CONCIONANDI LIB. III. 131

perorabis in hunc modū. Cauete vobis obsecro ab impio, insolentiq́. superbiæ peccato, ne vos vltio puniat diuina: cogitationes superbas de corde eijcite: superba à vobis procul absint ver ba: fastū & popam, & omnē deniq̃. superbię speciē detestamini: vt cernēs vos diuina illa bonitas, inimicā suam superbiā debellantes, & conculcantes, adsciscat sibi vos vt amicos, & vt mi lites strenuè pro illius honore pugnantes; itaq́. tantæ virtutis pręmium vobis conferat, scilicet gratiā, & gloriam. Porrò ab exēplis, regulisq̃. supra cōstitutis, vbi de exordio, & epilogo in communi diximus, facile cuiuis (meo quidem iudicio) erit, epilogos conficere communes.

At vero epilogos speciales & proprios, ex circunstantijs petere possumus. Nimirū ex nobis ipsis, ex auditoribus, ex euēubus, ex tēpore, ex loco, & alijs per multis: vti de exordijs diximus su perius. Sume vnū vel alterum exēplum. Vidistis auditores quo animi affectu, quo labore, ętatis iāparū firmę, & valetudinis meę non habitu ratione, vobis prędicauerim. At ego nō quæro vel vtilitatē meā, vel honorē, vel animi recreationē: vestrę ædificationi, & vtilitati totus inhio. Accipite ergo quę dico; altam ētere ponite; operi mādare: fiet enim, vt vobis quies, gaudiū, milleq́. alia bona, & tradē gratia & gloria ęterna cōtingant. Sed ecce alterū exemplum ex auditoribus desumptū. Christiani estis, Dominus enim vester Christus est; vnde ad vos pertinere illius honorē, aut dedecus debetis existimare: viri estis iudicio prediti, atq̃. catholici: ex fide scitis, per vestra bona opera glorificari Christū Iesum; per mala vero blasphemari, vt inquit B. Paul. ad Rom. 2. Eia ergo colligite animū, cōcipite vires, de cernite Christo obsequiū prestare, rē agredimini in Christo operātes: dabit ille spiritū, dabit lumē, dabit gratiā & gloriam. Si tēpus belli, aut famis, aut pestis, aut insigne malū incidisset, ita epilogum faceres. Perpendite ergo viri christiani mala quę patimur: cūq̃. in solo Deo remedium nobis reliquū sit, nitimini placere illi; pœnitētia illū placate; bonis operibus beneuolū & propitium promeremini; vt vobis placatus pœnam remittat, mala auertat, medelā apponat, vos cōsoletur, & deniq̃. vobis gratiā conferat & gloriam.

Rom. 2.

I 2 Tan-

Tandem epilogum, ex his, quæ propria sunt, iuxta statum de quo agitur, vel propriam materiam, vel proprium mysterium aptissimè componere poterimus. Exempli gratia, si de Euangelio, in quo de tentatione agitur, fortè concionemur: perstringemus in epilogo, cum hostibus in dictum esse nobis belluvalidissimis, quibus nullum aliud negotium, nisi catholicis pestē &ex itium in ferre, vnde colligemus & arma nobis, & pugnandi pe ritiam esse necessariam. Hinc obsecrabimus auditores, vt vires à Deo petāt, pugnandi artem discant, arma cōquirant, sancti propositū calceos pedibus accommodent, fidei & patientiæ scuto se muniant, spei galeam & humilitatis, atq. ceterarū virtutum loricā induant, verbi Dei gladium arripiant, fortiter cōstanterq́. dimicēt, vt hac ratione hostē superent, & prosternāt, auferantq́. ab illo mortificationis spolia, potiātur amore & gratia, tandēq. gloria fruātur. In Euāgelio, in quo de nuptijs agitur, ad spiritales nuptias populū exhortemur. In Euāgelio d quadru pliciílla terra, auditores admoneamus, vt bonā se Deo terrā prę stent, spinis carentē. Iuxta quē modum, si epilogi leges in prōp tu quis habet, aptos & vtiles epilogos facile conficiet.

Quando verò paraphrastem egit concionator; si commodè potest, totius paraphrasis epilogum recōcinnet, omnia de quibus concionatus est, perstrictim enumerans, & ad ea audito res exhortans: aut si vnum quiddam ex omnibus est præcipuè disputatum, epilogo illud absoluat.

Sed accipe tandem consilia aliquot, quæ conficiendorū epilogorū viā facient multo faciliorē, simulq́. ad conficiēda exor dia copiā parient. Inuentionis primo vtere instrumēto: confer omnia, quę in narratione, in cōfirmatione, & cōfutatione dixisti: immò etiā nōnunquam ea, quę in exordio: facitoq́. ex illis sū mam vnā, cuncta quā breuissimè cōplectentem. His simile aliquod adde, rationemq́. aliquā efficacē & perspicuam, confutationemq́. potissimam, vt ex his omnibus, amplectendum esse quod persuadere tentas, colligas. His exclamationē adiunge, & atq. obsecrationē, qua auditores obsecres, simul tu ipse pro illis orationē Deo sūdas. Porrò iuuabūt te & epilogi cōmunes
& confir

CONCIONANDI LIB. III.

& confirmationum,& confutationum appendices. Vbi etiam polliceri audeo, tantam tibi copiam affuturam, vt labor tibi in eligendo maior sit, quàm in comparando.

Aliquot tamen, quæ partim iam supra dixi, admonere te velim. Alterum est vt coneris epilogum reliquæ orationi adiūgere & consuere: hoc est, ex ipsa confutatione, continuo quodam ductu protrahere: vt exemplo mox mostrabimus. Non enim semper epilogus disiunctus probatur: verbi gratia, quem incipimus dicentes, hactenus demonstrauimus, &c. Alterum vero, est, vt te ipsum in epilogum serues integrum: ne in fine te deficiat vox, aut etiam vires. Tertium est, vt partem hanc non tantum inuenias, sed accuratè & cogitatè describas, memoriæq́; mandes. Nihil enim oberit, si conceptis verbis epilogum prouncties: immò proderit multum. Quartum est, ne sis prolixus, sed quæ dicis verborum certo numero complectaris.

Hæc quæ dicerem in promptu habui. Non dubito quin alia multa, & forte potiora exiguum meum ingenium prætereant. Sed diligentibus & doctis, concionādi iter quodammodo strauimus. Qui si orationi, & lectioni incumbant, animóq. patienti & constanti, exordijs, aut epilogis conficiendis insudērit: multò plura & præstantiora, quam ea quæ nos indicauimus, proculdubio assequentur. Prope enim est Dominus inuocantibus *Psalm.144* eum in veritate: fidósq. milites, & in diuinam voluntatem verè propensos deserit nusquam: quinimmò eos omnibus beneficijs, omniq. fauore auget, & cumulat. Beatus vir qui timet Dominum, & sperat in eo. *Psalm.33.*

Caput. XI. De methodo analyseos.

Væ hactenus tractata sunt, ad genesēos methodum spectant: docuimus enim qua ratione opus quoduis nouum, vel magnum, vel paruum confici possit. Sequitur nunc, vt qua ratione discernendum sit de opere confecto, quáq. ratione id interpretandum sit doceamus: quæ duo ad methodum Analyseōs pertinent officia. Quam quā

& hæc

& hæc etiam ad regulas, quæ in superioribus traditæ sunt, exigi debent.

Igitur, quod attinet ad discernendum, sic statue; præcepta geneseos esse regulam Analiseos. Etenim si iuxta statutam regulam opus sit confectum, bene se res habet: sin secus, non est rectum opus. Quod si interpretari velis, vel glossam facere, vel commẽtarium, vel paraphrasim, vel annotationes, aut scholia, hæc tibi præcepta sint. Glossa à Græca voce γλῶσσα linguã significante, dicta est; quasi quæ loquatur. Tu igitur (vt ita dica) glossator, indica finem argumentumue libri, & omne artificiũ, indica argumenta, & argumentationis formam: vt facit sanctus ille & angelicus doctor, præstantissimus omnium interpretum hac in parte. Si commentarium vis facere, congere, quę in eandem rem disputari possunt: vt sancti Thomæ interpretes faciunt, & multi ex sanctis patribus in scripturam: qui interpretatione iusta non contenti, multa in nostram vtilitatem addiderunt.

Paraphrasis subdifficilior est, & pulchra: præsertim vbi variantur personę loquentes. Annotatio ad ipsas voces pręsertim spectat. Scholia ad loca obscura. Hæc obiter tantum indicasse satis est, ne quid ignorent Theologi nostri. Hactenus Dialecticæ fines, meo iudicio, non excessi: quidquid enim ad methodum spectat Dialecticum est.

Caput. XII. De elocutione: tertia dicentis parte.

EX positis ijs, quæ ad inuentionem & dispositionem spectant, de elocutione nobis est dicendum: quæ in sermonis ornatu consistit. Huius (vt quod ad concionatorem attinet, quam breuissimè absoluã) quattuor meo iudicio partes sunt. Nam & in vocum candore, & castitate consistit, & in rhythmo periodi, & in figuris, & in pulchra dictionum proportione, quæ pars ad figuram referri solet. Ego quidem modo Latinos non doceo, sed eos tantũ qui vulgato præsertim sermone dicere solent; quamquam nonnũquã

Lati-

CONCIONANDI LIB. III.

Latino, aut Græco. Latinorum quidem est voces indicare candidas, & quanam sit ratione periodus cóponenda, vt fluat, desinatq́. in voces bene sonantes præscribere: nobis tantum ea, quę ad Christianum concionatorem pertinent, dicenda sunt. Sint igitur voces, quibus vtatur concionator, honestæ, neque nimis exquisitæ, aut affectatæ sint ita graues, vt habent simul sanctam humilitatem admixtam. Quod fiet, si concionatores versent diu sanctorum Patrum libros: sic enim vnà cū spiritu phrasim etiam imbibent, eamq́. intellectu, & memoria tenaciter retinebūt. Huc etiam spectat maximè spiritaliū librorum lingua vernacula editorum lectio: hac enim fiet, vt sancta quadā, placida, pia, graui, & efficaci dictionis simplicitate cōcionatores imbuātur. Equidem de phrasi, qua prædicandum sit Euangelium dixi iam libr. I. Nunc illud tantum addā, huiusmodi stylum, & dictionem imitatione magis constare, quàm arte, & ex spiritu potiùs quàm ex accurata præceptorum obseruatione proficisci. Vos igitur, quibus concionari animus est, ex sacris libris, & ex sanctis Doctoribus vocum honestatem, & candidam proprietatem discite; atque vbi desunt voces propriæ, periphrasi vti mini, ne quid vnquam aut obscœnum aut absurdum proferatis.

At hîc adnotandum est, non omnem semper Scripturæ phrasim imitari licere: prudentia enim maxima hoc loco opus est. Quis enim è suggestu dicat de Deo illud Psalm. 77. *Tamquam potens crapulatus à vino*? Sæpè dixi (idque necesse est in promptu semper habere) iuxta circunstantias, & conditiones personæ dicentis, & auditorum, atq. etiam temporis, & loci loquendum esse, vel tacendum. *Psalm. 77.*

Ceterùm scriptura tota figuris scatet, de quibus nos metipsi in præfatione psalmorum tractauimus. Partem hanc ornatus concionatoribus commendamus, qua scriptura frequentissime vtitur, Sunt autem figurarum genera hæc potissimum:

Metaphora, quæ Allegoriam, Anagogiam, Tropologiam, Aenigma, Parabolamq́. complectitur.

I 4   Me.

DE SACRA RATIONE

Metonymia. Vt, *Vocauit terram & cælum*: Idest in terra & in cælo contentos.

Synecdoche. Vt. *Omnes, quæ sua sunt quærunt*: Hoc est multi. Antonomasia, quæ rem indiuiduam, per vocem explicat generalem: vt quando hæc vox, Apostolus, significat Beatum Paulum: item, quando Deus significatur illis verbis: *Ego sum qui sum*. Exo.3.

Auxesis, qua rem extollimus. Vt Psal.3.*Tu es Domine fortitudo mea gloria mea, & exaltans caput meum*. Quæ si iuxta materiæ substantiam fiat, pulcherrima est figura. Vt: *Miserator, & misericors Dominus, longanimis & vultum misericors*. Et alibi: *Iustus Dominus & iustitias dilexit, &c.* Psalm.1.g. Psalm.102.

Hyperbole excessum significat. Vt: *Licet Angelus de cælo Euangelizet vobis præterquam quod Euangelizauimus vobis, anathema sit*. Item Psalm.100. *Et ascendunt vsq; ad cælos: descendunt vsq; ad abyssos*, Et Psal.6. *Lauabo per singulas noctes lectum meum: lachrimis meis stratum meum rigabo*. ad Gal.1. Psalm.196 Psalm.6.

Periphrasis est circunlocutio: accommodatissimus tropus ad explicandas res turpes, & temperandum vocum rigorem. Ita appellauit Saul Ionathæ matrem, mulierem vltro virum rapientem.

Ironia est, vt 2.ad Cor.4.*Nos stulti propter Christum, vos autem prudentes in Christo*: Et 2.Cor.11. *Libenter suffertis insipientes, cum sitis & ipsi sapientes*. 2.Cor.4. 2.Cor.11.

Est etiam figuræ imago quædam Parenthesis. Vt Psalm.44. *Sagittæ tuæ acutæ (populi sub te cadent) in corda inimicorum regis*. Iuuat autem Parenthesis, & explicat orationem, & habet energiam. Psalm.44.

Aposiopesis, reticentia est. Vt Lucæ.24.*Si cognouisses & tu in hac die tua, &c.* Optimus quidem dicendi modus, qui multo plura dicit, quàm si expressè loquaris, & quo, quæ tibi altiùs animo insident, sine periculo, & cum vehementia quadam insinuas. Luca.24.

Emphasis rei magnitudinem indicat. Vt, *Tu solus sanctus Memento mei Domine propter bonitatem tuam*. *Omnia opera nostra ope-* 2. Esd.

CONCIONANDI LIB. III.

operatus es in nobis Domine. Tota Deo gloria tribuitur, & opus ip-
sum.

Mimesis ad Ironiam spectat, & est alienorum morum, aut verborum imitatio: quæ gestu, & verbis constare potest. Vt Mat. 9. *Non est opus medico bene habentibus, sed male habentibus:* Quasi dicat vos ô Pharisæi sani estis: medicina mea non habetis opus. Sic solemus, quæ alij malè fecerint, vel dixerint, cum quadam irrisione probare. Vt, pulchre quidem philosophatus ille est, asseruit peccata solum mortifera esse vitanda, & perfectionem Euangelicam, laicis, & matrimonio coniugatis non conuenire. *Mat. 9.*

Epiphonema est acclamatio. Vt Psalm. 2. *Beati omnes, qui confidunt in eo.* *Psalm. 2.*

Apostrophe est auersio: quam sæpe Dominus in Euangelio conuersa ad Patrem oratione docuit. Est autem vtilissima concionatori, dum se, vel ad Deum, vel ad astantes, vel etiã ad qualcunq. res conuertit: vt Deut. 32 *Audite cæli, quæ loquor:* & Hier. 2. *Obstupescite cæli super hoc.* *Deut. 32. Hier. 2.*

Prosopopeia, personæ fictio est, qua rebus persona carentibus personam tribuimus. Vt, *Flumina plaudent manibus simul montes exultabunt.* Quo dicendi modo in illo cantico, *Benedicite omnia opera Domini Domino*, omnes creaturæ inuitãtur ad benedicendum Domino. At in Scriptura hoc non fit sine spiritu: aliquid enim significant creaturæ inuitatæ.

Paralepsis est quando asserentes nos nolle rem dicere, illam tamen dicimus, siue in meliorem, siue in deteriorem partem: Vt Iohan. 14 *Non dico vobis quia ego rogabo patrem pro vobis.* Et 1: Cor. 11. *Laudo vos, in hoc non laudo.* Quod si iungas paralepsim apoliopesi, vehementer mouebit, Vt, volo prætermittere huius temporis ignauiam, lasciuiam, inuerecundiam, & alia quæ recensere possem, nisi vererer ne tædio auditores afficerem. *Iohan. 14. 1. Cor. 11.*

Est & alius figurarum ordo iuxta dictionum situm, & decorem.

Quandoq. enim per Anaphoram eadem in principio sæpe dictio repetitur. Vt, V*squequo Domine obliuisceris me in finem? vs-* *Psalm. 12.*
quequo.

quequo auertis faciem tuam à me.

Quandoq. in fine repetitur: quæ antistropha vocatur Vt: qui nam opprimunt? diuites. Qui trahunt per potentiam? diuites. Qui conculcant, expilantq́. pauperrimos? diuites.

Rom. 8.

1. Petr. 2.

Quandoq. fit eiusdem vocis in fine vnius incisi, & initio alterius repetitio: quod Climax vocant. Vt Rom. 8. *Scientes quod tribulatio patientiam operatur, patientia verò spem, Spes autem non confundit.* Et 2. Petri. 2. *In scientia virtutem, in virtute abstinentiam.*

Psalm. 82.

Quandoq. In principio & fine eadem dictio reperitur per Epanalepsim. Vt· *Deus quis similis tibi, ne taceas, neque compescaris Deus.* Humilitas fundat, absoluit humilitas.

Fit etiam eiusdem vocis in medio deinceps repetitio: quod Anadiplosis appellant. Vt: puram reddit animam castitas: castitas est, quæ attollit illam.

Psalm. 113.

Quandoq. ad dicta regredimur: idq́. Epanodos dicitur. Vt. *Quid est tibi mare quod fugisti, & tu Iordanis quia conuersus es retrorsum.*

Quandoq. contraria seu differentia opponimus per Diaphoresim. Quo genere B. Aug. omnésq́. sancti pulcherrimo & efficaci ad mouendum vsi sunt. Vti *Mutabitur peccator & non soluit: iustus autem miseretur & retribuet.*

Psalm. 131.

Tautologia scripturæ familiaris, ad rem augendam prodest. Vt *viduam eius benedicens benedicam, & pauperes eius saturabo panibus.* Eiusdem vocis repetitio in scriptura rei eximiam dignitatem indicat.

Sunt aliæ multæ figuræ, sunt & alij tropi. Sed nos frequentiores, & vsitatiores in sacris scripturis attulimus.

Hactenus ergo de elocutione dictum est pro præsenti instituto. Qui plura cupit, Rhetorum libros euoluat, vbi hæc multaque plura ad orationis ornatum spectantia deprehendet. Nobis enim satis est, demonstrasse in scripturis reperiri tropos, & figuras; & Dialecticam & Retoricam humano ingenio esse natura ipsa impressas, spectatéque ad naturalis luminis claritatem.

At ve-

CONCIONANDI LIB. III.

At velim maximè hoc sibi persuadere Theologos, parcissime vtendum esse his figuris: oportet enim concionatorem, pium, grauem, & modestum potius esse, quàm orationis vbertate luxuriantem. Væ illis, qui orationis flosculis, & non spiritu innituntur: certè enim tota nostra fiducia in Deo est collocãdahisce, verò præsidijs, nõ nisi vt à Deo profectis vtẽdũ, ne vllo modo humano fundamẽto euangelica prædicatio nitatur.

Caput. XIII. De actione quarta dicentis parte.

POstrema huius generalis Instituti pars est actio: quę Demostheni oratoribusq́; permultis, præcipua existimata est: etenim orationis est condimentum. Nam quemadmodum præclarus naturâ cibus non recte conditus, contemnitur: contra verò is, qui naturâ insipidus est, si accuratè condiatur, auidiùs capitur: ita & oratio, siue cõcio, si pulchra proferatur actione, libentiùs auditur: sin desit actio, fastiditur. Vnde quemadmodum B. August. humilitatem pronuntiauit esse primam, mediam, & supremam sanctitatis partem: ita & Demosthenes de oratoris præcipua parte rogatus, actionem esse respondit. Quamquam ad histriones vel ad poëtas partem hanc multi pertinere contendant. Sed quæstione hac prætermissâ, quando tam necessaria pars hæc concionatori est; de ea non nihil disseramus.

Reducuntur ad partem hanc aliæ duæ: scilicet memoria, & pronuntiatio. Memoria qui sĩt firma pronũtiationẽ & actionẽ parit. Nã is qui memoriâ parũ valet: dum de ijs, quæ præcogitauit retinendis, sollicitus animo est, non congrua, & placida vtitur pronũtiatione, & actione. Porrò pronũtiatio plurimum valet: nam nisi rectè pronunties, tametsi corpore decorus sis, eris insuauis.

2. De memoria multi cõscripsere: ego verò breuissimè quod sentio dicã. Memoriam cibi, & potus temperantia conseruat, vinũ destruit, nisi dilutius bibatur: tunc enim memoriam potius iuuat. Res siccæ, sed tẽperatæ, & quæ cerebrum mediocriter

DE SACRA RATIONE

ter exsiceāt (naturá enim cerebrum satis est humidum) memoriæ profunt: vt vuæ passæ, pyrenum præsertim siue nucleorum præsidio: item cicera igni tosta, & id genus multa. Experimento sunt senes, qui cùm sint ex defectu caloris humidissimi, memoria sunt lubrica. Sed quod vehementissimè memoriam iuuat, methodus est, distinctio, & ordo. Nusquam memoria te deficiet, si quæ dicturus es, methodo & ordine & distinctione componas, ita vt prolixam etiam concionem breui pagina complecti possis. Si plura cupis de memoria, multi de hac re conscripti extant libri.

De pronuntiatione dicamus. Id tamen admonebo primùm in eorum præsertim gratiam qui expedita lingua vtuntur, singulas litteras proprio labiorum, dentium, & linguę motu proferendas esse: ita enim fiet vt semper honestè & cum decore pronuncies. Nolim concionatorem affectatè pronūciare: hoc enim dedecet, & risum mouet: hoc postulo solùm, vt proprie atque distinctè & cum modestia. Deinde vehementer admoneo cauendum, ne sit vox vnisona: est enim contra rationis ductum. Sicut enim natura distinxit materiam, ita & pronuntiationem. Qui exorditur, pacatus & benè ominans esto, & in auditorum commodum valdè propensus: Qui carpit, acer nō nihil: Qui suadet, vehemēs: Qui docet, grauis & perspicuus: De niq; qui perorat, concitatus non nihil & efficax. Sed quia hæc omnia experimentis magis discuntur, quàm præceptis, ideò in dicasse nunc satis sit.

Præterea mediocris debet esse vox: hoc est non cita, neq; tarda: non magna, neq; parua: nō mollis, aut muliebris, neque horrida: sed integra, grauis, auctoritatis, grauitatisq; sanctæ plena, incorrupta, virilis. Oportet autem attentius proprijs viribus vocem metiri. Quemadmodum enim qui canit, si vocis modum in canendo excedat, deficiet: ita qui In concionando suprà modum vocem attollit, necesse est vt postea defatigatus oneri succumbat.

Quo loco admonendi sunt concionatores, vt in epilogos reseruent vires. Cùm enim oporteat in epilogo facilè, expeditè, ac

CONCIONANDI LIB. III. 141

tè, ac placidè loqui, nonnihilq; properare,& tūc maximè mouere,& perſuadere, efficaciamq;benignam præſeferre: certe laſſus concionator,nequaquam huic muneri poterit eſſe par. Prçter hæc omnia,iuuabit nunc aliqua ad conſeruandã vo cē Phiſiologica vobis prębere cōnſilia. Tēperātia ſummopere pectus iuuat,& vocem. Sint cibi ſimplices: nam quò miſti fuerint minùs, minuſq́; delicati, eò vox erit clarior & plenior & maturior. Præterea quà à potu te magis temperaueris,arte ria minus humoris attrahet,& ſolidior erit. Caſtitas etiam vocem magno pere iuuat. Quòd ad potum verò attinet,caue ne bibas interdiu: omne enim quod ſolidam, puram, & firmam reddit arteriam,atq; terſam,& magis explicabilem,prodeſt vo ci: vnde genu flexio, quoniam arteriam extendit,vt ſit efferen dæ voci accomodatior,vocem iuuat;& cibi etiam dulces,qui ſani ſunt, & arteriam reddunt molliorem, atq; magis defæcatam. Mel ergo concionatori amicum:cibi aſperi & ſtyptici val de inimici ſunt.

De illa parte actionis, quæ in totius corporis,& ſingularum eius partium ſitu conſiſtit, poſtremò dendum. Oportet con cionatorem honeſtum,& decorum,ſiue modeſtum eſſe:caue rò quippe debet,ne vllum vel ſitum habeat,vel motumfaciat, qui non ſit honeſtus, prudens, grauis; oculi enim omnium in illum intenti ſunt. Quare quidquid indecorum in eo viderint; & tædio eos afficiet,& attentioni, & perſuaſioni nocebit. Porrò,& pronuntiatio, & ſitus, motuſq́, corporis,mutari debent iuxta materiæ rationem. Nam alia pronuntiatio & ſonus vocis decet docentem, alia corripientem,alia exordientem, alia facientem apoſtrophem,aut epiphonema. Hęc quidem expe rimētis potiùs, quàm præceptis deprehēdūtur. Sed ſi quis præ cepta cupit; hanc accipiat omnium maximā regulā: vt meminerit ſemper,ſe eſſe cōcionatorē Euangelicū, itaq́; & in voce, & in corporis geſtu,& ſitu, ita ſit cōpoſit', vt nihil efficiat quod nō deceat virū apoſtolicū,atque corā Deo, & de Deo dicētē.

Præter hæc omnia,& in pronuntiatione,& in actione circū ſtantiarū omniū ratio eſt habenda. Alia enim decēt cōcionato rem.

DE SACRA RATIONE

rem senem:alia ætate niniorem:alia dicentem corã rege: alia dicentem de triſtibus:alia de lætis:alia in vno Templo: alia in alio. Verum quidem eſt hæc omnia ex ſpiritu Domini præſertim dependere:quo ſi quis agatur, regulis certè humanis ferè neceſſe non habet.nam vt B.Hieronymus ait,DonatiuelQuintiliani regulis adſtrictus nequaquam eſt ſpiritus ſanctus: quippe quia ſupra naturam eſt & artem.

At nos iuuare nihilominus debuimus concionatorem:cui, tametſi ſpiritu ſancto plenus ſit,non modò artis præcepta nõ oberunt,ſed maximo erunt,vt ab ſpiritu ſancto regatur,ad iumento.Etenim quæ docet ars naturæ imitatrix,ab ſpiritu ſancto etiam ſunt,qui naturæ eſt auctor.

Illud autem etiam hoc loco obſeruandũ eſt diligenter ; quę ſit tibi,& in prolatione verborum,& in motu, & geſtu corporis,frequens,& familiaris conſuetudo : nam quibus nos aſſue facimus,ea in naturam conuertuntur : itaq́ue cùm ſit tibi diuturna conſuetudine habitusingeneratus, difficulter in ſuggeſtu poteris tibi ab eo cauere.Ergo concionator ſemper loquatur,ſemper agat vt concionator:vt inter concionandum , etiã ſui oblitus,quę concionatorẽ decẽt faciliùs præſtet, & rectiùs.

Tandem,ſi me audis, tu qui cõcionari cogitas , primùm aut ſolus,aut coram amico,cui confidere poſſis,concionaberis,vt dete ipſe periculum facias,corrigaſq́;diligenter, quæ in te vitia deprehẽderis. Rectè autem facies,ſi inſigniores cõcionatores imiteris:multa nãque in hoc præſertim munere,imitatione paratur.Sed caue tamẽ,ne actionũ,quę tibi nõ ſatis coueniãt,imitationẽ affectes:neq.enim omnia omnibus accomodata ſunt: cũ varij ſint Spiritus,varię cõditiones,& circũſtãtię:ex quo fieri ſolet,vt quæ pronũtiatio,qui ſitus,& motus corporis aliũ decorauit,te nõ modò nõ cõmendet,ſed ridiculũ etiã efficiat.Ergo oportet expẽdere,& ſpiritus,& ætatis,& auctoritatis diuerſi tatẽ.Imo & quid populo magis arrideat ſpectare:ſic enim fiet, vt quę imitari oporteat imiteris, cetera prætermittas.Neque verò erit hoc difficile mimiùm:nã animi pietas,& humilitas, & diligentia in honorem Dei & in fratrum ædificationem propẽ ſa,facilè & perſpicuè quid tibi faciendum ſit docebit.

CONCIONANDI LIB. III.

Transitio ad capita sequentia.

Hæc habui, quæ de elocutione, actione, pronūtiatione, & memoria, breuiter tātùm, pro mei instituti ratione, dicerē. Qui bus tametsi meum iam pensum absoluerim, meoq́; muneri satis fecerim: tamē quorundam efflagitationibus coactus, capita sequentia interpono, in quibus ad tuendam memoriam, quæ potissima, & vtilissima visa sunt, paulò latius recenseo.

Caput. XIIII. De iuuanda concionatoris memoria, quin Elo, vt dici solet, oratoris instrumento.

Va ratione concionatores memoriā iuuare possint, breui quoad fieri poterit oratione docere modò de creui: non enim Phisiologorum de hoc argumēto ex professo differentium personā nunc sustineo. Igitur memoriæ iuuandæ subsidia, quædam sunt à natura, quædam verò ab arte: sicut aliarum etiā omnium rerum (exceptis ijs quæ supra naturam sunt) quædā dicuntur esse naturales, quędam verò artificiosæ. Porrò artificiosas nunc illas appello, quę non naturā solum duce, sed hominum industriā, & labore parantur; scilicet arte, & exercitatione. Vnde illud vulgò circūfertur axioma; res naturā, arte, & exercitatione constare: & item illud; naturā fieri homines habiles, arte industrios, exercitatione prōptos. De his ergo tribus vbi dixerimus, muneri nostro factum erit satis.

Caput. XV. De naturalibus memoriæ subsidijs.

Nemo est quin videat, precepta hæc iuuandæ memoriæ illis tantum podesse, qui memoriam à natura qualemcumque acceperunt. Qui enim hac facultate destituti sunt; quales nonnullos aliquando vidimus; ij cùm veluti mortui sint, nostris non possunt subsidijs vlla,

DE SACRA RATIONE

vlla ratione iuuari. Igitur de memoriæ remedijs dicturus, hoc iacio fundamentum, illa esse posse adiumenta memoriæ, quæ temperaturam corporis memoriæ aptam conseruant, & augent, aut malè affectam sanant: ex quibus è conuerso colligi potest, quænam illa sint, quę memoriæ noceant. Accepimus ergo ex Philosophis, & Medicis, memoriam nequaquam nimia vel siccitate, vel humiditate gaudere. Nam cùm & recipere debeat, & retinere, quæ receperit: certe si valdè sicca est, difficulter ipsi res imprimentur; si autem valde humida, delebuntur atq. euanescent statim. Quare videmus, eos qui ingenio parùm valent, propter siccitatem tenaci esse memoria; contrà ve rò eos, qui ingeniosissimi sunt, propter humiditatem, fragili esse, atq. infirma; eos autem, qui temperati sunt, valere & memoria & ingenio. Itaq. qui firmam vult absq. ingenij iactura memoriam, caueat sibi à nimia tum humiditate, tum siccitate. Sed caueat etiam præterea à nimio frigore, atq. calore: hæc enim duo suapte natura (quamquam ratione diuersa) exsiccandi vim habent: frigiditas autem si cum humiditate coniuncta sit, humiditatis nimiæ solet esse caussa, vt in hyeme experimur. Relinquitur ergo ex his, illum cibum, vestitum, locum, illasq. corporis exercitationes, quæ nimiæ siue humiditatis, siue siccitatis procreatrices sunt, memoriæ plurimùm obesse: contrà verò, illa omnia, quæ calorem temperatum, & humorem iuuant, neq. siccitatem expellunt, prodesse, quia scilicet ijs, spiritus vitales, & animales, quibus memoriæ actiones fiunt, non modo non malè afficiuntur, sed etiam maximè iuuantur. Multa ex his plana fiunt, quæ quisq. experimento deprehendet. Nam ventriculi cruditates, &(vt vulgò dicitur)indigestiones, quales prouenire solent, ex cibis omnibus crassis, & vapores crudos emittentibus, vt cepis, caseo, carnibus suillis, alijs, herbisq. minùs nobilibus, & fructibus immaturis, lædunt memoriam. His adiunge nimiam, vini potionem, præsertùm meri, & omnino quemuis nimium aut intempestiuum potum; nam ex eo cruditas generatur: atque adiunge item pabula omnia acetosa. Hæc ad cibū & potum spectant. Ex quibus colligendum est, vestitum etiam

& le-

CONCIONANDI LIB. IIII. 145

& lectum, atq. cubiculum oportere esse temperatum: itaq; nimiã libertatem, & indulgẽtiam corporis, quę humiditatem parit, esse memoriæ inimicam.

Sed quod ad exercitationes etiam corporis attinet, cauendũ est inter ambulandũ vel sedendum, à nimio frigore, aut calore: & præsertim à noctis frigiditate: maximè vero vespertini crepusculi, & eius partis noctis, quæ dicitur, prima fax, hoc est, quę solis occasum immediatè sequitur. Cauendum etiam est à nimia quiete; & à nimio præsertim somno: nimius enim somnus, præterquã quód sensibus torporem adfert, humiditatem gignit, & animales spiritus sopire quodam modo videtur. Sed & diurna quies, quam magna abstinentia, & sobrietas non comitatur, persimilis est nimiæ nocturnę quieti.

Illud tamen sciendum est: non licere statim post sumptum cibum ire cubitum; præsertim hora pomeridiana: gignuntur enim ita ex caloris vehementia humores plurimi, qui caput grauant, & cerebro, spiritibusq́. animalibus nocent: nisi fortè erecto corpore, & in loco temperatissimo, breuissimũ somnũ pomeridianum capias. Quare post cibum sumptum, primùm quidem vel stare vel modicè deambulare, vtilissimum est: deinde cùm post duas ferè horas in ventriculo facta est prima concoctio, & vaporum copia iam euanuit; tempus est somno accõmodatum. Sed hoc de ijs tantùm accipiendum est, qui multis cibis, & egregiè conditis ventriculum replẽt: non enim hanc legem ijs dicimus, qui simplicibus cibis parcè & moderatè vescuntur. Sequitur etiam ex his immoderatam actionem, laborem nimium, sollicitudinem, dolorem, & tristitiam, post cibum vitari oportere: nisi ad hæc nos lex impellat caritatis.

Iam ergo, vt summam colligamus, infertur ex omnibus ijs, quæ hactenus dicta sunt, vnam esse optimam memoriæ adiutricem temperantiam: hoc est sobrietatem in cibo & potu, castitatem, moderatam vigiliam, maximè verò ante lucanã, quæ non memoriæ tantùm, sed alijs etiam rebus permultis vtilis esse solet: nam & memoriæ, & ingenio, & itineris, & orationi, & cuiuis vtili, & sanctæ exercitationi aurora est gratissima.

K   Nescio

tæ Chatarinæ Senenſi, & nonnullis alijs ſanctis. Sit ergo hæc tibi regula. Si pauperes, & ex aleemoſyna viuis, ede quæ apponūtur tibi: ſi verò ex proprio viuis ære, eme quæ ſana ſint, & concoctu facilia, vt id tempus ſomno tribuas, quod ſeruandæ ſaluti, & capiti tuendo neceſſarium ſit. Qua de re Medicum aliquē doctum, expertum, & pium vtile erit conſulere. Sed conſule item, obſecro, virum aliquem prudentem, piū, corpuſq́; macerantem, & Chriſti Ieſu gloriæ, fratrumq́; ædificationis zelo accenſum: nam ab hoc etiam quid facere te oporteat, in his omnibus diſces.

Caput. XVII. De memoria arte & exercitatione iuuanda.

Actenus de naturalibus medijs: nunc ad artem, & exercitationem deueniamus. Sunt qui artem quandā iuuandæ memoriæ excogitauerint, qua certis quibuſdam locis reponuntur, & ijs veluti cuſtodienda commendantur ea, quę memoria neceſſe eſt retineret ſi cui dam viæ, definitionem Sacramenti quis commendet, cuidam domui materiam, & formam baptiſmi; cuidam cubiculo miniſtrum. Iuxta hunc ergo modum cuncta quę memoria conſeruare cupimus, per diuerſa loca poſſumus diſtribuere, vt ibi, cùm oportuerit, ſeruata & repoſita ea reperiamus. Et hæc qui dem memoria, quoniam huiuſmodi locis nititur, localis appellatur. Sunt alij qui rem ſcriptis mandant, & paginarum atque linearum diſtinctione memoriam tuentur: qui modus vehementer mihi ſæpe placuit: quia ea, quæ ſcripſimus, rectè quaſi legentes recolimus, & in memoriam reuocamus. Sed huc etiā modus ad memoriam localem refertur: imò & alius etiam (ni fallor) quicumque externo aliquo nititur ſubſidio.

Sed, vt verū fatear, ex omnibus modis, ille mihi gratiſſimus, & vtiliſſimus ſemper fuit, qui cum ratione & intellectui magis

K 2   innita-

DE SACRA RATIONE

innitatur, germanus propriusq; magis est naturæ nostræ. Est ergo optimum memoriæ subsidium, rem apprimè & penitus intellexisse: quod enim altiores in intellectu radices egerit, firmius residet in memoria. At hoc fieri non potest sine magno animi affectu: nam hoc naturâ comparatum est, vt quarum rerum studio maximè ardemus, illæ multò magis nobis hæreant. Præterea confert plurimùm memoriæ, methodica dispositio, quâ res & propriis collocentur locis, & distinctæ aliæ ab alijs sint, & sibi inuicem mirè coueniant: nam & ordinem, & distinctionem, & proprietatem, atq; conuenientiam rerum, nomine methodi complector. Conuenientiam quidem præstare potest ordo locorum topicorum: nam ex caussis venient nobis in mentem effecta, ex adiunctis subiecta, ex vno dissentaneo aliud, ex maiore minus, ex toto partes, ex genere, species aut etiam è conuerso. Distinctionem autem & ordinem parient diffinitio, & diuisio.

De exercitatione.

Plures sunt ad excolendam memoriæ exercitationes. Prima est, discipulos docere: nam dum alios doces, cogeris rem altiori mente reponere. Hûc reuocatur mutua cum socijs de rebus tractatio, & disputatio. Nam omnino rem voce efferre, prodest multû: adeò vt vel si tecum ipse solus loquaris, memoriæ id sit fulcimentum: præsertim si quæ scripta sunt, altiori voce legas: tunc enim per duos sensus ad discendum aptissimos memoriam iuuas.

Præterea vtilissima est exercitatio, aliquid quotidie memoriæ mandare, & quæ anteà mandaueris repetere. Proderit autem vehementer, si aliquem habeas socium, coram quo recites, & repetas, & cui rationem, veluti magistro reddas. Quod si vterq; discitis, & vterq; alter alteri repetius, iuuabit multò magis: nam audire ab alio non potest non esse vtilissimum. Caue tamen ne memoriam multitudine obruas: imò òita eam excole, vt antequam noua dicas, vetera renoues: est
enim

CONCIONANDI LIB. III.   149

enim vt ventriculus memoria, qui si semel ciborum multitudine opprimitur, calorem, & vires amittit paulatim: vt de ingenio adnotauit Seneca.
Proderit etiam, singulis diebus quid denuò accesserit memoriæ diligenter obseruare, idq́. recolere.
Tandem optima est memoriæ conseruatio, si sæpe tacitus mēte, & cogitatione reuoluas, atq. adeò voce reperas, ea quæ didiceris: maximè verò si cubitum vadens, & summo mane surgens id facias.
Multa illa q.(ni fallor) non contemnenda memoriæ adiumē ta comm̄ostrauimus. Apud alios erunt multò plura: sed si hisce meis quis vti velit, polliceri audeo memoriæ firmitatē. Sed illud pro colophone addiderim; omnium maximam, & felicissimam esse illam memoriam, quam Dominus confert: cùm scilicet inter concionandum inspirat quæ ipse scit audienti populo pro futura. Hanc ergo, lector, tibi memoriam exopto, hanc tibi precor. Tu verò fac ita viuas, vt diuini amoris igne accendaris: sic enim fiet, vt quæ Christi gloriæ, proximis autem vtilitati futura sint, ea tibi suggerat Spiritus Sanctus.

K 3   LIBER

LIBER QVARTVS DE SPECIALIBVS CONCIONATOIS TRVMENTIS.

Vm tractatus huius initia auspicaremur, ex Dialectica edocti, huius instituti partes quattuor esse diximus, primã scilicet de fine, alteram de materia, tertiam de officijs, quartam de instrumẽtis: et eam partem quæ de instrumentis est, qua druplicem item fecimus: nimirum, quia inuentionẽ, dispositionẽ, elocutionem, & actionẽ, continet; nisi si viv etiã addere memoriã. Iã vero finẽ concionatoris diximus esse, omnem hominem perfectum reddeté, vt diui Pauli nos docet auctoritas. Ad hæc ma teriam ex quá, diximus esse totam scripturam, non canonicã modo, sed et ecclesiasticã, sanctosq́. doctores: Materiam de qua, quidquid in scriptura docetur. Materiam circa quam, virtutes omnes, & peccata, atq. præcepta omnia, & consilia: Materiam deniq. in qua, ipsa hominum corda. Præterea officia diximus esse, intellectum & voluntatẽ quoad verum & bonum perfice re. Tandem ad instrumenta deuenientes, duplicia esse diximus: scilicet generalia & particularia. De generalibus actũ est: nimirum de præceptis inueniendi, disponendi, eloquendi, & agendi: superest nunc vt de instrumẽtis specialibus disseramus.

Caput. I. quo ostenditur ad concionandum instrumentis tum diuinis, tum humanis opus esse.

Dnotare oportet in primis, concionandi munus, & diuinum esse & humanum. Diuinum esse vel ex eo constat, quòd filius Dei illud tamquam proprium habuerit: vt ipsemet testatur dicens, *In hoc natus sum & in hoc veni in mundum, vt testimonium perhibeam veritati: Et vos vocatis me magister & Domine, & bene dicitis, sum etenim.* Qua de caussa Dominus sæpius testatur, se odio à mundo habitum

Iohan.18.
Iohan.13.

biturn, quia testimonium de illo perhibebat: & asserit se à Patre *Iohan* 15.
clarificatum super terrâ: & in monte Thabor Pater de illo di- *Act.* 1.
xit: Ipsum audite. Præterea Christum secun Apostoli hoc sibi *Act.* 6.
iniunctum munus pronuntiaut. Petrus non arbitratur iustum,
se ministrare mensis, vt vacet verbo Dei. Paulus se nõ missum *1. Cor.* 1.
ad Baptizandum sed ad Euangelizandũ profitetur. Vnde hoc *Con. Trid.*
munus proprium Episcoporum est: vt ex beato Paulo, & ex *sess.5.ca.* 2.
Concilijs, nouissimè verò ex Tridentino constat.
Humanum antẽ esse hoc munus, experimẽta docẽ: nõ enim sine litteris cõmodè peragi potest. Neque verò est quòd audax quiuis obijciat nobis Apostolos, aut quẽquã ex sanctis: ijs enim spirit' sancti plenitudo suppedauit quidquid alioqui ex humanis litteris esset petendũ: quãquã neque ij omninò à studijs litterarũ abstinuere. Vos autẽ quibus spiritus sancti abũdantia data nõ est, Patres nostros ecclesiæ sanctæ doctores Græcos & Latinos habere debemus duces, & auctores: qui certè diuinis pariter & humanis litteris diligenter studuerunt.
Fit & ex ijs, vtriusque generis instrumẽta, diuina scilicet & humana concionatori esse per necessaria. De humanis hactenus in genere dictũ. Diuina autẽ nũc appello sancta, spiritualia, & quæ scriptura sacra docet: quibus omnibus tũc demũ quis erit optimè instructus, cũ à Deo ad prædicãdũ vocatus fuerit. Deus enim indignum non vocat: immò quem vocat, spiritu munit, & donis necessarijs.
Sãt ergo cõcionatoris arma, omnia virtutũ, sanctarũq́. exercitationẽ genera quibus si destituatur, cũ inermẽ esse militem est necesse. Rẽ accuratiùs explicemus. De cõcionatoribus Dñs cõqueritur Hier. 23 *Nõ mittebã Prophetas, & ipsi currebãt: nõ loquebar ad eos, & ipsi prophetabãt.* Expẽde verbũ illud, *currebãt* ferè enim semper qui minùs sunt idonei, auidiùs expetũt prædicãdi munus. Expẽde itẽ verbũ, *Non loquebar, & ipsi prophetabãt:* *Hiere* 23.
ex quo colligitur illos nõ rectè prædicare quibus Deus nõ est locutus: locutus in quã in spiritu per sanctas scripturas. Neq; enim sol' loquitur scripturæ cõ textus, sed per eũ oportet tili spiritus sanctus loquatur; alioqui enim etiã hæreticis, & perditis

CONCIONANDI LIB. IIII.

crorum librorum professores, immo non desunt, qui studiũ
hoc expugere non vereãtur, & Theologos moneãt, vt sancto
Thoma cõtenti, nihil præterea requirant. Nam vbi scripturæ
locus incidit, facilè putant à quouis posse declarari.
Igitur qui concionator futurus est, scripturas diu multumq́;
scrutetur. Nã Iohan. 5. scriptũ est, *Scrutamini scripturas*. Et Paul. | Iohan. 5
Timotheum monet, vt attendat lectioni, & orationi.
  Rectè autẽ facient Theologi, si ex quo tempore Theologiç o-
peram dare incipiũt, aliquid scripturæ versent, aliqp id medullitus
mãdent. Inde enim asserit B. Chrysost. se cõcionari posse, quòd
quotidie B. Paulũ manu versaret. Nõ enim tunc solùm a deudi
sacri libri sunt, cùm prædicãdi iam vrget necessitas.
  Neque vero hoc cõcionatori satis est, nisi etiã verset Ecclesiç
Patres item scriptũ est *Deut. 32. Interroga patrẽ tuũ & annũcia-* | Deut. 32.
bit tibi, maiores tuos & dicẽt tibi. Et Ecclef. 8. *Nõ te præteræat nar-* | Ecclif. 8.
ratio seniorũ. Episcopi enim à Patribus suis didicerũt. Quod &
ab initio Ecclesiç factũ est. Apostoli enim à Christo Dõo nẽo
& ab spiritu sancto didicere, sequutos autẽ concionatores seu
doctores ab Apostolis, atq́; ita per sanctorũ doctorũ tũ Græco
rũ tũ Latinorũ manʼ ad nos vsq́; scripturarũ deuenit interpretatio.
  Deprehẽdet huiusce rei testimoniũ, qui sanctorũ doctorũ historias legerit, videbitq́; antiquissimos illos Gregoriũ Nazianze
nũ, Basiliũ, Hieronymũ, Augustinũ, ceteroq́;, doctores, in doctorũ antiquorũ lectione sui esse versatos: Hęc omnia præstare
oportet eum, qui concionari cogitat, dum in scholis versatur.
  At vbi cõcionis cõponẽdæ tẽpus accesserit, Deũ cõsulere debet quid potius prædicãdum sit: non enim omnia omni loco &
tempori & personis conueniunt. Docet hoc Hiere. 23. *Si stetis-* | Hiere. 23.
sent in conspectu meo, & nota fecissent populo verba mea, auer-
tissent vtique illum à via mala, & à cogitationibus suis pessimis.
Inde ergo tam exiguus præsicationum fructus, quod non cõ-
-sulimus Deum, iuxq́; ab eo non docemur. Nam certè si consuleremus, haud dubiè ille responderet. Tota enim asserit scriptura, clamantibus præsto esse Dominum. An forte nescit Do
minus loqui ad cor? Nonne scriptum est: *Audiam quid loqua-* | Psal. 484.
tur

DE SACRA RATIONE

D. Tho. 2.
2. 173. &
174.
Iacob. 1.

tur in me Deus? Certũ est præter scripturam, & reuelationẽ, esse instinctũ spiritus sancti intus ad cor loquẽt s:de quo S. Thom. secunda secũdæ quæst. 173 & 174.

Quòd si non occurrit quid dicamus, vt accidere nonnumquã solet; oremus, petamus, iuxta illud Iacob. 1. *Si quis indiget sapiẽtia postulet à Deo qui dat omnibus affluẽter.* Qui enim fieri, potest, vt cõcionatori fideli, Dei honorẽ & animarũ salutẽ quærẽti, & ad prædicandi munus ab spiritu Dei vocato, nõ ipse adsit Deus? Quòd si ad huc denegatur diuinũ auxilium, adiũgat cõ cionator orationi ieiunium? semper enim ipsi Apostoli in Ecclesia catholica, orationi, & ieiunium & sacrifidũ & eleemo synam, & corporis macerationem adiungebãt. Quod ex veteri Testamento in Daniele & tribus pueris apertè, & in actibus Apostolorum capite. 13. præsertim constat. Nam sicut Dominus Matth. 17. contra genus demoniorum vetus, & acre, non nisi orationem & ieiunium quasi exorcismos præcipuos designauit: ita vt homines ab impia & impura vita de terreas; oratione, ieiunio, & elemosyna, corporisq; (si potes) maceratione tum antiqua, tum præsenti (quod commodè & prudẽter fieri potest) opus est. Lege, obsecro, antiquorũ patrũ historiam, & scrutare etiam, quid modò veri prædicatores faciant: deprehẽdes certè, non nisi per orationem, & corporis maceratione, fructum prædicationis comparari.

Act. 3.
Matth. 17.

Exercitatio alia ad inueniendum, disponendum, & ad elocutionem, & actionẽ per necessaria est: nempe vt quæ concio naturus sis, antequã cõcioneris, & antequã cõscribere incipias cõcionẽ, animo voluas, mediteris, cõsideres: nulla enim concionatori exercitatio neeessaria magis, quàm huiusmodi mentalis oratio. Hæc Patres nostros ditauit, ditatq; modò eorũ imitatores. Mirum enim dictũ est, quot quantaq; in oratione se offerant, vt aperiantur oculi, vt res introspiciantur.

Consideremus illos antiquos prophetas. maximè veró Moysen Israelitici populi ducem, qui ascendit in montẽ, legẽ à Deo accepturus, quique priusquam populum alloqueretur, intra tabernaculum cum Deo communicaturus intrabat. Consideremus

remus Christum Dominum, qui cum nullo egeret præsidio; vt nobis exemplum exhiberet, in oratione Dei pernoctabat, & antequã ad prædicandũ prodiret, per quadraginta dies in oratione & ieiunio perseuerauit. Hoc illa Moysis figura docuit: qui cùm iubente Deo manum in sinum immisisset, mox eam leprosam produxit: cumq́; iterum immisisset, protulit sanam. Consideratione enim primùm vitia conspiciuntur, deinde purgantur, ita vt ad summam perueniatur cordis puritatem, & perfectionem. Audeo igitur affirmare, num quam recte quem quam concionaturum, nisi hac mentali oratione vtatur.

Iam verò hisce omnibus adiungendus est amor, zelusq́; Dei. Nulla enim subtilior ars, nulla magis ad inueniendum, nulla magis ad tractandum apta, quàm amor. Videte B. Paulum caritate ita accensum, vt anathema esse pro fratribus cuperet. Nã Christi immensam caritatem quid commemorem? Quem quidẽ zelus comedebat, vt in eijciendis de templo mercatoribus conspicitur. Dauidem autem defectio tenebat, dum Deũ offendi videret.

Rom. 9.
Math. 21.
Psal. 118.

Tandem vt paucis multa complectamur, cordis puritatem, & mundiciem in concionatore nostro requirimus. Nam *Beati mundo corde quoniã ipsi Deum videbunt*. Quod etiã dum hîc viuitur (vt B. Augustinus interpretatur) dicere fas est. Nam quò quisque corde magis est purus, eò plura & maiora penetrat arcana diuina: perinde atq; qui purioribus est oculis, perspicaciùs videt.

Math. 5.

Sed si quæris, quonam pacto purus redditur intellectus: respondeo; si purus efficiatur affectus. Cum enim voluntas veluti caput sit animæ, vt quæ imperat, quæ formaliter libera est: qualis illa, talem esse intellectum oportet.

Sequitur ergo affectũ intellectus: affectus autem tunc purus est, quando ea quæ pura sunt diligit. Etenim tũc inquinantur res, cùm alijs minus puris admiscentur. Non enim lanea vestis maculatur, si auro eam ornes: at dehonestatur si panno eam vili inuoluas. Terrena quidem omnia longè minora sunt animo nostro, & cum illo collata prorsus vilia: superna vero animum decorant.

CONCIONANDI LIB. IIII. 155

remus Christum Dominum, qui cum nullo egeret præsidio; vt nobis exemplum exhiberet, in oratione Dei pernoctabat, & antequã ad prædicandũ prodiret, per quadraginta dies in oratione & ieiunio perseuerauit. Hoc illa Moysis figura docuit: qui cùm iubente Deo manum in sinum immisisset, mox eam leprosam produxit: cumq́; iterum immisisset, protulit sanam. Consideratione enim primùm vitia conspiciuntur, deinde purgantur, ita vt ad summam perueniatur cordis puritatem,& perfectionem. Audeo igitur affirmare, nunquam rectè quem quam concionaturum, nisi hac mentali oratione vtatur.

Iam verò hisce omnibus adiungendus est amor, zelusq́; Dei. Nulla enim subtilior ars, nulla magis ad inueniendum, nulla magis ad tractandum apta, quàm amor. Videte B. Paulum caritate ita accensum, vt anathema esse pro fratribus cuperet. Nã Christi immensam caritatem quid commemorem? Quem quidẽ zelus comedebat, vt in eijciendis de templo mercatoribus conspicitur. Dauidem autem defectio tenebat, dum Deũ offendi videret.

Rom.9.
Math.21.
Psal.118.

Tandem vt paucis multa complectamur, cordis puritatem, & mundiciem in concionatore nostro requirimus. Nam Beati mundo corde quoniã ipsi Deum videbunt. Quod etiã dum hic viuitur (vt B. Augustinus interpretatur) dicere fas est. Nam quò quis corde magis est purus, eò plura & maiora penetrat arcana diuina: perinde atq; qui purioribus est oculis, perspicaciùs videt.

Math.5.

Sed si quæris, quonam pacto purus redditur intellectus: respondeo; si purus efficiatur affectus. Cum enim voluntas veluti caput sit animæ, vt quæ imperat, quæ formaliter libera est: qualis illa, talem esse intellectum oportet.

Sequitur ergo affectũ intellectũ: affectus autem tunc purus est, quando ea quæ pura sunt diligit. Etenim tũc inquinantur res, cùm alijs minus puris admiscentur. Non enim lanea vestis inquinatur, si auro eam ornes: at dehonestatur si panno eam vili inuoluas. Terrena quidem omnia longè minora sunt animo nostro, & cum illo collata prorsus vilia: superna verò animum decorant.

DE SACRA RATIONE

decorant nostrum. Quare qui terrena appetit inquinatur; si modo illa vt terrena sunt, amet: qui vero cælestia diligit, purus animo efficitur. Vnde B.Paulus 1.Cor.5. *Expurgate*, inquit, *vetus fermentum, vt sitis noua conspersio, sicut estis azymi.* Fermentū massa vetus & corrupta est: massa vero fern.entata, siue (quod idē est) cōspersio fermētata, est ea quę veterē sapit Adamū, scilicet carnis cōcupiscētias, ex Adamo illo per originis culpā de riuatas. Ab hoc ergo fermēto dicit Paulus animum nostrū esse purgādū, vt simus massa noua, hoc est animus nouus: quādo quidē sumus azymi, idest nouus populus per baptismū Deo ge neratus in sanctitate & iustitia. Nam quemadmodū Iudæi du rante P aschate, azymos panes, non autem fermentatos ede bant: ita cùm pascitā nostrum sit ipse Christus pro nobis in cru ce oblatus, qui ęternus est sacerdos secundū ordinem Mel chisedech, semper durans, semper se offerens: oportet semper nos nouam esse conspersionem, azymosq́. omni fermento ca rentes. Idipsum docet B. Paulus ad Col. 3 *Expoliantes vos vete rem hominem cum actibus suis, & induentes nouum eum, qui renoua tur in agnitionem, secūdum imaginem eius qui creauit illum.* Et rur sus: *Mortificate ergo membra vestra, quę sunt super terram fornica tionī, immundititam, libidinem, concupiscentiam malā, & auaritiā.*

His addo, vtiliùs tibi nihil vnquam futurum, quàm dum cō cionaris sic existimare; præsentem adesse Deum, spectareq́. quid cogites, quid agas, quid loquaris. Sed erit simul vehemē ter vtile, & tibi vim, efficaciam, & spiritum conciliabit, si inter concionandum & tu iaculatorijs vtaris orationibus, & ab audi toribus postules, vt eisdem vtantur: quod sanctos sæpe fecisse Patres, ex eorum concionibus constat. Nam si Deum habeas pręsentem, illumq́. vel tu ipse, vel medijs auditorum orationi bus appelles, duo fient: alterum est, quòd circunspectè procede des, dum coram tanto Principe concionaris: alterum, quòd ad persuadendum vires concipies.

Hęc præstabit concionator, si meminetis perpetuò, se in om nibus quę ad concionem spectant, à Deo totum pendere; ita vt si faueat Deus, benè concionaturus sit; sin paululū m discedāt,

longe

Heb. 7.
Psal. 2.

Col. 3.

CONCIONANDI LIB. IIII.

longè secus. Hac certè in cogitatione velim ego semper concionatorem esse defixum: ita enim fiet, vt semper humilietur, nunquam sibi fidat, nunquam superbiat, sed dominum exorans, timentè, & cum sancta quadam timiditate progrediatur.
  Consilia hęc frequentiùs in scripturis docentur, aut insinuã- *Psal.* 15:4
tur. vt Psal. 15 *Prouidebam Dominum in conspectu meo semper* & & 122.
Psal. 24. *Ad te Domine leuaui animam meam.* & Psal. 122. *Ad te le-*
uaui oculos meos. & Ioan. 14. *Sine me nihil potestis facere.* *Ioan.* 14.

Caput. III. De specialibus concionatoris instrumentis, scilicet vitae exemplo, & oratione.

A Genus de spiritalibus, & generalibus euangelici cōcionatoris instrumentis dictum est. His tamen nolim contentum esse concionatorem: sed adhuc specialia quaedam, & eadem spiritalia sibi instrumenta requirere. Haec sunt, vitae exemplum, & oratio ad Dominum pro populo.
  De exemplo affirmare ausim, potissimum esse in concionatore, persuadendi instrumentum. Dixit enim B. Gregorius: *Cuius vita contemnitur, necesse quoq. est, vt eius doctrina contemnatur.* Dixit B. Bernardus. *Tunc dabit voci tuae vocē virtutis, si quod persuades cognosceris tibi persuasisse.* Christus concionatores priùs pronunciauit esse sale·n exempli, mox autem lucem verbi, & ciuitatem refugii, & consolationis. Et quamuis dicat Dominus: *Omnia ergo, quaecunque dixerint vobis seruate & facite: secundum vero opera eorum, nolite facere:* remedium est id quidem contra pernitiem, quam potest malus concionator inferre; non autem est de concionatore, bonum testimonium.
  Vnde proh dolor! cùm saepe accidat, vt integram, & euangelicam vitam à quibusdam concionatoribus requiras: hinc sit, vt eorum etiam praedicationem videas esse parùm euangelicam, hoc est de lege tantùm, & de iis, quae ad salutem prorsus necessaria.

DE SACRA RATIONE

necessaria sunt, potius quàm de euangelio tractantem, & scholasticas potius subtilitates, quàm scripturarum sensu a sanctis Patribus tradita aperientem. Qui enim fieri potest, vt Euangelium non dicam persuadere, sed eius artem prædicandi intelligere is possit, qui Euāgelicā vitam vel respuit, vel contemnit, vel odio habet? Est certè, est hæc funesta, & exitiabilis Reipublicæ Christianæ pestis; quòd cùm Euangelicam vitam non multi concionatores agant, nō multi Euangeliū, sed legē(atq. vtinam legem exactè, & accuratè) populo Christiano prædicant: quia nimirum quæ ipsi non amant, ab alijs vt amentur ni hil curant. Sed his omissis ad orationem venio.

Oportet ergo concionatorem pro auditoribus, & antequā concionetur, & postquam concionatus fuerit Dominum orare. Vtinam, ò concionatores, pro auditoribus, & orationem seriam, & lacrymas funderemus, vt Euangelium, opere, & oratione docentes, intus & extra concionaremur. Christus orauit Iohan. 17. pro discipulis. Paulus verò quando non orat? quando non flecti genua? quando non illud repetiit? *Et hoc oro, vt caritas vestra magis abundet in scientia, & in omni sensu. Vt probetis potiora, vt sitis sinceri, & sine offensa in diem Christi, repleti fructu iustitiæ per Iesum Christum in gloriam, & laudem Dei.* Adeò certè hoc verum est, vt nonnumquam plures filios oratio pariat quàm verbum. Quod sanctissimus ille pauperum patriarcha Franciscus fratres docebat suos, dum eos monebat, ne, quando oratione filios parere poterant, essent admodum de prædicando solliciti.

Sed rogabit quisquam. Si omnia hæc præstitero, semper ne sequetur vtilitas? Sequetur quidem saltem aliqua: vt ex illo Iosue. 55. cap. vulgatissimo satis constat: *Sicut descendit nix, & imber de cælo, & illuc vltra non reuertitur, sed inebriat terram, & infundit in eam & germinare eam facit, & dat semen serenti & panem comedenti: sic erit verbum meum, quod egredietur de ore meo non reuertetur ad me vacuum, sed faciet quæcunq. volui, & prosperabitur in ijs, ad quæ misi illud.* Ecce si diuini verbi rori vitam niueam coniungat concionator, semper aliquis
sequetur

sequetur fructus Deo præsertim adscribendus. Neq. verò tantùm præsens sequetur fructus: sed etiam futurus : iuxta illud Iohan. 4. *Alius est qui seminat, alius qui metit.* At vterque certè mercedem meßis accipiet. Sed de hoc satis, & fortaßè, subtilioris alicuius lectoris iudicio, plus satis: memini enim in lib. 1. cùm de fine concionatoris agerem, hæc eadem me dixiße. Quare hoc mihi vitium condonandum est: fit enim nescio qua ratione, vt imprudens sæpe, atq. adeò inuitus aliqua repetam, dum eorum etiam qui parùm ingenio valent, vtilitati consulo, de mea verò existimatione (Christo Iesu gratias immortales) nihil penitus laboro.

Iohan. 4.

Sed vt ad rem redeam: omnia quæ recensuimus spiritalia instrumenta, illi principio innituntur, conuersionem peccatorum ad Deum, esse concionatoris finem; huncq. à solo Deo pendere, & per ea, quæ Deus docuit media, esse comparandum. Scriptum est enim Mathei. 11. *Nemo nouit filium nisi pater, neq patrem quis nouit, nisi filius, & cui voluerit filius reuelare.* Reuelat autem per Spiritum Sanctum: non enim de alia vlla reuelatione est sermo. Et Iohan. 6. *Nemo venit ad me, nisi Pater traxerit eum.* Trahere autem eo loco nõ coactionem, sed vim, & efficaciam significat: sicut vulgò dicitur, *trahit sua quemq. voluptas* Et reuera, si, vt Matth. 12. Scriptum est, bonus homo de bono thesauro cordis sui profert bona, & malus item de malo: si nõ habes in corde cælestem thesaurum, quid in medium produces? Vtinam non sit tibi cor spurcum, & cœno plenum: cœno inquam humanarum opinionum, & carni placentium. Stagnum enim, nisi aquam habeat puram, & nitidam, certè cœnum habet. Ergo sic statues aliam esse oratoris, aliam concionatoris personam. Orator bene dicat: cõcionator autem, cooperante spiritu sancto dicat. Vbi dixerit orator, dicat, Dixi: vbi concionator concionem absoluerit, dicat, Dixit Deus. Populus verò applaudens oratori, dicat, Bene dixit: concionatori tamen respondeat, Amen, Deus est ad nos tuo medio alloquutus. Sed de his satis. Arbitror enim cum prudentibus, & cũ vocatis à Deo, longiori non esse, opus oratione.

Matth. 11.

Iohan. 6.

Matth. 12.

Cap.

Cap. IIII. De mediis [illegible]

IAm verò [illegible] ut doceam artem, indicabo potissimùm ea, quæ utilissima esse experimento comperi.

Habeat primùm concionator alueum generalem (farraginem appellare licet) in quo quidquid sit doctrinæ, aut exempli viderit, audierit, legerit, aut ipse sibi excogitarit, reponat; notans rei summam in margine, ut vbi eam requirat, reperire facilè possit. Hic enim alueus, cum primus quidam codex sit, & tamquam aduersaria, vbi statim atq. res veniunt in mentem, reponuntur, ne memoria discedant, ordine scribi non potest.

Hinc secundo potest sibi concionator loca communia conficere: nihil enim occurrere potest, quod in aliquem communem locum non sit reuocandum. Porrò distinguendis locis communibus nullus ordo est aptior, quàm is quem S. Tho. in summa Theologiæ obseruat: certè enim affirmare ausim, iam inde ab initio mundi, aliam præstantiorem methodum non fuisse excogitatam. Hanc ergo sequatur concionator: neq. angatur, si nonnumquam aliquid in locum reuocet non ita ingenio suo accomodatum: itemq. si eandem rem in multis repetat locis. Quid enim inde incommodi, dummodo in promptu sint ea, quæ vsui aliquando sunt futura?

Tertium tibi do consilium: vt alueum concionum, quæ haberi solent per anni tempora distinctum conficias, & quæ singulis concionibus accomodata tibi occurrant, ea suis locis reponas: sic enim inueniendi, & excogitandi laborem minues, & mentalis orationis exercitationi liberiùs vacabis. At caue tibi à desidia: labore enim improbo opus est. Nam & labore cũcta bona parantur: & exercitatione res faciles redduntur. Hęc modò præstrinximus: postea plura ad hoc genus pertinentia indicabimus.

Sed his etiam omnibus hoc addo: vtile futurum si alienos consulas labores. Neque enim eos damno qui sunt alieno-

CONCIONANDI LIB. IIII.   161

rum operam studiosi,sed eos tantùm qui multam alienarum concionum copiam auidissimè corrogant,& corradût, eaisq;, picarum instar, ore tenus recitãt, nihil planè addentes de suo. Tu ergo ita consule aliena scripta, vt pro tui ingenij,& spiritus, & circunstantiarum ratione, quæ vtilia,& accõmodata tuo instituto sint,ad tuum vsum conuertas. Porrò parùm refert, an aliena hęc opera, manu scripta sint,an typis impressa: dummo dò virum aliquem doctum, & pium habeant auctorem.
Hęc sunt generatim dicta:nunc speciatim ad singulas partes, scilicet ad eam inuentionem, dispositio nem, elocutionem,& actionem, quæ peculiariter concionatori sunt accommodatæ de-
ueniamus.

L   LIBER

LIBER QVINTVS DE SPECIALI, PROPRIOQ. CONCIONANDI GENERE.

Caput I. in quo quid agere velit auctor in hoc libro breuissime proponit.

Ltima huius operis nostri pars restat: in qua de speciali, propriáq. concionandi ratione mihi est dicendum. vt intelligat lector qua ratione conciones quæq. quoad omnes illas quinque partes, Exordium, Narrationẽ, Cõfirmationem, Confutationem, & Epilogum sint excogitandæ, & præterea disponẽdæ, & christiana quadam elocutione, & actione decorandæ. Hoc vt ordine præstem: primùm mihi quot sint concionum genera dicendum est: deinde verò de cuiusq. concionandi generis partibus, deq. Inuentione, Dispositione, Elocutione, & Actione, & etiam si opus fuerit, de Memoria vnicuiq. generi accõmodata, est tractandum.

Cap. II. De diuersis concionum generibus.

Vemadmodum Rhetores orationis partiuntur sta- tū in tria illa celebratissima genera, Demonstratiuũ, Deliberatiuũ, & Iudiciale, vt de singulis speciatim disserant: ita & nos oportet concionum genera distribuere, vt proprijs præceptis vnumquodq. genus illustremus. Sunt in vniuersum genera concionum duo simplicia, & est tertium ex vtroq. mixtum. Primũ genus est, cùm scripturam sacrã perinde ac si in schola eã prælegeremº, populo interpretamur: quod genus familiare, & frequentissimum fuit Patribus nostris: adeo vt ferè omnia scripturarum cõmentaria, quæ nobis scripta reliquere, cõciones ad populum habitæ sint. Qua re non est quòd quis publicũ sacrorũ Bibliorũ professorẽ, hoc nomine in iudicium vocet, quòd ea sæpius discipulos doceat, quæ concionem redolent: immo illum multò magis accuset, qui ea tantùm, quæ Gymnasijs accõmodata sunt, profert in medium, ita 𝑞. auditores sibi in disciplina traditos sere ad erudiendum in scriptura populum reddit inutiles. Si enim juxta sanctos illos Doctores scriptura interpretanda est: cur quæ ipsi tradiderunt, non magister Theologus discipulos docebit suos? Sed institutum prosequamur. Hoc est (vt dico) primum cōcionandi genus: totū Euangeliū quod in Ecclesia canitur, vel Epistolā, seu Lectionem quę Euangeliū antecedit, vel librū aliquem scripturarum, aut illius fragmentū populo explicare.

Alterū genus est, thema vnū tātūm odō tractare. Quod dupliciter fit. Aut enim toto Euāgelio perstricto, vnā tātum ipsius Euangelij propriā tibi eligis sententiā, quā exactiùs & accuratiùs interpreteris, & amplifices, donec integra ubi concio de vno illo subiecto coalnerit: aut locū quēpiā cōmunē tractare instituis; vt d̄ ieiunio, de iuramēto, d̄ castitate, & idgen' ceteris.

Tertium genus est ex vtroq. mistum, quod B. Chrysostomo, & Gregorio Magno sæpe placuit: quo scilicet Euangeliū totū exponentes discurrimus, sed de aliquo vno subiecto, seu (vt dici solet) puncto magis ex professo tractamus.

In hæc tria genera multæ etiā aliæ concionandi formæ redigūtur. Nā interpretari potes vel Orationē dominicā, vel Symbolū, vel salutationē Angelicā: quod prioris generis est, & per tinere etiā potest ad tertiū. Nā Symbolū, Fidei articulos, ac loca quædā cōtinet: itidē & Decē mādata veluti loca quædā sunt; ac similiter cetera quæ in Doctrina Christiana circūferuntur; immò & Sacramēta septē, & vniuersæ quæ in Ecclesia sunt ceremōniæ, ac etiā Traditiones, quæ ad Sacramenta, & ceremonias spectāt. Hęc enim omnia, vt ipsum Tridentinū admonet conciliū, docēdus est populus nōnūquā, ne ea quæ versat igno ret vsquequaq. Quæ quidē omnia in loci alicuius modū tractā da sunt, aut tanquam scientiæ dogmata quędam docenda

Sunt etiā in Ecclesia, Sanctorū historię, de quibus ad populū sancti Ecclesiæ doctores nō sine multa auditorū vtilitate sunt nōnūquā concionati: nō enim vt encomia tātum, sed vt exempla etiā virtutum populo exponebantur, ita vt genus illud dicendi & Deliberatiuum esset, & Demonstratiuum.

L 2   Est

LIBER QVARTVS DE SPE-
CIALIBVS CONCIONATO-
INSTRVMENTIS.

Vm tractatus huius initia auspicaremur, ex Dialectica edocti, huius instituti partes quattuor esse diximus; primam scilicet de fine, alteram de materia, tertiam de officijs, quartam de instrumẽtis: et eam partem quæ de instrumentis est, qua druplicem item fecimus: nimirum, quia inuentionẽ, dispositionẽ, elocutionem, & actionẽ, continet; nisi si vis etiã addere memoriã. Iã verò finẽ concionatoris diximus esse, omnem hominem perfectum reddere, vt diui Pauli nos docet auctoritas. Ad hæc materiam ex qua, diximus esse totam scripturam, non canonicã modo, sed ecclesiasticã, sanctosq. doctores: Materiam de qua, quidquid in scriptura docetur. Materiam circa quam, virtutes omnes, & peccata, atq. præcepta omnia, & consilia: Materiam deniq. in qua, ipsa hominum corda. Præterea officia diximus esse, intellectum & voluntatẽ quoad verum & bonum perficere. Tandem ad instrumenta deuenientes, duplicia esse diximus: scilicet generalia & particularia. De generalibus actũ est: nimirum de præceptis inueniendi, disponendi, eloquendi, & agendi: superest nunc vt de instrumẽtis specialibus disseramus.

Caput. I. quo ostenditur ad concionandum instrumentis tum diuinis, tum humanis opus esse.

Dnotare oportet in primis, concionandi munus, & diuinum esse & humanum. Diuinum esse vel ex eo constat, quòd filius Dei illud tamquam proprium habuerit: vt ipsemet testatur dicens, *In hoc natus sum & in hoc veni in mundum, vt testimonium perhibeam veritati: Et vos vocatis me magister & Domine, & bene dicitis, sum etenim.* Qua de caussa Dominus sæpius testatur, se odio à mundo habitum

Iohan. 18.
Iohan. 13.

CONCIONANDI LIB. III.   159

bitum) quia testimonium de illo perhibebat:& asserit se à Patre *Ioban 1;.*
clarificatum super terrâ : & in monte Thabor Pater de illo di- *Act. 1.*
xit: Ipsum audite. Præterea Christum secun Apostoli hoc sibi *Act. 6.*
iniunctum munus pronuntiaut. Petrus non arbitratur iustum,
se ministrare mensis, vt vacet verbo Dei. Paulus se nõ missum *1. Cor. 1.*
ad Baptizandum sed ad Euangelizandũ profitetur: Vnde hoc *Con. Trid.*
munus proprium Episcoporum est:vt ex beato Paulo, & ex *ses. 5. ca. 2.*
Concilijs, nouissimè verò ex Tridentino constat.
Humanum autẽ esse hoc munus, experimẽta docẽ:nõ enim sine litteris cõmodè peragi potest. Neque verò est quòd audax
quiuis obijciat nobis Apostolos, aut quẽquã ex sanctis:ijs enim
spirit' sancti plenitudo suppedauit quidquid alioqui ex humanis litteris esset petendũ:quãquã neque ij omninò à studijs litterarũ abstinuere. Vos autẽ quibus spiritus sancti abũdantia da
ta nõ est, Patres nostros ecclesiæ sanctæ doctores Græcos &
Latinos habere debemus duces, & auctores : qui certè diuinis
pariter & humanis litteris diligenter studuerunt.
Fit & ex ijs vtriusque generis instrumẽta, diuina scilicet & hu
mana concionatori esse per necessaria. De humanis hactenus
in genere dictum. Diuina autẽ nũc appello sancta, spiritualia, &
quæ scriptura sacra docet:quibus omnibus tũc demũ quis erit
optimè instructus, cũ à Deo ad prædicãdũ vocatus fuerit:Deus
enim indignum non vocat:immò quem vocat, spiritu munit,
& donis necessarijs.

Sũt ergo cõsionatoris arma, omnia virtutũ, sanctarúq, exercitationẽ genera: quibus si destituatur, cũ inermẽ esse militem
est necesse. Rẽ accuratiùs explicemus. De cõcionatoribus Dñs
cõqueritur Hier. 23 *Nõ mittebã Prophetas, & ipsi currebãt:nõ lo-*
quebar ad eos, & ipsi prophetabãt. Expẽde verbu illud, *currebãt* se
rè enim semper qui minùs sunt idonei, auidius expetũt prædi-
cãdi munus. Expẽde irẽ verbũ, *Non loquebar, & ipsi prophetabãt:*   *Hiere 23.*
ex quo colligitur illos nõ rectè prædicare quibus Deus nõ est
locutus:locutus in quã in spiritu per sanctas scripturas. Neq; e-
nim sol' loquitur scripturæ cõ textus, sed per eũ oportet vt i
spiritus sanctus loquatur;alioqui enim etiã hæreticis, & perdi-
K 4   tis

CONCIONANDI LIB. IIII.

crorum librorum professores nimmo non desunt, qui studiũ hoc expugere non vereātur, & Theologos moneāt, vt sancto Thoma cōtenti, nihil præterea requirant. Nam vbi scripturæ locus incidit, facilè putant à quouis posse declarari.
Igitur qui concionator futurus est, scripturas diu multumq́; scrutetur. Nã Iohan.5 scriptũ est: *Scrutamini scripturas.* Et Paul. Timotheum monet, vt attendat lectioni, & orationi. *Iohan. 5*
Rectè autẽ facient Theologi, si ex quo tẽpore Theologiæ opera dare incipiũt, aliquid scripturæ verfent, aliquid meditentur: Inde enim asserit B. Chrysost. se cõcionari nosse, quòd quotidie B. Paulũ manu verfaret. Nõ enim tunc solùm a deũ di sacri libri sunt, cùm prædicādi iam vrget necessitas.
Neque vero hoc cõcionatori satis est, nisi etiã verset Ecclesiæ Patres: sicut scriptũ est Deut.32. *Interroga patrẽ tuũ & annũtiabit tibi, maiores tuos & dicent tibi.* Et Ecclef.8. *Nõ te prætereat narratio seniorũ.* Episcopi enim a Patribus suis didicerũt. Quod & ab initio Ecclesiæ factũ est. Apostoli enim à Christo Dño nõ & ab spiritu sancto didicere, seq́; tres suæ concionatores seu doctores ab Apostolis: atq́; ita per sanctorũ doctorũ tũ Græcorũ tũ Latinorũ man'ad nos vsq́; scripturaru deuenit interprtatio. *Deut. 32.* *Ecclif. 8.*
Deprehēdet huiusce rei testimoniũ, qui sanctorũ doctorũ historias legerit: videbit q́; antiquissimos illos Gregoriũ Naziāzenũ, Basiliũ, Hieronymũ, Augustinũ, ceterosq́; doctores, in doctorũ antiquorũ lectione suisse verfatos. Hæc omnia præstare oportet eum, qui concionari cogitat, dum in scholis versatur.
At vbi cõcio quis cõponẽda sẽpus accesserit, Dẽũ cõsulere debet quid potius predicādum sit, non enim omnia omni loco & tempori & personis conueniunt. Docuit hoc Hiere.23. *Si stetissent in conspectu meo, & nota fecissent populo verba mea, auertissent vtique illum à via mala & à cogitationibus suis pessimis.* *Hiere. 23.*
Inde ergo tam angustus prædicationum fructus, quòd non consulimus Deum, itaq́; ab eo non docemur. Nam certè si consuleremus, haud dubiè ille responderet. Tota enim asserit scriptura, clamantibus præsto esse Dominum. An forte nescit Dominus loqui ad cor? Nonne scriptum est: *Audiam quid loquatur* *Psal. 84.*

remus Christum Dominum, qui cum nullo egeret præsidio; vt nobis exemplum exhiberet, in oratione Dei pernoctabat, & antequã ad prædicandũ prodiret, per quadraginta dies in oratione & ieiunio perseuerauit. Hoc illa Moysis figura docuit: qui cùm iubente Deo manum in sinum immisisset, mox eam leprosam produxit: cumq́; iterum immisisset, protulit sanam. Consideratione enim primùm vitia conspiciuntur, deinde purgantur, ita vt ad summam perueniatur cordis puritatem, & perfectionem. Audeo igitur affirmare, nunquam rectè quem quam concionaturum, nisi hac mentali oratione vtatur.

Iam verò hisce omnibus adiungendus est amor, zelusq́; Dei. Nulla enim subtilior ars, nulla magis ad inueniendum, nulla magis ad tractandum apta, quàm amor. Videre B. Paulum caritate ita accensum, vt anathema esse pro fratribus cuperet. Nã Christi immensam caritatem quid commemorem? Quem quidē zelus comedebat, vt in eijciendis de templo mercatoribus conspicitur. Dauidem autem defectio tenebat, dum Deũ offendi videret.

Rom.9.
Math. 21.
Psal. 118.

Tandem vt paucis multa complectamur, cordis puritatem, & mundiciem inconcionatore nostro requirimus. Nam *Beati mundo corde quoniã ipsi Deum videbunt.* Quod etiã dum hic viuitur (vt B. Augustinus interpretatur) dicere fas est. Nam quò quis corde magis est purus, eò plura & maiora penetrat arcana diuina: perinde atq; qui purioribus est oculis, perspicaciùs videt.

Math. 5.

Sed si quæris, quonam pacto purus redditur intellectus: respondeo; si purus efficiatur affectus. Cum enim voluntas veluti caput sit animæ; vt quæ imperat, quæ formaliter libera est: qualis illa, talem esse intellectum oportet.

Sequitur ergo affectũ intellectus: affectus autem tunc purus est, quando ea quæ pura sunt diligit. Etenim tũc inquinantur res, cùm alijs minus puris admiscentur. Non enim lanea vestis maculatur, si auro eam ornes, at dehonestatur si pãno eam vili inuoluas. Terrena quidem omnia longè minora sunt animo nostro, & cum illo collata prorsus vilia: superna verò animum decorant.

decorant nostrum. Quare qui terrena appetit inquinatur; si modo illa vt terrena sunt, amet: qui verò cælestia diligit, purus animo efficitur. Vnde B. Paulus 1. Cor. 5. *Expurgate*, inquit, *ve tus fermentum, vt sitis noua conspersio, sicut estis azymi* Fermentū massa vetus & corrupta est: massa verò fermentata, siue (quod idē est) cōspersio fermētata, est ea quę veterē sapit Adamū, scilicet carnis cōcupiscētias, ex Adamo illo per originis culpā deriuatas. Ab hoc ergo fermēto dicit Paulus animum nostrū esse purgādū, vt simus massa noua, hoc est animus nouus: quādo quidē sumus azymi, idest nouus populus per baptismū Deo generatus in sanctitate & iustitia. Nam quemadmodū Iudæi durante Paschate, azymos panes, non autem fermentatos edebant: ita cùm pascha nostrum sit ipse Christus pro nobis in cruce oblatus, qui ęternus est sacerdos secundum ordinem Melchisedech, semper durans, semper se offerens: oportet semper nos nouam esse conspersionem, azymosq́. omni fermento carentes. Idipsum docet B. Paulus ad Col. 3 *Expoliantes vos veterem hominem meum actibus suis, & induentes nouum eum, qui renouatur in agnitionem, secūdum imaginem eius qui creauit illum.* Et rursus: *Mortificate ergo membra vestra, quę sunt super terram fornicationī, immunditiam, libidinem, concupiscentiam malā, & auaritiā.*

His addo, vtiliùs tibi nihil vnquam futurum, quam dum cōcionaris sic existimares præsentem adesse Deum, spectareq́; quid cogites, quid agas, quid loquaris. Sed erit simul vehemēter vtile, & tibi vim, efficaciam, & spiritum conciliabit, si inter concionandum & tu iaculatorijs vtaris orationibus, & ab auditoribus postules, vt eisdem vtantur: quod sanctos sæpe fecisse Patres, ex eorum concionibus constat. Nam si Deum habeas pręsentem, illumq́. vel tu ipse, vel medijs auditorum orationibus appelles, duo fient: alterum est, quòd circunspectè procedes, dum coram tanto Principe concionaris: alterum, quòd ad persuadendum vires concipies.

Hęc præstabit concionator, si meminerit perpetuò, se in omnibus quæ ad concionem spectant, à Deo totum pendere; ita vt si faueat Deus, benè concionaturus sit; sin paululùm discedat,

longe

Heb. 7.
Psal. 2.

Col. 3.

CONCIONANDI LIB. IIII.

longè secus. Hac certè in cogitatione velim ego semper concionatorem esse defixum: ita enim fiet, vt semper humilietur, nunquam sibi fidat, nunquam superbiat, sed dominum exorans, attentè, & cum sancta quadam timiditate progrediatur.

Consilia hęc frequentissimè in scripturis docentur, aut insinuantur. vt Psal. 15. *Providebam Dominum in conspectu meo semper.* & Psal. 24. *Ad te Domine leuaui animam meam.* & Psal. 122. *Ad te leuaui oculos meos.* & Iohan. 14. *Sine me nihil potestis facere.* Psal. 15 : 4 & 122. Ioan. 14.

Caput. III. *De specialioribus concionatoris instrumentis, scilicet vitæ exemplo, & oratione.*

A Genus de spiritalibus, & generalibus euangelici concionatoris instrumentis dictum est. His tamen nolim contentum esse concionatorem: sed adhuc specialia quædam, & eadem spiritalia sibi instrumenta requirere. Hæc sunt, vitæ exemplum, & oratio ad Dominum pro populo.

De exemplo affirmare ausim, potissimum esse in concionatore, persuadendi instrumentum. Dixit enim B. Gregorius: *Cuius vita contemnitur, necesse quoq. est, vt eius doctrina contemnatur.* Dixit B. Bernardus. *Tunc dabit voci tuæ vocē virtutis, si quod persuades cognoscéris tibi persuasisse.* Christus concionatores priùs pronunciauit esse salem exemplū, mox autem lucem verbi, & ciuitatem refugij, & consolationis. Et quamuis dicat Dominus: *Omnia ergo quæcunque dixerint vobis seruate & facite: secundum verò opera eorum, nolite facere:* remedium est id quidem contra pernuciem, quam potest, malus concionator inferre; non autem est de concionatore bonum testimonium.

Vnde proh dolor! cùm sæpe accidat, vt integram, & euangelicam vitam à quibusdam concionatoribus requiras: hinc fit, vt eorum etiam prædicationem videas esse parùm euangelicam; voces de lege sonantium, & de ijs, quæ ad salutem prorsùs necessaria

DE SACRA RATIONE

necessaria sunt, potius quàm de euangelio tractantem, & scholasticas potius subtilitates, quàm scripturarum sensu à sanctis Patribus tradita aperientem. Qui enim fieri potest, vt Euangelium non dicam persuadere, sed eius artem prædicandi intelligere is possit, qui Euāgelicā vitam vel respuit, vel contemnit, vel odio habet? Est certè, est hæc funesta, & exitiabilis Reipublicæ Christianæ pestis; quòd cùm Euangelicam vitam non multi concionatores agant, nō multi Euangeliū, sed legē (atq́; vtinam legem exactè, & accuratè) populo Christiano prædicant: quia nimirum quæ ipsi non amant, ab alijs vt amentur nihil curant. Sed his omissis ad orationem venio.

Oportet ergo concionatorem pro auditoribus, & antequā concionetur, & postquam concionatus fuerit Dominum orare. Vtinam, ô concionatores, pro auditoribus, & orationem seriam, & lacrymas funderemus, vt Euangelium, opere, & oratione docentes, intus & extra concionaremur. Christus orauit Iohan. 17. pro discipulis. Paulus verò quando non orat? quando non flecti genua? quando non illud repetit! *Et hoc* *oro, vt caritas vestra magis abundet in scientia, & in omni sensu, vt probetis potiora, vt sitis sincerè, & sine offensa in diem Christi, repleti fructu iustitiæ per Iesum Christum in gloriam, & laudem Dei.* Adeò certè hoc verum est, vt nonnumquam plures filios oratio pariat quàm verbum. Quod sanctissimus ille pauperum patriarcha Franciscus fratres docebat suos, dum eos monebat, ne, quando oratione filios parere poterant, essent admodum de prædicando solliciti.

Sed rogabit quisquam. Si omnia hæc præstitero, semper ne sequetur vtilitas? Sequetur quidem saltem aliqua: vt ex illo Iosue. 55. cap. vulgatissimo satis constat : *Sicut descendit nix, & imber de cælo, & illùc vltra non reuertitur, sed inebriat terram, & infundit in cani & germinare eam facit, & dat semen serenti & panem comedenti: sic erit verbum meum, quod egredietur de ore meo non reuertetur ad me vacuum, sed faciet quæcunq́; volui, & prosperabitur in ijs, ad quæ misi illud.* Ecce si diuini verbi rori vitam niueam coniungat concionator, semper aliquis

sequetur

Iohan. 17.

sequetur fructus Deo præsertim adscribendus. Neq. verò tantùm præsens sequetur fructus: sed etiam futurus: iuxta illud Iohan. 4. *Alius est qui seminat, alius qui metit.* At vterque certè mercedem meßis accipiet. Sed de hoc satis, & fortasse, subtilioris alicuius lectoris iudicio, plus satis: memini enim in lib. 1. cùm de fine concionatoris agerem, hæc eadem me dixisse. Quare hoc mihi vitium condonandum est: fit enim nescio qua ratione, vt imprudens sæpe, atq. adeò inuitus aliqua repetam, dum eorum etiam qui parùm ingenio valent, vtilitati consulo, de mea verò existimatione (Christo Iesu gratias im mortales) nihil penitus laboro.

Iohan. 4.

Sed vt ad rem redeam: omnia quæ recensuimus spiritalia instrumenta, illi principio innituntur, conuersionem peccatorum ad Deum, esse concionatoris finem; huncq̃. à solo Deo pendere, & per ea, quæ Deus docuit media, esse comparandum. Scriptum est enim Mathei. 11. *Nemo nouit filium nisi pater, neq patrem quis nouit, nisi filius, & cui voluerit filius reuelare.* Reuelat autem per Spiritum Sanctum: non enim de alia vlla reuelatione est sermo. Et Iohan. 6. *Nemo venit ad me, nisi Pater traxerit eum.* Trahere autem eo loco nõ coactionem, sed vim, & efficaciam significat: sicut vulgò dicitur, *trahit sua quemq̃. voluptas* Et reuera, si, vt Matth. 12. Scriptum est, bonus homo de bono thesauro cordis sui profert bona, & malus item de malo: si nõ habes in corde cęlestem thesaurum, quid in medium produces? Vtinam non sit tibi cor spurcum, & cœno plenum: cœno inquam humanarum opinionum, & carni placentium. Stagnum enim, nisi aquam habeat puram, & nitidam, certè cœnum habet. Ergo sic statuet aliam esse oratoris, aliam concionatoris personam. Orator bene dicat: cõcionator autem, cooperante spiritu sancto dicat. Vbi dixerit orator, dicat, Dixi: vbi concionator concionem absoluerit, dicat, Dixit Deus. Populus verò applaudens oratori, dicat, Bene dixit: concionatori tamen respondeat, Amen, Deus est ad nos tuo medio alloquutus. Sed de his satis. Arbitror enim cum prudentibus, & cū vocatis à Deo, longiori non esse, opus oratione.

Matth. 11.

Iohan. 6.

Matth. 12.

Cap.

DE SACRA RATIONE

[damaged header lines]

Alii vero *** *** *** *** ***, indicato potissimum ea, quæ visu[illegible] esse experimento comperi.

Habeat primum concionator alueum generalem (farraginem appellare licet) in quo quidquid sit doctrinæ, siue exempli viderit, audierit, legerit, aut ipse sibi excogitarit, reponat; notans rei summam in margine, vt vbi eam requirat, reperire facilè possit. Hic enim alueus cùm primus quidam codex sit, & tamquam aduersaria, vbi statim atq; res veniunt in mentem, reponuntur, ne memoria discedant, ordine scribi non potest.

Hinc secundo potest sibi concionator loca communia conficere: nihil enim occurrere potest, quod in aliquem communem locum non sit reuocandum. Porrò distinguendis locis communibus nullus ordo est aptior, quàm is quem S. Tho. in summa Theologiæ obseruat: certè enim affirmare ausim, iam inde ab initio mundi, aliam præstantiorem methodum non fuisse excogitatam. Hanc ergo sequatur concionator: neq; angatur, si nonnumquam aliquid in locum reuocet non ita ingenio suo accomodatum: itemq; si eandem rem in multis repetat locis. Quid enim inde incommodi, dummodo in prõptu sint ea, quæ vsui aliquando sunt futura?

Tertium tibi do consilium; vt alueum concionum, quæ haberi solent per anni tempora distinctum conficias, & quæ singulis concionibus accomodata tibi occurrant, ea suis locis reponas: sic enim inueniendi, & excogitandi laborem minues, & mentalis orationis exercitationi liberiùs vacabis. At caue tibi à desidia: labore enim improbo opus est. Nam & labore cũcta bona parantur; & exercitatione res faciles redduntur. Hæc modò præstrinximus: postea plura ad hoc genus pertinentia indicabimus.

Sed his etiam omnibus hoc addo: vtile futurum si alienos consulas labores. Neque enim eos damno qui sunt alienorum

rum operum studiosi, sed eos tantùm qui multam alienarum
concionum copiam auidissimè corrogant, & corradūt, easq́;
picarum instar, ore tenus recitāt, nihil planè addentes de suo.
Tu ergo ita consule aliena scripta, vt pro tui ingenij, & spiritus,
& circunstantiarum ratione, quæ vtilia, & accōmodata tuo in
stituto sint, ad tuum vsum conuertas. Porrò parùm refert, an
aliena hęc opera, manu scripta sint, an typis impressa: dummo
dò virum aliquem doctum, & pium habeant auctorem.

Hęc sunt generatim dicta: nunc speciatim ad singulas
partes, scilicet ad eam inuentionem, dispositio
nem, elocutionem, & actionem, quæ
peculiariter concionatori sunt
accommodatæ de-
ueniamus.

L LIBER

CONCIONANDI LIB. V.   173

medium, itaq; auditores sibi in disciplina traditos, ferè ad erudiendum in scriptura populum reddit inutiles. Si enim juxta sanctos illos Doctores scriptura interpretanda est: cur quæ ipsi tradiderunt, non magister Theologus discipulos docebit suos? Sed in stitutum prosequamur. Hoc est (vt dico) primum cocionandi genus: totu Euangeliu quod in Ecclesia canitur, vel Epistola, seu Lectionem quę Euangeliu antecedit, vel librū aliquem scripturarum, aut illius fragmentū populo explicare.
    Alteru genus est, thema vnū tātum odò tractare. Quod dupliciter fit. Aut enim toto Euagelio perlustricto, vna tatum ipsius Euangelij propriā tibi eligis sentētiā, quā exactiùs & accuratiùs interpreteris, & amplifices, donec integra tibi concio de vno illo subiecto coaluerit: aut locū qui piā cōmunē tractare instituis, vt d iciunio, de iuramēto, d castitate, & idgen° ceteris.
    Ternum genus est ex vtroq; mistum, quod B. Chrysostomo, & Gregorio Magno sæpè placuit : quo scilicet Euangeliū totū exponentes discurrimus, sed de aliquo vno subiecto, seu (vt dici solet) puncto magis ex professo tractamus.
    In hæc tria genera multæ etiā aliæ concionandi formæ rediguntur. Nā interpretari potes vel Orationē dominicā, vel Symbolū, vel salutationē Angelicā: quod prioris generis est, & per tinere etiā potest ad tertiū. Nā Symbolū, Fidei articulos, ac loca quædā cōtinet: itidē & Decē mādata veluti loca quædā sunt; ac similiter cetera quæ in Doctrina Christiana circūferuntur; im mò & Sacramēta septē, & vniuersæ quæ in Ecclesia sunt ceremoniæ, ac etiā Traditiones, quæ ad Sacramenta, & ceremonias spectāt. Hęc enim omnia, vt ipsum Tridentinū admonet concilium, docēdus est populus nōnūquā, ne ea quæ versat igno ret vsquequaq. Quæ quidē omnia in loci alicuius modū tractā da sunt, aut tanquam scientiæ dogmata quędam docenda
    Sunt etiā in Ecclesia, Sanctoru historię, de quibus ad populū sancti Ecclesiæ doctores nō sine multa auditorū vtilitate sunt nōnūquā concionati: nō enim vt encomia tātūm, sed vt exem pla etiā virtutum populo exponebantur, ita vt genus illud dicendi & Deliberatiuum esset, & Demonstratiuum.

L 2   Est

Est præter hæc omnia, cōcionis genus quoddam nobilissimū & vtilissimum, quo Ecclesiæ spiritus iuxta temporum diuersitatem docetur. Quod quidem doctrinæ genus cetera omnia complecti, ijsq́; omnibus lumen accendere solet. De singulis ergo hisce generibus nobis ordine est dicendum.

CAP. III. De primo concionandi genere, quo in Homiliæ modum Scriptura exponitur.

Bipartitum est primū hoc cōcionādi genus. Nam vel singulas Euangelij sententias, nulla cōnexionis ratione habita, exponimus: vel eas continuo aliquo ductu teximus. Primum illud genus Patribus Sanctis placuit: simplicem enim dicendi rationem, nihil habentem artificij, vetustiores amplectebantur magis: atq. ita veluti infalutato hospite (tametsi facta primùm oratione) contextum exponere aggrediebantur. Exempli gratia. In lectione Euangelij ex Lucæ 6. cap. quæ sic se habet. *Estote misericordes* &c. Dominus noster misericordiam summè commendat, monens nos, vt desolatos consolemur, pauperibus subueniamus, alia demiq. misericordiæ opera præstemus. His addebant Patres antiqui, quæ ad hanc extollendam, & persuadendam virtutem excogitarant. Deinde ad sequentia, nulla obseruata methodi ratione, pergebant in hunc modum. Sequitur in Euangelio: *Nolite iudicare.* &c. Hoc in sanctorū Patrum homilijs, cōcionibusue facile est videre.

Lucæ.6.

Est quidē hoc dicendi genus parùm difficile: nō enim vlla requirit methodū. Sed nostra hac tēpestate abiq; exordiolo aliquo sic cōcionari nōest in vsu: quàquā nō ignoro, esse viros doctos, qui prætermisso exordio, auditores tātùmodò admoneāt, vt gratiā precātes, ad sacrā Virginē oratione cōfugiāt. Per me licet cuiq. in hoc genere quod maluerit: nam si neq. exordio, neq. epilogo, sed sola narratione, expositioneq́; vtatur, intermiscens tamen confirmationes, & confutationes non nullas; non improbo.

Sed si exordiū facere quis velit in hoc toto primo, & in mi ñor cōcionādi genere: vel habeat in prōptu exordia cōmunia,

CONCIONANDI LIB. V.

e vel (quod melius est) surget Jesus in se Euangelio, praedicando de promptu Ex omnibus istis, in Euangelio, quod in Beatae M. Virginis Magdalenae festo legitur, exordium ducetur. Quis est nobis hodie in Euangelio oriturus, si non, Deo auxiliante, possumus, compunctior nos ideo habituri, ex eximium misericordiae Christi Domini nostri in Mariam Magdalenam Pharisaeus perperam interpretatus est, ...Christus Dominus male iudicauit: quia nimirum, nisi magis se ipsum, & ...erga res diuinas affectus ... in quibus summa laus inest, deformia, ... iudicamus. Quis ergo non sibi cauet? ... qua a Deo obuium grauiter ... qua in rebus sacris, recte ...? Quod cum in omni opere bono facere oporteat: tunc praecipue tunc hodie accessurum, quando id ipsum se ... standum, in quo Pharisaei ille turpiter caligauit.

Vbi vero exordium factum erit, non debemus ex abrupto prosilire in Euangelicam expositionem, ... sed narrationem ... Euangelicam, quae exponenda est, ... siue totius ... Euangelij totius (scopo prae... ex aliqua parte quae praesenti tempori magis congruat) quam ...

Post. Si Euangelium, pars sit alicuius capitis, aut etiam inferius, quod tamen a superiori capite pendeat; facillima est narratio, qua lectio ... Doctores saepe facere solent, in se sicut apud ... laborarunt, Patrum vestigijs, & doctrinis insistentes. Exempli causa, in Euangelio IIIo Dominicae quartae post Pascha, Iohan. 16. Vado ad eum qui misit me: cum multa de apparitionum tribulatione Dominus discipulos docuisset suos, consolatur illos dicens, ut mortem ipsius supra pium recensibus, quidem tristitia repleti sunt. Tunc ergo Dominus, ut illos tristes consolaretur, ita fatus est: ... Vado ad eum qui misit me. Quasi dicat, cum ad Patrem me ... sim, nec me pro tempore, ... & ... plurigens, tandem ... non est quod vobis interrogat me quo vadam? ... cum spero te id vobis explicuero, consolemini, scientes quid sum apud Patrem oraturus pro vobis acturus? Sed antecedentibus huius ...
... in prophetico exordio commoratur.

Iohan. 16

DE SACRA RATIONE

Euangelium (quod tamē ferè nusquam accidit) si sancti Patres atque Doctores, quos citaui, consulantur: tunc oportet Euangelium consulere, & quorsum præcipuè tendat, vel totius, vel præcipuæ partis spiritus, scrutari; vt ab eo narratio petatur. Exemplum esse potest in Euangelio resurrectionis Lazari, vbi potest à narratiuncula initium peti, in hunc modum. Spiritus Ecclesiæ hoc loco est, docere qua ratione exsuscitet Dominus fideles suos in peccatis de mortuos: qui per Lazarum, alioqui Domini amicum, significantur. Nam vt Lazarus amici speciē habebat, sanctarumq́; sororum erat frater: ita Christianus Dei amicus dicitur propter fidem, & propter Christum, cuius est membrū, habetq́; sorores animas pias, actiuæ, & contemplatiuæ vitæ deditas. Hic ergo Lazarus, absente Domino, hoc est, absente Dei gratia, ægrotat quidem, hoc est tentatione pulsatur: moritur, hoc est in peccata incidit: sed redeunte tamen Domino, & vocante, reuiuiscit.

Iam verò facta narratiuncula, facilè est, paraphrasi Euangelium explicare, singulas partes exponendo: ita tamen, vt excursus ubi aliquos facias, in quibus, vel indigressionis modestia damnans, & virtutes extollens, confirmatione, & confutatione, quæ à concionibus numquam abesse debent, pro tua prudentia vtaris. Vt in Euangelio eiusdem Lazari *Erat quidam languens Lazarus &c.* Lazarus hic peccatorem significat Lazarus enim idem est, quòd ille cui auxilio est Deus; Christianus verò, si velit, habet semper Deum auxiliatorem. Deinde hic est in Bethania, quæ est domus obedientiæ: nam in Catholica est Ecclesia, eius capiti subiectus. Porrò sorores habet duas, scilicet congregationes Christianas, vitā actiuam, & contēplatiuā agentes. Deniq́; infirmatur dum incipit iam arctiorē vitā ægrè ferre, corpori indulgere, terrenis delectari, cælestia respuere.

Ia hoc autē concionādi modo vehemēter cauendum, ne cōgeras ex concordantijs, vel aliunde, testimonia multa: sed ea tantùm adferas, vt mox dicemus, quæ accommodata sint, & quæ exponi sine tædio facilè possint.

De Epilogo ferè idem, quod de Exordio iudicium: quamquam magis est necessarius in quauis concione epilogus quā

CONCIONANDI LIB. V.

exordium: valde enim & arridet, & vtile est populo, referre ex
ijs quae dixeris praecipua, illaq́; denuò suadere. At vero epilogus
perbreuis esto: immo & ferè sine arte. Vix enim eius rationem
conficiendi possum certis vllis praeceptis comprehendere: nisi fortè vnum quiddam ex multis, quae dicta sunt potissimum
eligatur, vt iuxta epilogi leges tractetur. Obsecro lectorem, ne
minutula quaeq́; etiam in artem redigi, & certis praeceptis cō-
prehēdi velit. Hoc enim prolixū magis esset quàm vtile. Qua
re exēpla nunc possunt esse vice praeceptorum.

Ecce ergo vnius, aut alterius epilogi exēplū Lazari Euāgeliū
in fine vsq́; prosecutur es: mox si vis vnū quiddā ex ijs quae Euā
gelio continētur Epilogo cōprehendere, accipe Lazari suscita
tionē. Exempli gratia. Audistis, auditores, hominē quatriduanū
à Domino suscitatum. quare nemo desperet: licut enim in rebus hisce externis, ita & in spiritualibus nihil est Deo impossibile. Ergo quantumuis sis peccator miserrimus, cùm suscitare
te possit Dominus, ne tu ei vocanti resistas. Ecce ergo te modò vocat, scilicet ego illius nomine nū dico, Lazare peccator
egredere de profundo, & vetusto peccatorum sepulchro, in
quo iacuisti miser, & veni iam ad lucem Christi Iesu. Adest ti
bi Dominus praesto est, vt te adiuuet. Si ergo non potes surgere, saltē sede, siste, desidera surgere, propera ad confessarium,
abi ad pios qui te adiuuent, vt à peccatorum periculis, occasio
nibus, omnibusq́; id genus liguminibus expediaris, &c.

Sed ecce Epilogū alterū, qui totā cōplectitur Euāgelij historiā.
Diximus Auditores peccatorē languere, vbi coepetit negligere
Dei obsequiū: mox mori per peccatū: praeterea in mortuory
sarcophago tūc inuolui, cū peccatores externis in rebus inuta
tur: deinde duci ad sepulchrū, vbi nō quod ipse vult, sed quod
inimici illius volūt, operatur: ad hec in terrā abdi, vbi Dei oblitus, petra obduratiōnis concluditur, & tandē per malum exem
plum fetet. Sed diximus tamen, spem esse resurgendi, reli-
quam si sorores, hoc est bonae animae Dominū orēt pro illo.
Dūs enim misericors, etiam lachrymis testaturus est, quā aegrē
peccatoris mortem ferat. Quare ipse ad sepulchrū obuio, nis

DE SACRA RATIONE

properat,tollit duritien.,vocat,excitat,eripit à morte peccato rem,iubet eum sancto innitentem proposito sedere, ac tandẽ per sacramenta gratiam ei præbet,& gloriam.

In illo concionandi genere,quod in homiliæ modum nulla connexionis habita ratione fit,dictum est satis de Exordio, Narratione,&Epilogo, ac simul de Cõfirmatione, & cõfutatione. Cõfirmatio enim,& cõfutatio in singulis partibus facienda est p breuis. Illud autẽ experimẽto edoctus hac in re conciona torem admoneo,si hac ratione interpretandum illi sit Euange lium,nisi velit esse prolixus nimis, aut ad ostentationem magis,quam ad auditorum vtilitatem concionari, eligenda esse illi,& proponenda tria, aut quattuor loca, In quibus potius pro temporis ratione immoretur, & quæ potissimùm confirmatione,& confutatione perbreui illustret; ita vt doceat, & moueat, ac tandem perbreui epilogo concludat. Exempli gratia; cùm vastum sit Lazari mortui euangelium, proponerem ego explicanda mihi esse, quæ videantur magis vtilia. Primùm illud; absente Christo ægrotare Lazarum. vbi persuaderem Christũ semper ob oculos habendum; nullum enim esse maius malũ, quàm ab eo vel tantillùm discedere. Hæc esset confirmatio, & confutatio. Narratio esset: magni momenti esse Deum scim per in oculis ferre. Epilogus tandem esset huiusmodi. Quare si viuere vultis habetote Deum præsentem &c. Alter locus esset. *Lachrimatus est Iesus.* Tertius: Lazare veni foras. Quartus, Cetera in Narrationis modum breui transcurre rem.

Hoc faciet concionator si laudis appetitu non feratur, sed animarum tantummodò salutem spectet. Nam si laudis cupidus sit, placebit illi magis ea concionandi ratio, qua ingens rerum copia similibus, figuris, & allegationibus prope inhumeris decorata congeritur; hæc enim arrident auditoribus, cùm aures demulceant, peccata verò nec attingant quidẽ, ac tandem persuadeant nihil: quod tamen vt ex Con. Tridenti. constat, præcipuum, immò totum deberet esse concionatoris officium.

Sess. 5. c. 2.

Inuen

Inuentio in hoc concionandi genere, sanctorum Patrum lectio est, ipsiusq́; concionatoris meditatio, & oratio, & cū Deo consultatio. Cùm enim concionis hoc genus in sanctarū scripturarum expositione versetur; nullam habet aliam inuentionem, quàm ipsarum scripturarum intelligentiam, spiritum, & scopum proprium: sicut neque aliam dispositionem habet, quàm ipsius seriem contextus.

Elocutionem verò, & actionem in hoc genere modestam esse oportet, ac docendi generi accommodatam. Nam scripturas sanctas, quæ grauissimæ sunt, qui interpretatur, sanctè, & grauiter, & sine fuco loquitur; & sanctè item, ac grauiter agit, vt debitam in omnibus proportionem seruet. Loquitur inquam, & agit, ita vt Dominum loquutum fuisse, & egisse, mente contempletur. Nam cuius refert verba, eū in omnibus, quo ad fieri possit, referre, & repræsentare nititur. Sed caueat tamen concionator, ne veluti narrationem continuam faciat, & vnisonam: non enim hac ratione vel mouebit, vel persuadebit. Quare oportet sæpe increpatione, & confutatione, agere, & loqui acrius, & vehementius.

Item, vt paulo antea insinuauimus, caueat sibi quoq; concionator in hoc concionandi genere, à prolixitatis, vel concitationis vitio. Si enim cunctas Euangelij partes diligentissimè explicare velit, multum requiritur temporis, aut certè concitatis gressibus progredi necessarium est: quorum primum non fert populus, alterum verò indecorum est, & obstat sacri verbi grauitati, & efficaciæ. Igitur iuxta Euangelij magnitudinem, aut materiam, vel singula loca reddus illustranda sunt, adiunctis aliquot scripturæ testimonijs in singulorum illustrationem, & confirmationem: vel eligenda sunt, vel dicebam, duo vel tria loca, illaq́; confirmatione, & confutatione tractanda. Nihil enim seriò tractari benè poterit, quod non probetur, & defendatur. His tamen & exordiosa, & quàm breuissimos epilogos addere, vtile est, & pulchrum.

Caput.

DE SACRA RATIONE

Caput IIII. Qua ratione in hoc primo concionandi genere nectere possis omnes Euangelij partes.

Possunt adhuc hoc loco lectores requirere, quid faciendum sit, si velit concionator omnes Euangelij partes conectere. Duobus enim modis, vt supra diximus, interpretari Euangelij in hominibus modum possumus: scilicet vel ex vno loco in alterum, nulla nexus habita ratione progrediemur, ex quod multi non inepte faciunt, seceruntq́ue. Sæpe S. Aug. vel (quod difficilius est) nectentes Euangelij partes, quod & veteres Sancti fecerunt nonnunquam, & ex recentibus doctoribus Caietanus, & Iansenius.

Si quisquam igitur Euangelij nectere velit partes, perpendat an Euangelium historiam aliquam narret, an verò doctrinam aliquam contineat. Si historiam narrat, ad historiæ modum componenda est concio, re ita figurata vt contingit: Quod præstari rectè potest, si attentè mediteris, quæ gesta sint. Exempli causa in illa opulentis diuitis historia, meditare, & perpende, quæ sunt in diuitum domibus. Nimirum, ibi nulla egestas, sed summa rerum omnium affluentia: ibi nullus labor, sed otium & lusus: ibi nulla alia cura, quàm vt sibi electi, & præclarè condiri sint, potus frigidus, lectus pulchrè stratus, & mollis: denique ibi omnia diuitibus ad voluntatem fluunt, diuini verò obsequij nulla est omnino cura. Præterea in historia illa euangelica, de fratribus dextram & sinistram interposita matre, petentibus, meditare eos ad fuisse conuenit: de Cruce, & Resurrectione, & sicut non intellexerant ea, quæ de Cruce dicebantur, ita neque, qualis futura esset Domini resurrectio, & Triumphus rectè percepisse: imò temporaliter tantùm cum regnaturum existimasse, itaque statum appetijsse principa-

CONCIONANDI LIB. IV.

cipatū, ægrè ferētes, si vel ipse Petrus eis præponeretur. Quod cùm per se ipsi à Domino petere non auderent, matrem inter ponunt: quæ vti mater humana, filiorum amore commota, Christum adire ausa est.

Ad hanc autem rem, sicut ad omnia etiam alia, sic habetote: primùm orationem, lectionem, & assiduum laborem plurimū prodesse, deinde vsu, & exercitatione habitum comparari. Quod ad lectionem attinet, non modò si historias sacras, sed si humanas etiam verteritis quæ pietatem redolent, (...) disceris Euangelicas historias graphicè describere. Vbi (...) cauendum est, ne quidquam histrionicum faciatis: nam (...) semper dicendum grauiter (...) quia à Poëtis petuntur, dedecet (...)

Iam verò si Euangelium historiam non (...) sed doctrinam contineat vel prolepsibus, vel præsumptionibus vti, est valdè vtile, an etiam causam (...) pars sequens priori addenda fuerit, inuestigare.

Exemplū esto illud Ioh. (...) *Iohan. 3.*
suum vnigenitū daret. Vbi mox sequitur (...)
suum vt iudicet mundum. Ibi enim prolepsi respondere videtur. Nam cùm dixisset filium Dei in salutem hominum datum: obijcere poterat quisquam ipsum Deum esse, de quo scriptū est Psal. 49. Deus manifestè veniet (...) Et *Psal. 49.*
item apud Paulum: Ipse (...) mortuo- *Malac. 3.*
rum: Et Malach. 3. Ecce ego mitto angelum meum (...). Et paulò inferiùs, Et ecce veniet. Quæ omnia respondet Dominus de secundo aduentu esse accipienda, quando scilicet venturus est cum maiestate iudicare viuos, & mortuos: in hoc autem primo aduentu missum esse non vt iudicet mundum, sed vt saluetur mundus per ipsum. Item Lucæ. (...) Dominus nos *Luc. 11.*
moneat vt à Patre petamus, impetraturi haud dubiè, si in nomine Christi petierimus: si roges quid petendum sit, & quæ possit esse adipiscendi spes, respondet Dominus hoc

modo -

cant,fiet,vt nos etiam vna cum ijs,in peccati foueam incidamus. Quod vbi ſtatuit Dominus ; de illis etiam magis diſſerit, qui quaſi ſapientiores ſint diuina lege , meliorem ſe iactāt docere doctrinam, quàm quę in Euangelio,& in Chriſti exem plo continetur:itaq; ſubdit, *Non eſt diſcipulus ſupra magiſtrum.* Ac tandem cùm totus hic de caritate ſermo ſit; redit Domi‹ nus ad caritatis fundamentum, ſcilicet humilitatem : nēpe, vt ne noſtram ipſi miſeriam ignoremus, ſed noſtra opera acura tè perpendamus; longe ſecus atque illi, qui cùm trabem in ſuo oculo non videant, in alieno tamen vident feſtucam. Sed de his ſatis.

Caput. V. *De ſecundo concionandi genere.*

Ille ſecundus erat concionandi modus, qui circa v‑ num tantummodò euangelij locū præ ceteris om‑ nibus electū verſatur. Scio equidem eum qui in ho miliæ modum fit, nonnullis eſſe gratiorem : nā cùm rerum uouarū cupidi ſint, eū audiunt cōcionatorē libentiùs, qui alia, atq. alia cōgerens, & accumulans, ambitioſè progredi tur. Sed hi certè homines ex illorū numero ſunt, qui recreatio nis tantùm gratia, aut vt acutuli videantur, frequētes concio‑ nibus adſunt; qui tamē à vera ingenij, & iudicij laude longiſſi‑ mè diſtant. Primùm enim, cùm exiguū ſermonis horæ ſpatium, neceſſe eſt, vt dū nimis multa materiæ officionator perluſtrat, de nulla ſeriò tractet:itaq; nulla ſatis auditoribus perſuadeat. Præterea dubium non eſt, quin Dialectica, & Oratoria virtus in eo maximè dicendi genere eluceant, quo quis vnam quan‑ dam rem artificioſè proponit, explicat, adſtruit, defendit , pro pugnat. Equidem inuitus dico, ſignum eſſe hominis ambitioſi, neque ſatis docti, ſi quis hac concionandi ratione reiecta , illā vt omnium optimam amplectatur, qualicet multa congere‑ re, & hæc, illa, nullo cum ordine diſcurrere. Hanc enim rudē & informem multarum rerum congeriem, plebs rudis & artis ignara ita miratur, vt concionatorem veluti hominem va‑ nè doctum ſuſpiciat, & ad cælum eum ſtollat: cùm tamen is reue‑

ra hoc

DE SACRA RATIONE

ra hoc concionandi modo, tamquam omnium facillimo, v-
tatur, quippe quia facillimum est cuiuis vel mediocriter erudi
to, mirabilia multa, quæ ex sanctis doctoribus, & plerumque
ex quibusdam manuscriptis concionibus aude conquirun-
tur, nulla methodi, aut amplificationis lege seruata in mediū
producere. Quibus & hoc accedit quòd sunt nonnulli, qui
dum hanc multiplicem materiæ copiam sufficiant, sæpe quauis arrepta occasione, extra Euangelium digrediuntur, & inti
to ipso uel euangelio, ea quæ ipsi sibi comminiscuntur, in eo
contineri volunt. Hæc ergo vitatincommoda qui hanc secundam concionandi rationem obseruat: quam & obseruarunt Apostoli, vt ex concionibus Beati Petri, & Beati Pauli in
Apostolorum actibus, colligitur; & obseruarunt Augustinus
Chrysostomus, Gregorius, Basilius, & alij, qui homiliam ita cō
texerunt, vt in vno tamen potissimum subiecto versentur,
& obseruant hodie quotquot sunt verè pij, vereq. docti concionatores.

Hic verò adnotandum est duplicem esse hunc secundum
concionādi modum. Alius enim est, qui ordine scholastico siue (vt ita dicam) mathematico proceditr hoc est sumus quibus
dam principijs, vt ab ijs tamquam à generalioribus, & magis
perspicuis, ad rē ipsam de qua sumus acturi, deueniamus. Exēpli causa, si locum illum, nisi interpretari. Vsque modo non petistis quidquam: potest esse primus modus huiusmodi. Sunt
quædam res magni momenti, & sunt quædam præterea viles.
Quæ viles sunt, cōtemnendæ sunt; contra verò quæ sunt magni momenti, summis laboribus, & impensis comparandæ. Præ
terea sunt in vniuersum genera rerum duo; scilicet corporales, & spirituales. Corporales viles sunt, spirtuales verò pretiosæ.
Singula ex his membris sunt concionatori amplificanda, &
persuadenda, vt hinc mox colligat, eos qui corporalia pe
tunt à Domino, nihil petere, quia res petunt nihili, itaque re
ctè in eos conuenit verba hæc. Vsque modo non petistis quidquam.

Ioan. 16.

Alter

CONCIONANDI LIB. V.   175

Alter modus est, quo subiectum id quod præ cæteris elegerimus, oratoria methodo, hoc est narratione, confirmatione, & confutatione pertractamus. Veluti si eundem locum, quem superius adduximus, enarraremus in hunc modum. Multo tempore iam Apostolicū Christo conuersati fuerãt, multaq́; ab eo de regno cælorū, deq́; vera sanctitate audierant: tamen nunquã serio & verè cæleste illam spiritum, in quo terrenarum rerum despicientia, & diuinarum amor, & vitæ denique puritas consistit, ab eo nec erant: tametsi semel ad exemplum discipulorum Ioannis Baptistæ, copiosius de oratione doceri curassent. Christus ergo ad Patrem abiturus, discipulos increpat, & monet. Increpat quidem illis verbis, *Vsque modo non petiistis quid quam*, quia nihil dignum quod peteretur, a Domino petierant: monet verò illis verbis, *Petite & accipietis*. Hæc concionator augere & amplificare docet, ita dem auditoribus, vt diuinum spiritum à Domino petant, & reprehendens acriter humanarum rerum amatores, qui, brutorum instar, humi repunt, & de hoc cælesti dono, quo apud Deo assimilamur, nihil penitus laborant.

Ceterùm in hoc concionandi genere nonnihil inest periculi, vbi de vno in alium Euangelij locum excurris. Cauere tenim debes, ne dum hoc facis, à proposito thematis diuertas? Spectare enim omnia ad vnum scopum debent. Scopus autē his, potissimùm esse debet Ecclesiæ spiritalis ratio.

Sed si quæras quo pacto in omni Euangelio spiritus Ecclesiæ deprehendi possit, respondeo editos esse de hac re libros per plures: ex quibus mihi tantùm videre licuit Rationale, & Petrum Darocensem, & alium quendam Beletum. Sumus enim hac in parte Hispani nonnihil infælices, quòd nec nomina quidem audiamus plurium librorum, quibus aliæ nationes fruuntur, vt videre licet in viris illis grauissimis, qui, hæreticos prosternunt.

Sed indicabo pro mea tenuitate quis sit in quibusdam anni temporibus spiritus generatim, vt suo marte sibi lector id accuratius.

rariùs, & specialiùs deprehendat. In Aduentu apertè disponimur ad Christi natiuitatem: & huc omnia tendunt Euangelia, modò timore deterrétia, modò salutem indicantia. A Septuagesima, vsq; ad Dominicam in passione, ad celebrãdam Christi passionem præparamur. De hinc ad Resurrectionem Christi, tota in passione ipsa interna & externa, atq; item in Resurrectione celebranda posita est Ecclesia. Ab octaua Resurrectionis vsq; ad Ascensionem, de primordijs Ecclesiæ, siue de illius ædificatione, aut constitutione docemur; & vt spiritu ascendamus cum Christo in cœlum, inuitamur. Ab Ascensione ad Pentecosten, expectare spiritum sanctum iubemur. Mox absoluitur fides per Trinitatis mysterium, & credentibus datur cibus, vt iter agere in cœlum possint. Deniq; vsque ad Aduentum, status Ecclesiæ Christianæ indicatur.

Sed si vis speciatim cuiusq; diei spiritum intelligere, vide particularem diei orationem, & item præfationem, si habeat dies, ille propriam. Hæc enim si cum generali illo spiritu, quẽ tradidimus, contuleris, facilè spiritum colliges cuiusq; Euangelij particularem. Quem vbi collegeris, curandum est diligenter, vt in hunc tota concio scopum intueatur. Quòd non ideò à me dicitur, quòd alia quædam, quæ ad exponendum Ecclesiæ spiritum non pertinent, omninò dicere prohibeam: Sed ideò tàtum, quòd vnus hic debet esse concionis status, cui aptè inserantur, & accõmodentur ea, quæ pro varia circunstantiarum ratione, aliunde se offerunt dicenda.

Caput. VI. De tertio concionandi genere.

Ertius concionandi modus in hoc differt à secũdo, quòd secũdus ex professo vnum quendam locum suscipit pertractandum; tertius verò dum totum Euangelium percurrit, vnum illum locum, veluti facta quadam digressione, pertractat, prout loci, temporis, personarum, aut vitiorum, quæ magis in ciuitate vigent, ratio postulat.

Igitur

Igitur si quę sunt vitia insignia, quę ciuitatem, in qua concionator versatur, potissimum infestant, decet cum, ut ypote vir sanctum, & doctum, quauis arrepta occasione aduersus ea fortiter pugnare. Quod etiam faciendum est ubi, ad certos quosdam auditores dicitur, qui vel alíquo vitio laborent, vel aliqua virtute vehementer necessaria careant. Id tamen prudenter facere oportet, & ut Beat. Paul. ait, in omni patientia, & doctrina.   *2.Thim.4.*

Nullum autem Euangelium est, quod hac non possit concionatoribus occasionem offerre. Nam exempli causa si explicandum sit illud Euangelium, *Vos estis sal terrę*, possumus dicere Christianos homines salem esse, debere, itaq; deplorandam   *Matth.5.* esse calamitatem quorumdam pestem, qui non modo salsi non sunt, sed perdita suę vitę exemplo, sanctum nomen Domini faciunt blasphemari. Item si exponendum sit Euangelium illud, *Vsq; modo in nomine meo non petistis quicquam*: pulchra se offert occasio ad multa pertractanda. Nam aduersus hominem nimis iurantem, sic agere possumus: Quid tu in eo nomine petis, cui iniuriam infers? Item aduersus procacem & & obscœnum: Cur tu impurus & fœtidus Dominum adis peuturus? Item aduersus auarum: Cur tu peuturus non das? Item contra eum qui vindictam agit: Cur tu misericordiam precaturus ab alteri ignoscis? Deniq; hoc concionandi genus in Bea. Augustino, & Chrysostomo, maximis post Apostolos Ecclesię concionatoribus est conspicuum: nulli enim, idest, necessaria exagitanda, quibus vastari maxime Christianam rempublicam conspiciebant, nulla fere occasione digrediebantur.

Ad hunc tertium concionandi modum, seu, si mauis, ad primum, poteris reuocare pulchrum illum, & vtilem, quo variae Euangelij partes ita connectuntur, ut ubi mutuo respondeant, & veluti mutuum communem locum conficiant. Solitus, Euangelij praesertim parabolam, aut historiam partibus apte conuenit. Exemplum sit in Euangelio nauiculę, in quo docetur qua ratione Dominus suos probet, aut exerceat amicos. Ascendit enim eos in nauiculam tantum, & transgredi cogit mare tribulationis: in quo cùm tentationũ tẽpestates ortæ sunt; ipse quidẽ ita dormit, vt eos videatur quodámodo deseruisse. Dormit, inquã, in puppi, hoc est longè ab ijs remot⁹: dormit decũbẽsceruicali, quasi arctiori sõno corrept⁹, & nõ ci to surrectur⁹: sed surgit tamen aliquando, & tẽpestates sedat.

Porro parabola in hunc modum exposita, præclaros quosdam, & pios sensus subministrat. vt si in euãgelio quod in festis Pontificum canitur de lucerna non posita sub modio, explices quę sit lucerna, quis sit modius, quid sit poni super candelabrũ. Hæc, vt puto, ad hanc tertiam rationem concionandi intelligẽdam, exempla sufficiunt.

Cap. VII. De dispositionis partibus in secundo & tertio concionandi genere seruandis.

EX superioribus apparet tres potissimum in secundo & tertio concionandi genere speciales modos cõprehendi. Primus est, cum vnus tantum Euãgelij proprius locus tractatur & amplificatur: secundus, cum locus quidam communis ex Euangelio depromptus, veluti ã aliqua virtute, aut vitio ex professo percurritur. Tertius cùm hoc ipsum non ex professo, sed in digressionis modum aliunde sumpta occasione fit.

Ex his trũbus modis, secundus & tertius, quoad confirmatiõnem, & confutationem nihil differunt: vterq. enim communibus inuentionis, & dispositionis regulis tractandus est.

Idem, quoad epilogum, prorsus est dicendum. vnus enim in vtroq. illo modo est scopus, qui epilogo comprehendatur.

At quòd ad narationem attinet, diuersa est ratio. Nam vbi locus communis per digressionem, sumpta aliunde occasione tractatur, narratio fere nulla est facienda, sed occasio solum insinuãda. Vt si percurrens quis Euangelium illud, *Vos estis sal terræ*, vellet sacerdotibus orationem mentalẽ, & lectionẽ sanctam persuadere; posset ostẽdere in primis breuiter, oportere sacerdotes esse salem terræ, lucem positã super candelabrum, & ciuitatẽ in monte: deinde verò posset suum aggredi institutũ

dicẽ

dicens necessarium ad hæc omnia esse, vt orationi, & lectioni sacerdotes sedulā operam impendant: certè enim hæc duo pariunt cognitionē, & ex consequenti amorem: itaq́; pariunt vitam primùm immaculatam, quæ est sal; deinde doctrinā, quæ est lux; deniq. caritatem, quæ ciuitas est, atque refugium. At cōtrà, si tantorū bonorū semina sacerdotes negligant, quidnam erunt? non quidem sal, sed terra: non lux, sed tenebræ: non denique ciuitas in monte posita, sed barathrum. Ecce in hoc exēplo narratio nulla est, sed digressio. Quód si non per digressionem, sed ex professo vnū quendam locū commune concione tractandū suscepisti, narratiōe opus est: qualē in eodē illo Euāgelio ǣ sale, sumere possumus à cōmuni illa B.P. doctrina; *Inuisibilia Dei &c*: qua præmissa, pponere nobis debem͂ singulas sacultates satis inuestigare, vt eas ad salem spiritalē trāsferamus. Quòd verò attinet ad Exordiū, si iuxta secūdū modū locus cōmunis ex professo tractetur, poterit exordij loco aliquid initio preponi: veluti in hunc modum. Dicturus nunc de Euangelico sale, obsecro vos auditores, vt rem magni momēti beneuoli, & attenti audiatis &c. Nam quàuis initio totum Euangelij textū in pauca cōtuleris; quod quidē exordij vicem obtinere potest tamen cùm reliqua concionis pars, veluti noua concio sit: rectè facies, si quā possis breuissimè, tibi auditorū animos concilies. Sed etsi iuxta tertiū modū per digressionē, & non ex professo sit locus cōmunis pertractādus, vtilis erit exordij quædā veluti imago: qualis esset illa, qua persuasurus sacerdotibus orationē, & lectionē, ita diceres. Cū de sale spiritali agam̃, nō erit ab insti tuto alienū, si ā oratione, & lectiōe tractemus, cū hęc duo eius modi sint, vt possint sacerdotibus spiritalē cōferre salis naturā.

Reuertamur nūc ad primū illud genᵘ, quo vnus pprius Euāgelij locus percurritur. In hoc genere sic potes facere exordiū, vt primū Euāgelij cōtextū paucis recites, deinde vero ex multis, qnæ de illo Euāgelio tractari poterant, vnam eius partē te di cas elegisse, ramq́uā vtilissimam, & dignissimam, quæ ab Auditoribus attentè audiatur.

Exordiū hoc gę̃e sequi pōt narratio, si oratoria methodo (vt superius diximus) velimus componere concionem. Possumus enim aliquando non Oratoria methodo, sed Scholastica, aut (vt ita dicam) Mathematica, in hoc genere concionandi procedere vt supra cap. 5. docuimus.

Qualis autem in hoc genere debeat esse confirmatio, cōfutatio, & epilogus, ex ijs quæ dicta sunt satis apparet.

Caput. VIII. in quo agitur quid facere debeas, quando idem Euangelium sæpe incidit prædicandum.

Vccedit hoc loco quæstio, quæ angere multos solet: scilicet quid faciendum sit; vbi idem Euangelium in diuersis anni temporibus prædicandum est, aut etiam quotannis eisdem auditoribus aur(vt sæpe accidit) eodem die eisdem auditoribus, & in eadem Ecclesia. Equidem non negauerim rem esse difficilem, de eadem re, non dicam sæpius, sed bis ad eosdem dicere. Si enim repetas eadem, censeris prolixus, & indoctus: quamquam id quidem parùm referret, si modò auditoribus prodesses. At do lendum vehemēter est, Auditores hāc reputantes nimia facietatem, verbum Dei nolle audire: itaq́. nullum ex hisce iteratis prædicationibus fructum sequi. Quamquam nihilominus sæpe eadem repetere necessarium est. Nam vbi eadem est ægritudo, cur non congrua & vtilis eadem adhibeatur medicina?

V. tigitur de hac re quod sentio dicam; præmitto inprimis, orationem, & studium vitæq́; puritatē plurimùm valere apud Deum. Nam vbi amor, & zelus Dei nos agit; multa detegit sancta meditatio, multa inspirat noua, immo & vetera quodā modo noua facit. Nam eadem doctrina ita solet sæpe nouo proponi modo, vt noua videatur: nimirum quia vel methodo noua, vel testimonijs, rationibus, & figuris nouis exornata denuò est.

Sed

CONCIONANDI LIB. V. 181

Sed ita damus iam nos aliqua præcepta, quibus concionatori sępius eadem de re dictura laborem minuamus.
Primum quidem exordium multis modis confici potest: scilicet à figura, à simili, à testimonio veteri & nouo, Imò & à Philosophorum testimonijs. Sed à quæstione etiam sumi potest. Fingamus exempla in illo filiorum Zebedæi Euange'ii, quod sæpe solet in eodem anno prædicati. Si in festo Beati Iacobi illud interpretaturus, velis superbiam deprimere, humilitatem extollere, figura accommodata illa est, de magis Pharaonis, qui cùm physicè de puluere educere non potuerunt, cùm tamen virgas intorquentes, aquam in sanguinem & in ranas immutassent. Quo significatur, paucos esse, qui humilitatem, & crucis labores, & iniurias ament: vnde factum est, vt hi duo adolescentes Iacobus, & Iohannes, alioqui pij, neq. perceperint Christi crucem, neq. resurrectionem. Ad idem facit Saulis figura, qui alioqui diuini cultus zelator, humilem Dauidem capere non poterat. Hæc de figura.

Præterea testimonia esse potest illud Esaię 56. de volentibus ieiunare, sed non relinquere propriam voluntatem, & animi delicias & ex nouo testamento illud Beati Pauli 1. Cor. 1 Caritas patiens est, benigna est &c. Ex quo colligitur aberasse hos adolescentes à vera caritatis perfectione, quippe quia cùm amarent Dominum, tamen nolebant pati, neq. humiliari.   1. Cor. 5.

Exordium etiam philosophicum peti potest à communi illo dicto Virtus circa difficile versatur: Ex quo infertur, paucos esse viros, (olidam) virtutem amantes: otiari enim plerique volunt, & gaudere, non autem se ipsos mortificare, & pati.

Exordium à quæstione facies, si quæras cur hi adolescentes neque passionem, neq. resurrectionem intellexerint. Cui respondebis? quia respuebant humilitatem, & crucem, ideo noluisse intelligere passionem: at non intellecta passione, neq. intellexisse resurrectionem, sed mortales consolationes, & dignitates.

Ecce quot qualibusq. modis exordium componamus, vt attentionem, & docilitatem, & beneuolentiam comparemus,

M 3 & au-

DE SACRA RATIONE
& auditores ad petendam à Deo per sanctissimam Virginem Spiritus sancti gratiam commoneamus.

Sed superiores omnes modi, ex spiritu Ecclesiæ petuntur: quæ quidem exordiorum conficiendorum potissima ratio est. Spiritum verò illum, vt scopum nobis proposuimus, quem sibi Ecclesia in festo Sancti Iacobi proponit: scilicet explicare, quàm difficulter homines dura, & aspera amplectantur, quàm auide suauia, & temporalia concupiscant. Sed si diebus etiam alijs, quibus idem Euangelium canitur, opportuna vis excogitare exordia, illa sibi sit in promptu, regula, expendendum esse iuxta Ecclesiæ Spiritum, ipsius Euangelij statum ; ita enim aptissimum concionibus exordium accomodari.

Sed & sunt aliæ exordiorum conficiendorū rationes. Nam fieri possunt ex Euangelij contextu, vt iam superiùs indicauimus. Item fieri possunt per transitionem abijs, quæ in concionibus præcedentibus tractata sunt. Exempli gratia, in hoc eodem Euangelio, quando in Quadragesima canitur; cùm præcesserit misericordiæ persuasio, fieri potest hoc modo exordium. Dixi vobis quàm necesse sit, vt erga fratres sitis misericordes: modò verò docebo ex sancto Euangelio quantùm vos oporteat in vos metipsos esse quodammodo immites: non quidem in animum, sed in corpus; nimirum illud macerantes, & crucem Domini amplectentes. Potest autem transitio, circustantiarum omnium habita ratione multipliciter fieri. Vt in Euangelio auari, cùm omnia vitia repræhenderit Dominus, Auaritiam potissimùm infectatus est, periculorum habita ratione: non enim sentiunt auari, quàm misera conditione sint, cùm illis venialia sint vitia, virtutes vero: vt alienæ. Ratione etiam temporis habita, transitio fiet vt in Euangelio: *Ecce ascendimus Hierosolymam*, quod in Quinquagesima, & in Quadragesima canitur. In Quinquagesima, transitio hæc erit. Ad laborandum Dominus in Septuagesima inuitauerat: in

Sexa-

CONCIONANDI LIB. V.

Sexagesima verò, prædixerat, vt virtutis impedimenta omnia euelleremus: & tandem in Quinquagessima afferen dam Crucem validiores nos reddit, atq. alacriores. Si autem in Quadragessima, scilicet Feria quarta Dominicæ secundæ tibi hoc Euangelium exponendum sit, transitio hæc erit. Cùm actū esset de humilitate feria præcedenti, mox de ferea da Cruce, præsertim interna dicendum suit.

Iam verò, quod attinet ad confirmationem, & confutationem; si homiliam facere tibi animus est; cùm in quouis Euangelio multa sint loca, vel (vt dici solet) puncta: præstat modò in vno, modò verò in altero magis immorari.

Sed ostendamus rem exemplo, in ijs præsertim Euangelijs, quæ in communi (vt aiunt) Sanctorum, Ecclesia proponit: quia hæc sæpius incidere solent: vt in Euangelio Doctorum, in quo Ecclesia Catholica ostendere vult, Doctorem illum, de quo festum celebratur fuisse salem, fuisse lumen, fuisse ciuitatem, ac tandem fuisse vnum quendam exijs, qui sunt maximi in regno cælorum. Si ergo vis in homiliæ modum hoc Euangelium sæpius exponere, poteris modò de sale, modò de luce, modò de ciuitate in monte posita, modò de mandatis minimis, & mandatis magnis, deq. eo qui magnus, & qui minimus est in Regno cælorum, paulo latiùs dicere: idque nunc confirmationi, nunc confutationi potiùs insistens. Quod genus dicendi in eo tantùm distabit a locis communibus, quòd hìc cuncta declaras, ibi verò vnum tantummodo quiddam tibi tractandum proponis. Quare & quoad exordium, & epilogum discrimen etiam erit. Nam hìc commune est exordium & communis Epilogus: ibi verò eiusmodi debent esse, vt ei propriè conueniant loco, quem tractas.

Præterea confirmationes & confutationes diuersæ fieri poterunt, si concionandi modum mutemus, modò homiliam conficientes, modò locum tractates communem, modò mixtam tenentes concionandi viam. Porro si locum tractamus communem, nunquam nova concio deerit: multa enim sunt loca communia: in uno, in unoquoque loco multæ partes, de quibus appofite dices, si unctionis præcepta teneas, si te in iis serio exerceas, si disponendi artem intelligas, deniq. si libros verses. At libri, si noui accedant, nouos tibi suggerent conceptus.

Quod si concionandi modum mutes, diuersam tibi iuxta illum Narrationem, & diuersum Epilogum ex iis præceptis, quæ suo loco tradidimus, conficies: ꝗꝗ
Si quis autem velit Euangelio adsuere & adnectere Sancti alicuius, de quo festum celebratur, exempla patebit campus latissimus. Cum enim nulla sit vita Sancti, in qua multa non sint prædicatione digna, nunquam in eiusdem sancti festo deerit noui quod dicas, præsertim si amplificandi regulis vtaris. Nihil ergo est quod timeas de eadem re sæpe, & ad eosdem dicere auditores.

Caput. IX. qua ratione de Epistola tractari possit.

Iam vt aliquid de Epistola dicamus, primum constituimus, à viris doctissimis nonnunquam de ea sola, sicuti de Euangelio, confici concionem. Vbi notandum, Epistolam commodius quàm Euangelium diuidi, & ex ea diuisione fieri magis perspicuam, & tractabilem. Exempli gratia in Epistola B. Iacobi, in qua iubet ne simus auditores verbi tantùm, sed factores, Ecclesia nos disponere vult, vt ad Spiritum sanctum recipiendum operibus præsertim misericordiæ disponamur, Monet ergo B. Iacobus vt simus factores: dissuadet verò loquacitatem, quæ distinere solet atq; impedire homines, quò minus in operibus præstadis diligentiores sint. Sed si quis quærat quænam sint bona opera præstanda, subiungit opera misericordiæ, quibus præsertim vacandum est.

Sed

DE CONCIONANDI LIB. V 165

Sed nonnumquam vtile esset ex Epistola simul, & Euange
lio, quæ in vnum quendam scopum referantur, vnam facere
aptam Ecclesiæ spiritui concionem. Porrò spiritum Ecclesiæ
cruere non est in quibusdam festis, temporibusúe difficile. Vt
in vigilia Ascensionis, cùm Ecclesia nos vult ad Ascensionem
Christi celebrandam inuitare, in Euangelio refert Christum ro-   *Iohan. 17.*
gasse Patrem pro sua glorificatione, quæ in Ascensione vel maximè cœpta est: quo loco docet, & nos pro nostra spirituali
glorificatione debere orare. In secunda verò Euangelij parte,
ne nos, absente Christo, animum despondeamus, docet nos,
ei suos discipulos maximæ curæ fuisse. Confirmat hoc in Epistola Beatus Paulus, prædicens nobis, de cælo multa nobis dona obuentura, si descendamus primùm: ita enim fiet, vt ascendamus mox cù Christo, & cælestibus donis perfruamur. Quòd
si roges, vnde in ceteris festis colligere possit Ecclesiæ spiritū,
vt ei accomodes Euangelium, & Epistolam, legito quæ cap. 5.
docuimus. Interim satis est vnicum exemplum attulisse.

Caput. X. quibus partibus constare debeat concio, in qua vel
Ecclesiæ ceremoniæ, vel fidei dogmata explicātur.

EST veluti quartum concionandi genus id, quo ceremonias explicamus: vt feria quarta Cinerum,
tota concio de illa cinerum ceremonia tractare-
mus, vel die resurrectionis, de Cereo, ceterisq. alijs
eius modi. Simile est si de vna quadam circunstantia, quam Festi historia continet differamus: vt in die Natiuitatis Domini,
de stabulo, vel presepio: aut in die Passionis, de cruce: aut in die
Ascensionis, de monte, & nubibus: aut in die Pentecostes, de
igne, & sonitu. Eiusdem generis est illa concionandi ratio,
qua statutis ab Ecclesia diebus, agimus de Sacramentis: vt in
die Resurrectionis, de baptismo: in die Penthecostes, de confirmatione. Hùc pertinet explicatio mandatorum, & articulorū
fidei, & ceterarum doctrinarū & orationum, quæ in Ecclesia
in cun-

DE SACRA RATIONE.
in cunctorum ore vertantur.

Hæc certè non sunt prorsus à concionatore prætermittenda, cùm tantopere à Sancta Synodo Tridentina de ijs cōcionari iubeamur. Quare si posset hisce rebus explicandis tempus statui congruum, benè se res haberet: sin minus; vtinam quemadmodum breuiter Euangelicam historiam enarramus, ita, vbi dies incidit, quo Ecclesia nobis hæc proponit, de ijs breuiter saltem & strictim ageremus, neque prorsus ea pateremur à populo ignorari.

Sed si quis huius rei conficiendæ modum à me quærat; hæc accipiat. Primum quidem si ceremoniæ explicandæ sint, oportet eas narratione perspicua exponere, ostenso imprimis generaliter Ecclesiæ spiritu: deinde verò per singulas partes discurrendum est, spiritu particulari, qui in illis latet, commostrato. Ad hoc autem præstandum specialia instrumenta nulla alia sunt, quàm libri, si quos habeas de hisce argumētis. Sin minùs; extat saltem Rationale, & alius quidam Beletus. Sed & Hosius

3. p. à. q.
60. vsq. ad
8. j.

nōnulla indisputatione de ceremonijs commemorat. Quod verò attinet ad Sacramenta est tibi in promptu sanctus Tho.

Sed proponamus exempla. Si ceremoniam illam cinerum explicare velles, dicendum tibi esset, id tempus cinerum ab Ecclesia statutum, vt publici peccatores publicam agerent pœnitentiam: idque publica illa cinerum ceremonia demonstrari. Porrò cinis terra est adusta: peccator autem terra etiam adusta peccatis est & in cinerem sterilem, & inutilem cōuersa. Adhæc, cinis imponitur peccatori in fronte, vt publicè humilietur, & intelligat, in cilicio, cinere, lacrymis, & ieiunio sibi esse pœnitendum. Sed sciendum est nō ita esse pœnitēdū, vt faciūt tristes hypocritæ gloriolæ cupidi, sed vt decet peccatorē, qui à Deo tātū accipit beneficium, vt ad misericordiā recipiatur: nimirum pœnitendum cum ea humilitate, vt nolit quidem peccator honorari, sed vt cineres, pessundari. Sed sacerdotes, quos maior decet sanctitas, quiq. coronā habēt regiam, in ea cinerem recipere debent, vt intelligant, si quando officij sui immemores deliquerint, maiorem sibi esse agēdam pœnitentiam

nitentiam: nam quò quis altiori situs est loco, eò grauius eius est peccatum. De Sacramentis, ceterisq́. rebus, quas ceremonijs assimilauimus, idem planè dicendum. Nam in ijs à potissimo & generali instituto sumentes initium, & rei summam in compendium redigentes, per singulas partes progredi debemus, illarum spiritum explicantes.

Quod verò attinet ad orationes, mandata, articulos fidei, & id genus alia per multa, quæ in Ecclesia ex Concilij Tridentini mandato explicanda sunt, expositione tali agendum est, quali vtimur ad sacram Scripturam interpretandam: quo de genere alio loco disseruimus. Ego verò, si quando id mihi se offert faciendum, primùm scopum indico; deinde iuxta illū rem diuido, demum singulas partes expositione ita illustrare nitor, vt vel paruulis faciles ad intelligendum sint.

Qua quidem in re præterire non possum quòd sine magno incommodo fieri video. Negotium hoc quibusuis committitur: cùm tamen reuera, sicubi eruditio, acumē, prudentia, industria necessaria sunt; in docendo maximè pueros, & rudes homines altissima fidei mysteria, requiratur. Mihi quidem facilius multo est aut concionari, aut prælegere, quàm vulgus imperitum in sacris fidei mysterijs instituere. Agendum enim cū eo est similibus quibusdam ex quotidiano vsu & consuetudine petitis, & phrasi quadam perspicua, vocibusq́. communibus: ita tamen vt magnopere caueamus, ne res supernaturales impiè aut ineptè intelligat. Est quidem hoc non mediocris laboris, atq́. industriæ. Nam Matth. 16. cùm Petro Dominus Ecclesiæ claues tradebat; primò quidem, & secundò dixit, *Pasce* *oues meas*, Tertiò verò, cùm amatem iam ter à Petro exegisset, dixit, *Pasce agnos meos*: insinuans indocendis pusillis & ignaris accuratiorem adhibendam esse diligentiam. *Matt. 16.*

Caput. XI. qua ratione de Festis concionandum sit.

DE SACRA RATIONE

Postremum restat concionis genus, quo de festis tractamus. Festa autem triplicia sunt. Quædam enim fidei mysterium aliquod, vel quasi mysterium referunt: quædam rei gestæ historicæ, nec quædam vero virtutumq; complectuntur.

Quæ fidei mysterium referunt, rara sunt: vt festum Trinitatis, Spiritus sancti, Conceptionis virginis. Quae rem gestam referunt, sunt festa Sanctorum. Quæ vtrumq; complectuntur, sunt omnia ferè Christi, & Virginis mysteria: vt Incarnatio, Natiuitas, Circuncisio, & reliqua vsq; ad Ascensionem in cælum; & Spiritus sancti missionem.

De his ergo omnibus quo pacto concionandum sit, nobis est dicendum.

Si festum sit Sancti alicuius, eiusq; sit vita laudanda; genus hoc encomiasticum est, siue demonstratiuum. Et quidem sub no nulli, qui in principio tantùm, aut in fine concionis, quædam de Sancti laudibus dicunt: sed ex antiquis Patribus multi integram de ijs conficiebant concionem. Si in principio aut fine breuiter laudandus sit sanctus, facile est eius vitæ historiam in compendium redigere, summis tantùm eius capitibus enumeratis. Sed si tota de laudibus Sancti concio agere debeat, id quidem, meo iudicio, fieri multis modis potest. Possumus enim constituere, quibus ex rebus homines coram Deo laudabiles sint, vt hoc præmisso, eas res, in sancto de quo agimus reperiri doceamus. Possumus item dicere, inter admirabilia Dei opera, Sanctos quidem opera esse multo omnibus admirabiliora, maximè verò eos, qui vita magis conspicui sunt, qualis est is de quo festum celebratur. Similiter possumus initium sumere dicentes, voluisse Deum, insignia quædam hominibus proposita esse ad imitandum exempla sanctitatis; ne etiam ad perfectionē eos excitamus, & impellimus, caussari possint, solum Christum, vt pote Deum, potuisse perfectum esse, immò apertè videant, homines quosdam fragiles, ad perfectionis fastigium peruenisse, diuino adspirante fauore, qui neq; vmquam vllis denegabitur.

His

His ergo modis, ant alijs similibus confici potest concio de Sanctis. Sed vtile est vitam eorū in partes distribuere, vt perspicua magis sit, meliusq́. percipiatur. Poterunt autem huius modi concionis fieri confirmatio, & confutatio, quibus & moneamus homines, exemplo Sancti proposito, vt ad perfectionem adspirent, & eosdem reprehendamus, quòd nullis vn quam tantorū Sanctorum exemplis meliores facti sint: Qua occasione, poterit nostri temporis luxus, & caritatis frigiditas acriter reprehendi. Exordium verò (nisi fortè velis vn exordio communi) peti potest ex rei tractandæ magnitudine, aut aliunde: vt superi? docuimus, cùm de ratione conficiendorum exordiorum ageremus. Epilogus erit accōmodatus, si ea quæ in Sancto conspicua magis sunt, in pauca con ferantur, & eo exemplo homines ad sanctitatem inuitentur. De his satis est nonnihil insinuasse, nō tam vt certa præcepta, quæ vix tradi possunt, quàm vt exempla concionis habeant lectores, ad quorum se imitationem conforment:

Sed hoc concionis genus elocutionem postulat perspicuā, & suauem, actionem verò placidam, & modestam ; præterquam cùm ad vitia reprehendenda digrederis. Memoria verò facilis est, si concionem ordine distribuas. Est vero instrumentum inuentionis, lectio librorum, quibus Sanctorum vitæ continētur. Extant nostra ætate (Christo domino gratias) plurima huius generis monimenta : Extat Lipomanus, extat Surius, & nouæ quotidie huiusmodi historiæ prodeunt.

In Festis verò, quibus fidei aliquod mysterium celebratur, agendum est in concione de mysterio tanquam dè loco communi. Explicadum enim mysteriū est, docendumq́. quisnam ex eo fructus populo accrescat. In explicatione autem, simili bus, & testimonijs agere oportet, ad ea, quæ ex Theologia, vt vocant, Scholastica petuntur; populo declaranda. Qua tamē in re, prudentia opus est maxima. Methodus à fine petetur aptissimè; si dicamus, Deum voluisse reuelare, quæ & nostrū ditarent; intellectum, & inflammarent voluntatem, & fidem exercerēt, & Deo honori essent, quippe cùm in eo maximopere

DE SACRA RATIONE

perè honeretur Deus, quòd illi credamur. Sed cùm multæ de his mysterijs conciones extent, non est quod in hac re declaranda pluribus agamus: præsertim cùm nos ipsi in sequenti libro exempla simus tradituri. Sed illud quidem pretereundum nequaquam est; mysteria huiusmodi ita esse, prædicanda, vt populus veritatem necessario credendam audiat, & intelligat: Solent enim nonnulli, ita subtiliter de hisce rebus, dum conconcionantur, disputare, vt populus nihilomnino percipiat.

Ad ea festa, quæ ex historia, & mysterio constant, tandem ac cedamus. Qui doctissimi videri volunt, historiam prætermittunt, & in mysterio subtiliter explicando toti sunt; contrà verò qui ædificationi proximorum student, de mysterio paucis agunt, historiam verò seriò explicant, & ex professo. Esto cuique, liberum de hac re iudicium: nam pro vario auditorum ingenio, variaq́. natura, varia in hoc, sicut & in alijs multis, esse concio potest. Si pij sunt Auditores, præstat perstringere mysterium, & historiam explicare. si verò sint acuti, perstringi historia potest, & explicari mysterium. Quamquam præterire non possum, ex historia, vtilitatis multùm, & doctis, & indoctis accedere: vt in omnibus Christi mysterijs ab incarnatione vsq́. ad Pentecostem conspicitur: in omnibus enim historia externa maximum continet, & eructat spiritum. Atq́. ita, meo (qualecunq. id est) iudicio, præstat historiam potissimùm explicare, in cuius pertractationem, nihil non adduci & pietatis, & subtilitatis potest. Sed ego quidem, cum huiusmodi festa incidunt, vt plurimùm historiam initio concionis paucis complector, deinde ab ipso mysterio, iuxta Ecclesię spiritum, concionem exorsus, quid nos Christus eo mysterio docere, quid ad nostram vtilitatem facere voluerit explico, & suadeo; itaq́. qua si de quodam communi loco orationem conficio.

Sunt ergo tria in hisce festis, concionandi genera Primum, cùm de mysterio, scolastica phrasi dicimus: secundum, cum historiâ persequimur, ex ea spiritum deducentes: tertium, cũ mysterij scopum, ad ædificationem proximorum ostendimus, & suademus. Sed in quouis ex his generibus, sicut & in quouis
alio

CONCIONANDI. LIB. V.   193

alio concionis genere, nihil est prætermittendum, quod ad fidem & ad mores spectet: tametsi, pro ea quam maximè elegerimus concionandi ratione, quædam breuiter attingēda sint, quædam verò explicatius, & ex professo tractada.

Sed iam, si desiderat lector exēpla, quibus ea quæ toto hoc capite diximus illustrentur, legat huius operis sequentem librum, vbi varijs concionibus propositis, facile erit artem ipsam eiusq́ vsum simul intelligere.

Hæc habui quæ de generibus concionandi dicerem. Quód si aliqua prætermissa videantur, sic habeat lector; demonstrari omnia digito nec posse, nec debere: nam cum ijs nūc agimus, qui Sanctum Thomam legerint, & euoluerint, quiq́; eum librum (si quando in lucē prodeat) quem de comparanda Sapientia scripsimus, consuluerint, & locorum communium alueos, & indices, quos ibi indicauimus, sibi confecerint. Cum enim non facile concionator, tūc primùm quando concionem recens componit, possit omnia quæ necessaria sunt conquirere, & reperire: necessariū est hisce subsidijs, & promptuarijs omnino eum esse instructum. Multa enim sunt ei necessaria quæ retineri quidem omnia memoriā non possunt: itaq́. nisi in promptuarijs collocata, & disposita, facilia inuentū sint, vexabunt & memoriam ipsam, & ingenium, & concionatori maximam temporis partem eripient.

Hactenus præcepta concionandi tradidimus: sequitur iam vt aliqua exempla concionum ob oculos proponamus.

LIB.

LIBER SEXTVS, IN QVO EXEMPLA CONCIONVM ALI QVA PROPONVNTVR.

PRAEFATIO.

Vlta diximus hactenus, quò Christianum Concionatorem ad componendas conciones promptum, expeditumq́. redderemus; iterq́. simul, & metam demonstraremus concionandi. Nimirum de fine, officijs, & materia concionatoris in primo lib. disserui mus: in secundo de inuentione: in tertio de dispositione in vniuersum, itemq́. breuiter de elocutione, actione, & memoria: in quarto de specialibus cóncionatoris instrumentis: & in quinto tandem multò specialiùs concionū diuersa genera, & earum conficiendarum artem indicauimus. Nunc ergo iam, vt stemus promissis, restat in hoc sexto libro, vt, quò sit nostra hæc ars notior, & faciliùs ad praxim rediga tur, conciones aliquas proferamus in medium, in quibus & in uentionis, & dispositionis, & elocutionis etiam ratio à nobis obseruata, appareat. Hoc enim & multis gratissimū futurum, mihi renunciatum est; & ipsa etiam res postulare quodammo do videtur. Verùm antequam id præstem, velim mihi lectorem maximè attentum, dum præuia in medium adduco non nulla.

ADMONITIO.

DVo sunt, quæ me angere, & cruciare vehementer solent, cùm in aliquos diuini verbi ministros attenta consideratio ne intueor. Primùm enim ferre vix possum nonnullos (acutos illos alioqui, & doctos) quos vel pietatis & sanctitatis specie ductos, vel nescio quo alio nomine, bonarum tædet litterarū: bonarum, inquam, quas humanas vocant: vt veræ eius Dialecticæ,

lecticæ, quam antiqui Philofophi, & ex noftris D Auguftinus, & D. Thomas affequuti funt; Rhetoricæ, cui nemo ex fanctis Patribus non incubuit; Aftronomiæ, aliarumq́; Mathematicarum; Philofophiæ item Naturalis,& Moralis,& Metaphyficæ; præterea etiam hiftoriæ,& linguarum peritiæ;& fi quæ aliæ huius generis funt. Quafi verò hæc, boni ingenij aciem perftringant,ac non potius exacuant; aut Scholafticæ(vr dicitur) Theologiæ ftudiofis moram,& impedimentum inferant. Hi certè homines magna exparte, perfectiorem Sacrarum litterarum cognitionem vel non multu faciunt, vel vt rem facillimam,obiter,& quafi aliud agentes attingunt. Si enim ferio in ea verfarentur, verum illud effe cognofcerent, quod B. Auguft.in lib. de doctr. Chrift. docuit; omnes fcilicet has, quas enumerauimus difciplinas,ad intelligenda penitus facra Biblia plurimùm conferre. Equidem nolo de hifce hominibus quid quā iniuriofè fufpicari:tametfi fatis magnam ipfi præbent fufpicionis occafiónem,dum in eo fummam fapientiam videntur conftituere,quòd argutijs nefcio quibus in Schola ftico pulnere verfentur,& ad conciones præterea cum laude habēdas, lecti ffimos quofdam habeant coaceruatos flores, quibus pulchras quidem eas,elegātes & decoras, fed encruatas tamen,& vix fingulis menfibus fingulas elaborent.

Sed & aliud non minùs me cruciat hominum genus:qui totam concionis vim, & fuæ fpem laudis, in Oratorio artificio collocantes,nihil omnino probant,nifi quod ad R hethoricæ, & Dialecticæ regulas exactè fit limatum,atq́.Ethnicorum floribus afperfum. Hi enim homines, hac folùm lance, omnes concionatores ita perpēdunt;vt quem propiùs vident ad Ciceronis eloquentiam accedere,extollant; quem verò ab ea paululùm difcedere,damnent; tametfi doctrinam verè Chriftianā auditores docuerit,eorumq́. corda ad virtutem mouuerit, & excitarit. Ecce quā difcrepātes eādem de re opiniones: quarum vtraque profectò à Sacra Scriptura,Patruuḿque fanctorum exemplo multùm eft aliena. Nam Scriptura qui-

B. Argnft. in libr. de Doct Chri.

dem sacra, vt facile est videre, arte Dialectica, & Rhethorica ferè semper vtitur; quia & efficacissimè argumentatur, & figuris oratorijs plena est: & præterea cótinet mathematica scita, & ex alijs scientijs dogmata permulta: Diuus vero Paulus nequaquam bonas litteras reijcit, sed eos tantùm improbat, qui humanæ præsertim eloquentiæ viribus confidunt, & omnem in ea labórem, omnem diligentiam, omne studiū collocant. Profectò humaniores artes, comites & ministræ Theologiæ sunt: itaq́. obsequium ei præstare, veluti Principi, ac Reginæ debent. Quare sic existimandum est: ei qui humana tractat, licere humanas potissimùm colere disciplinas; at eum qui diuinis rebus est intentus, diuino potissimùm spiritu, deinde arte humana inniti oportere. Quo sensu doctè, & sanctè Beatus Thomas in 1. ad Corinth. Beatum Paulum interpretatur. Non enim humanas artes, damnat; sed. earum nimium studium ideò improbat, quòd animorum salus non humanis, sed diuinis potissimùm comparatur instrumentis. Vnde sæpe Dominus ex ore infantium, & lactentium perfectam sibi laudem sumit, atq. per viros sanctos, humiles, & humanis artibus destitutos, Euangelium multo cum fructu prædicari facit: cùm tamen contra viri docti, & acuti, qui linguis videntur loqui Angelorum, nullos quidem aculeos, sed hebetiora quædam, & obtusiora tela in hominum animos conijciant.

Igitur rectè is facit, qui mediam progressus viam, Sanctos Ecclesiæ Doctores, maximè verò Paulum ipsum imitatur: nimirum oculo dextro in Deum ipsum intuetur, hoc est vim omnem concionis in eius spiritu collocat; oculo autem sinistro humanas respicit artes; hoc est non vllos studiosè humanos flosculos colligit, sed arte Dialectica, & Rhetorica, veluti ministris tantùm vtitur, vbi vel rei natura, vel temporis ratio id videntur postulare. Quid enim? eget ne verbum Dei (quod omni gladio penetrabilius est) humanis ornamentis? Quasi verò absq. ijs sit leue, aut imbecillum.

Quid

CONCIONANDI LIB. VI. 195

Quid, obsecro, mundum miserè errantem, ad veram religionis viam reduxit? numquid Ciceronianus decor, an Apostolica simplicitas? numquid aureum aliquod eloquentiæ flumen, an veritas cælestis, diuinus spiritus, & humilis ad Deû Oratio? Vtinam qui incumbunt hisce humanis ornamentis, toto animo in ebibendo Christi spiritu laborarent. Vtinam riuulos nescio quos non consectarentur, sed ex limpidissimo Diuini Verbi fonte sibi aquam haurirent. Nonne enim ars à Diuino Spiritu profecta, præstantior erit quàm Ciceroniana? nonne diuina lex humanæ rationi longe antecellit? Si cælum corporeum præstat elementis; cur methodum, & Rhethoricam cælestem, humana multò nobiliorem non iudicabimus?

Relinquitur ergo ex his, non oportere virum doctum, & pium, Dialecticæ, & Rhetoricæ ita esse adstrictum, vt nihil probet, quod non ad earum regulas exigatur. Nam etsi artem quidem nosse is debet, eamque & in humanis an tea operibus exercuisse, & nunc in diuinarum rerum prædicatione exercere: tamen hoc est illi summo studio summaq́; diligētia elaborādum, vt quemadmodum humanus orator artem occultat, & dissimulat, ne tædio auditores afficiat, sic etiam, immò multo magis, ipse non eam affectet, sed quæ summæ artis iudicantur, ita dissimulet, vt solo agi Diuino Spiritu videatur. Quare vbi ad concionem habendam accedit, humanaru instrumenta ne contemnctise d cū diuinio auxilio ea coniungens, Deum consulat, &ab eo verba, methodum, & omnia concionatori necessaria & vtilia ita requirat, vt dicere possit: *Non sum ego qui loquor, Sed spiritus Patris mei, qui in cælo est*: Et rursus. *Omnia opera hæc operatus est in me Dominus*. Certe enim si spiritu Dei quis agatur, veram Rhethoricam haud dubiè exercebit: quippe quia Deus, qui Rethoricam nostris animis impressit, non erit ipsi contrarius: quin imo maiorem concionatori vim, & splēdorem addet eloquētiæ. Sed tantū, cùm hæc admonuisse sufficiat, ad rem nostram

Matth. 10.

N 2   pro-

propiùs accedamus.

ARGVMENTVM.

Cùm propositum nobis sit, exempla singulorum generum concionandi in medium adducere; oportet, quot sint ea genera, ex libro præcedenti nunc in memoriam reuocare. Diximus igitur illa esse tria: alterum quo Scripturam scholastico more interpretamur: alterum quo vnam tantùm eius partem exponimus, & veluti locum communem, percurrimus: tertiũ verò, & vltimum, quod ex vtroq. permixtum est; scilicet quo ita Scripturam totam persequimur, vt de vna quadam parte pauló latius agamus: quo genere & Beat. Chrysostomus alijq. Ecclesiæ Doctores, & viri multi grauissimi vsi sunt.

Rursus primi generis conciones, aliæ sunt, quibus sine vlla ferè arte Scripturam ita interpretamur, vt nullam eius partem cum altera coniungamus, sed singula capita alio, atq. alio sensu explicemus: qui modus frequens in sanctis Doctoribus est. Sed non eget exemplo nostro huiusmodi concionandi ratio; cùm Sanctorum Patrum conciones, & Homiliæ exempla satis luculenta sint. Quamquam illud hic obseruãdum est; nũquã ferè Sanctos ipsos Doctores sine exordiolo aggredi interpretationem: vt apud Beatum Augustinum in Psalmos videre licet.

Alter modus sub hoc primo genere comprehensus, est quo non sine arte Scripturam ita exponimus, vt eius locum alterum cum altero connectamus, & omnes simul partes ad vnum quendam propositum finem destinemus. Huius concionandi rationis exemplum nũc primùm proponam. In quo & in alijs etiam sequentibus admonere lectores velim, nequaquam me, cùm has conciones præmeditarer, ad regulas artis illas exegisse, sed inuocato Spiritu Sancto mecum considerasse

derasse, qua ratione propositum mihi Euangelium, ad salutem Populi explicarem, scilicet Christi in eo mentem, & sententiā ita aperirem, vt à cunctis (etiam à pueris) facilè intelligi possem, & omnium simul circumstantiarum rationem haberem. Quæ omnia sanctissimus ille Cardinalis Borromeus in suo de modo concionandi libello, doctè simul, & sanctè præcepit.

Primi concionandi generis exemplum in Festo Sancti
Ludouici Galliarum Regis.

Omni habenti dabitur & abundabitur Lucæ 19. & Matth. 25.

Diuus Paulus in Epist. quam ad Philip. scribit cap. 3. exordiolo quodam vsus, inquit: *Eadem vobis scribere, mihi quidē non pigrum, vobis autem necessarium.* Non puduit vnquam veros Christi ministros, qui non suam, sed Christi gloriam quærunt, eadem semel, & iterum repetere; dummodo id futurum auditoribus vtile existimarent. Neq; enim bonus pater satis esse existimat, semel aut bis eadē de re filios admonuisse suos: sed iterum atq; iterum monet, increpat, coarguit illos, quousq; ab improba & impura vita, ad honestos & probatos mores reuocarit. Igitur si ad vitam constituendam, & mores infirmandos verbum Dei Christianis hominibus prædicatur dubitandum non est: quin sæpe eadem repetere prædicationem oportet, donec propositum, & exoptatum nobis finem eodem repetito medio consequamur. Nam si populus, nunquam peccandi finē facit: cur nos ijsdem peccatis, non eadem remedia, secuti bonos medicos, adhibebimus? Quod cùm de omnibus Sacræ doctrinæ prædicandæ generibus verum sit; tamen potissimùm de sanctorum vitis populo exponendis est dicendum: cùm exploratissimum sit, his exemplis vehementer homines à vitijs auocari, & ad virtutes accendi. Hoc cum ita sit, statuerā hodierno die, Beati Ludouici laudes, ex hoc eodem suggesto vobis à me jam sæpe decantatas, iterum in memoriam reuocare. Quod & si videbam non defuturos aliquos qui non magnopere

Exordium à loco ali.
Prepositio.
Ex fine.
Exēplum.

à relatis.

DE SACRA RATIONE

Ex fine.

nopere probarēt, immò grauiter reprehenderent, quòd hanc iudicent esse rem hominis magna rerum dicendarum inopia laborantis: tamen dummodo vestræ vtilitati consulerē, facile passus fuissem, in eam hoc nomine existimationē in discrimē vocari. Quamquam & posset Dominus mihi de hoc eodem argumento dicenti noua suggerere, vel noua ad vetera explicanda viam demonstrare, vel nouum deniq. ijsdem verbis & sententijs spiritum infundere, nouamq́. vobis lucem afferre. Hæc igitur vera cum sint, meū iam cœperant animum non leui ter commouere. Sed quoniam me nunc ad verba potius Euāgelij explicanda, à Domino vocari sentio; hanc mihi nunc cōcionandi rationem ineundam esse duco: quam & magis è re vestra futuram sas est existimare. Huic tamen operi dum me accingo, primum de ipsius Sancti Ludouici vita quiddam leuiter attingam: mea enim deuotio non fert, vt ab eius me possim laudibus omnino continere. Cùm igitur multi fuerint Imperatores, & Reges vitæ integritate insignes: tamen Beatus Ludouicus plurimū inter eos excelluit: quippè qui miris quibusdam virtutum actionibus claruit, atq. innumeris grauissimisq́. laboribus fuit à Domino probatus. Ille, cùm equitem blasphemantem, timore forté aliquo, non corripuisset: pœnā à legibus ei peccato constitutam sponte tulit, publicè (tametsi velata facie) flagellat*. Ille cœnæ pauperum reliquias edebat, ijsq́. pro sua clementia & humanitate, patris erat loco. Ille non semel in bello primus hostes inuasit: & tandem in tertio bello febre correptus diem suum obijt. Verè habenti datum est: & abundauit misericordia, caritate, & mansuetudine. Habebat quippe Dei gratiam, & operabatur per illam: data verò est ei maior, vnde factū est, vt bonis multò plus operibus abundarit. Sed cùm hæc iam de huius Sancti vita sufficiant; libet ad eiusdem honorem, ipsum nunc Sacrosancti Euangelij contextum explicare. Quod quoniam nisi gratia suffultus diuina præstare non possum, necesse est nunc eam à Domino per Sanctissimam Virginem humihter precari, &c.

Redditis.

Omni

CONCIONANDI LIB. VI.

Omni habent. dabitur, & abundabit.

PRouer. cap. 16. docemur, omnia à Domino propter semet ipsum esse creata. Ita enim scriptum est. *Omnia propter semetipsum creauit Dominus.* Verissimum id quidem esse, ex eo constat, quòd ad ipsum, qui prima causa est (vt in Metaph. Aristoteles demonstrat) iamquam ad vltimum finem omnia reuocantur. Colligitur idem ex Psal. 104. Vbi Spiritus sanctus inquit: *Et dedit illis regiones gentium: & labores populorum possederunt, vt faciant voluntatem eius, & legem eius exquirant.* Ita Beatus Paulus sæpe repetit, omnia in Christi Iesu gloriam esse instituta: vnde fit, vt omnia dona ab ipso nobis collata, ad ipsius gloriam sint referenda: siue naturalia siue supernaturalia sint; de quibus, meo iudicio, Talentorum Euangelium est intelligendum: siue sit gratia gratum faciens, quæ virtutes omnes, virtutumq́; actiones continet: de qua hoc decem mnarum Euangelium licet explicare. Hæc igitur gratia nobis à Deo confertur, vt maiorem rursus per sanctorum operum exercitationem gratiam, & gloriam consequamur. Gratiam quidem contulit Dominus in die primùm Pentecostes immisso Spiritu sancto: Sed cófert eādē semper in Sacrosancto Eucharistiæ mysterio præsens, quo nos excitat, atq́; iuuat, vt semper ad maiora pergamus. Vnde monens nos inquit: *Ambulate dum lucem habetis.* Venturus enim est ad iudicandum, & rationes de collatis bonis exigendas in die iudicij: quas & in mortis nostræ die per Archangelum Michaelem est ab vnoquoq́; nostrum exacturus. Hoc est quod nobis hodierni Euangelij parabola ob oculos spectandum proponit. Quare singula eius capita persequamur oportet, vt spiritum in ijs latentem, ad nostram omnium vtilitatem proferamus.

Primùm, nobilis homo, de quo in Euangelio est sermo, haud dubiè Dñs noster Iesus Xps est, verus Deus, vereq́; & infinitè nobilis: vt ex Spiritu Sāctificationis dato, atq́; ex gloriosis-

Exsiue.

DE SACRA RATIONE

fimia à mortuis refurrectione fatis apparet:itemq́. ex eo, quòd, vt tradit Paul. ad Rom. 1. ex femine Dauid, fecundum carnem, factus eſt homo. Quamquam, tamet ſi hac ratione nobilis homo ſecundum carnem, non abs re poſſit appellari: tamen ex gratiæ plenitudine multò magis nobiles dicitur; cùm ſpecioſus forma ſit præ filijs hominum, vnctuſq́. à Deo præ omnibus participibus gratię ſuæ; cùm ab humero & ſurſum, ſicut electus à Deo Saul, cunctis praemineat; cùm in eo omnes tribus terrę benedicãtur, ac tandem cùm Sanctus Sāctorum ſit, ſummuſq́. Sacerdos & Rex, & Magiſter; & Redemptor,& Via.

Pſal. 44.
1. Reg. 9.
Geneſ. 26.
Habr. 7.
Matth 27
Matth.23.

Hic ergo vir nobilis *abijt in regionem longinquam*: Scilicet in cælum. Exiuit enim à Patre, & venit in mundum: iterumq́. reliquit mundum, & abijt ad Patrem. Venit quidem factus homo. Nõ enim mutauit locum diuinitas: Sed filius Dei, verulq́. Deus, qui vbiq́. locorum eſt, ideo in terram veniſſe dicitur, quia in terra factus eſt homo. Abijt etiam in cælum, vt homo. Nã poſtquam ex mortuis reſurrexit; aſcendens quidem in cęlum; non diuinitate, ſed humanitate aſſumpta locum mutauit: vt eam humanitatem poſſis dicere in regionem abijſſe longinquam. Non ne enim terræ ſuperficies à conuexa ſummi cæli fa cieplurimùm eſt diſiuncta?

Iohann. 16.

Præterea abijt *accipere ſibi regnum.* Quamquam enim Dei filius, quatenꝰ Deus, omnium rerum eſt Creator, Gubernator, & Dominus; & item quatenus homo diuinam habens hypoſtaſim, hæreditario iure, cæli, & terræ eſt Dominus, Rex, Creator, Cõſeruator, Gubernator, atq. Redemptor: tamen diuina ſanciuit prouidentia, vt is paulatim Regni totius dominium, poſſeſſeſſionemq́. quatenus homo, acciperet; & omnia, quæ ſibi à Deo conferenda erant, promereretur. Promeruit itaq. Chriſtus ſuam & Reſurrectionem, & Aſcenſionem: promeruitq́. omnem ſibi poteſtatem in cælo, & in terra collatam (nam & in Angelos cunctos, & in Beatõrum animos in die Aſcenſionis eſt poteſtatem & poſſeſſionem adeptus) promeruitq́. tandem vt in die iudicij, integra hæc illi, plenaq́. poſſeſſio conferretur. Habuit itaq. cæleſtis hæc poſſeſſio initium, cùm in cæleſte re-

Matt. vlt.

ste regnum sanctissima eius humanitas, nobis viam præmuniens est ingressa; vbi supra cælos omnes ad dexteram Dei Patris euecta, acunctis cæli colis adoratur.
Subiungit iam Euangelista *Et reuerti.* Reuersurus enim est aliquando Christus Dominus ad mundum iudicandum. At longè aliter, quàm venit, est vltimo illo die reuersurus. Venit quippe humilis; reuertetur in maiestate: venit ministraturus; reuertetur ministrandus: venit passurus, reuertetur gloriosus: Venit ea in nos effundens bona, quæ suo nobis est sanguine lucratus; reuertetur de facto lucro exacturus rationem: tandẽ venit illudendus à Iudæis; reuertetur omnes suos prosternens inimicos. Vnde illud Acto. 2 *Quemadmodum vidistis eum ascendentem in cælum, ita veniet.*

Anaphora Asyndetō.

Vocatis autem decem seruis suis, dedit illis decem mnas , & dixit illis: Negotiamini dum venio. Erat nobilis hic homo, pius, prouidus, & diues: itaq. & nolebat seruos suos in otio inertissimo hebescere, & vt maximè poterat, ita maximè cupiebat eos summis præmijs afficere. Antea ergo quàm abiret; decem seruos ad se vocat: quo numero seruos omnes quotquot sunt, debemus intelligere: denarius enim numerus vniuersitatem significat; præterquam quòd & decem insinuat mandatorum custodiam His autem conuocatis, decem distribuit mnas: nempe vnicuique mnam (omnes enim saluos fieri vult) eisq. ita præcipit: *Negotiamini dum venio.* De præmio, quidem, nec verbum vllum additum est in Euangelio. Quod enim nisi summum & amplissimum præmium à tanti viri nobilitate & liberalitate licet expectare. Is quidem cùm gratis soleat innumeris cumulare homines beneficijs: certè, si quis aliquid laborauerit non digna modò, sed longè maiora laboribus præmia persoluet.

Ab adiunctis.

à maiori.

Iam verò mna Græcis (quæ vox latinè reddita, minam significat) monetæ genus erat decem libras valens, & centum drachmarum pondo habens: & erat quædam præterea mensura. Vt moneta est inter ceteras præcipua, legem diuinam significat, in qua perfectionis summa comprehenditur: obseruatio eorum diuinorum mandatorum, integram continet perfectionem.

DE SACRA RATIONE

nē. Decē libras cōtinet mna: & decē cōprehēdit diuina lex precepta iustitiæ, quę omnia in vnico illo dilectionis precepto sūt iuclusa. Ergo cū ea, quā nobis cōtulit Dōs mnā, nihil aliud sit, quàm ipsa diuina lex: nostræ sunt partes, ad vltimū vsq; viteſpi ritū eā custodire, Christiq. Iesu gloriā quęrere, vt per eius meri

Oratio. ta premiū nobis æternū cōparemus. Vtinā, o viri Christiani, no bis ita esset persuasum, diuinā legē, & spiritū esse nostrā omniū hereditatē. vt cùm Dauide diceremus: *Portio mea Doñe dixi, custodire legē tuā, Et, In præclaris funes mihi ceciderūt.* Vtinā colla tū sibi mina non Christiani quodā modo cōtēnerēt, atque abij cerēt. Christianas enim minas Christus Iesus, hominibus Christianis, ōc tulit animirū ñ lijs suis, lege hac noua, perfecta & spirituali viuē: ibus; nō illa veteri, quæ Iudęis data est, aut naturali, quā nullus hominū nō habet in corde impressam. Ergo si mi-

Ex fine. nā Euāgelici spiritus accepisti; cur nō eā tu vic Christianus, sed solam legis minam retines? At nequaquam certe Dōs, minam Euangelicam ijs dat, qui negociari nō valeāt: quinimo simul cum ipsa mina, spiritum etiam, & ad negociandum & caritatē largitur. Non enim aut Scriptam, aut lumine naturali notam le gem, sed nouam dat per docentem Spiritum Sāctum, simulq. robur conferentem atq. fortitudinem. Igitur legem spiritualem per operatorem Spiritum vobis data. Auditores, diligite, amate, amplectimini, & collatam vobis eius minam pro dantis dignitate, diligentissimē negotiamini.

Ciues autem eius oderant eum. Vidistis quantus, qualisq; hic princeps sit, quamq; æquum esset, vt eius ciues lętitiam ex eius honore acciperent, faustaq; illi omnia cuperent, atq; felicia. At illi multò aliter: quia scilicet eum odio prosequebantur. Christi ciues hoc loco primùm Iudæi sunt, qui eandem patriā Iudæam incolebant, quiq; ex eodem Patre Abrahamo descendētes humano quodam ei vinculo cōiungebantur. Sed his ac

ab effectu. cedūt impij Christiani, qui cū fidē habeār, & Ecclesiæ Catholicæ ciues sint: tamen tātum abest, vt Christi sint an ici vt potiùs impium ei bellum indixisse videātur. O immensam, & infinitam Christi Iesu benignitatem, & clementiam, qui quos sibi videt esse hostes, non dubitat ciues appellare. Sed illis qui

CONCIONANDI. LIB. VI. 103

dem est ipse ciuis:illi verò contrà hostes ei sunt. Ergo hi Christiani pessimi & tanto nomine indigni, hi, in quã, verè sunt, qui *Admiratio* Christum odio habent. At quis audire sine acerbissimo dolo- *ab effectu.* re potest, hominem vspiam vllum, qui Christum Dominum *Antiτhon.* nostrum oderit, reperiri? O rem auditu nefandam! Bonitatem ipsam, Deum ipsum, pro te effectum hominem, & inte tam beneficum, & liberalem odio habebis? Qui tibi sensus? quę mēs? quis animus? Sed videamus iam qua ratione miserrimi homines adducantur vt rã sceleratum, ac nefarium facinus comittant. Ex Euangelio quidem satis apparet, eam esse caussam cur mūdus Christum odio habeat, quòd Christus de malis mundi operibus perhibuerit testimonium. Hoc certè, hoc est huius tã ti mali initiū, hic fons, hæc origo. Quo enim pacto fieri potest, *à paribus* vt mitem, ac humilem Iesum, humilemq́. eius doctrinam, & vi *contrariis.* tam, atq, humiles item eius sectatores, superbi non odio prosequantur? Qua ratione pauperem auari, crucifixū delitijs dediti, vt rem sibi contrariã, & inimicã nō detestabuntur? Mundus quidem (vt ipse docuit Christus) mundanos habere odio non potest: cōtra verò eos, quos ex mundo elegit Christus ipse, nō odisse nō potest. Lege Amos: 5. *Odio habuerunt corripientem in porta. &c.* & 2 Corinth. 4. *Inimicos crucis Christi. &c.*

Hi sunt igitur ciues, & hæc odij caussa: nūc quod, & quale odiū hoc sit, breuiter videamus. Odium hoc illud est, de quo scriptū est: *Odio habuerunt me gratis:* De quo et il. *Qui cōfitetur se nosse Deū, factis autē negãt:* hoc est labijs Christū crucifixū honorãt, eiusq́. cruci debita externè reuerētiã deferūt; cū tamē ab ea, & ab exēplo, quod nobis in ea Xps reliquit, cor habeãt omnino auersum. Amãt quidē impēsiùs sæcularia, & terrena oĩa mūdani: eoq́. dū amore rapiūtur, fit, vt quę cōtraria illi sunt scire nullo modo possint. Hoc autem odium tantum est, quãtus ipse, à quo manat, terū sæculariū amor.

Et miserūt legationē post illum &c. Nō quidē ijs tãtū, quæ dicta *à pari.* sunt, huiusmodi odiū connetur, sed lōgius, latiusq́. multò diffunditur. Non enim solū hi flagitiosi homines Dominum suum odio habēt atq. absentem debitis prosequi nolunt officijs, sed eius planè auctoritatem contemnere, & imperium respuere

DE SACRA RATIONE

tentant:scilicet ad eun, legatos decernentes, quibus rolle se amplius eius ditioni parere audacter affirmant. At, qui sunt homines, qui tam audacem, tam impudentem, tam nefariam decernere audent legationem? Hucerte nulli alij sunt, quàm il li, de quibus sæpe conquestos vidimus Prophetas: vt Ieremiâ dicentem, *A Prophetis Israel egressa est pollutio in omnem terram: et de quibus etiam illud intelligitur, Volebant opprimere os eius de multis calumniantes: et rursus, Inimici hominis domesti ci eim.* Hi scilicet sunt, qui 2.ad Corinth.3.& 4.verbum Dei adulterare dicuntur: de quibus dixerat iam antea Ierem.cap.o. *A Propheta ad Sacerdotem omnes loquuntur mendacium.* Hos enim audimus passim affirmantes, posse aliquem absq. peccato, certis nescio quibus conditionibus, quas nullus vmquam obseruat, & falsa quadam bonę intentionis specie, ambire honores, atque diui. tias, abdere se in uoluptates, choreas ducere, laruarum, siue per sonatum incedere, comœdias prophanas, atq. adeò impudi. cas agere, vel audire, impurissimis mulierum, & virorum conuetibus, quos vocant. *Saraos* interesse, faciem fucare, corpora ornare, amplissimas domos construere, saltare, ludere, ambula re, otiari, & alia deniq. multa huiusmodi facere, quibus homines miserrimi in peccatorum mille genera inducuntur. At, quid aliud hoc est, quàm Christo Domino nostro regnum & imperium adimere? Nolumus (inquiunt hi homines) regnare Christum crucifixum: nolumus regnare eius humilitatem, pau pertatem, mortificationem, pœnitentiam; quæ omnia non ver bis tantùm ipse docuit, sed Cruci etiam affixus, & crudelissima tormenta passus exemplo suo ad viuum expressit. Sunt profe. ctò ex confessarijs & concionatoribus, qui crucis regnum Christo Domino nostro sic eripiant, & velint potiùs mundi honores, diuitias, & voluptates regnare. His autê omnibus ap plaudentes Auditores immodicas sibi licentias viurpât & Chri sti opprobria, flagella, Crucem, & omnia deniq. Euangelica consilia ûbi parùm conuenire arbitrantur Consilia (scilicet inquiunt) hæc sunt, non præcepta: Capuccinis, & pauperculis quibusdam hominibus, aut mulierculis sunt accommodata:

non

non ijs, qui in mundo verfantur;quos nimirum oportet, omnibus ijs, quae hominum vfu recepta funt, fefe conformare, mundi pompam & fauftum fequi,fuæ denique dignitatis,& vitæ conditionis nequaquam obliuifci. Quafi verò non omni creaturæ Dominus iufferit Euangelium prædicari. Quafi non in quolibet ftatu,& vitæ conditione,euangelicam liceat perfectionem retinere. O ignorantiam! o caecitatem ! o dementiã in credibilem!o miferiam hominum veriffimis lacrymis deplorandam! Vidiftis ergo iam,viri chriftiani,qui funt hi homines perditiffimi,qui ad Chriftum dominum noftrum,tam impiam & nefariam decernere legationem non recufant.

Sed, fiquid Dominus legatis refponderît, rogetis: certè de hac re nullum in Euangelio verbum. Dominus enim, vt teftatur Efaias cap. 42. tacet, & filet, atque, vt parturiens,tempore côgruenti loquetur, diffipabitque,& abforbebit fimul. At nũ dam homines,cùm per Domini patientiam, de vitę mutatione admoneantur;tantum abeft, vt fic meliores fiant, vt potiùs hinc ad peccata fumentes occafionem,iram fibi Domini thefaurizent. Dominus autem , cùm in die iræ,vindex peccatorum fit venturus;debitas flagitijs, ac fceleribus repet ab vnoquoque pœnas. Sed quis hanc vltionem domini , cùm vel in breui exarferit ira eius, vt Pfalmo 2. dicitur, poterit referre? Id quidem fanctiffimus Dauid explicare non valuit, fed horrês,& tremens obmutuit, atque epiphonema fubiungens dixit,*Beati,omnes qui confidunt in eo*: quafi dicat: cùm acerbiffimam hanc Domini vindictam explicare non valeam, hoc cenfeo tantùm ad piorum confolationem addendum.

Sed iam fatis de ijs hominibus dictum eft. , qui perfectiffimam Euangelij minam reijciunt , & lege tantùm fe contentos effe affirmant: cùm tamen nec legem quidem ipfam cuftodiant;quippe quia is,qui verè cuftodit legem,confilia non poteft euangelica negligere . His igitur omiffis,noftrum ad eos fermonem conuertamus, qui minam, à Domino negociaturi acceperunt;quamquam non fint omnes ex Domini præcepnon ijs, qui in mundo versantur;quos nimirum oportet, omnibus ijs, quae hominum vsu recepta sunt, sese conformare, mundi pompam & faustum sequi, suæ denique dignitatis, & vitæ conditionis nequaquam obliuisci. Quasi verò non omni creaturæ Dominus iusserit Euangelium prædicari. Quasi non in quolibet statu, & vitæ conditione, euangelicam liceat perfectionem retinere. O ignorantiam! o caecitatem! o dementiã incredibilem! O miseriam hominum verissimis lacrymis deplorandam! Vidistis ergo iam, viri christiani, qui sunt hi homines perditissimi, qui ad Christum dominum nostrum, tam impiam & nefariam decernere legationem non recusant.

Sed, siquid Dominus legatis responderit, rogetis: certè de hac re nullum in Euangelio verbum. Dominus enim, vt testatur Esaias cap. 42. tacet, & silet, atque, vt parturiens, tempore cõgruenti loquetur, dissipabitque, & absorbebit simul. At nũ dant homines, cũ n per Domini patientiam, de vitæ mutatione admoneantur;tantum abest, vt sic meliores fiant, vt potius hinc ad peccata sumentes occasionem, iram sibi Domini thesaurizent. Dominus autem, cùm in die iræ, vindex peccatorum sit venturus;debitas flagitijs, ac sceleribus repet ab vnoquoque pœnas. Sed quis hanc vltionem domini, cùm vel in breui exarserit ira eius, vt Psalmo 2. dicitur, poterit referre? Id quidem sanctissimus Dauid explicare non valuit, sed horres, & tremens obmutuit, atque epiphonema subiungens dixit, *Beati, omnes qui confidunt in eo*: quasi dicat: cùm acerbissimam hanc Domini vindictam explicare non valeam, hoc censeo tantùm ad piorum consolationem addendum.

Sed iam satis de ijs hominibus dictum est, qui perfectissimam Euangelij minam reijciunt, & lege tantùm se contentos esse affirmant: cùm tamen nec legem quidem ipsam custodiant;quippe quia is, qui verè custodit legem, consilia non potest euangelica negligere. His igitur omissis, nostrum ad eos sermonem conuertamus, qui minam, à Domino negociaturi acceperunt;quamquam non sint omnes ex Domini

præcep

præcepto negotiati.

Igitur cùm per hos tres famulos, quibus Dominus minas tradididit, omnes fidelium, qui in Ecclesia sunt, status significentur; quia scilicet alius famulus statum incipientum, & proficientium significat, alius profectorum, alius deniq ceteram hominum turbam: intelligendum est, eos qui ad priores duos status pertinent, fuisse negociatos, reliquos autem segnes, & ignauos, suam in sudario minam reposuisse. Quare & illi primi, dignum industria sua præmium tulerunt: his autem vltimis segnibus, & negligentibus ademit Dominus minam : quam & alijs, qui decem minas lucrati fuerant concessit: ijs scilicet, qui bus in suæ industriæ præmium, super decem ciuitates dederat potestatem. Quare ijs qui iam habebant, data mina est, vt magis abundarent.

Sed hoc quidem si adamusim exponendum sit, non modicam habet difficultatem. Primùm enim, cùm in Euangelio, decem fuisse datas minas appareat: videndum est, cur negociatores dicant, *Mina tua*, in numero vnitatis. Deinde inquirendum est, quænam sint hæ ciuitates. Tertio, an ei, cui sublata est mina, sit aliqua simul pœna irrogata. Tandem, cur adem pta mina, sit habenti concessa.

Primæ quæstioni facile respondere possum, numerum aliũ pro alio esse positum, cùm cunctæ minæ vnius generis sint, & vulgò per tropum, vnitatis numerus, pro numero multitudinis soleat vsurpari. Sed aptius respondeo, verbum, & spiritum Dei, scilicet Euangelium, pro Euangelio spiritu sumptum, vnicam esse rem, virtutes omnes, omniaq. dona complectentem; vnicam videlicet minam, qua fidelis homo decem minas lucratur, hoc est perfectam decem mandatorum custodiam.

Sed expendere hoc loco æquum est serui boni humilitatẽ, qui non se decem minas acquisiisse dicit: sed *Mina*, inquit, *tua decem minas acquisiuit*, vt omnem facti lucri gloriam vni Christo deferret: quod & fecit Paulus illis verbis: *Non ego, sed gra-*

tia Dei mecum. Nam cùm meritum quidem à gratia,& libertate proficiscatur: tamen potissima eius ratio, & origo, gratia est.
Iam verò ciuitatum nomine,æterni & cœlestis regni præmia significantur: vt verbis illis significauit Dominus, *Sedebitis in regno meo &c.* Itaque ij, quibus decem ciuitates donantur, sunt quos Dominus ipse Matth. 5. vocat magnos in regno cælorum: ij verò quibus donantur quinque,sunt illi, qui cùm minores sint meriti,non tam ampla præmia reportant. Quis igitur est, qui hæc tam præclara,tamq́. illustria non appetat regna? Si mortalia bona homines expetunt auidissimimè,& par uis,aut mediocribus non contenti,semper animo ad maiora feruntur:cur ad cæleste:hoc decem ciuitatū regnum non adspirant? cur non pro eo certant? cur non ad id omni contentione omniq́. conatu nituntur? Sed videamus iam,quinam illi sint,qui minam in sudario reposuerunt; quiq́.cùm neque decem;neq. quinq́.sint minus lucrati:neq.decem neq.quinq. ciuitatum regnum adipiscuntur: immo collata sibi mina priuātur. Hi certè sunt quidam homines, qui iudicant quodammodo,Deum ab hominibus, molestum quoddam,& humanis viribus impar obsequium postulare. Sunt enim reuera quidam iniqui diuinarum rerum æstimatores, qui hoc quasi nomine Deum ipsum accusare videntur ; cùm aliquos vident pios viros subtristes, atque demissos, qui quidem omni mente,& cogitatione in diuino obsequio versantur, quiq́ diuinorum beneficiorum, propriæque indignitatis, ac miseriæ recordatione anguntur,& contabescunt.Merit (inquiunt illi) Dominus quod non seminat,& tollit quod non ponit: quippe quia cùm legem quandam difficilem in humanis mentibus seminauerit: tamen non simul vires hominibus addidit, quibus tanto oneri pares esse possint. Certè (inquiunt) cùm Dominus hominem sibi ipsi reluctantem effinxerit, hoc est malis inclinationibus obnoxium ; non eum vsque adeò integrum, perfectum,spirituale atq.cæleste iure requirit

Matth. 5.

Quibus

DE SACRA RATIONE

Quibus quidem rationibus adducti, precepta solum negatiua, vt non occidere, non moechari, obseruant: at vero ad ea quæ pias & sanctas actiones, maxime vero proximorum commodum respiciũt, nulla omnino ratione animum appellunt, itaq. collatam hanc sibi minam in sudario reponunt. At, quid collatam sibi minam dico in sudario repositam? Hoc profectò non ita accipiendum est, vt eos, qui Deo obtemperare nolũt, habere vlla ratione minam intelligamus: nisi quod cum fidem habeant mortuam, & in gratia se exiſtiment eſſe, habere quodammodo minam extrinſecus videntur. Quare in sudario qui dem eam inuoluũt: hoc est, (ſicut alius ille Matth 15. qui talentum in terram abscondidit) in vilibus, & terrenis rebus occultant: nimirum diuinam legem abijciunt, & obliuioni tradunt, dum corporis ſunt tantummodò voluptatibus intenti. At hos Dominus veniens reprehendet, & quo ſe tueri cogitant argumento, in eos ipſos retorquebit. Si enim me (inquiet) arbitramini ſeuerum iudicem, & vindicem, qui tollam quæ non poſui, & metam quæ non seminaui: cur non hoc timore perculſi, efficere nitebamini, vt aliquam venienti mihi rationem facti de mina lucri reddere poſſetis? Poteratis quidem multas lucrandi inire rationes: poteratis alios de lucro conſulere, ſocietatem eius faciendi cauſſa corire, & ſic tandem prudenter negociari: vnde ſi non magnum factum eſſet lucrum: tamen vel id ſaltem fieri potuiſſet, quod nummularijs ex pecuniæ per mutatione obuenire ſolet. Cùm igitur hoc facere neglexeritis, æquum eſt vt mina vobis auferatur. Itaq. in gehenna quid quid ſpiritualis boni habebatis à Deo ad bene operandum infuſi (nam character ad operandum poteſtas eſt: non enim infuſa eſt operandi virtus) id vos prorſus deficiet: atq. ita bonis deſtituti, veluti ligna arida, acerbiſſimo igni in perpetuũ crucia bimini. Hæc Dominus.

Qui vbi haciuſta ſententia, iniquos ſanctæ minæ contempto res damnauerit: adēptam ab ijs minam, qui ijs minas decem fuerint lucrati, dari præcipiet. Non enim Dominus ea, quæ ſemel dedit iterum ad ſe reuocat: quinimò ſi quis ingratus ea reſpuerit,

apoſtrophe.

Anaphora aſyndeton homœopto ton.

CONCIONANDI LIB. VI.

respuerlt;alteri benè merenti impartitur. At verò illi potissimū impartitur, qui maximè omnium benè meritus est;naquò quis est humilior, Deumq́; magis diligit, eò maiori dignus est præmio, maioribusq́; à Domino beneficijs augetur, atq́; cumulatur: quamuis longè aliud sit hac de re, illorum hominum iudicium, qui non ex cuiusq́; merito, sed exinopia rem totam metiūtur: itaq́; non habenti minas decem, sed ei potiùs, qui nihil habeat, existimant hanc esse minam conferendam. Ergo iustissimo Domini decreto constitutū est, vt ei qui habet gratiā, detur; ab eo verò, qui nō habet gratiam, etiā id quod habet auferatur. Quo reuera significat Dominus, omnia in electorum commodū cedere: præsertim eorum, qui perfecti spiritus decem minas habent: contrà verò miserrimam esse re proborum sortem, quibus nihil omninò post mortem erit boni; quippe quia & mortua etiam fide, quam habent, priuabūtur. Sed neq́; id tantūmodo quod diximus, efficiet Dominus;sci licet tantū:nodó cumulatissimis præmijs pios afficiet, eos puni tione verò qui cū à malis, suo iudicio, abstineāt, precepta tamē affirmatiua negligunt, sed etiam ab illis impissimis ciuibus qui eius Dominatū & imperium (vt supra interpretati sumus) respuere tentarunt acerbissimam vindictam sumet nimirum eos, coram se ipso, vt grauius supplicium sentiant, iubebit trucudari.

Au ditis, ergo ò viri Christiani quid actum, quidq́; agendū à Domino sit; quantū in obsequendo diuinæ voluntati oporteat nos esse sollicitos: quàm simus æqua lance, absq́; personarū exceptione, secundum opera iudicandi: quomodo de acceptis beneficijs sit ratio reddenda: qua ratione pigri & segnes puniendi sint, impij verò terribili pœna torquendi: quàm deniq́; felix sit piorum conditio, præsertim perfectorum. Hæc igitur cū ita sint, cauete diligēter ne ita viuatis, vt cælesti, & bea tissimo bonorum præmio exclusi, & in profundum inferni barathrum miserabiliter immersi, acerbo igni, perpetuisq́; cruciatibus torqueamini. Expendite vobiscum quæ à Domino beneficia acceperitis: neq́; si vobis quisquam in via Domini obstre-

Epilogus ab enumeratione.

O pat,

DE SACRA RATIONE

vmquam timeatis,aut diuinam opem vobis non aliquando af futuram exiſtimetis. Veſtram quidem imbecillitatem, & infirmitatem fatemini:ita tamē,vt omnipotētis Dei vires agnoſcatis,& in eo poſitam eſſe vobis ad omnia quantūuis difficilia, virtutem arbitremini. Vtimini ergo data vobis mina,& dum mortalis vita manet negotiamini:quando quidem ad cæleſte negocium peragendum,& ad Chriſti gloriam data vobis eſſe omnia cognoſcitis.Hoc enim ſi feceritis, retribuet vobis dominus gloriam ſempiternam.

Obſeruatio de ſuperiore concione.

SIt ergo in primo illo,ſimpliciq́. concionandi genere hoc exemplum. Ad cuius imitationem interpretari etiam Epiſtolam,aut quampuis aliam ſcripturę partem diſcere quis facilè poteſt. Nam etſi documenta,& præcepta viam docent;reuera tamen exercitatio induſtriam parit,& facilitatem.In hoc autem exemplo obſeruari poteſt,qua ratione exordio,& narratione & epilogo fuerim vſus(nam confirmatio quidem,& confutatio in omnibus partibus locum habuit)item & qua ratione inuctionis loca,& elocutionis figuras obſeruarim. Credo autem equidem hoc ſufficere exemplum ei viro,qui vel medicori valeat ingenio,quiq́.labori parcere nolit,atq. exercitationi.

Nõ me latet eſſe quoſdã,qui in hoc genere cõcionandi,ſubtilia multa,ex ijs quæ in ſcholis diſputari ſolent,ſaltē pertraſemnã,adducunt;ſcripturæ loca propè innumera ita congerūt,& accumulãt,vt mirũ in ijs contentium, & conuenientiã demonſtrent;ſimilia quædã adũt prætereà lepida,& acuta;plures vetē ris Teſtamēti figuras referũt;atq.alia deniq.multa id genus præſtant iuxta amplificãdi regulas, quas ferè omnes in noſtro opere de ſacra ſcriptura amplificanda tradidimus.Sed tamen noſter nunc ſcõpus tatũ in eſt,cuiuſq.generis aliquam proponere concionē,qua ſimplicitatis, puritatis,& veritatis doctrinæ exē plum commoſtremus,ſanctorum Patrum veſtigijs inſiſtentes, & populi ædificationi tantum inhiantes,ne aut laudem noſtrã quærere,aut Dei verbum aliqua ratione ad alium finem, quã
ad Dei

ad Dei gloriam referre videamur: Quem etiam morem in ijs, exemplis, quæ sequuntur, retinebimus; vt ad diuini verbi decreta & sanctorum Patrum exempla, & Concilij Tridentini de concionatoribus canonem nos totos effingamus.

Admonitio ad lectorem.

ERat, Lector, animi nostri institutum, exempla omnium concionandi generum tibi proponere. Sed cum hoc (quod in alio magno volumine de exercenda sapientia facere cogitamus) nunc quidem hîc præstare non possimus, vrgentibus huius libri editionem amicis; ignoscendum est nobis; quod post eam quæ supra tradita est de S. Ludouico concionem, alias tã tummodò septem tradamus: primam de S. Iohan. ante portam Latinam: secundam de Dominica Quadragesimæ: tertiã de Dominica in Ramis Palmarũ: quartam de Spiritu sancto: quintam de Sanctissima Triade: Sextã & Septimã in Monachæ virginis professione. Has ergo tatũ conciones nũc accipe: quas cũ nobis concionãtibus, carissimi discipuli raptim, & tumultiaria (vt dicitur) opera exceperint, collegimus nos hinc inde, non quidẽ vlla electionis habita ratione, sed quæ magis ad manũ erãt potissimúm eligentes.

Sed quoniã scio nõ defuturos, qui nõ nisi accuratas, & sũmo studio elucubratas dicãt in lucẽ profferri debere conciones & eo fortasse nomine nos accusent, quòd vulgari tantũ labore ex cogitatas, & côfectas tradamus: hos etiam obsecro, eandem, quam supra dixi, excusationem accipiant.

Et quamuis exempla côcionũ, quibus de fidei articulis, de diuinis mysterijs, de cæremonijs Ecclesiæ, deq. alijs huiusmodi agitur, hoc loco desiderẽtur: tamẽ ex his paucis exẽplis, quæ adducimus, reliqua poterit lector studiosus, & ingeniosus colligere. Sed neq. tædere quẽquã debet, quòd eiusdẽ generis plura exẽpla tradamus: nã & hoc vtile erit, cũ in eo & inuẽtionis copia, & varia dispositionis ratio magis eluceat. Quòd si quis est, qui aliqua ex ijs quæ humana docet Rhetorica fuisse à nobis prætermissa quæratur: is intelligat, diuinã sæpe Rhetorica, hoc à nobis efflagitare. Quãquã neq. id quidẽ (si recte perpendatur.

datur) abhorret à Rhethoricæ humanæ regulis, per quas iuxta prudentiæ methodum, sæpe licet ab ipsa præceptorum norma aliqua ex caussa deflectere: præsertim vbi orationi se historia permiscet:tunc enim oratorius stylus ambas simul methodos ad vnguem obseruare non potest.

Sed si ad huc aliqua sint in hisce concionibus errata, quæ nos ingeniolo nostro non assequimur: vtinā, ò lecter, tātos in hac arte progressus facias, vt ea corrigere Christiana caritate possis.

Concio in festo sancti Iohanni ante portam Latinam.

Exordium in quo eius propositio.

Iohannis decimo quincto cap. scriptum est id Euāgalium, quod hoc tempore in solennibus martyrum festis cani solet: in quo illa Domini nostri verba continentur, *Ego sum vitis vera, vos palmites*: quibus quidem admirabilem quandam & salutarem doctrinam nobis diuina Sapientia tradidit inuolutam. Quemadmodum enim palmes fructum aliquem laturus, viti adhæreat necessum est, succi nimirum, & virtutis capiendæ caussa: pari ratione quicunque fructum sanctorum operum edere cupit, eum quidem cælesti gratia fulciri, & diuini spiritus ardore inflammari oportet. Non enim est satis quemquam tanquam aridum palmitem, viti, hoc est Christo, per solam fidem vniri: sed accedere debet fidei caritas, quæ instar est arctissimi vinculi diuinæ cum homine coniunctionis. Porrò Christus vera vitis dicitur, vt itidē corpus verè cibus. Etenim, vt corpus animi gratia, quasi quoddam ipsius domicilium conditum est: sic corporea omnia, rerū spiritualiū sunt veluti vmbra, animoq́, subseruiūt: itaq́. (vt Paul. ad Rom. 6 satis videtur insinuare) corporeis, & sensibilibus rebus, spiritales aliæ, & à nostris sensibus alienæ significātur. Vt ergo digna Deo opera, hoc est dulces sanctitatis edamus fructus, de quibus ad Galath 5. Beat. Paulus; diuini numinis gratia indigemus. Sed cùm inter hæc opera duo planè sint Deo gratissima: scilicet annūtiare Dei verbum; illudq́. ipsum audire, intelligere, & tādem custodire: necesse est, vt qui hic adsumus omnes virtute hanc à vitæ nostræ humili prece postulemus. Quando verò Diuino iure statutum est, vt per

Petitio.

CONCIONANDI LIB. VI. 213

puriſſimã Virginẽ ea quę cupimus, ad nos ex perenni omniũ bonorum fonte deriuentur, ſicut è capite per collum omnis virtus, & vis in cetera membra deducitur. Virginem adeamus, eamq́; vt hãc nobis gratiam impetret, humiliter deprecemur. Annuet ſiquidem votis noſtris ſacerrima Virgo, hoc præſertim die, quem ſancta mater Eccleſia Iohanni filio ſuo conſecrauit. Flexis ergo genibus, vt de more eſt, eam exoremus Angelicam illi ſalutationem atque orationem offerentes.

Calicem quidem meum biberis.

DVo mihi hodierno in Feſto magnam afferunt difficultatẽ, alterum ex Euangelio, ex Eccleſia alterũ. Primùm namq́; haud facilè eſt diiudicare, quo pacto vero ſimile id ſit, quod Iacobo, & Iohanni à Chriſto Seruatore noſtro dictum fuiſſe Euangelium teſtatur. Nam, vt in eo refertur, cùm Chriſtus de ſua Paſsione, & Morte, & Regno diſſeruiſſet, Iacobus, & Iohannes, vt qui Spiritus Sancti afflatu nõdum fuerant perculſi, per ſuaſerunt ſibi, regnum Chriſti temporale futurum; ideoq́; matrem impulerunt ſuam, vt à Chriſto eminentiores eius regni ſedes ipſis poſtularet. Flectitur quidem illa minimo negotio ſi liorum precibus; vtq́; ſunt matres plùs æquo filijs indulgentiores, eorum obſequitur voluntati. Adit Dominum Ieſum, eũq́; magna cum veneratione alloquitur, dicens: *Dic vt ſedeant hi duo filij mei &c.* Chriſtus immenſa illa pietate ſua, matrem animplectitur, facturumq́; ſe, quæ diuina patietur iuſtitia, dicit. Matre verò recedente, iuuenes accerſit non nihil inſolentes, atq; animaduerſione dignos, quòd poſt tot à Chriſto audita de mundi contemptu documenta, adeò ſtupidi eſſent, & ſtulti, vt honoris cupiditate commoti, ad leue, & inane petitionis genus matrem impuliſſent. Quare illis in memoriam reuocat, ſe quo tempore de Reſurrectione loquutus fuerat, ſimul dixiſſe, intolerabiles ſe dolores perpaſſurum; Paſsionẽ enim, & Mortem viam eſſe, quæ ad Reſurrectionem ducit. Nam etſi regnũ cælorum, omniſq́; honor, & gloria hereditario iure Chriſto (etiã quatenus homo erat (obueniebat) quia ſcilicet in perſo-

Narratio à diuiſione petita.

na dici

na diuina, ita natura subsistebat humana, vt homo ille verus esset Deus: tamen salutis nostræ caussa, vtque exemplum nobis ad imitandum relinqueret, voluit regnum reuera suum, proprijs laboribus acquirere, nonoq́; iure possidere: vnde illud quòd ad Philip. 2. inquit B. Paul. *Propter quod & Deus exaltauit illum &c.* Quare licet verum esset de terrestri Regno Christum fuisse loquutum: tamen iniustum erat velle discipulos meliori esse conditione quàm magistrum. Vnde cùm per cruentam ipse crucem, & per passionem, mortemq́. acerbissimam regnum cælorum adepturus esset; *Potestis*, inquit, *vos bibere calicem &c?* Calicis autem nomine labores intelliguntur: quod loquendi genus frequens est in Sacrosanctis litteris; vt ostenditur ex eo: *Pater transfer hunc calicem à me*. At his omnibus auditis intrepidi manent iuuenes gloriæ cupidi, atq; incōsideratè respondēt *Possumus*. Ita verò se haud dubiè habet res. Nam dum homines terrenarum voluptatum amore tenentur; quidquid laboris, & dispendij se se offerat, libenter subeūt, vt suum expleant desiderium. Sic auari propter nummos, superbi propter honores, impudici propter fœda, & inhonesta quæque, nihil etiam arduū, & periculosum tentare recusant. At Deum immortalem! quàm ægrè propter spiritum, & sanctitatem, labores ferunt? Quis enim ad orationem, & spiritus perfectionem, vt Iacob ille, tanto labore, curis, vigilijs, quattuor decim annorum spacio contendit? Sed prætermittamus hæc nunc, & audiamus Christum respondentem id quod non bis nunc negocium facit. *Calicem quidem*, inquit, *meum bibetis*.

Matth. 27

Genes. 31.

Prolepsis.

Quæro igitur quem Iohannes Passionis calicem bibit? Iacobus quidem multis exantlatis laboribus, vitam tandem capitis abscissione terminauit; at Iohannes suauem vbique gustauit Christi consolationem. Dum inter mortales fuit, Christi Domini dilectus appellatus est, & ad Christi actiones præcipuas socius, & comes ascitus: in vltima, cœna in pectore Domini recubuit: Virginis filius est constitutus: deniq. à cunctis vehementer est dilectus, atq. in honore habitus. Si Romam delatus est, ibíque in olei feruentis dolium iniectus; nihil, vt creditur, senfit doloris, sed illæsus euasit. Si in Pathmon insulam fuit relegatus; exilium illi consolatio fuit: insulam enim ad fidem Catholicam reduxit, sibiq́ne conciliauit: ac mirificis præterea reuelationibus illustratus est. Denium Ephesum ab exilio rediēs felix vixit: ac in sepulchro tandem collocatus, ætatis valdè pro lixæ compos, vel non obijt, vel si obijt, suauissimè mortuus est. Quem ergo calicem Domini bibit, qui nullos ferè passus labores, tot consolationum suauitatibus est perfusus?

Non erit difficile huic dubio satisfacere, si ex Sacris libris duo esse crucis genera collegerimus: externum quidem alterum, in corpore scilicet præsertim locum habens: alterum verò internum, ad animum nempe duntaxat spectans. Illius priusstere bra in scripturis mentio sit; vt 2. ad Thimot. 3. omnes enim qui piè volunt viuere in Christo Iesu, persecutiones patiuntur. Ad hoc ergo crucis genus omnes corporis labores reuocantur; de quibus sæpè Paul. prima & secunda ad Corinth. vbi suorum meminit laborum: huċque pertinent egritudines, inopiæ, dedecora, ea denique omnia, quibus humanum corpus affligitur.

Hoc crucis genus adeò Sancti in votis habuerunt, modoq́. semper habent, vt vbi externæ cruces desint, ipsi sibi ieiunia, vigilias, & milleid genus macerationes alacriter deligant, atq. sanguinem pro Christo effundere ita exoptent, vt id summi beneficij loco reponant. Hinc Psal.15. *Funes ceciderunt mihi in præclariis: etenim hereditas mea præclara est mihi*. Præclara certè sanctorum hominum sors, preclarum premium, quo Prophetas, Apostolos, ceteros deniq. omnes insigniores suos amicos donauit Dominus: labores pro eius nomine exantlare. Quare recte ad Colos.2. Bar. Paul. inquit. *Qui dignos nos fecit in parte sortis sanctorum*. Hæc est enim Sanctorum pars, & sors: de qua Thob.1. *Quia bonum erat* &c. Et de qua etiam Christus de Paulo ait. *Ego ostendā illi quanta oporteat eū pro nomine meo pati*: Iteq́. Paul. ipse 2. ad Cor. 12 *Libenter gloriabor* &c. Et ad G.l.t. sex to. *Mihi absit gloriari, nisi in cruce* &c. Hanc ergo crucem ardenter expetiuīt Beat. Iohannes: tametsi non vt

2. Thim. 3.

Thob. 1 2.
Actu. 1 2.

2. Cor. 1 2.
ad Gal. 6.

exoptabat

DE SACRA RATIONE

exoptabit, ritum pro Christi nomine fuderit. Quod cùm ita sit, rectè illi conuenit illud B. Augustini dictum *Illi martyres sunt, qui ita vixere, vt martyres esse mererentur*.

Alterum crucis genus, internum est, quod in alia tria secatur. Est enim primum tentatio ipsa, qua anima nostra à Dæmone oppugnatur: aliud verò de nostris, alienisq́. peccatis perceptus dolor, dum Christum iniurijs (si fas est dicere) & contumelijs vrgeri videmus: tertium deniq. idque nobilissimum est Christi commiseratio patientis. Quamquã nõ diffiteor a-

Interroga- lias etiã esse cruces internas, de quibus memini me aliquando
tio vbem si dixisse. Nã quænam grauior crux, quàm pro animi votu Chri-
Homœopto- stum Iesum non posse cognoscere, diligere, & obsequijs gra-
ton. tissinis prosequi? Quænã acerbior, quàm videre, hæc eadem Christo debita pietatis officia, à multis hominibus, vti par est minimè præstari? Nonne etiam crux est, incolatum nobis prolongari? Nonne item insatiabilibus quibusdam animi ad cæle-
Anaphora stia anhelantis torqueri desiderijs? Præterea quis non intimo
Homœopto- afficiatur dolore, dum tot ob oculos cernit pauperum, mise-
ton. rias, tot calumnias, tot cùm animi, tum corporis angustias, inopias, egestates; nullum autem, aut vix aliquem vel adiutorem, vel consolatorem? Sed missa nûc hæc faciamus: plùs enim fortasse iusto, materiæ pulchritudine allecti, in hisce rebus immoramur. Sat modo sit tria illa, quæ enumerata sunt, internæ crucis genera in medium protulisse.

Quorum quidem primum, scilicet tentationem cunctos ferè sanctos satis expertos fuisse compertum est: omnes enim
Roman. 7. cum Paulo, legem carnis mentis legi repugnantem senserunt; atque insuper à mundo, & Dæmone fuere ad peccandum inuitari. Vnde quicûque antiquas veterum Patrum, Sanctorúq. penè omnium historias consuluerit, facilè deprehendet, eos omnibus tentationum generibus pulsatos fuissé: quamquam non quidem eodem modo omnes. Tentationem enim carnis non sensit. D. Tho. Aquinas, senserunt tamen D. Francis. D. Hieronymus, D. Benedictus, & alij. Paul. vero 2. ad Corinth, 12. datum sibi angelum Sathanę insinuat, quamuis quod fuerit illud

CONCIONANDI LIB. VI. 217

hud tentationis genus non liquidò conſtat. Sed & illud tentationis genus quod per ſuggeſtionem fit, Chriſtus Seruator noſter pertulit: tametſi eō etiam libera fortè fuit Beatiſſima Virgo,

Quare nemo conqueratur, nemo inanibus aduerſus hæc argumentationibus vtatur, nemo ſe crucis ſuæ onere leuare conetur, nemo deniq. alium ſecum conferens, alienam crucem propriæ anteponat. Sume, ò Chriſtiane vir, crucem tuam: hanc enim te oportet ſuſtinere: hæcq. eſt, mihi crede, tibi cōmodior. Cur enim tu Deum diſtributoris iniuſti nomine arguias? Cur non tuam, ſed ab alio mutuatam crucem accipias? Numquid cogitas Dominum non ſatis tui rationem habuiſſe? Tolle crucem tuam, tuam inquam non alienam, hanc enim tibi Deus geſtandam impoſuit. Quò circa ſi morbo corripiaris, ſi afficiaris contumelia, ſi fame, ſitiq́. vexeris, hanc tibi crucem amplexare. Si verò omnibus tibi ſuppetentibus, importuna, & moleſta exagiteris tentatione; hæc itidem crux eſt tibi amplectenda. Quòd ſi nullis hiſce, neq. externis, neq. internis anguſtijs opprimaris; crux certè eſt maxima, tam ſingulari bono carere. Quamquam qui fieri poteſt, vt externa ſaltem crux, aut ab alio violenter data, aut à te ipſo ſponte accepta (ſi modò Chriſti Ieſu ſeruus es) tibi non aliquando contingat? Verùm tamen ſi vtraq. tibi deſit, ea ſaltem (vt dico) ſuſtinenda manet, quò d'cruce deſtituaris: quo quidem imprimis genere, pij, & veri Chriſtiani vehementer afliguntur. Nam ſi is qui alium diligit, ei quoad poteſt ſimilis eſſe deſiderat: quis crucem, ingentem licèt, & vix ferendam, ſi tamen Chriſtum Ieſum amat, nō ſummè cupiat, vt ita illi crucifixo ſimilis efficiatur? Sed in ſequa-quamur longiùs.

Alterum internæ crucis genus, idq. nobiliſſimum, eſt à ſe, vel ab alijs commiſſa peccata lugere. Ecquis enim filius, conuiciorum illatorum patri ſine ſummo animi angore recordabitur? Hoc fuit Chriſti Ieſu Domini noſtri crucis genus potiſſimum: de quo in eius perſona illa ſcripta ſunt: *Zelus domus tuæ comedit me. Deus, Deus meus, quare me dereliquiſti. Intranerunt*

Anaphora Homœopto proton. Aſyndetō. apoſtropha.

Anadiplo. ſis. Anaphora

Homœoptoton. Aſyndetō.

Correctio cum interrogatione. à Relatis.

Iohan. 2. Matt. 27. Pſalm. 68.

runt aquæ vsq. ad animam meam. Quod & in horto ab eodem Domino facta oratio significabat: & apud Esaiam cap. 53. & Psal. 21. & 68: & antiquæ illæ Sanctorum Patrum anxietates, vt in Mose, Dauide, Esaia, & Hieremia aperte videmus. Porrò crux hæc, ô viri Christiani (quæ nostra est miseria) in hac vita numquam cessabit. O immensam Dei patientiam! Quis potest sibi à luctu, & lacrymis temperare, dum tot, & tam fœda peccata, quæ in dilectum Dominum nostrum Iesum commissa sunt, & quæ quotidie committuntur, & quæ committenda supersunt, cogitatione reuoluit? Dauid quidem diuinæ legis aliquando violator, indignia impiorum facinora, magna lacrymarum vi, fluminis instar effusa, deplorabat. Quod cùm ita sit; quo luctu, tantorum scelerum caussa contabescent illi, qui suorum leuium peccatorum (quæ omimissionis dicuntur) consciētia discruciantur? Nemo certè ex viris pijs est, qui fletum cohibeat, dū perpendit, quæ sit hominum in diuinis mandatis exequendis negligentia, quæ in pijs operibus exercendis, os eitantia, atq. segnities, quàm extinctus ferè caritatis ignis: contra verò quā magnum studium, cura, diligentia in congerēdis diuitijs, in parandis honoribus, in demulcendis, & irretiendis fœminis, in turpibus denique, & cito perituris voluptatibus consectandis. Nonne igitur graue huius crucis onus, gigātis etiā vires superabit? Quare mirādū nō est, si tantū aliquādo pijs hominibus doloris infert, vt vix vllum cōsolātioni locū relinquant; non secus atq. illa Rachel, quæ filios plorans suos, nullū volebat solatij genus admittere. Nobile profectò est, & ingenuum hoc crucis genus, neminiq, ex Dei amicis (præter solos Regni cælestis incolas) non maximè familiare.

Sed tertium quod superest, illustrissimum est, & præclarissimum, ex nobilissimi scilicet cuiusdam amoris fonte emanās; quo viri sancti, incredibiliū Christi patiētis dolorū memoriā vehementer afficiuntur. Commiserescunt quidem matres filiorum aut ægritudine, aut fame, aut siti, aut alia quauis inopia laborantium, aut in carceribus constitutorum, aut quouis denique, mortis præsertim violentiæ genere è vita discendentium; atq. ita commiserescunt, vt omni consolatio

ne deſtitutæ in lacrymis ac mœrore iacẽat. Cuius generis fuit
ille Dauidis dolor, qui Abſalonis filij nęcem, atq. adeò Saulis, & Ionathæ mortem lamentatus eſt. Hoc ergo cùm ita ſit:
quò nos dolore confici æquum eſt, cùm noſtra ipſorum cauſ-
ſa, ei quem vnicè diligimus inflicta ſit mors? Si luxit Dauid duos *à minori.*
illos amicos, à Ioab, quòd amicitiam cum eo inire conſtrue-
rant, interfectos: multò magis ij viri, quos Dei amicos appellamus, acerba quadam animi ægritudine vexabuntur, cum Chri- *Anaphora*
ſtum Ieſum conſiderant pro nobis in cruce, tot doloribus, tot *Homœopto-*
probris, tot anguſtijs, tot deniq. cùm animi, tum corporis an- *ton.*
xietatibus confluctari. Pauciſſimi ſunt, qui ad tam celſum crucis genus perueniant: grandem ſiquidem cordis munditiem,
atq. ardentiſſimum amoris ignem requirit. Hoc igitur ſanè ſu-
ſtinuit primum ſanctiſſima Virgo; illa inquam quæ Dei eſt
mater, Spiritus ſancti ſponſa, tota pulchra, & immaculata; cuius quippe animam in Chriſti filij ſui paſſione doloris pertran-
ſiuit gladius: ſuſtinuitq. etiam præterea ſanctiſſimus hic noſter
Euangeliſta Iohannes. Quare cùm Chriſtus quidem ipſe omne crucis genus imprimis pertulerit; Virginis autem crux ſecũ-
dum locum obtinet; licet Beatum Iohannem, in geſtanda
cruce, tertium illis comitem adhibere.

Nemo igitur audeat contra Euangelium inanes adferre argumentationes, aut dubius, & anceps in quæſtionem vocare,
an, vel quo pacto Iohannes calicẽ Domini biberi. Hac enim
de re nullus erit qui poſſit dubitare, ſi omnia quodammodo
crucis genera in eo animaduertere voluerit. Primùm enim, ſi
gladio non occubuit, tamen labores hauſit nec paucos, nec
exiguos. Præterea quamuis cum, vt potè virum puriſſimum, ra-
ris tentationibus, preſertim iuliancſis, pulſatum fuiſſe crediderim; tamen quid vetat quò minus tentatum fuiſſe in multis fateamur? Suggeſtionis quidem genus illi denegandum non eſt:
neque itidem dubitandum, cum pro Chriſto ſibi cariſſimo
vitam profundere deſideraſſe, immò hinc martyrij coronam
ſummis à Deo precibus contendiſſe. Reliqua vero crucis genera, quæ ſola ſufficiunt, vt verè is dici poſſit, calicem Domini
bibiſſe,

DE SACRA RATIONE

bibisse, adeò in illo grauia, vt arbitror, extiterunt; vt cùm In Cœna, prodendum esse à Iuda Dominum intellexisset, credi par sit, eum dolore confectum, desi quium animi pertulisse. Quare in animum induco meum, ideò cetera crucis genera ipsum non gustasse, quòd multò nobiliori, atq. illustriori patiēdi modo fuerat cohonestatus. Cui & hoc suffragatur, quòd ex alijs,

Ablatio. qui Christo morienti adfuerunt, non fuit vllus aliquo violen
Anaphora tæ mortis genere peremptus: nimirum non sacer:iura Virgo,
Homœopto non Maria Magdalena, non Martha, non aliæ piæ fœminæ: sci-
ton. licet ne ad martyrium iuxta crucem toleratū aliud accederet.

Ex his ergo manifestè apparet, illa Domini verba, *Calicem quidem meum bibetis*, non Bea. Iacobo tantùm, sed B. etiam Iohāni conuenire; cùm omne crucis genus aut reuera fuerit expertus, aut experiri mirandum in modum expertierit

Sed illa iam nunc restat profliganda difficultas; quale fuerit illud Ioh annis martyrium; in olei feruētis dolium immiti, illæsumq. tamen, & vegetiorem (vt ait Tertulianus) remanere : & quatidem de caussa tam magna hoc veneratione ab Eccle-
Exmplū sia celebretur; cùm aliorum præclara martyria, quibus ante mortem, tamquam aurum igne, sunt examinati (veluti quòd B. Paulus sæpe carceribus fuerit inclusus, sæpè flagellis, lapidibusq. cæsus, sæpè naufragia passus) nullo peculiari honore prosequamur. Tantine, obsecro, momenti fuit huius quasi imago martyrij, vt proprium sibi diem habeat consecratum?

Multa quidem hac de re vobis dicere poteram: ceterùm vt in superioribus, ita etiam hac in parte, cùm temporis nos breuitas vrgeat, ea cogimur prætermittere. Sed reuocate obsecro in memoriam, Auditores, in sacris libris maximè frequentē diuinarum consolationum mentionem contineri: neq. enim Dominus, qui Deus totius consolationis à Paulo appellatur, quiq. Spiritum Paracletum nō solùm Apostolis, sed omnibus etiam expectantibus eius aduentum, pollicitus toties est, patietur, seruos suos, qui pro illo nauiter pugnauerint, consolatione destitui. Quod si huiusmodi nos bono æquaquam fruimur; hoc certè nostra ipsorum culpa sit, qui peritura bona nō
prorsus

CONCIONANDI. LIB. VI. 221

prorsus abijcimus, neq. terrenis animi affectibus expediti, ad liberum, & mundum animi statum euolamus. Si enim hisce cupiditatibus essemus liberi, decantare iure possemus cum Dauide: *In conuertendo Dominus captiuitatem Sion facti sumus sicut consolati:* Si quidem peccatorum, atq. affectionum iugo depulso, a mari rubro incolumes euaderemus, vereq́. vt consolati, hoc est valdè consolati aquas purissimas biberemus.

Hoc igitur est quod in hoc festo voluit Ecclesia significare; quantum sit seruis Dei solatium, quantum gaudium, quantę́ denique delectationes. Ad hunc enim sępè portum pia nauicula magnis procellis agitata appellit: aut certè in medijs fluctibus immota manet, atq. commotum, & turbatum mare tranquilla & paccata percurrit.

Ecce igitur, ò Christiani viri, qua ratione hodiernum festum nobis ante oculos constituat, crucem quidem vnam aut alteram a Iesu Christi amicis & cupi, & exquiri, neq. tamen illis vnquam necessāriam deesse consolationem. Agite ergo &. hosce calices, quos sacra admonet scriptura, sumere concupiscite; neq. illa quæ vobis mundus, tamquam grauissima infortunia minatur, pertimescatis; quin potiùs illa contectamini, & vbi acciderint, diuina vobis collata beneficia reputate. Nam si conspirantibus quodammodo aduersos vos omnibus malis, præsenti semper, atq. integro animo fueritis; fiet, vt suauitatem in ipsa acerbitate gusteris, & diuina hic adaucti gratia, postea tandem in cælo æterna gloria fruamini.

Epilogus ab enumeratione. Cohortatio

Concio in Dominica Quinquagesima

Vangelij contextum obscurissimum esse, illa verba manifestant: *Et ipsi nihil horum intellexerunt &c.* Triplici namq. eorundem ferè verborum repetitione ingens obscuritas insinuatur. Hæc verò vt qualis sit videamus; ecce iam Euangelium, ita se habet. Dixit Dominus discipulis suis: *Ecce ascendimus Hierosolymam &c.* Quod postquam docuit, vt verum id esse ostenderet, atq. crucis spiritum

non

natis primùm pugnis aſſuefieri, ſuum veluti robur tentantes: prudentiſſimo ſanè Eccleſiæ inſtituto, iam vſq. à Septuageſima diſponi incipimus ad quadrageſimalem pœnitentiam. Vnde verba illa, quæ ad ſpiritalem lætitiam inuitabant, ſcilicet. *Allelwiah*, *Gloria in excelſis*, *Te Deum Laudamus*, non immeritò intermittuntur; vt hoc toto tempore, vſq. ad Dominicam in Paſſione, etiam huiuſmodi triſtitiæ ſignis commoneamur, debere nos, omnem prorſus deponere lætitiam. Vnde & Septuageſima hoc fortaſſe ideò nomen habet, quia ab eo die ad Dominicam in Paſſione ſeptem hebdomadæ numerantur: quamquam & captuitatis Babylonicæ anni ſeptuaginta, qui peccati captiuitatem, qua homines hiſce diebus vindicantur, ſignificant, hoc Septuagenario numero videntur inſinuari.

Etymologia

Cùm igitur hoc tempore, Eccleſia de noſtra omnium ſpirituali ſalute ſollicita, nos ad pœnitentiam cohortetur; mirum eſt, quo animi furore impij quidam eiuſdem Eccleſiæ filij in matrem exultent, qua temeritate illius mandata contemnant, atq. violent, in omnium vitiorum, fœdarumq́, voluptatum colluuione his potiſſimùm diebus ſe turpiter volutantes. Nam quando, obſecro, ingluuies, ebrietas, impudicitia, prophanaq́. omnia maiori quam nunc vi, in vrbes, oppidaq́. graſſantur? Quando miſeri homines, quaſi reuera inſtitutum Eccleſiæ irrideant, & ludibrio habeant, plura, maiora que peccata committunt? Credo equidem doloſum Dæmonem, cùm timeat ſibi à ſua ſordidorum ſcelerum fame in Quadrageſima futura, eam hoc modo quaſi præſaturare conari. Sed non deſunt qui ita reſpondeant; Gaudendum non nihil eſt. ó ſtulti homines! ò nefarij! ò impij! Numquamne ſine peccatis, aut vanitatibus, aut peccandi periculis gaudium vobis cōtinget? Monuitne vos Paulus has lutulentas delectationes? *In Domino gaudete*, ille ait. Nullum ergo vobis alium recreandi animi modum inuenire potuiſtis? Tantusne vobis eſt mentis ſtupor, vt ſancta, pia, vel honeſta ſaltem, Ethnicorum more, gaudia excogitare non valeatis? Sed reſpondebunt:

Exagitatio ſcelerum ex fine.

Arapbora

apoſtrophe.

Philip. 4.

bunt rursù. Præparamur ita ad quadragessimalia ieiunia animosiùs, & alacriùs capescenda. Quid ais, ò Christiane? Nonne experimento constat, febre abeunte, immodici caloris reliquias, (sicut & in furno, igne vel ablato, vel extincto) adhuc remanere? Profectò timeo ne quam in præparatione viã instituis, candẽ prorsus in ipso Quadragesimæ progressu retineas. Sed omissa hæc faciamus, atq. ad nostrum redeamus institutum.

apostropha.

Ecclesia igitur Catholica, mater nostra, q̃ hisce diebus nos instituere, ac parare ad Quadragesiman decreuit: Dominica Septuagesimæ ad vineam animæ nostræ excolendam nos vocauit; quemadmodum Moses, qui ad Sinai mõtis radices Israeliticam gentem ad legem suscipiendam præparauit. Docuit ve-rò etiam postea Dominica Sexagesimę, qua ratione nos ipsos parare, & verbo Dei, quod semẽ est, veluti terram bonam nos exhibere debeamus. Nunc autem hortatur, & monet nos, si velimus ad veram Hierusalem, scilicet ad spiritalem pacem peruenire, ascendendum nobis esse atq. pugnandum. Ascensus quidem difficilis est, atq. laboriosus, itemq. diuinum pacis bonum, vix quidem, nisi commisso primùm cum hostibus se interponentibus bello, comparatur. Hæc igitur, Christiani, exponenda nunc; à me sunt; hæc, inquam, quibus crucis mysterium continetur, abstrusum illud quidem, & paucis admodum intellectum. Si enim non pauci cognitum illud haberẽt, nõ ita pauci essent, qui passionis Dominicæ pulchritudine allecti, in excelsam Hierusalem ascendere vellent, atq. pro ascensu, constanti animo pugnarent.

Transitio.

Propositio.

In cælum igitur ascendendum est nobis Fratres dilectissimi; sublimem quidem ac difficillimum locum. Quare quod iter senseritis, reluctantem, & renitentem carnem recusare; hoc q̃ io arripite: hâc, enim, mihi credite, hâc in cælum itur. Corpus enim quod corrumpitur, aggrauat animam: vnde illud Pauli ad Romanos, *Sentio aliam legem &c.* Quare qui ad superna ni tuntur, corporis sentiunt renitentiam, si ad perfectionis, & mer ti.icationis apicẽ nondum peruenerint; immò numquam dũ homo in carne viuit, deest aliquis contrarius carnis affectus.

Contrà

Contrà verò quam viam nullis impedita difficultatibus praua caro alactiter suscipit: hæc certè ad infernos ducit cruciatus. Quò enim aliò tendunt conuiuia, muliebres suci, spectacula, saltationes, vanitates? Peruigilem ducit facile noctem aleato nomniq. studio in accumulādis opibus homines omnes laborant: at iniquo animo in oratione pernoctant. Pernoctāt autem? vtinam non immoderatè dormirent. Verum illud cō- *Correctio.* sideratione dignum est, & silentio nequaquam inuoluēdum; sæpiùs fortes, & strenuos Dei milites eò felicitatis deuenire, vt eorum caro, & cor exultent, itaq́; multò libēcus, & alacriùs macerationis, & pietatis opera exerceant, quàm soleant peccatores impurissimas quasq́; voluptates consectari. Tanti est *Epiphonema.* ponderis, ac momenti Christi Iesu spiritus, atq. amor: tametsi carni, etiam subactæ, ac profligatæ, innata repugnantia comes perpetuò sit.

Audistis ergo iam, vt ascendendum sit ijs, qui ad Hierusalem, hoc est pulchram, & visu delectabilem pacem, voluerint *Transitio.* peruenire. Nunc autem quòd inter clusum ab hostibus iter sit, neq. mirari debetis neque deterreri: sed fortiter quidem, & animosè pugnare. In hoc si quidem ascensu non potest nisi per medios hostes aditus patefieri. Qui nam verò hi hostes sint, neminem fugit: vulgò enim creberrimè circumfertur, carnem esse, Dæmonem, atq. Mundum.

Primùm carnis nomine, non tantùm fœda venerearum rerum voluptas est intelligenda: multò enim aliter de hac re sentit Bea. Paul. ad Rom. 3. de sapientia carnis verba faciens: quia omnis terreni boni appetitus, è carne, veluti è malorum omnium fonte originem ducit. Hinc immodica in accumulandis *Anaphora.* facultatibus, & in paranda dignitate solicitudo: hinc in delicijs luxuries: hinc deniq. immoderatum omne ceterarum rerū, quæ Christi Iesu doctrinæ, ac vitæ aduersantur, desiderium. Hanc igitur carnem (ò Christiani) quæ contra vos infensissimū omnium se inimicum ostendit, belloq́; vos continuò lacessit, nolite obsecro studiosè nimis, ac diligenter curare: sed fortiter pótiùs ei resistere: ijs scilicet armis, quæ Beat. Paulus docuit,

P

DE SACRO RATIONE

1. Corin. 9
Simile, qua exagitat in famis ab effectis.
Exclamatio.

cuit, hoc est corpus castigando, & in seruiturem redigendo. Quid enim? Tunc bestiam, quæ calcibus te ipsum prosterneret, nimia pabuli copia saginares? O ignorantiam! O insaniam! O cæcitatem! Sancti homines corpus macerant, timentes, ne ab eo, vt pote immani bestia, colcuncentur:& tu homo mundane (qui qualis sis, tu ipse tibi conscius es) eò temeritatis es deductus, vt habenas ei laxare non timeas? Excutite ergo, ò Christiani, tetram à mentibus caliginem: animaduertite, si pacem desideratis adipisci, perpetuum cum carne bellum vobis esse gerendum audite Salomonē Prouer. 19. in hunc modum dicentem: *Qui delicate nutrit seruum suum, postea sentiet eum contumacem.* Itaq. si corpus est seruus, subijcite illud spiritoi: atq. si debitum ei obsequium præstare recuset, debitas contumaciæ, ac perfidiæ ab eo poenas repetite.

Homo opto…

Iam verò alius nobis hostis insidias parat: qui cogitationibus imprimis sceleratis, & vanis, vel saltem ociosis, animum nostrū adoritur; quemadmodum caro de prauatis affectibus, ac perturbationibus. Cum hoc igitur (yt omnia in pauca conferam) orationibus decertandum est: orationes enim sunt Samsonis capilli, quibus abrasis, facilè Philistæis succumbemus. Abscondite ergo, Auditores, in cordibus vestris eloquia Dei ne peccetis: prouidete Dominum in conspetu vestro semper: atq. ad eius pedes proiecti, auxilium implorate, dicentes: Vim patior, responde pro me.

Tandem multò acrior cum Mundo nos pugna manet: etsi caro sit nobis magis inimica, nimirum quia nobis magis coniuncta. Quis autem Mundus sit. 1. Iohan. 3. & in eiusdem Euangelio sæpe declaratur. Scilicet, qui rebus se se mundanis dedunt, qui mundi bona concupiscunt, auari, vani, superbi; hi sunt Christi inimici, hi sunt, inquam, quos Mundū appellamus. Licet enim superbus, & astutus hostis non nisi perditos, atq. impudicos homines, mundanos appellet: tamen quicunq. huius mundi amicus est, mundanus quidem, Christiq. inimicus eo ipso constituitur: vt ex Epist. B. Iacob. cap. 4. satis apparet. Proh dolor! quot homines mundus iste perdit, atq. prosternit? Quot pij essent, nisi pessimo mundanorum exemplo

Exclamatio.

CONCIONANDI LIB. VI.

ab optima consilij ratione auocarentur. Vana sœmina, quæ adulterinis coloribus faciem oblinit, crines intorquet, insanos quosdam, & inuisos capiti ornatus imponit, sumptuosè demū, & versicoloribus vestibus induitur; ceteras fœminas ad easdē has inuitat, & impellit insanias: Eodemq́. modo iracundus ad vlciscendas acceptas iniurias, auarus ad colligendas opes, superbus ad cōsectandos honores, exemplo suo ceteros adhortatur. Neq. verò exemplo tantùm homines hi mundani, sed etiam (& fortè sæpiùs) verbis, & cohortationibus, tum etiam in crepationibus quibusdam, atq. ludibrijs, incitant ad peccandum quamplurimos: qui nisi ita (vt sic dicam) cogerentur, animam fortasse suam peccatis non inquinarent. Cum mundo igitur, à Christo iam pridem superato, acriter pugnare debemus, certissima innixi spe victoriæ comparandæ. Confidite enim, ait Dominus, filij: ego vici mundum; & per me princeps mundi foras eiectus est. Id autem quo vincere mundum possumus, Fides est: quia scilicet is, qui omnia quæ in Christiana religione tradūtur, quæq́. à Christo Iesu verbo edocta, opereq́. cōfirmata sunt, probè teneret; facilè certè mūdum despiceret, atq. superaret. Nā qui diuitias, spinas esse crederet; superbū mūdi fastū, puluerē esse obcæcantē; delitias omnes, cœnum fœtidissimū; cuncta deniq. tēporalia, fallaces rerū imagines subitò euanescētes: cōtrà verò Christi Iesu doctrinā, & vitā, expeditissimā esse viā, qua itur in cælum, cēseret: nōne quascunq. fugeret voluptates? diuitias contēneret? honores irrideret? se deniq. totum ad Christi crucifixi imitationem fingeret, atq. cōponeret?

Ecce ergo, Viri Christiani, quot nos in cælestem patriā per gētes, impedimēta distineāt, quot onera opprimāt, quot hostiū incursus in via retardēt: & qua itidē ratione hę sint omnes à nobis difficultates superādę. Nūc verò animaduertere etiam debemus, quemadmodum Christus mortuus, post triduum gloriosus resurrexit: ita & Christianā animam, post labores, post angustias, post deniq. deuictos hostes, triūphare, & premissionis terra frui, quæ puritatis lacte, mellis amore, sancti deniq. Spiritus consolatione vndique circunfluit.

P 2 Sed

DE SACRA RATIONE,

Sed hæc quidem Paſsionis, & Reſurrectionis arcana cùm Chriſtus Dominus Apoſtolos doceret:*Nihil*, ait Eu.ngeliſta, *horum intellexerunt*: Et addit rurſus,*Erat verbum iſtud abſconditum ab eis*. Et iterum, *Non intelligebant quæ dicebantur*. Quæ repetitio & ſi ad Apoſtolorum ignorantiam oſtendedã facta fuiſſe videatur: tamen nobis ea de re paulò aliter, neq inepte quidem, licet philoſophari.

Multa igitur ſunt, ò viri Chriſtiani, in Ieſu Chriſti paſsione, & reſurrectione perpendenda. Primùm conſideranda eſt ipſa externa Chriſti paſsio, & reſurrectio: deinde vberes, ac cæleſtes fructus ex Paſsione, & Reſurrectione nobis obuenientes; tertiò deniq. perpendendum, quantùm nos oportet Chriſto compati, eiuſq. Paſsionis nos ſocios ad iungere; vt & glorificationis etiam conſortes efficiamur. Hæc ergo tria ab Apoſtolis ignorabantur. Vnde primùm Euangeliſta inquit: *Nihil horum intellexerunt*. Etenim Paſsionem quidem non veram, reſurrectionem autem temporalem, futuram exiſtimarunt. Mox vero addit:*Eterat verbum iſtud abſconditum ab eis:*eò quòd neq. latentem ibi infinitæ miſericordiæ magnitudinem, neq. innumeros paſsioniseffectus, neq. mirabilem eorum modum comprehenderunt: quia cùm hæcvaldè ſpiritalia eſſent, eorum capru m ſuperabant. Subiungit autem demum: *Non intelligebant quæ dicebantur*: quoniam hæc in ſui gratiam dicta fuiſſe, hoc eſt, vt Chriſto ſe commori debere intelligerent, nequaquam perceperunt. Reſtat ergo ex his, Apoſtolos neque Paſsionis, & Reſurrectienis neceſsitatem, neq. effecta, neq. exemplum ſibi admitandum relictum percepiſſe.

Hæc Apoſtolorum ignorantia, mentis humanæ tenebras ſignificat: adeò enim ſtulti homines ſunt, vt crucis omninò obliti, bona petãt à Deo tẽporalia: quaſi Paſsionis Chriſti myſteriũ ignorarẽt, neq. vmquam vel legiſſent, vel audiſſent, Chriſtũ paſſum fuiſſe, & omnes ab orbe condito Dei amicos multas pertuliſſe tribulationes. Hinc ſemiimpiæ quorũdam audiũtur voces ita dicentium: Nonne &ſi bona temporalia vel à maioribus acceperim us, vel nobis ipſi acquiſiuerimus, poſſumus ad cæleſtem patri.ṽm peruenire? Igitur non eſt neceſſa-

CONCIONANDI. LIB. VI. 229

ria cruc. Quid ergo et si laute, splendideq. edamus, atq. biba- *Anaphora.*
mus? Quid et si magnam diuitiarum vim coaceruemus? Non
enim hæc(aiunt)cælo nos excludet.Quibus ego: Quid dicitis ô
homines? Ita ne vos intemporalibus hisce bonis acquiescitis?
Ita voluptatum lenocinijs duciminî? Ita contra crucem respui-
tis? Negari quidem nõ potest, Christum Iesum, viam esse haud *Iohan. 14.*
dubiè directam & expeditam. Quod cùm ita sit; quodnã iter
istud est, quod vos assumitis? Quæ nam est ista quã instituitis
via? Beatus Paul castigat se, ne reprobus efficiatur: & vos indo- *1. Cor. 9.*
mitas carnis vires tot delicijs reficitis? Ille san tus, diuinoq́. spiritu plenus, corporis impetus perhorescit: &vos eidem corpori indulgetis? Oportuit Christum pati & vos pati nõ oportebit? *Luca. 3. &*
Vosne naturæ estis angelicæ, an potius humanæ? Si humanæ: *17.*
Dilemma.
corruptæ, an integræ? Si corruptæ, quæ Paulū dicere cœgit, Scrio *Roman. 7.*
aliam legem in membris meis &c: qua de caussa carnem non *Exclama-*
domatis,& compescitis? O miserum homuculum! effrenatam *tio.*
bellum ingurgitat? hostis truculento arma mille, milleq́. tela *Anadiplo-*
ministras? Exurgite ergo, ô viri Christiani: carnem cohibete:il- *sis.*
lius arma confringite: neq. opprimere eam, ac insectari desista-
tis; quoad sub pedibus donuta,& subacta iaceat.

Sed obmurmurantes nescio quos atq. occinentes audio: Bo- *Et opera.*
ne Deus! flendum semper, gemendum, pugnandum? tota ne *Homœote-*
vita in laboribus,ac mœroribus consumenda? Audi obsecro *leuton.*
Christiane. Qui heri poteris, vt qui semel hostes vicerit, tranquil- *Synœceio*
lam, atq. pacatam vitam non traducat? De ulctis Cananæis re-
gnat Iosue: Dauid verò, eiusq́. filius Salomon, Philistæis in sua
ditionem redactis, cunctisq́. alijs hostibus seruituti, tributoq́. *Ab exëplo.*
multatis; felicissimè imperant. Quo ergo pacto fiet, vt is diuina consolatione careat, cuius sunt ita. inumo corde sermones Dei familiares? Obsecro te, ne vmquã vel tibi, persuadeas,
vel memoriæ tantillum insidere tuæ permittas, Christi seruos
semper mœrere, semper angi, semper afflictari. Quinimo, si
qua pax est in hoc sæculo, hanc integra conscientia possidet:
vbi enim Iesus est, ibi verum est gaudium. Tertia profecto die

P 3   resur-

230   DE SACRO RATIONE

resurgit Christus: vnde & nos, cùm tres illos hostes vicerimus, resurrectionis etiam, hoc est cõsolationis spiritalis, triumphus, & gloria manet. Quid igitur est, quod nos conantes in Hierusalem ascendere, retardet? Nihil reuera: si tamen probra, tormẽ-

Homæopta- 101.   ta q. patienter toleremus, crucem perferamus, mundo moriamur. Tunc enim post trinam mortificationem, mira spiritus

Asyndeton.   voluptate pertruemur: id quod, fauente Christo, erit certè facillimum. Nam si quis considerat, creaturas omnes cũ Crea-

Homæopto- ton.   tore collatas nihil omnino esse, nonne eas despiciet? nonne Iesu Christi exemplo excitabitur? nonne inneffabilibus illius

Anaphora   gaudijs allicietur? Præterea, vbi Christum ipsum se quis viderit

Asyndeton.   habere regem, principem, amicum, fratrem, atq. in periculoso huius vitæ progressu comitem cõiunctissimum: qui fieri potest, vt non animo, viribusq́. summoperè confirmetur?

Alia prolepsis.   Sed timidum aliquem, & pusillanimem, mihi videor audire dicentem: Quis gigantem Goliath prosternere valeat? Nam cũ. Dæmon veteranus sit miles, caro improba, mundus ferox, & importunus, bellum verò continuum: quomodo cum tot, tantisq́. hostibus, infirmus, & inermis homo pugnabit? Vtinam fra-

Optatio.   ter carissime, ista seriò dixisses, vtinam ea non fictè ex te audirem: facile enim huiusmodi telum retunderem. Nam quis Christianus non habet exploratum, non ob aliud Dei Filium factum hominem, natum, atq. mortuum fuisse, itemq́. resurrexisse, & in cælum ascendisse, quàm vt in filios adoptionis, non semel, sed in diem vsq. Iudicij, Spiritum Sanctum emitteret? Hæc igitur cùm nostra omnium causa præstiterit, fiet vt iam omnia possimus in eo qui nos confortat, eiusq́. auxilio suffulti, de manu inimicorum nostrorum liberemur, atq. in sanctitate & iustitia omnes dies vitæ nostræ haud difficulter transiga-

Deprecatio   mus. Ergo, ò viri Christiani, nolite obsecro Christo Iesu diffidere: non enim is frustra dicit vobis: Quærite me. Ad sequidem

Ab aditiantibus.   vos omnes amanter vocat, nimirum vt laborantes reficiamini: iugum enim vnà vobiscum ipse portabit, atq. adeò maiorem ille quidem oneris partem feret. Nihil ergo vobis impossibile, nihil intolerabile, nihil amarum; cùm in illo vobis omnia sint:
                                                                                                                                                                                   simodo

simodò illius opem humiliter imploremus, atq. peccandi occa
siones cunctas procul arceatis.

Hoc autem quamuis omni tempore faciendum sit: tamen *Epilogus.*
cùm his potissimùm diebus, debita filiorum officia, à nobis ma
ter Ecclesia efflagitet: excludite nunc maximè, ò viri Christiani,
omne ludorum genus, omniaq́. alia verè inania delectamen-
ta, ex quibus peccatorum multa genera existunt. Non enim
risum hoc tempus, sed lamenta, non ludos, sed tristes omniũ
fletus, & eiulatus requirit. Seruite ergo tempori, atq. ad Sanctę
matris Ecclesiæ documenta vos totos conformate: neque ipsi vobis impedimenta obtrudatis, quibus minus dignè futuram
Quadragesimam celebretis. Et quoniam ad excelsam & ar-
duam Hierusalem iter est: ad eam animosè, & alacriter properate, nulla ferendæ crucis difficultate vnquam perterriti. Est e-
nim certè illa crux exigua, est labor ille breuissimus, quem æter
na mox resurrectio consequitur. Agite ergo, atq. ad hunc vos
ascensum accingite, huc vestra omnia, scilicet cogitationes,
verba, & opera reuocate, Christi deniq. cruci affixi vestigijs in-
sistite: dabit enim ille vobis nunc vires, constantiam, præsen-
tiam animi, postea verò retribuet gloriam sempiternam.

Concio in Dominica in Ramis Palmarum.
Dicite filia Sion: Ecce rex tuus venit &c. Matth. 21.

VO loco scriptũ est hoc Euangelium, scribitur etiam,
Dominũ super ciuitatem Hierusalẽ lacrymas effudis-
se. Veniebat quippe Dominus mansuetus, atq. ad cõ-
donandũ Hierosolymis propẽsissimus: veniebat hu-
milis, sine pompa, sine vllo aut bellico apparatu, aut satellitio:
veniebat deniq. sedens in asina, quæ magno in filios amore
excellit: vt vel hac re sola, suum erga Hierosolymas amorem
indicaret. Quib' omnibus cũ ei' ciuitatis Incolis significare vel-
ler, quantum sua omniũ referret, ipsũ vt verum Messiam recipere; & tamen perspectum haberet ingratum eorum animum ac malignum: hæc illi certè fuit lacrymandi occasio.
Quapropter cù m hæc omnia illo tempore facta propter nos

P 4 (vt

DE SACRA RATIONE.

(vt inquit Beatus Paulus) scripta sint: vt iam equidem, fratres dilectissimi, vt omnes nos, tale m cordis duritiem, ac feritatem, qualem Iudæi habuerunt, fugientes, Christum Iesum ad nos venientem in spiritu recipiamus, & quæ nobis hoc aduentu bona afferuntur, nunc auidè amplectamur, ne præterlapsa illa *Petitio.* posteà acerbiùs lamentemur. Quoniam verò, vt id tacere possimus, præsidio Sancti spiritus est opus: submisse illud, obsecro, ac humiliter à Domino postulemus: iidq́; vt faciliùs assequamur, Beatissimæ Mariæ Virginis patrociuinqm, vt. moriæ st, interponamus, dicentes: *Aue Maria, &c.*

Dicite filia Syon: Ecce Rex tuus venit, &c.

Matthæi. 21.

Ommunis est Sanctorum Patrum Doctrina, Beatorum præsertim Augustini, atq. Leonis, hunc esse Scripturarum scopum, vt Christus Iesus Dominus noster, & Dei, & hominis filius esse intelligatur: atq́; insuper omnibus manifestum sit, ab eodem nos obtinuisse nostram ipsius caritatem fuisse redemptos. Vnde sit, vt credere simul debamus, nulla illum necessitate coactum, sed infinito tantū amore adductum, naturam humanam induisse: cùm mille alijs modis mederi nostris malis posset, voluisse tamen propria morte genus humanum seruitute liberare. Atq. insuper etiā sit, cùm ipse omnipotens sit Deus, omnium corda in illius esse potestate constituta. Porrò hunc quem dicimus Scripturarum scopum, & ipsa Christi Domini gesta, cunctis, in Testamento veteri figuris repræsentari, testatur Beatus Paulus illis verbis: *Romæ. 10.* *Finis legis Christus,* atq. hodierno etiam Christi Domini facto manifestum sit. Nam cùm in Scripturis multa de ipso essent figuris indicata, voluit ea Dominus implere, multaq́; mysteria in-*Psalm. 10.* sinuare, vt hac ratione ad proximè futuram passionem omnium animos præpararet, itaq́; illud psalmi ad impleretur: *Buccinate in Noemenia tuba insigni die solennitatis Vestræ:* Cùm igitur Exodi 12. esset præceptum, vt agnus decima quarta

CONCIONANDI LIB. VI.

Luna immolandus, decima Luna in Hierusalem afferretur, examinaretur, an tanto esset aptus sacrificio: Christus Dominus noster, quinto ante mortem die, Hierusalem venit. In Plenilunio quidem immolandus erat, quo die mundus fuerat creatus, atq. ex Ægypto Israëliticus populus eductus: vt sic Iesu Christi absolutissima significaretur redemptio, per creationem, & egressum ex Ægypto ante figurata. Præterea quinq. illi dies, qui hominum peccata significabant (per quinq. enim sensus, sicuti per fenestras mors intrat) nihil aliud præseferebant, quã Christum esse pro totius humani generis peccatis immolandum. Ad hæc vt suum eximium amorem Dominus patefaceret, venit in montem Oliuetum, præclarum quidem illum, & (vt aiunt) monte Sion altiorem: quo significauit, Passionis remedium multo maius esse omni humano peccato: nam *vbi abundauit delictum, ibi superabundauit gratia.* Cui & illud etiam accedit consideratione dignum, quod Oliua misericordiam significat. Sed & venit etiam Dominus Bethphage, id est domũ maxillæ; quæ domus erat sacerdotalis: vt in memoriam repocaret egregiũ illud facinus Samsonis, qui asinæ maxilla mille Philistæos occidit, atq. in eo ipsũ Dñm Iesum humilitate mortis suæ omnia peccata nostra interfiuit etẽ significauit. Sed & amplius adhuc clementissimus ille Dñs magnas gratiæ suæ diuitias nobis detexit: nam in Bethphage consistens, qui pedester semper ire solebat, discipulos misit in castellum, quod è regione erat, vt inde asinam quandam vnà cum eiusdem pullo adducerent. Quo facto significauit, futurum esse, vt eorum deẽ discipulorũ opera, vtrumq. populum, scilicet Gentilium & Iudæorum, sibi per fidem copularet: asina enim Iudæos legi obtemperantes, pullus autem Gentiles, qui nulla certa lege tenebantur, significabat. Duos autem præterea misit: discipulos, qui vtrumq. conuerterent populum, docentes integram, absolutaq. perfectionem. Quo etiam & honestatem quandam commendare visus est; & consolari quodammodo concionatores voluit, adiungens vnicuiq. comitem, atq. adiutorem; & admonuit etiam, debere eos, moribus, & doctrina simul esse instructos.

Rom. 5.

Iud. 15.

instructos. Porrò per collatam discipulis ad animalia illa soluẽda potestatem, ingens indicatur diuini verbi vis: quippe quia veris Prædicatoribus talem Dominus potestatem impartitur, vt nullum omnino aduersarium, qui negotium eis facessat, inueniant. Sed eosdem etiam misit Dominus discipulos, vt eos, qui à Deo essent peccatis abalienati, obsecrarent, & in Domini gratiam restituerent. Tandem verò eisdem præcepit, vt roganti cur iumentum soluerent, ipsi responsum darent, dicentes: *Dominus his opus habet.* Nam & si nulla quidem re Dominus indigeat, quippe, qui omnia potest, qui infinitus est, quiq́. de se ipse inquit: *Meæ sunt omnes feræ syluarũ:* tamẽ nostrę salutis causa, hanc sponte necessitatem subire voluit: scilicet, vt Ecclesiã ædificaret, populumq́. sibi faceret acceptabilem: quam ad rem & nos concionatores (vt inquit Beatus Paulus) Dei adiutores appellamur. Ergo allata est Domino asina simul cum pullo, vt ei vsui, ad quem Dominus illis indigebat, deferurent. Ecce ergo qua ratione Dominicæ Passionis hîc significetur fructus, & dominica simul patefiat vis atq. potestas.

Sed audite & alia, quæ Domini magnitudinem ostendunt. Voluit is quidem vt felicissimus eius aduentus in ciuitate præsentiretur: atq. diuina prouidentia factum est, vt tota ad eius occursum commoueretur ciuitas: quo quidem (nisi obcæcati Iudæi fuissent) iustissima Domini caussa facilè apparebat. Nullis enim rebus humanis impellentibus, sed solo diuino inspirãte numine, ei obuiam venerunt, magna contentione, atq. alacritate, cùm viri, tum (vt multi volunt) fœminæ, atq. (quod admiratione dignius est) pueri permulti; descendentes scilicet in vallem torrẽtis Cedron, indeq́. rursus in Oliuetum montẽ ascensuri. Nimirum humiliari non recusarunt, vt rursus exaltarentur, & tenebras subierunt, vt inde ad lucem exurgerẽt: Cedron enim obscuritatum significat. Hac ergo tãta turba à valle sursum ascendente, Christus Dominus noster, è vertice montis descendebat. O pulcherrimum visu spectaculum! Perennis sit tibi, ò Christe Iesu, gloria; quidum misericordia com-

Psalm. 48.

1. Corin. 3.

Antithetõ

Exclem.-tio.

Apostro-pha,

CONCIONANDI LIB. VI. 235

commotus ad nos descendis,nos ex miseria nostra ascendere facit ad cælestia tua dona,& immortalia Ergo cùm Dominus ad tot ostendenda mysteria humillimè equitans descenderet; coniunctam cum illa humilitate regiam quandam maiestatem præseferebat; nimirum,vt in humilitate, vtpote verè regia virtute,sitam esse celsitudinem demoustrarer Priùs autem in asina,deinde in pullo insedit:quia post Iudęos sua primùm ipsius prædicatione vocatos,mox erat per Apostolos reliquas sibi Gentes ascitutus.Sed Iudęi (qui per asinam solito apparatu instructam significantur, Prophetarum, Patriarcharumq́. moribus erant eruditi, lege instituti ,atq. promissionibus cumulati:Gētilibus autem omni-huiusmodi ornamento destitutis sola opitulabatur misericordia diuina.Vnde Psal. 117. confirmata dicitur misericordia,& veritas permanere. Voluit autem præterea Dominus, vt asina, qua insidebar,à Discipulis suis exornaretur:quo significauit,debere sacerdotes,& cōcionatores ita Deo placere,vt cùm se ipsi peccatis populi præten derint,hoc est pro illis Dominum oraueriot,ea Dominus impunita ferat:atq. debere insuper,suę doctrinę,suiq́·exēpli quasi stragulis, ita populum exornare,vt ei Dñs libenter insideat.

Plura autē alia,& populus,& discipuli in honorē Christi Hierosolimā ingredientis præstitere: vt illa impleretur prophetia psal.117.*Constituite dię solennem in condensis*.Primum enim quidā,vt Dñs honorificentiori gradu progrederetur,sua sternebāt in via vestimēta;significātes debere nos terrenis cupiditatibus exutos,omnia diuinę voluntati subijcere: alij verò ascēdentes in Palmas,atq.in Oliuas,ramos abscindebāt,partimq́.his viam, qua Dominus erat trāsiturus,ornabāt;partim vero exultantes, ac gestiētes,eos manib⁹ deferebāt. Deinde vt festū hoc maiori applausu & pōpa celebraretur, stipatiū turba omnis in duo se se agmina distribuit:aliud precedebat:sequebatur aliud:circum ibāt discipuli:cuncti verò vno ore acclamabāt.*O Dñe salnū fac* &c.Innumera hic latēria mysteria animaduertire.Palma victoriæ symbolū est,Oliua verò misericordiam significat:& præterea. quod præcedebat agmen,populum antiquū; quod vero subse-

*Psalm.*117

Psalm. 117

subsequebatur, Christianam Ecclesiá significabat. Itaq. vtrūq́.
agmen, hoc est populus vterq., Christo acclamabat, atq. celeberrimam eius victoriam, immensamq́. simul misericordiam,
Palmarum, atq. Oliuarum ramis ostendebat. Sed & ahud eriã
mysterium in eo significabat: scilicet, Christum (vt ait Dauid)
sibi velle misericordiam, & iudicium, hoc est sancta misericordiæ, ac iustitiæ opera, illi esse gratissima. Porrò illi Palmarum
ramos ferre dicuntur, qui carni frænum iniecerint, victoriáq́.
de ceteris hostibus reportarint: qui verò Deum, proximúq́. dilexennt, Oliuam manu tenere, meritò dicendi sunt. Hos autē
ramos ex sacræ scripturæ, sanctorumq́. Patrum documentis,
ac exemplis Christiani homines decerpunt; si sublimi perfectionis desiderio in altum ascendant. Sed & Christi mortem
pijssimam Oliua, Resurrectioni q́ victoriam Palma indicabat:
& vtriusq. eius arboris ramos per im manibus gestari, partim
humi spargi, mirabilia Christi opera, altissimamq́. eiusdem humilitatem præseferebat, atq. insuper eius deiectione, erectos
nos esse, & viribus confirmatos demonstrabat. Vox autem
vtriusq. agminis acclamantis vna fuit: quia scilcet vna, & eadē
Christi aduentum fides præcessit, & subsequuta est, vnus & idē
antiquo, & posteriori tempore fuit Deus, vnus Dominus. Exclamabant ergo cuncti: *Benedictus qui venit in nomine Domini*, illius
scilicet promissiones ad implens, atq. in illius nomine, & gloria populum suum visitans, instruens, & redimens. Vocem quidem omnes ad Patrem tollebant, atq. progredienti Christo,
hoc est corpori eius mystico, omnem felicitatem præcabantur, dicentes: O Domine saluum fac Christum tuum: O Domine bene prosparare vobis Christum tuum. *Osi*, enim verbum
hæbreum est, & cum datiuo construitur; vt in illo Psalm. *Saluabit sibi dextera eius*. *Hanna* verò est interiectio. Vnde quemadmodum alibi scripium est: *Domine saluum fac regem*: ità hic, *Osanna filio Dauid*: id est, obsecramus, saluifica filium Dauid. Quæ
verba quoniam in sacrosanctæ Missæ sacrificio repetuntur,
oportet Christianos, qui ei quotidie intersunt, illa probè tenere, simulq́. meminisse, cùm ex Christo, eiusq́. Ecclesia vnum
constet

CONCIONANDI LIB. VI. 237

constet mysticum corpus: hoc vnum hac oratione à Deo postulari, vt omnem ille cùm spiritalem, tum temporalem salutem Ecclesiæ impertiat, quò in ea Christus prospere fortunateq́. regnet.

Hac igitur tam egregia pompa ad torrentem Cedron, (id est obscurum) Christus peruenit. Postea verò inde in montem Sion ascendens, & ciuitatis partem, eadem cum maiestate prætergressus, è pullo descendit, atq. in Templum introiuit, acclamatione omnium, puerorumq́. præsertim, numquam intermissa. Pharisæi interim inuidia confecti, Dominum eo nomine accusabant, quòd pueros, verba illa, solo Messiæ digna, illi tribuentes, tacere non iuberet. Dominus autem cùm nollet occultam illis esse veritatem: eorumq́. vellet duritiem, superbāq́. cæcitatem ostēdere, reuocat illis in memoriam dictum illud: *Ex ore infantium, & lactentium perfecisti laudem.* Quasi diceret: Scire quidem vos oportet, simplices & pios, veritatis testes esse debere: hoc siquidem illa verba ex Psal. 8. petita significabant. Per infantes enim, & lactentes, simplices, & humiles intelliguntur: cui & illud accedit quod Bea. Paulus dixit: *Stulta huius mundi elegit Deus &c.* Addidit Dominus præterea (quod si intellexissent, fortasse illos male torsisset) si quando pueri tacerent, lapides esse clamaturos: hoc est, tacentibus ipsis Iudæis, Gentiles surrecturos (quem populum lapideum, magnisq́. peccatis obduratum ipsi reputabant) atq. vna voce prædicaturos, Christum Dominum, verum Dei filiū esse. Potēs quippe est Deus ex lapidibus suscitare filios Abrahæ. Post hæc tandem Dominus miracula edidit, populumq́. cælesti sua doctrina imbuit.

Ecce, viri Christiani, festum hodiernum. Historiam audistis: mysterium nunc percipite. Egredimini è ciuitate Hierusalem: negantes scilicet vos ipsos, omnesq́. huius mundi voluptates contemnentes: descendite per humilitatem: per fidem verò, & amorem ascendite: pristinas veteris hominis, peccatorumq́. vestes in terram per pœnitentiam proijcite: ex arboribus Scripturarum, Sanctorumq́. exēplis, mortificationis, & dilectionis ramos

1 Corin.

Luca. 3.

Transitio.
Cohortatio
ornata / a
mœotetis,
& Asyndetis.

ramos excerpite: eorum alios in terram proijcite, seruos prorsus inutiles vos esse fatentes; alios vero manibus arripite, sanctis in operibus constantissimè perseuerantes: Christum Iesum benedicite, ac infinitis laudibus efferte: gratias illi, beneficiorũ acceptorum memores, agite: futuri illum sæculi patrem, mũdi creatorem, redemptoremq́. confitemini: in sua deniq. Ecclesia, salutem illi, atq. prosperitatem optate. Illud autem imprimis in hoc celeberrimo Festo ob oculos vobis cõstituite; qua animi magnitudine, quo caritatis ardore Christus pro nobis passus fuerit; cùm quinto anteà die, magna celebritate, optatissi mum sibi Passionis festum anteuerterit. O pientissimum & clementissimum Iesum! qui non solùm pro nobis magna sanguinis copia ex tuo corpore effusa, madere totus cupis: sed id etiã anteà presentiens, inusitato quodam lætitiæ genere exultas. Felices qui te in tanto festo agnoscent, & confitebuntur. At cogitationis tuæ reliquæ, Passio (inquam) tua, sanguinis effusio, atq. mors, quæ te, Bone Iesu, feria sexta manent: hæc quidem, hæc tibi diem festum maximum sunt factura.

Ab effectis Exclamatio. apostropha

Epiphonema.

Epilogus cohortatio.

Hæc omnia, ô viri Christiani, haud quidem peregrinati animo, sed intenta ingenij acie perpendite: vt non solùm proiectis in terram vestimentis, abscissisq́. ex sanctis arboribus, caritatis, & victoriæ ramis, corde mundo Iesu Christo occurratis: sed etiam eius caritatis, Passionisq. memores, ita simul cum eo pati desideretis; vt in hoc sacro Palmarum Dominico die, depulso è ceruicibus peccatorum iugo, eum omni obseruantia, & veneratione colatis; ciusq́. dignitatem, ac potestatẽ cùm acclamationibus, tum verò maximè operibus prædicetis. Sic

Ab euentu

enim fiet, vt ea pace quam vobis attulit, ac immensis eius misericordiæ diuitijs nunc digni sitis, posteà verò in Angelorum, cælitumq́. aliorum cœtum asciti, sempiterna gloria fruamini.

Concio in Festo Spiritus sancti

Euan-

CONCIONANDI LIB. VI.

EVangelica paraphrasi in hodierna concione præ- *Exordii*
missa, hoc initio statim faciendum nobis esse du- *propositio.*
cam gratiam, & spiritum à Domino postulemus;
cùm neminem fugiat, nihil prorsus boni quempiã
exequi posse, quin ab Spiritu sancto iuuetur. Etsi quidem *Anaphora*
Spiritus sanctus vita, vis, lux, & directio est qui initio mundi
aquas fouit: est cuius ope Filius Dei conceptus est: est deniq.
qui sanctificat, & filios Dei facit. Quòd si in quauis re præstan
da, vt is nobis adsit solemus deprecari: quantò iustius id nunc
faciemus, de ipsomet concionem habituri? Igitur iustissimum
est, vt eius nunc gratiam humiliter postulemus. A Patre quidem, & Filio debemus eam postulare: Pater verò per Filium
eam præstiturus est: Spiritus autem ipse, est qui se postulanti-
bus communicat. Sed quoniam & sapienter, & reuerenter pe
tere oportet: alicuius certè ad hanc rem nobis est necessarium
auxilium. Quod quoniam nulla dignior creatura nobis præstare potest, quàm illa quæ ipsius Spiritus sancti sponsa, Patris filia, & Filij mater est, quæq. ipso est Spiritu sancto referta: illam nunc adeamus &c.

De Hodierno Spiritus sancti mysterio dicturus, maximè
conueniens esse existimaui, trium Euangeliorum, quæ his tribus
diebus Ecclesia proponit, atq. adeò Epistolarum etiam argumentum explicare.

In primo igitur Euangelio de Spiritus sancti promissione
sermo est, deq. illius mirifico effectu: quòd scilicet Spiritus san
ctus omnia Christi dogmata intrinsecè docturus esset Apostolos,
eosq. simul ad constantia, fortitudinemq. animi reuocaturus. In
Epistola verò datus Iudæis fuisse Spiritus sanctus scribitur.

Secundum Euangelium huc totum dirigitur, vt à Patre propter eius amorem datum esse nobis Filium, & per Filij merita
Spiritum sanctum intelligamus. In Epistola verò datum Spiritum sanctum etiam Gentibus manifestè apparet.

Tertiũ Euangelium ostendit, Spiritum sanctum ianitorẽ
esse pastoris, qui est Iesus. Epistola verò docet, eũ Samaritanis
etiã fuisse communicatu. itemq. communicandum esse per

Con-

240　DE SACRA RATIONE
Confirmationis sacramentum illis qui sint per Baptismà renati.

Partitio.

Hic Euangeliorum, atq́. Epistolarum etiam est spiritus, hæc breuis summa. Nunc reliquum est, vt quæ in illis abdita myste ria sunt, ad nostram vtilitatem eruamus. Quod facilius præstabimus, Narratione primùm constituta, quæstionibusq́ue deinde quibusdam propositis, ac earum respósionibus ad hibitis: ex quo totus Ecclesiæ spiritus, huiusq́. festi maiestas, & vtilitas deprehendetur.

Narratio.

Celeberrimus ergo est planè in Ecclesia Catholica hodiernus dies. Hodie enim Euangelij lex est prómulgata, atque recepta: hodie Sinai in Sion, hoc est lex in Euangelium mutata, Legisq́. iustitia in Euangelij iudicium conuersa: hodie est à facie Moysi velamen ablatum: hodie Christiani in Promissionis terram ingressi: hodie prostratus mundus, victus Dæmó, caro opressa, atq́. frenata: hodie deniq́. impletę sunt oēs Christi promissiones, Apostolis simul factæ omniq́. populo Christiano. Multa quidem & magna Christus Iesus Apostolos suos docuerat, quæ tamen nequaquam potuerant ab illis percipi. Admonuerat siquidem illos de suo discessu, de imminēte illis persecutionum tempestate; de Spiritu deniq́. in illos immittendo, cuius splendore illustrati, atq́. constantes effecti, cúctos non modò hostes superarent, sed timorē etiam illis incuterēt. Non quidem bona ijs temporalia pollicitus fuerat: immò paupertatem, afflictionem, milleq́. labores prædixerat sub eundos: sed sancti tamen spiritus promissione omnem absterserat tristitiam; simul insinuans, tunc demùm cùm Spiritum sanctum accepissent, exceptatum Messiæ aduentum integrè illis affuturum. Hæc igitur omnia, multoq́. plura, quæ in his latent, impleta hodie sunt; cùm gratia diuini numinis, in Christi est discipulos effusę, per Spiritum sanctum, à Patre & filio propter ipsius Filij merita immissum. Sed iam cupient (vt opinor) cuncti intelligere, quid ipse Spiritus sanctus, quidq́. ipsius etiam gratia sit.

Spiritum sanctum vnum esse Deum à Patre, & Filio procedentem

dentem, sacra docet, Theologia. Est verò Spiritus sanctus amor ipse Patris, & Filij, id est terminus, ex illa mutui amoris, quo se Pater, & Filius amant, actione productus, quemadmodum ex actione amoris, in amante quidam manet affectus (vt ita dicam) habitualis. Sed hac de re alias: scilicet in die sanctissimæ Trinitatis.

Iam verò quæ sit Spiritus sancti gratia, neq. explicari, neq. intelligi potest, quin priùs in memoriam reuocentur tres illæ ætates, scilicet puerorum, adolescentium, & virorum, in sacris litteris adeò repetitæ. Ad cuius rei pleniorem intelligentiam legite Beat. Paulum ad Hebræos, & primam Iohannis canonicam: legite S. Thomam in Secunda Secundæ de statibus: legite quoq. pios libros etiam vetustissimos: nulla siquidem trita magis quam hæc doctrina in eis continetur. Conferte præterea inter sese singulorum hominum ætates, & conditiones: pueri enim imbecilles sunt, adolescentes fortiores; viri prudentes, vereq. fortes, atq. constantes. Prætermitto modò peccatores, qui cùm vitam non habeant, nullius ætatis esse dicuntur: de quibus partim 1. Corinth 3. Cùm sit inter vos contentio, nónne carnales estis nonne, homines estis? vel ad Rom. 8. Qui secundum carnem viuunt, Deo, mortui sunt. De ijs autem solùm loquor, qui gratiam habent: hi enim tantummodo viui sunt, cùm gratia sit animi vita. At quò gratia est maior, eò maior est ætas: vnde qui mediocrem habent gratiam, pueri dici possunt; qui maiorem, adolescentes; qui deniq. perfectam, viri. Omnis autem gratia à Spiritu sancto manat: ille enim est qui peccatores iustificat, peccata remittit, gratiam confert. Quáquam enim hæc, sanctissimæ Trinitatis opera reuera sint: tamen sancto Spiritui ideo præsertim adscribuntur, quia ipse amor est, gratia autem per amorem datur. Deus enim diligit nos, antequam illum diligamus: & ex dilectione Pater Filium nobis dedit vnigenitum: & eadem dilectione commotus ipse Filius sese pro nobis sponte crucifigi *** Cùm *** omnis gratia ab amore ortum hab *** nis itidem à *** u sancto proficisci iure censetur.

D. Tho. 2.
2 q. 183.
v/q. 189.

1. Iohan. 4
Iohan. 3.

Q mad-

DE SACRO RATIONE

Quemadmodum autem artifex quispiam insignis, tametsi aliqua fortè opera vulgaria, parumq́. elaborata in lucē protulerit, tamen nulla ferè eorum facta mentione, præstantissimorum duntaxat à se editorum operum auctor nominatur, eaq́; solùm illius peritiæ ostendendæ caussa, in medium afferuntur: ita etiā tunc solū n cùm plenissi nè datus est Spiritꝰ sanctꝰ, datū eū esse dicimus, & perfectā solùm gratiā, (maximeq́. eā quā gratiæ gratis datæ comitantur) Spiritꝰ sanctigratiā appellamus: quālis ea fuit, quā Deus Apostolis contulit, quibus quidem, vt opus produceret omnibus numeris absolutum, gratia gratum faciens, & gratia gratis data integrè, perfecteq́. communicata est.

Hæc cùm ita sint; tales profectò esse Christiani deberēt, vt perfectam saltem gratiam gratum facientem atque gratias etiā gratis datas iuxta illarum spiritum (vt Marci vltimo Doctores docent) dignè possent recipere, ne toto vitæ tempore paruuli (vt inquit B. Paulus) fluctuantes essent, sed veritatem facientes crescerent in Domino. Nōnne enim idem Paul. dixit: *Christus dilexit Ecclesiam &c?* Talis ergo esse debet Ecclesia Christi: tales omnes Christiani. Quid enim? Nobilissima Christi Ecclesia, futura est sicut vetus illa, Ecclesia puerorum? Sit sit aliqua ex parte adolescentium, sic verò potissimùm perfecta ætate virorum. Nunquā certè patitur Dominus in Ecclesia deesse adolescentes, ac viros: at quàm pauci illi sint cùm recordor, puerilis certè nostræ ætatis, pueriliuḿq. operum me vehementer pudet. Me miserū! Quorumnam In Ecclesia Christi anorū maior est numerus? Nonne puerorū? Puerorū autē? Viinā non longè maximus numerus esset meus eorum? Neq. verò tantū pueri suntex Christianis qui plurimi, sed nec volut quidē (quod lacrymis, & dolore dignius est) ad virilē ætatē peruenire. O malū detestabile Semperne, ô Christiane, futurus es puer? puer in quam maledictus centum annorū? Quid si tibi hoc in corpore cōtingeret? O monstrū! O portentum! Sed de his iam satis.

Audistis iam quid Spiritus sanctus, quæq́. illius gratia sit: nūc scire (in fallor) desideratis, an hæc Spiritus sancti gratia omnibus tribuatur, possintq́. ac debeant cuncti eam Christiani recipere. Cui ego dubitationi respondeo, nihil esse quo, id impediat

Ephes. 4.
Ephes. 5.

Exclamatio.

Apostropha.
Anadiplosis.
Exclamatio.
Transitio.

CONCIONANDI LIB. VI. 245

tur. Nã obsecro, quibus Christianis, in Ecclesiæ primordijs datus Spiritus sanctus nõ est? Nõne datus Iudæis? Samaritanis? Gentilibus? Ne igitur quæso, quisquã, de Ecclesia, vel de Christo, vel de ipso Spiritu sancto ita perperã sentiat, vt eum non omnibus communicandum esse existimet. Si enim pro omnibus Christus Iesus mortuus est, si pro omnibus sanguinem effudit, si pro omnibus resurrexit, si omnes diligit, si vna est illa quæ anteà fuit, quæq. modò est, & in perpetuum futura est Ecclesia, si deniq. hoc festum omnibus Christianis æquè celebrandum proponitur, cur non etiam omnes eiusdem festi spiritu. participabunt? Nunquid Spiritus sanctæ adunctus, est inanis aliqua cæremonia? Absit ergo à viro Christiano suspicari; non etiam sibi esse Spiritũ sanctũ per purissimã Christi sanguinem cõparatum. Si enim cõmuni illo Mãna cũcti Iudæi vsi sunt si in Promissionis terram cũcti peruenere: si illorum omniũ veterũ sacrificiorũ, sacramẽtorũq. fuerũt omnes participes: cur & nos Christiani cõmunia omnia nostra nõ habebimus? Quin potiùs si Christiani etiã cũcti Cõfirmationis sacramentum ... nõ eius etiã recipient gratiã? Quid ergo ho... ... , ... mi reptas? Putas Christum Iesum Ecclesiæ primogenitum, fratres nostrum, fratres semper pusillos, ac pueros exoptare?

Eia ergo, Viri Christiani, erubescite in pueritia (per ætate permanere: ad adultã, & nobilẽ ætatẽ tãto populo, tã præstãti Ecclesia dignã cõtidie, tãq excelsũ dignitatis locum cõscendere percupite. Ecquis enim nõ cupit esse vir? cõstã:? præstãs? omni honore, & premio dignus? Persuadere mihi nõ possũ, vos viros Christianos hisce iã verbis cõmotos, atq. excitatos nõ esse: qui nimo. tacitè hãc iã existimo, vos animo voluere cogitatioẽm: Nõne ad tantum bonum nobis adspirare licet? nõne id diuino fauente numine comparare? Audite, audite, obsecro: hinc omne exisur malum, quod non in corde primùm statuimus, alteaque mente reponimus, cunctos absq. vllo discrimine Christianos fuisse à Domino Euangelicam vocatos perfectionem; cunctisque à Christo dictum fuisse *Estote perfecti &c.* Itemque à Paulo illud: *Imitatores Dei estote, sicut filij*

Q 2 carissi-

Enumerat beneficium

Pneuma ab effectu

A minori

cohortatio, à glorioso

carissimi. Sed illud preterea pro certo cōstituendum est, Christum Dominum nostrum, quæ impossibilia sunt, neq. præcipere, neque monere. Pari enim ferè anathemate illi essent digni, qui in Mādatis, & qui in Consiliis Christi assereret impossibilia comprehendisse; quippe quia impudentia, atq. tyrannidis cuiusdam ipsum Dominum Deumq̃. nostrum accusaret. His autem demum addendum est, malum esse teterrimũ, nolle nos ipsissima Christi verba auscultare, sed futiles, & commētitias quasdam hominum interpretationes. Nam velint nolint ij, qui suis cupiditatibus falsa quædam, bonæ (vt ipsi aiunt) intētionis, velamina pretendunt, Christus propriam abnegationẽ, contemptum rerum humanarum, crucem deniq. & perfe-ctionem haud dubiè prędicauit.

Hac igitur viri Christiani, si vos amplectamini ingentia (mihi credite) æterna quịn cælo vobis sunt præmia proposita: immò, & in hac etiam vita locupletissima quædam Spiritus sancti dona; quæ hodierno die in ipsis Apostolis, per linguas igneas, per ....sonam, per aërem vehementissimum, per .... significantur. Nam vt ne horum quidem signorum, quæ hodiernum Spiritus sancti in Apostolos aduentum comitata sunt, aliquam interpretationem desideretis, sic accipite. Linguæ primùm igneæ, Verbi Dei prædicationem amore, ac zelo coniunctam significabant. Præterea singulas singulis Apostolis insidere linguas, nihil aliud præ se ferebat, quàm vnicuiq; pro sua vocatione Spiritum sanctum dari. Ad hæc sonus vehemens, Christi declarabat famā ab aëre vehementi, hoc est à Spiritu sancto, per totum orbē diffusam. Spiritus enim sanctus vim habet; atq. vehementiam: vnde & totam domum, hoc est totam Ecclesiam, totumq. orbem, singulaq. hominum corda adimplet. Hi sunt profectò mirabiles Spiritus sancti effectus. At, quid nō is præstat, vbi in aliqua sese corda infundit? Nimirum tribuit amorem, lumen, vires, suauitatem, consolationem, pacem, milleque id genus

Ab exem- alia. Nonne enim etiam hodie (Christo Iesu gratia) aliquos
plis. homines videmus, qui Spiritu sancto afflati, fortiter mundo resistunt, ? humanas voluptates contemnunt?

acerbitates ferunt? laboribus se sponte obijciunt? Adsunt religiosi permulti, & præsertim paupercuIi Capuccini, in summa hyeme calidi, in æstate egelidi, in paupertate diuites, in siti, ac fame saturati.

Ergo ò viri Christiani, hæc omnia cum animo vestro diligenter perpendentes, terrena despicite, cælestia appetite, Spiritum sanctum exoptate: hæcq́. omnia vt assequamini, Christum Iesum appelate, vestrum scilicet adiutorem; cuius opem, credere nefas est, vobis aliquando defuturam. Si enim patres alioqui mali, bona data dare norunt filijs suis: quis credat Patrem illum solum bonum, solum pium, solum potentem, solum diuitem, solum liberalem, denegaturum fuisse filijs ad eum confugientibus auxilium? Eia ergo serio atq. ex animo Orationi vacate, vosq́. pro viribus præparates, Spiritum sanctum à Domino petite: dabit ille vobis calculum & nomē nouum, quod nemo nouit, nisi qui accepit. Testor enim vobis, qualis Spiritus sanctus sit, non ingenij acie, non lectione, non magistroru doctrina, sed experimento deprehendi. Quapropter properate iam gustare: & videbitis, quam suauis est Dominus. Scilicet iu' hac vita, spiritualibus quibusdam suauitatibus, quibus cùm nulla est conferenda voluptas, perfruemini: post ea verò in illo bonis omnibus circum fluente cælestium animorum cœtu, gloriam possidebitis immortalem.

Epilogus à cohortatione homoteptosis & affydetō maeimi.

Concio in festo Sanctissimæ Trinitatis.

Baptizantes eos in nomine Patris & Filij, & Spiritus sancti Matthæi vltim.

Ecclesiastici 3. scriptū est: *Altiora te ne quæsieris.* Quod cùm de mirabilibus, ac immensis Dei operibus intelligatur, multo haud dubie magis de Deo intelligi debet, qui est in se ipse incomprehensibilis. Sed nihilominus, ea quæ nos sancta docet Scriptura licet perquirere, & inuestigare: cùm Christus ipse Iohan. 5. dixerit *Scrutamini scripturas.*

Propositio exordij.

pturas. Nam neque Prouerb. 5. omnino mel comedere, sed nimis comedere prohibemur. Quare sanctissimæ Trinitatis mysterium, quod nobis hodierno die celebrandum proponit Ecclesia, prætermittedu nequaquam est: sed summa cu attentione, animiq́, reuerentia explicandum. Quod B. Augustin. 1. de Trinitate docuit, cùm dixit: *Pater, Filius, Spiritus sanctus, hæc Trinitas vnius, eiusdemq́ substantiæ, & essentia dicitur, creditur & intelligitur quæ sum̄u ū bonū est: quæ purgatissimis mentibus cernitur: mentis enim acies inualida in tam excellenti luce non figitur, nisi per Fidei viuæ iustitiam emundetur.* Igitur cùm de hoc multi nūc dicendum sit mysterio, quod tam putas in dicente, & in auditoribus mentes postulat, quodq́. non nisi summa est cum reuerentia tractandum: obsecremus cuncti Dominum, vt nostra omnium corda purificet, supernaq́. luminis radio colluftret. Quoniam autem repositum nobis ad eam rem in sacra Virgine præsidium intelligimus: hanc confidenter adeamus, atq. ad eius proiecti pedes dicamus: *Aue Maria &c.*

Petitio.

; *Baptizantes eos &c.*
AD Galat. 4. B. Paulus Euangelium Legi veteri multis nominibus anteposuit. Lex etenim illa erat vetus, Euangelium nouum: illa vmbra, hoc veritas: illa obscura, hoc clarum: illa puerorum, hoc virorum: illa denique imperfecta, hoc perfectum. Quod cùm verissimum sit quoad vitæ, morumq́. sanctitatem, & perfectionem: tamen his pretermissis, de Fidei solùm mysterijs agamus, in quibus Euangelium etiam Lege multò celsius est.

Ab adiunctis, & subiectis.

Ab effectis.
Rara in Lege docebantur mysteria, illaq́. ferè sub vmbris. Nam etsi creatio apertè edocta ibi est, & originis culpa nequaquam prætermissa: tamen Messiæ aduentus solùm fuit adumbratus: Incarnatio non ita clarè exposita: Trinitatis deniq. mysterium, multaq́. alia ad gratiam, & gloriam, ad Resurrectionē, & Iudicium spectantia, non apertè admodum declarata. At in Euangelio impletum illud est: *Fluminis impetus lætificat ciuitatem Dei.* Vnde & dixit Christus Dominus Iohan. 15. Iam non dicam

dicam vos seruos, sed amicos, &c.

Igitur ad nostrum accendentes Trinitatis mysterium, quod multò quàm anteà apertius ex hodierni Euangelij verbis deprehendimus: constituimus quidem primùm, id tam excelsum esse, atq. sublime, vt omnem longè humanum captum præteruolet. Nã quòd tres veræ sint personæ reales, realiterq́. distinctæ; quòd quælibet earum sit verè Deus, quòd vnam, eãdemq́. prorsus essentiã habeant; quòd eædem ipsæ cum ipsa diuina essentia omniuò sint idem; quòd sint simul ab æterno; quòd absq. mutatione vlla, perfecta semper generatione Filius à Patre generetur, & Spiritus sanctus à Patre, & Filio procedat; quòd deniq. nihil sit iu hac sanctissima Trinitate maius, aut minus, priusue, aut posterius: hæc quidem omnia eiusmodi sunt, vt absq. Fide, humanus intellectus non magis videatur posse illis assentiri, quàm si persuadere vellet, vnum & idem corpus, & animam, hoc est vnum, & eundem hominem esse Petrum, Iohannem, & Iacobum. Ita verè tres, vt alias quæ libet tres humanas personas. At vera illa quidem omnia sunt, quæ sanctũ hoc continet mysterium, neq. vllis possunt hominum rationibus impugnari. Nam argumentatio illa, Quæcumq́. sunt idem re vni tertio, &c. facile diluetur, si propositionem illam non aliter concedamus, quàm si aliqua vni tertio, re, & ratione idẽ sint. Nam actio quidem, & passio, eadem qualitas est: at nõ propterea cogimur fateri, actionem, & passionem esse omninò idem: Sed quoniam huius loci disputationes Philosophicæ non sunt; ad institutum redeamus. Hoc igitur est quod Fides nos Catholica docet: tres esse personas reales, realiterq́. distinctas; sed vnum tamen Deum, vnamq́. in tribus illis Personis esse Sapientiam, Bonitatem, Potentiam; vnumq́. & eundem illas tres esse Regem, vnum Deum, vnum Dominum, vnum Creatorem, Iustificatorem, Glorificatorem; cùm tamen & singulæ etiam per se, verus Rex, Deus, Dominus, Creator, Iustificator, & Glorificator sint.

Hęc vt Theologi quadamtenus explicarẽt, multa piè, & doctè excogitarunt, distinguentes absoluta à relatis, essentiam

Q 4   a per-

DE SACRA RATIONE

a persona, potentiam ab actu, relationem à proprietate, & forma constituente, originem à relatione: quæ quidem omnia, quoniam huic loco non conueniunt, consultò prætermittã.

Prolepsis.   Sed si quis est, qui hoc nomine de me conqueratur, quòd hæc tam excelsa, & sublimia proposuerim, quæ auditerũ quodammodo videntur ingenia confundere, conscientias autem nihil ædificare: is intelligat, ea certè prætermitti nequaquam potuisse: cùm iusserit eiusmodi mysteria Dominus in catholica Ecclesia suis Christianis declarari. Quoniam. autem rogabit quispiam, quid inde obuenire possit commodi: audite, obsecro, Auditores, non vnam, sed plures vtilitates. Primùm exponi hoc mysterium Trinitatis. oportet, vt Deum satis cognoscamus: non enim satis cognoscit, qui trinum, & vnum cum esse non intelligit. Secundo. Creationis articulum hinc intelligimus. Tertiò, hinc ad Christi incarnationem percipiendam de uenimus. Quartò, hinc maximè consolamur. Quinto (neq. enim hoc prætermittere libet) ab hæreticis, in hoc mysterio in telligendo à Diabolis deceptis, nobis cauemus. Sed singula hæc persequamur.

Primùm igitur, quis est, qui non Deum exactè cognoscere cupiat? Cupiunt certè Ethnici: vnde multò magis et Christiani. At ille Deum non integrè cognoscit, qui non eum esse Patrẽ, & à Patre gigni Filium, & ab vtroq; procedere Spiritum sanctum intelligit: vnde neq. in lege Naturæ, & veteri, si quis hoc mysterium ignorabit, is Deum cognouisse intelligendus est. Quare dubitandum non est, quin viri sancti, Patriarchæ, & Prophetæ, & illorum verè discipuli (vt ex vetustissimis. Rabbinis constat)hoc mysterium intellexerint. Nunc autem si quis ex Christianis id ignorat, is certè ipsum ignorat Deum: vnde & multò magis cum Mahometani ignorant, ceteriq́; omnes infideles. Nam etsi Aristoteles lib. 12: Metaphy. Deum purum esse actum cognouerit: tamen illius sanctitatem, & in Personis Trinitatem non est assecutus. Ecce igitur, Christiani, quæ sit declarandi vobis huius mysterij ratio. prima nimirum, vt Deũ

à relatio-   patrem vestrum, filij dilectissimi agnoscatis? Quis enim vnquã

CONCIONANDI LIB. VI. 249

Sius patrem suum nosse non cupiat? Quare non ab re Doctores Theologi, vt hoc tantum mysterium populus Christianus intelligeret, similibus id permultis aliqua ratione explicare tentarunt. Quæ quidem omnia tametsi ab ipsa re plurimùm distent (neq. enim possunt magis illam declarare, quàm vestigio pedis animal declaratur ipsum) tamen quoniam non est alia nobis aptior explicandi ratio, libet nunc aliqua ex ijs in medium adducere.

In anima hominis tres sunt potentiæ, intellectus, Voluntas, & Memoria: sed vnica tamē essentia. At Deum Immortalem! quantum hoc à nostro mysterio distat? Ibi tres illæ facultates sunt accidentia: hic verò tres Personæ sunt substantiæ. Ibi fluūt ab essentia facultates, nō vna ab altera: hic verò à Patre Filius, & ab vtroq. Spiritus sanctus. Quamuis & aliæ sunt etiam rationes, quibus à nostro id maximè mysterio differt. Sed eæsdem etiam reperies dissimilitudines in ijs, quæ adduci à quibusdam solent: scilicet quòd in pomo sapor, color, & odor sunt, & in igne lux, calor, & splendor, quæ tamen omnia vnum, tantummodo sunt pomum, & vnus trutummodò ignis. Porrò & in alio hæc omnia à nostro mysterio distinguntur : quòd scilicet in his tria illa, distincta ab essentia sunt, in mysterio verò re idē sunt cum essentia Personæ. Vnde rectissimè dixit quidā, quod cumq. ad huius rei declarationem simile adducas, maiorē certè in eo dissimilitudinem, quàm similitudinem reperiri.

Illud præterea forcipum simile, vbi duæ partes sunt vno vinculo coniunctæ; & illud etiam panni, qui tres habeat plicas, plurimùm à re nostra distant: nam & forcipum quæuis pars, & pani etiam quæuis plica distinctam habet substantiam.

His ergo similibus prætermissis, alio vtamur, quod Beat. Augustin. insinuauit, Sanctus Thomas extulit, tota Theologorum schola recepit. Igitur apertissimum est, fieri posse, vt aliquis homo de se ipse aliquando cogitet; & sui imaginem mente sibi effingat: quod mentale verbum Theologi appellare voluerunt. Hæc igitur, generatio est quædam spiritalis: qua ideò humanus intellectus dicitur sui figuram genuisse, quia ad suam
ipsius.

Exclamatio.

Antitheto.
Asyndeton
Homœopton.

Asyndeto.
Homœopton.

ipsius similitudinem illam producit. Patres enim in eadē substantia, & in eadem, quoad fieri potest, figura, & qualitate, filios generant sibi similes. Quamquam acutissimus ille D. August. rogatus in conflictu publico ab haereticis, cur Filius, & non itē Spiritus sanctus, filius, & genitus diceretur; non aliud respondit, quàm Filium in sacra Scriptura, filium, & genitum appellari, neq. eius appellationis caussam significari villam. Quae sanè responsio non incongrua fuit, quia in tanto mysterio sufficere debet, si Scripturae testimonium pro ratione tradamus. Sed ne ab instituto digrediamur, Si effigies illa tui, quam in intellectu formasti (quae est veluti alter tu in tuo intellectu productus) esset ex tua substantia: nonne tuus esset filius? Rursus si tu, & filius tuus impensissimo quodam inter vos diligeretis amore: dubitari non potest; quin ex illa actione vehementi, in vtroq. vestrum maneret affectus quidam, & velut amoris effluxus ab vtroq. per mutuum amorem productus, qui veluti habitus quidam in vtroq. resideret. Hic ergo cùm ex amoris vehementia, quae similitudinem praesupponit, produceretur tamquam halitus, & in amorem prorumpentium Spiritus, meritò ex impulsu, quasi quidam ventus appellaretur. Ex his ergo, ni fallor, Auditores, iam aliqua ratione, Filij generationem, Spiritus sancti processionem, Trinitatem deniq. ipsam Personarum fide innitentes collegistis. Nunc autem si constituitis, mentale illud verbum, & item amorem illum, de quibus locuti sumus, in vnoquoq; nostrum & substantiam esse, & vnam substantiam (nam indiuidua substantia in indiuiduo manens, multiplicari non potest) simulq. mutuum in his consideratis respectum: praeclarum certè ad hoc mysterium percipiendum; vobis simile confinxistis.

Praeter hoc simile, solent etiam quidam adducere rationes, quibus hoc mysterium confirment: tametsi certè nimium illis inniti videntur; cùm verissimum sit nullam esse rationem quā non hoc longè superet, tantum; tamq. ineffabile arcanum. Sed rationes quidem hae sunt. Ex bonitate Dei, quàm infinito

CONCIONANDI LIB. VI. 251

se modo communicare par est, Filij productio colligitur: Ex perfectione autem consortij (tunc enim est duobus plena lætitia cùm habent amicum consortem) Spiritus sancti processio probatur. Præterea alio discursu, ne Deum, in ipsa æternitate tamquam nihil agentem faciamus; conuenit fateri, si intelligit, & amat, actionibus quidem illis aliquid intra Deum ab æterno produci. His accedit ternarij numeri nobilitas, quæ in omnibus maximè rebus elucet. In Orbe enim tres sunt machinæ: in Angelis tres Hierarchiæ: in rebus materia, forma, & compositum: in anima tres potentiæ: & tres deí * . leges, Naturalis, Mosayca & Euangelica. Bellæ quidem persuasiones: sed tamen mysterium sola Fide notum est, non enim id vlla potest ratione demonstrari.

Sed iam vt Scripturæ sacræ testimonijs nostrum institutum confirmemus: quoniam, vt diximus, Deum à nobis non ignorari oportebat, ideò vtriusq. Testamenti scripturæ prædicant Trinitatem. Prima Genesis verba eam attestantur, quæ apud Hebræos ita scripta sunt : *Beresith bara Helohim*. id est, *In principio creauit Dei*: et *Spiritus Domini ferebatur super aquas*. Item Deut. 6. *Audi Israël, Dominus Deus noster, Deus vnus est*. Quo loco vbi nos legimus, *Dominus*, Hæbræi legunt nomen illud ineffabile tetragrammaton : Deúsque noster medius, Filium Dei, pro nobis factum hominem significat. Esaiæ etiam 6. *Sanctus, Sanctus, Sanctus, Dominus Deus Sabaoth*: Vbi Rabbi Symeon, & Caldæus Paraphrastes legunt : *Pater, Filius, & Spiritus sanctus*. Et Thalmudistę statuerunt, vt verba hæc quotidie bis lege sentur. Item & illa solennissima vox *Iehouah*, hoc ipsum significat. Tres enim litteræ in ea leguntur iuxta Hebraicæ linguæ proprietatem, & reuera quattuor sunt. Exquibus *Iod*, significat principium, *He*, significat viuere, *Vah*, est copula. *He*, autem bis exprimitur. Quare hinc Patrem primum intelligimus, qui principium est Filij æternum : deinde Filium, per quem omnia facta sunt, & in quo vita est : præterea Spiritum sanctum, qui Patris, & Filij copula est, & nexus. At

repetitur.

DE SACRA RATIONE

repetitus He; quoniam per Dei Filium creati, & rursus noua creatura per ipsius redemptionem facti sumus. Praeterea in Psal.2. scriptum est: *Dominus dixit ad me, filius meus es tu &c.* Et Psal.109. *Ex vtero ante luciferum genuite*: Et Psal.32. *Verbo Domini caeli firmitati sunt &c.* Et Iob.33. *Spiritus Dei, qui fecit me &c.* Sed ex veteri Testamento haec satis.

Ex nouo autem testamento, hodiernum Euangelium, pouissimum est testimonium. Inquit enim hoc loco Dominus: *In nomine Patris, & Filij, & Spiritus sancti*: non, *in nominibus*. Item 1. Ioha 5. habetur: *Tres sunt qui testimonium dant &c.* Et 2. ad Corinth. vltim. *Gratia Domini nostri Iesu Christi, & caritas Dei, & communicatio Sancti spiritus &c.* Rursus 1. ad Corinth. 12. *Diuisiones gratiarum sunt &c.* His adiunge Iohan. 1. *In principio erat verbum.* & eiusdem 10 *Ego & Pater vnum sumus*: et deniq. (vt alia plura omittam) testimonia data desuper in Baptismo, Transfiguratione, atq. Oratione.

Sed figura etiam illa Genesis cap.18. quòd Abraham tres vidit, vnum tamen adorauit, satis id demostrat: non enim sine caussa illud retulit Scriptura.

Adferri etiam solent Trimegistri Platonicorum, atq. aliorum testimonia. Sed haec nunc dixisse sufficiat, vt populus Christianus intelligat, non alia de caussa, quàm vt Deum suum cognoscat, haec a Deo tradita esse sanctarum Scripturarum oracula.

Sequitur iam, vt de alijs rationibus tractemus, propter quas Trinitatis hoc mysterium exponi oportere diximus: quae quidem multò faciliores, quàm superior sunt.

Iam igitur hoc mysterio ignorato, creatio intelligi nequaquam posset: scilicet qua ratione Pater per Filium, vt per sapientiam artifex, omnia creauerit in Spiritu sancto omnia fouete. Habet quidem Pater ab aeterno, omniū quae facit, facturus est, & facere potest, rationem: quare in illo rerum omnium prototypos, vt aiunt, atq. Ideas constituimus. Quicumq. erim artifex aliquod opus facturus est, illud mente priùs effingit; postea verò ad eius imaginem, & per id mentale verbum operatur.

CONCIONANDI. LIB. VI. 253

tur,alioqui enim non per intellectum operaretur. Sed neque operabitur artifex,nisi accesserit volitio,atq́;operandi,& absol uendi affectus. Iam ergo cù in Scripturæ asserant, in principio Deum creasse cælum, & terram, & Spiritum Domini aquarū immensitatem fouisse; quis id explicare poterit, aut intelligere,nisi Patris,Filij,& Spiritu sancti mysterium intelligat? Est enim Filius,Patris sapientia:id est(vt nostro modo loquamur) non ipsa cognitio,aut actus,sed terminus illius; scilicet verbū. Spiritus autem sanctus,Patris,& Filij est amor: scilicet amoris mutui terminus. Vnde & illud nunc etiam intelliges: *In Princi pio erat verbum*,hoc est, ante mundum In æternitate iam erat verbum. *Et verbum erat apud Deum*,hoc est, relationem ad Patrem generantem: *Deus erat verbum*;hoc est, ipsum verbum vērus Deus cu... ...erat: *Et omnia per ipsum facta sunt.* Quibus tu ex Genesis 1.adiunge:*Et Spiritus Domini ferebatur super aquas*;hoc est,Spiritus Patris,& Filij,qui vnus sunt Dominus cum Spiritu sancto.

Iam vero ad Incarnationis mysterium intelligendum, dubitari non potest, quin Trinitatem intelligere sit prorsus necessarium. Si enim non intelligas,in vna eademq́;essentia tres esse personas re distinctas:quomodo intelliges,Filium à Patre missum cooperante Spiritu sancto? quomodo solum filium, non autem Patrem,aut Spiritum sanctum intelliges esse incarnatū? quomodo ipsum incarnatum Filium, verum esse Deum cognosces?Inde tam fœda multorum ignorātia, qui de Incarnatione interrogati, aut respondere nesciunt,aut quædam falsissima respondent.Si enim ij aliquam sanctissimæ Trinitatis haberent cognitionem;facilè possent intelligere, sic erga mundum fuisse Deum Patrem beneuolum, ac liberalem, vt ipso volente Filio, & consentiente Spiritu sancto, Filium vnigenitum nobis tradiderit,vt nos factus homo redimeret; quippe quia non aliter quàm factus homo,poterat quidquam vel pati, vel mereri.Porro hinc etiam intelligerent, Filium potiùs, quàm Patrem, aut Spiritum sanctum incarnari oportuisse, quia cùm per Filium facta sint omnia, oportebat,vt per quem crea

DE SACRA RATIONE
creatum erat genus humanū, per eundem redemptione iterū
rum recrearetur. Cui & hoc accecit; quód æquum erat, vt Filius Patris honorem procuraret.

Præterea vt ad aliam rationem transeamus; quod, obsecro,
maius solatium esse ijs potest, qui Deum verè diligunt, quàm
certò scire, tres esse diuinas Personas, quæ se mutuò cognoscāt
& ament? Nam cùm vehementer homines pij arimo afficiantur, quod Deum ipsum (quæ humana est fragilitas) pro dignitate satis cognoscere, & diligere nō valēt: consolantur haud dubiè, & summa quadam voluptate perfunduntur, cùm vident,
si minùs in humanis, at in diuinis certè ipsis, esse qui Deum ipsum, vt est in se infinitus, ita infinita comprehendat cognitione, atq. infinito etiam amore.

Ad vltimam iam tandem rem. . . hoc mysterium præ
dicari æquum est, deuenimus: taliter, vt quàm turpiter in eo se
distragi hæretici errauerint, cognoscamus. Sed quoniam meus
quidem animus renuit, si ijs vestris auribus, impiorum hominū
referre blasphemias: satis esse nunc existimo, vos obsecrare,
obtestariq. vt ea quæ à Sanctis Patribus. accepimus firmissimè
retineatis, neq. Fide sola (quæ quamuis vera, tamē mortua, quidem est) contenti sitis, sed, vt ex B. Augustino superiùs dixi, cor
dis simul munditiem, & puritatem habere nitemini. Quò enim
est gratia maior, eò maius est lumen, eò dona illa Spiritus sancti, Intellectus, Scientia, & Sapientia sunt maiora: ex quo fit, vt
diuina mysteria, tametsi absq. gloriæ lumine cerni nō possunt,
intelligantur tamen, & multò plùs, quàm per solam Fidē (quæ
ad assentiendum data est) introspiciantur.

Epilogus
Pneuma
ornatum
Anaphora
Homœopto-
ton.

Petitio.
A gloriosi.

Quis ergo est qui celsissimum om hoc Trinitatis mysterium
quàm penitissimè possit, intelligere non cupiat? Quis ex hoc
tanto thesauro, ingentem diuitiarum copiam sibi coaceruare
negligat? Quis te Deum Patrem, te vnigenitum Filium, te quoque sanctum Paracletum Spiritum, quoad per fidei, & gratiæ
lumen fieri possit, intueri, non sum mam in hoc mundo felicitatem arbitratur? Ergo vos, ò viri Christiani, quantum possum
obsecro, & obtestor, vt quoniam ad vestram laudem, & dignitatem

ratem pertinet, legem tum Naturalem, tum veterem cognitione superare, huius autem cognitio mysterij summam quandam dulcedinem continet, ac suauitatem; cogitationem vestram à mortalibus rebus auellatis, vt mentem attollentes, tā mirabili, tamq́. excelsa cognitione illustremini; eoq. gaudio perfruamini, quod animæ piæ, ac spirituales, ex diuinarum rerū contemplatione solent maximum accipere.

Sermo de Monacha virginis Professione.

Felicissimus est, atq. ceterorum omnium in Ecclesia Catholica præstantissimus Religionis status. Nam etsi reliqui omnes pij sint, vt Matrimonium, Viduitas, Continentia, & alij qui Rempublicam Christianam constituunt: tamen religiosi viri, & fœminæ, supremum perfectionis apicem suo sibi iure vendicant. Vnde cùm Psalm. 44. de Christo dixisset Psaltes; *Speciosus forma præ filijs hominū*, quo loco spiritalis forma intelligenda est, quia Christus quatenus homo, gratiam habet infinitam: & rursus dixisset. *Diffusa est gratia in labijs tuis*, quod de Euangelica prædicatione intelligendum est: & postea subiunxisset; *Astitit Regina à dextris tuis in vestitu deaurato, circundata varietate*, quæ verba de Ecclesia sancta intelliguntur: tandè addita sunt verba hæc. *Audi filia, & vide, & inclina aurem tuam &c.* Quibus Psaltes religiosam animam, scilicet insigne quoddam, & præclarum huius sanctæ Ecclesiæ membrum alloquitur.

Propositio.

Sed quæres, cur hæc verba ad religiosam animam potissimùm refferēda sint: cùm in quolibet statu perfecta esse anima Christiana possit, vt ei dicere iure valeas: *Audi filia, & vide &c.* At respondeo, quamuis certissimum sit, posse in quolibet statu Christianum hominem ad perfectionis fastigium peruenire: tamen si propria cuiusq. status naturam spectes, nullum reperies, qui comparandæ Perfectioni (hoc est perfecto amori) sit ita ex sua natura accomodatus.

Oppositio.

Hinc, vt video, duplex quæstio existit à me hoc loco tractandā.

CONCIONANDI LIB. VII.   257

gunt mundi:siubiungitur,ab ijs eum diligi, quibus ea quæ ipse continet grata sunt,& iucunda. Hæc autem sunt, vt ibidem asseritur, concupiscentia carnis quo nomine intelliguntur eaque Temperantiæ contraria sunt: item concupiscentia oculorum; quo vocabulo diuitias,& alia multa,quæ oculis arrident,intelligi volunt sancti:& tandem superbia vitæ,quod nomen mortales significat honores,atque dignitates. Hæc igitur tria cùm mundus contineat,sequitur,eum qui ijs delectatur, mundi quidem amicum,Dei autem inimicum merito appellari. Quam quam hæc certe sine distinctione intelligenda non sunt. Nam is quidem, cui hæc omnia, cariora, quàm Deus ipse, sunt, est Dei inimicus:at is,qui non nisi paulo impensiori ad ea fertur desiderio;tametsi peccet,tamen non permortiferam culpam inimicus Dei constituitur.Sed nihilominus,si quis est, qui Deū verè & ex intimis sensibus amare cupiat, huc oportet nō solùm à mortiferis peccatis, sed ab ijs etiā quib' venialis tatùm culpa cō mittitur sibi cauere. Quod quidem cùm is facillimè omnium præstare possit,qui sacræ alicui Religioni nomen dedit,& per tria sanctissima vota,omnia quæ mundus cōtinet, penitus à se abdicauit:sequitur manifestè, Religionis statum,esse ad amoris perfectionem comparandam aptissimum.

Primùm enim per Castitatis votū, cōcupiscentia carnis mortificatur:hoc enim votū ea omnia comprehendit, quæ castita tē iuuat:in fœmina præsertim;quā oportet,à vitorū colloquije, & aspectibus plurimùm abhorrere,& omnē vitæ luxū, corporisq. ornatū omnino detestari. Nā si,vt B. Pau.docet,ab ijs quæ licent, licèt nō expediāt,abstinere debemus:cur ea virgo, quæ soli Deo dicata est,quæq̃ vt purior esset,licitum etiā matrimonium abiecit,iterum ad interdicta sibi mundi, virorumq̃. consortia,aut blandimenta redibit?Ergo per votum castitatis, deliciæ cunctæ abnegantur.

Deinde votum Paupertatis hunc habet finem, vt omnis oculorum concupiscentia deleatur . Quare cùm omnes mundi diuitias abnegauerit virgo religiosa: eam quidem non re tantū, sed spiritu etiam, & voluntate pauperem esse oportet

R.   Si enim

A. minori.

Si enim pauper est, vt quid ei delicatæ, & perpolitæ vestes? ut quid ornatū cubiculū? vt quid deniq. omnis ampla, & superflua suppellex? Profectò, eā quæ Christo paupertatē vouit, maximè decet, ita se in omnibus paupere præstare, vt nec sancti libri, aut similes aliæ res, delicatiores, atq. ornatiores sint, sed eā, quā Christo gratissimam esse intelligimus, paupertatem præsese ferant. Quid enim? Cùm statu, & vitæ cōditione sis pauper, vis, re quidē ipsa diues esse? Quis hoc ferat tam fœdū, tamq. horrendum monstrum? Ergo ita intelligat virgo religiosa; per votū Paupertatis, omnem abolitam esse debere, diuitiarum, atque commoditatum temporalium concupiscentiā.

Tandem per obedientiæ votum, superbia est penitùs expulsa. Nam obediens virgo, quæ alteri se subdidit, & à se ipsa veluti aliena facta est; cùm propriam iam non habeat voluntatē; omnem superbiæ concupiscentiam radicitus extirpauit. Ergo amoris diuini omne impedimentum tria religionis vota sustulere.

Hoc in Testamento veteri, per holocaustum illud Deo gratissimum significabatur: quod totum ad Dei honorem accensum erat, vt nulla, sicut in alijs sacrificijs, pars ad Sacerdotem, vel ad offerentem pertineret. Hoc etiam significabat illa Naziræorum Religio, qui & intonsos habebant capillos, & ab vua, vino & reliquis ex vua confectis abstinebant. Nam intonsa cæsaries, sanctarum cogitationum, sanctique feruoris augmentum significabat: Vuarum autem prohibitio, mortalem omnem recreationem, & voluptatem, religiosæ animæ interdictam esse debere, prædicebat. Nam quid cum humanis delectationibus illi est virgini commune, que Christi cruci affixi, totoq. corpore laceri se sponsam profitetur? Sed & sic etiam spectabat alia illa Rechabitarum Religio, qui &, sicut Nazaræi, vuis non vescebantur; & in agris, non in vrbibus, in curribus, non in casulis vitam transigebant. Quod in agris degerent, id quidem rectè cum nomine, Monacha, consentit: quodquidē solitariam significat. Oportet enim monachum degere in solitudine: hoc est non externè tantùm ab hominum conuictu

Ab ἐγγύς legit.

CONCIONANDI LIB. VII.

&, & consuetudine refugere, sed corde etiam à terrenarum omnium rerum appetitu procul abesse. Quòd autem non in casulis, sed in curribus habitaret, nihil aliud significabat, quàm nullum in terra firmum, & stabile Religiosis habitaculum esse debere; nullam scilicet impensiorem rerum humanarū curā. Neq; verò solùm per Religionis vota, omnes mortificantur concupiscentiæ, sed multa etiam in Religionibus ad perfectū Dei amorem comparandum suppetunt subsidia. Ibi enim perennis oratio, ibi diuinæ laudes, ibi frequens lectio, ibi confessio, & communio, ibi corporis maceratio, aliæq; permultæ sanctæ excercitationes.

Anaplis.

Igitur non immeritò, Auditores, hodierno die, religiosæ virginis vota, quibus se Deo tradit, & consecrat, communi lætitia prosequimur. Nam si in humanis matrimonijs humana festa peragimus: cur non hanc virginis cum Christo desponsationem, summa cum exultatione celebremus? Numquid mortale matrimonium hanc superat cælestem, ac spiritalem Christi cum virgine coniunctionem? Illud quidem sacramentum est; hæc autem illius sacramenti continet spiritum; illud humanæ vitæ fines non excedit; hæc in omnem diffunditur æternitatem; illud corpora coniungit; hæc animos vnit, corporis verò est holocaustum; illud denique humanam prolem spectat; hæc in spiritum tota dirigitur. Gratulamur ergo tibi omnes verè, atque ex animo, ô Regia sponsa, subindeque, à Domino precamur, vt multos sanctorum operum fœtus edas, quibus Dæmonis, Mundi, Carnisq́ue vires confringas, atque in cælum vsque euecta, immortali triumpho potiaris. Vtinam quæ ad inuisibiles modo Sponsi amplexus es recepta, eidem postea in cœlo, ineffabili quodam, atque æterno amoris vinculo coniungaris; & regio redimita diademate, tamquam diuini Regis sponsa, diuina regna possideas.

Comparatis orkata figuris.

Apostr.

Optatio.

Sed quoniā tuæ partes sunt, du hic viuitur, sanctā, piā, fidelē, tā to denique sponso dignam, te semper in omnibus præbere: fac ita viuas, vt supremæ huius dignitatis, ad quam assumpta es, numquam obłta videaris. Sit tibi peristylium, hortus vi-

Anaphora

R 2

DE SACRA RATIONE

tu verò id orium vbi, (paciens, ipsum) cælum: sit Sponsi cor, cubiculum quo te recipiat: sint tui (vt dicere soletis) deuoti, Angeli sit socrus Virgo sanctissima, Pater æternus socer, Spiritus sanctus consiliarius, & dux, ac denique Iesus Christus crucifixus ipes, amor ac delitiæ.

Neq. vero nos, Auditores pij, quòd perfectum hunc Religionis statum adepti non simus, animum despondere debemus: cùm & in statu etiā imperfecto cuilibet liceat ad summū Perfectionis culmē adspirare. Hoc enim ita fiet, si terrena procurantes, cælestia potissimùm spectemus, & vt B. Paulus docet, secularibus rebus vtentes, quodammodo non vtamur. Quare nemo terrenis hisce illecebris captus, atq. irretitus, elabi è manibus cælestia sibi bona patiatur: immò ea semper appetēs & requirens, crebra ad Dominum oratione cōfugiat: sic enim fiet, vt si votum in Religione non emisit, voti tamen effectū, Deo pijssimè faciente, consequatur.

Cōcio in alia Monachæ virginis Professione.

Ante thorum huius virginis frequentate nobis dulcia cantica dramatis. Ex off. Ecclesiæ.

Tsi celebranda est nobis religiosæ virginis cum Christo desponsatio: tamen hodiernum Euangelium enarrare libet: id enim futurum non est ab instituto nostro prorsus alienum. Igitur postquā 5. & 6. Matthæi capitibus, Dominus euangelicā tradidit doctrinam; diiungit nō deesse aliquos, qui illi insidientur, sallos scilicet Prophetas. Quo nomine hæreticos primùm intellexit; dein de hominēs impia docentes; tertiò verò etiam illos qui Christum crucifixum non prædicant, sed plausibilibus sermonibus auditores ducunt, atq. decipiunt: quia nimirū mortifera tantùm odò, & notissima peccata improbātes, ad cetera omnia coniuent, immò & aliquando ea palam, & aperte populo concedunt. Hi profectò ouinam pellem, scilicet Fidei synceritatē, & externā
quandam

quandam sanctitatem, ac modestiam induunt, cùm tamen intùs lupi rapaces sint. Sed si quæras qua ratione hi Pseudoprophetæ dignosci valeant, respondet Dominus, non esse admodum difficile: ex fructibus enim, hoc est ex operibus dignoscuntur. Fructus quidem bonorum Prophetarum, vt ad Galat. 5. scriptum est, spiritus est, caritas, gaudium, pax, patientia, & benignitas: malorum autem, superbia, odium, auaritia. Quare bonorum fructus dicuntur esse vuæ, & ficus malorum verò, tribuli, & spinæ. Vuæ quidem,& ficus, vnionem significãt, scilicet externam vuæ caritatem, internam verò ficus. Item,& ficus,& vuæ,calore,hoc est amore, dulciores fiunt; & conculcatæ, ac compressæ, suauitatem, hoc est patientiam, benignitatem, misericordiam, obedientiam,& caritatem præstant. At spinæ,& tribuli pugunt quidem; & præterea dum pungunt, sunt tenaces: quibus qualitatibus, superbia, & iracundia significatur, & propriarum etiam commoditatũ appetentia. Hi sunt igitur tam malorum, quàm bonorum Prophetarum fructus. Quòd si quis malus Propheta fingere bonum fructum velit, facere id nullo modo poterit, dũ interna malitia perseuerat: sicut neq. bonus Propheta, dum bonus est, potest alios fructus quàm vuas,& ficus edere. Sed neq. falsorum Prophetarum falsitas diu perseuerare potest: punitio enim instat diuina. Tandem colligit Dominus, inquiens: *Non omnis qui dicit mihi; Domine Domine &c.* Hæc est totius Euangelij series. Nunc autem quoniã ego vehementer cupio, vobis, Auditores, vuas,& ficus hodierno die exhibere: obsecrandus est Dominus, vt me arborem efficere bonam dignetur. Quoniam autem sanctissima Virgo solet nobis peccatoribus maximum esse ad omnia refugium, æquum est, vt illam nunc humiliter adeamus, eiq́. Angelicam offeramus salutationem dicentes. *Aue Maria &c.*

Ante thorum huius Virginis frequentate nobis dulcia cantica, Tramatis.

R 9 Fuit

Genesis 29.

Vit semper omnium gentium moribus recepta celebrandi nuptias consuetudo: vt & quotidianus, atq; antiquissimus vsus probat, & illa ex Genesi historia, quòd Laban, conuocatis amicorū turbis, Iacobo Liæ & Rachelem filias in coniugiū dediderit. Huius autē celebritatis cauſſa eſt, quòd & per matrimonium temporale, genus humanum conſeruatur,& augetur, & (vt ex Paulo ad Ephes. 6. atq. ex Canticis, cap. præſertim 8. colligere licet) diuini Verbi cum natura humana coniunctio in eo figuratur. Sed præter mortales iſtas nuptias, ſunt aliæ quædam longè pulcherrimæ, ex ijs quas diximus, Dei cum natura humana, & Chriſti cum Eccleſia profectæ: ſpirituales ſcilicet; quibus, firmiſſimo quodam,atq. arctiſſimo nexu, Chriſtus noſtris animis coiungitur. De his nuptijs apud Oſeam · *Deſponſabo te mihi in ſempiternum &c.* et in alijs locis quotiescita mus: immò & ſæpe alibi in veteri Teſtamento. Sed cùm omnibus animis Chriſtianis, quæ per gratiam, & caritatem Chriſto: coiūguntur, bæ nuptiæ ſint cōmunes: tamē præcipua quadā ratione Dñs eis animis copulatur, quæ per Caſtitatis votum, ſuã corporis integritatē, ac virginitatē ei conſecrat. Quod quidē ſi ſolēni (vt dicitur,) voto in Religione fiat: nobiliſſimū certè coniunctionis ſpiritalis eſt.ge nus, ſanctiſq. Patribus maximè celebratum. Talis igitur eſt noſtræ virginis hodierna deſponſatio. Quoniã autem ego in hoc Feſto, vt epitalamium cānem, vocatus ſum; æquum iam videtur, vt & Sponſi, & Sponſæ decantare laudes aggrediar.

Spōſus quidē hic eſt, cuius eſt caput aureū; in quo omnes ſunt theſauri ſapientiæ, & ſcientiæ Dei; qui & ipſe Deus eſt ſapientiā infinitus, viribus omnipotens, omni deniq. bonitate immenſus, immò eſt Sapiētia, Omnipotentia, & deniq. Bonitas ipſa. Sed cùm eius laudes obuiæ ſint paſſim: de Sponſa eſt nūc potiſſimùm dicendum: hùc enim me vocat Spiritus ſanctus, dum per Eccleſiā dicit: *Ante thorum huius virginis frequentate nobis dulcia cantica drāmatis.*

Drama comœdiæ genus eſt, nuptijs accōmodatum, epithalamio perſimile. In comœdijs enim dulcia ſolent efferri cātica: in Dramatibus verò, & præſertim in noua comœdia, de nuptijs, ſi

Præteritio.

ue de amore est sermo. Quare illa nobis hodie cantica sunt sę́-
pius repetenda, quæ in pijs huiusmodi cōmœdijs solēt iterari.
Cùm autē sancta, & diuina cātica, & huius inſtitutū propria, sint
ea, quæ in Cāticis Cāticorū Spiritus sanctus Salomoni inspirauit: iuuabit nūc, noſtrū inde Epithalamiū deſumere; ſcilicet ea
in mediū proferre, quæ cecinisſe ibi Spōſum de ſua Spōſa
laudibus accepimus. Hæc enim cū virgni noſtrę & cōueniant,
& cōuenire maximè debeant: fiet, vt dū eius laudes perſequi-
mur, ſui ſimul officij eam admoneamus.

Alloquitur ergo Spōſus in Cāticis, laudatq́. Sponſam in hūc
modū *Quā pulchra es, amica mea &c.* Sed quoniā omnia quæ illo loco Spōſus perſequitur nō licet nobis per tēpus explicare:
attingemus tātūmodò quæ de oculis, de capillis, de dentibus,
de labijs, de maxillis, de collo, de q. huberibus ibi pronūciat; ad
dēs tandē in fine: *Hortus concluſus, fons ſignatus, emiſsionis tua
paradyſus* Hæc enim in Sponſa præcipuè notanda ſunt.

Principio igitur bis in genere Spōſam pulchrā appellat Spōſus: nimirū vt internā, & externā, ſcilicet corporis, & animi, co-
gitationūq. ac verborū pulchritudinē ſignificet. Sed hæc omit-
tētes, atq. ad ſpecialia trāſeūtes, ab oculis ſummā* initū, q vt ſūt
ſē ſuū organa potiſsima, ita cōferūt maximè ad pulchritudinē.

Inquit ergo Spōm, *Oculi tui columbarū, abſq. eo quod intrinſecus
latet.* Significāt enim oculi ſcopū animi, atq. intētionē; vt apud
Matt. cap. 6. cōſtat, cùm Dūs inquit: *Lucerna corporis tui eſt oculus &c.* Columba verò & ſimplicitatē, & puritatē ſignificat; &
cū duos habeat oculos, vno tātū intuetur. Talis ergo eſt Chriſti fideliſsima Spōſa: quia nimirū totā mētē, & cogitationem in
vno Chriſto locat, ac figit, nihilq́. vel in terra, vel in cęlo præter
eum aut curſit vnquam, aut cogitat. Sed cùm magna ſint piæ
huius Sponſę deſideria, & mirabiles dilectionis actus, iure ad-
ditū illud eſt. *Abſq. eo quod intrinſecus latet.*

Iā oculos capilli ſubſequūtur; neq́. id quidē immeritò. Nā per
capillos cogitationes piæ ſignificātur, quibus eō uſi in cælo diuina Spōſa verſari debet: Dubiū autem non eſt, quin cogitationes intētionē ſequātur animi: nā vbi eſt theſaurus, ruus iti eſt

R 4 cor

DE SACRA RATIONE

cor tuum. Meritò autem capilli, gregibus caprarum ascendentium de monte Galaad, similes esse dicuntur. Capræ enim leues sunt, & agiles, alta petunt, atq. erectæ, arborum ramusculos carpunt: Galaad autem editissimus erat mons, multiiq́. nemorum saltibus densissimus. Quæ omnia rectè Sponsæ accomodatur; quippe quia altissimas semper cogitationes voluit, numquam non animo ascendit, numquam non ad maiora progreditur. Hi sunt capilli, quorum tanta vis est, vt non solùm decorem, sed robur etiam conferant, atq. fortitudinem. Hi sunt quibus destitutus ille Samson, qui pro nihilo, mille occidebat Philistæos, infirmus effectus est, atq. imbecillus. O pulcherrimam; ô, fortissimam Christi Sponsam, quæ crucifixum Sposum semper ob oculos habens, hisce capillis exornatur!

Sed quoniam Sponsæ diuinæ, potissima est de mandatis diuinis exequendis cogitatio: proinde hoc Sponsus illis verbis significat: *Dentes tui sicut oues tonsarum &c.* Dentibus quidem cibos molimus, & concoctioni præparamus, 'vt faciliùs concocti, multò nos meliús nutriant: oues autem vbi tonsæ, maximè verò vbi lotæ sunt, iteruq́. vbi gemellis fœtibus onustæ, mirum est, qua diligentia, & cupedia herbas depascit. Hæc autem omnia rectè Sponsæ conueniunt de diuinis mandatis exequendis vsq. adeò solicitæ, vt diu, noctuq́. testimonia sancta summo studio perscrutetur, quo possit operi illa mandare. Hoc enim certè sponsa facit, vbi tonsa est, hoc est terrenis cupiditatibus exuta, vbi lota est, nimirum. diuini sanguinis pro se effusi cogitatione; vbi deniq. gemellos habet fœtus, scilicet vel internorum, externorumq. operum, vel diuini cultus, proximorumq́. ædificationis, vel mortificationis, propriæ, amorisq́. diuini.

Quarto loco labia etiam commendantur, in quibus certè plurimum inest ad pulchritudinem. Inquit ergo Sponsus: *Vitta coccinea labia tua.* Vitta, si vocis proprietatem spectes, velum erat Deo dicatum, quo piæ operiebantur fœminæ. Siue autem id, siue breuem funiculum intelligas; profundum significat silentium. Est profectò in fœminis, maximè verò in virginibus, silentium excellentissima virtus. Quam vtinam permultæ (&
quod

quod magis deplorandum est, ex religiosarum numero) ita sibi genuinam, ac germanam putarent, ve nō de garrulitate potius, ac dicacitate gloriarentur. Coccineum autem est id quod labia compescit scilicet solus Iesu Christi amor. Iam autem his omnibus iure addit Sponsus: *Sicut fragmen malī punici, ita genæ tuæ &c.* quo loco castitatem, ac verecundiam intellexit. *Trepidare virginum est*, inquit B. Ambros.) *& ad omnes viri ingressus pauere, omnes viri affatus vereri &c.* Sed non vacat modo de castitate, de honestate, de pudicitia, de puritate, deq́; mortificatione ad seruandam castitatem vtili disserere. Hoc tantū modo dicam, si pulchræ adeò sunt, rubicondæ genæ, vt solent eas vanæ muliercuiæ artificiolo, quodam, ac fallo (vtinā verecundiò potiùs)rubore perfundere, pulchriorem profectò esse in virginibus pudicitiam.

Præteritio cum Anaphora, & Homœoptoton.

Nunc iam post descriptam Sponsæ faciem, dicendum est de collo, vbi constantia inest, ac fortitudo, qua omnes hostium incursus inuicta semper sponsa ita sustinet, vt ab integra castitate, honestate, silentio, meditatione, contemplatione, & ardentissimo deniq́; Christi crucifixi amore non vmquam deflectat.

Mox sequuntur vbera: occulta scilicet virginum, ac pudica membra. Significant autem misericordiam, qua præclaram, & copiosam sanctorum erga proximos operum sobolem, piæ virgines nutriunt. Misericors enim est pia virgo, & ad benefaciendum pro Christi amore propensissima: quippe quia proximos diligit, sicut Christo etiam ipso se dilectos esse cognoscit.

Hactenus omnis sposæ pulchritudo proposita est ob oculos. Nī etsi ab humilitate, mansuetudine, obedientia, castitate, caritate, paupertate, & corporis maceratione desumpta hæc tota descriptio videbatur: tamē sub ijs quæ dicta sunt, hæc omnia latēt cōprehēsa. Omnia verò Sposus vnico tādē verbo cōplectitur, dum sponsam appellat hortum conclusum, vndiq́; vallatum, nullisq́; aut hostium incursibus, aut Bestiarum ingressionibus patentem, &c. Talis ergo futura est Christi dilectissima sponsa: tales etiam, pro cuiusq́; statu, & vitæ conditione cuncti.

Cecini ergo iam in nostris hisce nuptijs, etiā quam potui dilectæ

dilectæ Christi Sponsæ laudem: tametsi minorem quidem illam, quam vel res ipsa, vel meum etiam à me ipso desiderium efflagitabat. Quare ignosce obsecro, pia virgo, si commissum mihi munus non satis rectè peregi: nam ieiunitas quidem hęc, atq́; inopia mea, incredibili quadā animi mei voluntate cōpēsatur. Optaui certè virginitatem per solenne votum Deo dicatam ad cælum vsq; euehere, atq; innumera beneficia, quibus dilectissimas sibi Sponsas Christus auger, & cumulat, percensere, vt Sponsas primùm ipsas, deinde ceteros omnes, qui adstāt, ad columbinam simplicitatem, ad accuratam penitioremq; diuinorum rerum contemplationem, ad virginitatis deniq; candorem mirum in modum excitarem. Sed quoniam res non examini voto cessit: obsecro vos per Christi viscera, Piæ animæ, vt meam orationis exilitatem operibus supereris, & quæ ipse prætermisi, vobiscum præsagientes, Virginitatem, vt pote cælestem virtutem, Christoq́; gratissimam diligatis. Sic enim fiet, vt nuptijs primùm in hac vita Spiritualibus, postea verò in cælo æternis Christo dilectissimo Sponso coniungamini.

Peroratio huius libri Sexti.

NOn possū inficiari, pudere me vehemēter, quòd has conciones mille vitijs plenas in lucem ediderim, nullamq́; hoc loco ex alijs non paucis colloc. rim, quas, multorum iudicio, permisit Deus nec(tan etsi ignarissimum) feliciter satis elaborare. Neq; verò huius nec pudoris caussa est iniusta. Nam & si gloriæ meæ, Christo gratias immortales, nequaquam seruio, & de mea existimatione nihil omninò laboro; quippe qui a ignorantiæ meæ satis mihi conscius sum: tamen vereor, ne si hinc reprehendendi huius operis occasio sumatur, accidat, vt is omninò pereat fructus, cuius spes me ad hunc laborem subeundum incitauit. Hoc igitur cū ita sit, nemo erit, opinor, qui mihi hoc vitio vertat, quod dandam huiusce rei lectoribus excusationem putarim.

Igitur sunt quidem à me conciones prope innumeræ ex
ante

CONCIONANDI LIB. VI. 267

apud quadr[...] ipsos ad Christianum populum patrio, & nonnumquam latino sermone habitæ, quarum multas viri litteris & vitæ integritate insignes non improbarunt. Sed nulla certe ex iis in[...] in promptu, dum hoc opus concinnarem. Sum enim ea prodigalitate, vt ex meis (qualescumq. illi sint) in genij foetibus nullum mihi vmquam reseruem. Quare necesse fuit, has quas nunc exhibeo conciones (scilicet quas partim aliqua forte lituris plena papyrus, partim infirma mihi memoria suggessit) præpotim exarare, vt arsis in superioribus libris tradita, aliqua hic extarent exempla. At nemo est qui non videat, multùm interesse, an ea quæ summo studio, ac diligentia recens ex cogitata sunt, conscribantur, an verò ex interuallo ea quæ iam diu peracta sunt, in memoriam reuocentur. Cui & hoc accedit, quòd neque huic certè operi extemporario tantùm mihi temporis fuit, quantum erat necessarium: cùm tot penè obruar negocijs, quot vix vllus vmquam credat, ex ijs qui me non nouerint. Hæc igitur sunt quæ me excusant: quibus sanè potuissem à suscepto opere abocari, nisi id futurum esse multis vtile sperarem, fretus immensa Dei bonitate, qui humilibus vsus instrumentis, magnifica quædam solet opera conficere.

LIBER

LIBER SEPTIMVS IN QVO DE PROMPTVARIIS QVI-BVS MAXIME POSSINT IVVARI Concionatores, disputatur.

PRAEFATIO.

SQuadeò nostris temporibus cūctæ ferè scientiæ suntauctæ, contrà verò humanæ ingenij, ac memoriæ vires imminutæ, vt quò illa quę didicimus, in promptu semper habeamus, necesse sit quibusdam ea reponere promptuarijs: Quod cùm omnes omnium scientiarum studiosi facere debeant: tamen Theologis est præcipuè necessarium, & ijs maximè, quibus concionandi commissum est munus. Est enim haud dubiè immensum Theologiæ pelagus: quippe quia & sacram Scripturam, & Ecclesiasticas Sanctiones, & Scholasticam (vt vocant) doctrinā continet: quæ quidem si quis complecti omnia vellet, atq. ijs præterea (vt fieri necessariò debet) orationem, & sanctas alias exercitationes adiungere, non aliter certè id facere posset, quā si Matusalemi annos exæquaret. Sed & his etiam accedūt humana multa subsidia, quibus si concionator destituatur, fungi rectè suo munere non potest. Est enim is certè generalis quidam artifex, neq; vllum scientiarum, aut diuinum, aut humanū genus intactum debet omittere: quippe quia nullum est, quo non vti aliquando debeat, cùm eius sit munus, ad vniuersum hominum genus verbum Christi prædicare. Hæc igitur cùm ita sint, nemo est quin videat, in tantis temporum angustijs, tantaq. nostra ieiunitate, atq. inopia, promptuaria huiusmodi, tamquam itineris sacri nulas, magni esse momenti. Vnde meritò à me in hoc libro septimo, de ijs suscepta est disputatio. Equidem decreueram, ea lectoribus exhibere perfecta: sed si id (quæ mea est tenuitas) præstare minùs possum, tradere tamē

cœpt

CONCIONANDI LIB. VII. 26

cœpta, eo, inquá simul indicare rationem, Deo adiuuante, vale
bo. Hoc autem fortasse lectoribus multo erit vtilius: cùm his
breuibus initijs imitari, & commoueri omniũ animi possint,
vt suam quisque in cœpto opere perficiendo diligentiam ex-
perirtur. Neque vero laborem hunc, si à quoquam fuerit sus-
ceptus, contemnemus: quinimò gratias ei habebimus ingêtes,
quòd quæ nos imperfecta relinquimus, ipse ad exitũ perducet.

Vnde Scripturarum ratio petenda.

Promptuariorum ratio non aliunde commodiùs desumetur, quam ex ijs, quæ in cõcionatore dsideratnr. Quæ quidẽ
quamquam permulta sunt, neque facilè possunt enumeran-
do percenseri, tamen ex ijs quamplurima hoc loco proponẽ
tur. Primùm velim meminisse lectorem, doctissimi illius magi
stri Cano, Episcopi Canariensis, olim in Salmanticensi Acade
mia Theologiæ professoris, qui in eo libro, quẽ de locis Theo
logicis in vulgus emisit, decẽ locos indicauit, ex quibus Theologi argumenta omnia depromunt: eos enim nosse, & memo
ria retinere concionatori est valde necessarium. Hi autem sunt
Scriptura sacra, Christi, & Apostolorum traditiones, Ecclesia
catholica, Concilia, præsertim generalia, Romana Ecclesia,
Sancti Patres, Theologi Scholastici, Naturalis ratio, Philosophorum auctoritas, & humana historia. Neq. verò ijs tantùm
concionator erit contentus. Nam cùm omnia hæc, ei qui v-
tramque Theologiam, scilicet Scholasticã, & (vt aiunt) Positi
uam, profitetur, necessaria sint, concionator certè, cuius est officium, nòn modo populum, sed ipsos etiam Theologos docere aliquando, alios habere debet notatos locos, quibus altissima nostræ Fidei mysteria non modo propria oratione, sed
figurata, quatenus audientium captus postulat, pandere, mo-
resq́. Christianos, & politicos, internos, & externos compone
re possit. Etenim nulla est ars, aut scientia, nullius officium ætsi-
ficis, quod non aliquando in cõcionatorem cadat. Theologũ
enim is quando q. agit: Iurisconsulti personam induit: Philoso
phi, ac Medici officium exercet: artes etiam seruiles non num
quam

cœpta, eorū miq̄ simul indicare rationem, Deo adiuuāte, vale
bo. Hoc autem fortasse lectoribus multo erit vtilius: cùm his
breuibus initijs imitari, & commoueri omniū animi possint,
vt suam quisque in cœpto opere perficiendo diligentiam ex-
periatur. Neque vero laborem hunc, si à quoquam fuerit sus-
ceptus, contemnemus: quin in ò gratias ei habebimus ingētes,
quòd quæ nos imperfecta reliquimus, ipse ad exitū perducet.

Vnde Promptuariorum ratio petenda.

Promptuariorum ratio non aliunde commodius desumetur, quam ex ijs, quæ in cōcionatore dsiderātnr. Quæ quidē
quamquam permulta sunt, neque facilè possunt enumeran-
do percenseri; tamen ex ijs quamplurima hoc loco proponē
tur. Primùm velim meminisse lectorem, doctissimi illius magi
stri Cano, Episcopi Canariensis, olim in Salmanticensi Acade
mia Theologiæ professoris, qui in eo libro; quē de locis Theo
logicis in vulgus emisit, decē locos indicauit, ex quibus Theologi argumenta omnia depromunt: eos enim nosse, & memo
ria retinere concionatori est valde necessarium. Hi autem sunt
Scriptura sacra, Christi, & Apostolorum traditiones, Ecclesia
catholica, Concilia, præsertim generalia, Romana Ecclesia,
Sancti Patres, Theologi Scholastici, Naturalis ratio, Philosophorum auctoritas, & humana historia. Neq. verò ijs tantùm
concionator erit contentus. Nam cùm omnia hæc, ei qui v-
tramque Theologiam; scilicet Scholasticā, & (vt aiunt) Positi
uam, profitetur, necessaria sint, concionator certè, cuius est officium, non modo populum, sed ipsos etiam Theologos docere aliquando, alios habere debet notatos locos, quibus altissima nostræ Fidei mysteria non modo propria oratione, sed
figurata, quatenus audientium captus postulat, pandere, mo-
resq́ Christianos, & politicos, internos, & externos compone
re possit. Etenim nulla est ars, aut scientia, nullius officium artificis, quòd non aliquando in cōcionatorem cadat. Theologū
enim is quandoq. agit: Iurisconsulti personam induit: Philoso
phi, ac Medici officium excercet: artes etiam seruiles non nun
quam

quam sibi adoptande nique tamquam in speculæ collocatus, circumspicit omnia diligenter, & tamquam censor, & moderator, omnibus normam præscribit, qua rectè vitam instituat. Vt igitur tītū, ramq́; immēsum capū, certis quibusdā limitibus circumscribamus, à definitione, & diuisione exordiū sumemus.

Quid Promptuarium sit, & quotuplex.

Est ergo Promptuarium, subsidiaria quædam nauis, vel potius alueus quidā, in quo, quæ nobis vsui esse possūt, n: cōio. do ita certa reponimus, vt, cùm eis vti voluerimus, facilè sint nobis in promptu. Qua ratione, loca illa communia, quæ viri docti, multa hinc inde coaceruantes componunt, vt quocuī que oblato argumento, possint quæ ad illud genus pertinēt, tractare, Promptuaria rectè appellabuntur. Promptuariorum autem duo genera (vt ego censeo) reperiuntur: generale vnum, speciale alterum. Illud scientijs multis deseruit, hoc verò vni cuidam est particulare. Omittimus hoc loco de industria locos illos communes, qui adeò latè patent, vt omnia penè diuina, & humana, omneq́; scientiarum genus suo abitu cōtineant: hoc enim loco eos tantùm communes locos desideraremus, qui Theologiā omnem, vtráq́; Philosophiā, Historiā, & Poësim, & quæ ad virtutes persuadendas, & vitia extirpāda cō ducerēt, accurata methodo cōplecterētur. Quę quāquā olim fuerint à me magna ex parte elaborata: tamen quorundā, fraude dicam, an studio? mihi surrepta fuerunt. Vellē equidē vt aliquis desiderio iuuandi concionatores, huic operi manus admoueret, atq́; in eo, ordinē à D. Tho. in summa sacræ Theologię obseruatum non negligeret: interim tamen amicis auctor esse soleo, vt selecta, quæ inter legēdū repererint, in capsulam aut alueolum recondant, auctorisq́; nomē vnde illa acceperint in margine scribant: quod etiā Aristot. cap. 11. lib. 1. Topicorum præcipit. Enchiridion etiam locis cōmunibus respōdēs, Theologis vtilissimū esset, in quo librorū omniū argumēta, qui vt à Theologis euoluātur, digni sunt, nō sine ratione certa notarētur: quò fieret, vt libros possent breui tēpore euoluere, atq́; ex

ijs ea

iis eã depromere, quæ ad negotium fusceptum sibi vsui esse
possent. Quem ego laborem iam diu susceperam, eumq́; libris
in gratiam Theologorum edere exoptabam: sed quotidianæ
occupationes, quibus distineor, illud prohibuerunt. Hæc ergo
sunt quæ ad generalia Promptuaria pertinent.

Speciale autem Promptuariũ illud vocamus, quod ad munus
aliquod rectè obeundum, peculiaris sibi quisq́; artifex compo
nit; vt sacræ scripturæ interpres, S. Thomę professor, & concio
nator. Solent enim hi omnes, ea quæ illis sæpius occurrũt, &
quibus frequentius vti debent, in certis quibusdam & notatis
locis collocare: quia neq́ facile est, hoc præsidio neglecto, ea,
cùm volumus, aut cùm opus est, recordari; neq́; seper ecce-
sio patitur, vt tẽpus in illis cõquirẽdis cõterámus. Hoc ergo ge
nus Promptuarij velim hoc loco cõficere, aut, quo pacto cõfi-
ciẽdũ sit, cõcionatori nostro ostendere, vt dũ cum à nimia so-
licitudine locos hinc inde inquirendi liberem, tempus ei vacuum ad orationes, sanctasq́; alias excercitationes redimam.

De Promptuariorum speciali diuisione.

Cùm autẽ (vt proprio disseruimus loco) septem excercitatio
nũ genera Theologo proposita sint, totidẽq́; illis Promptuaria respõdeãt: fit inde, vt quãuis cõcionatori (quẽ generalẽ arti
ficẽ superius nominauimus) vnũ præcipuè genus dixerim* esse
maximè familiare: tamẽ neq; cetera promptuaria debeat ille negligere, sed vel ea omnia sibi parare, vel ex iis aliquod sibi po
tissimum cõficere, in quo ea, quæ magis ad suum munus per
tinere iudicauerit, expedita ratione reponat. Quoniam igitur ad vtriusque Theologię doctorem pertinere antiquas Ec
clesiæ traditiones, ecclesiasticas sanctiones, totumq́; Ius Cano-
nicum, queq́; ad illud reuocantur, nemo audebit negare: si hæc
omnia, seruata methodo, concionator in locos communes
distribuet, vtilissima sibi promptuaria comparabit. Quod verò
ad historiam attinet, concionator, aut compendium aliquod si
bi cõficiet, aut ex cõfectis aliquod eliget potissimùm, eiusq́; do
ctrinã ad locos cõmunes reuocabit: an quibus ordine à D. Th.
in scho

DE SACRA RATIONE

in scholastica Theologia obseruatum retinebit. Suppeditant enim historiæ materiam nostræ orationi. Neque enim solùm exemplorum copiam continent, quibus solent hominum ani mi vehementer excitari, sed de diuinis etiam mysterijs, de traditionibus, de Ecclesiæ cæremonijs, & ritibus, deq́. Sanctionibus Ecclesiasticis, & dogmatibus pijs solent nos admonere ita. vt non possit quis Theologi nomen sibi iustè vendicare, quin sit in his omnibus diu, multumq́. versatus. Ecce ergo con cionator quanta sit Promptuariorum copia tibi nequaquam: contemnenda.

De specialioribus, concionatoris Promptuarijs.

Quæ hactenus docuimus, adhuc ad generalem Promptuariorum rationē pertinere videbantur: nūc ad ea, quæ concionatoris magis propria sunt accedamus. Dicimus ergo, concionatoriPromptuaria in hunc modum esse distinguenda. Pri mo loco reponat concionator ea loca, quorum sensus multo rum ingenia torsit, quæq́. periculosam primo adspectu senten tiam videntur continere, itém quæ in Scriptura solent frequen tiùs iterari; & quæ maximam vim continēt ad proximorum ædificationem; & quæ in Ecclesiæ Officio frequentiùs Interpo nuntur. Eodem etiam spectant selectissimæ quorundam loco rum interpretationes, licèt non eodem modo eadem loca ab. interpretibus exponātur, & ea item loca, quorum proprius sen sus non est satis ab interpretibus illustratus, & quæ tanquam paradoxa censentur, & quæ magis hominum animos solèt de terrere; & quæ eosdem alliciunt; & quæ peccatorum oppro bria, iustorum laudes, & deniq, attributa, quæ de vtrisque so lent enunciari, continent.

2. In secundo genere, ex scholastica Theologia, & præsertim ex S. Tho. acuta, subtilia, pia, & paradoxa quædam collocet.

3. Ad tertium reuocet Promptuarium, selectas figuras, similia, doctrinas singulares, themata concionatori familiaria, bonarum, & malarum actionum enumerationes, efficatiores ratio nes, quibus persuaderi possint homines, vt se totos Christi ob
sequio

sequio tradant,peccata detestétur,fructusq́.pœnitêtiç dignos in remissioné peccatorũ producãt. Húc pertinet quattuor illa nouissima, húc verbũ Dei, húc gratiæ necessitas, húc pravt banitates,stratagemata,Aprophtegmata, admiranda naturæ opera,numerorum,& magnitudinum proprietates.

Iam in quarto loco tota euangelica historia per tempora distributa,collocanda est,ita vt singula anni Euangelica suo loco reponãtur;quæq́.ad cuiusque Euãgelij intellegentiã pertinentia se inter legendum obtulerint,in proprium locum reuocentur. Quod & in sanctorum festis obseruandum est.

Accedimus iam ad ea quæ concionatori magis propria censentur:neq.enim ijs tãtùm prõptuarijs,quæ superiùs diximus, cõtent' esse is debet,sed quinctũ etiã addere,in quo ea omnia collocet,quę vrbi,Oppidoúe in quo versabitur necesseriã vi debuntur; siue ad vitia vel publica,vel quę magis noceant ex tirpanda, siue ad virtutũ actiones persuadendas pertineant.

Maximam etiam ex sexto proptuario concionator capiet vtilitatem,si in eo curabit,exordia communia,Narrationes,Cõfirmationes,& Confutationes reponere; vt quoties aliquod ex his capitibus proprium deerit,communi vtatur, illudq́, ad materiam propriam traducens,proprium efficiat.

Neq. verò minorẽ ex septimo prõptuario vtilitatẽ accipiet, si quę cũq.audit,aut suis temporibus accidere notatu digna videt,siúe ea bona sint,siue mala,coaceruet, ac recondat: sic enim fiet,vt ex bonis quæ accidunt, virtutes persuadere vehementiùs,ex malis verò acriùs possit vitia reprehendere.

Sed octauum etiã est vtile prõmptuariũ,in quo notetur qu'd sancti Patres de se ipsi,deq́suis.cõcionibus ad populũ loquerẽtur;quomodo ad eũ intercõcionandũ orationẽ conuerterẽt; quo dicendi genere illius peccata reprehẽderent,mala illi cõminarentùr,vel lllius laudes,gestaq́.præclara prędicarẽt, quas virtutes magis cõmendarent;in quæ vitia,acri quadam, ac vehementi verborũ libertate inueherẽtur;& si quæ his similia sũt.

His omnibus liceat nonum promptnarium ad iũgere, quod etiam ad eos qui cõfessiones audiunt,pertinere potest:in quo

4.

5.

6.

7.

8.

S   recon

reconditæ sint pœnitentiæ, quę ab Episcopis, & Sacerdotibus pro peccatis iniungebantur; simulq́. notetur, quanta illæ cura solerent obseruari: non enim ex hac re mediocris accedet doctrinæ vis: cùm hinc homines intelligant, magnum esse id malum, quod tam grauiter olim puniretur.

Sit tandem decimum promptuarium, quo concionator vel ex scripturis excerptas, vel suo studio elaboratas quasdam orationes reponat, quibus sæpe ad Deum, ad Iesum Christum Deum & hominem, ad Beat. Virginem, ad Angelos, ad sanctos, ad Episcopos, vel etiam ad præsides sæculares, ad homines adhuc viuos, seu vita functos, iustos, seu peccatores, ad creaturas inanimes, ad dæmones ipsos, siue ad damnatorum e tiã animos, sermonē cōuertat: idq́. vel exclamatione qua dã ipsū Deū testãs, vel ab eo aliquid postulãs: hoc enim genere orationis auditores vehemēter deterētur. Vnde id à Moyse, & alijs legimus sępe vsurpatum Deut. 31. Esai. 1. & alibi sæpe.

Neq. veró est cur lectorem tanta prōptuariorum multitudo deterreat, laborem enim solent optima quæq. & diligentiã postulare: cùm veró parta sunt mirificam adferre voluptatem.

De primo promptuario.

IN primo promptuario difficilia scripturarum loca diximus esse reponēda. Sūt antē loca multis ex causis difficilia. Primū quia alijs videātur scipturæ locis aduersari: vt quòd Matt. & Marc. horá tertia Dominū cruci affixū esse testātur, Luc. horá sexta. Deinde quia sēsū cōtinent ocultū, quale est illud. *Ex vtero ante luciferū genuite.* Tū quia verba ipsa obscuritatem prætese rūt; vt. *Imperfectū meū viderūt oculi tui, & in libro tuo omnes scribentur*, Sed ipsa etiam translatio aliquando obscuritatem inducit: vt, *Sicut ros Hermon qui descendit in motem Sion.* Deniq. ex alijs causis prouenire solet obscuritas, quas deprehendet facilè, qui rē hãc accuraté tractabit. Hęc omnia in numerato habere plurimùm proderit cuius theologicæ exercitationi. Quę quidē si licuisset p tēpˢ in grãm quorūdã hoc loco proposuisse

Poterunt autem ad idē primum genus reuocari, quæ nimis
aspe-

aspera in scriptura videatur. vt *siquis venit ad me, & non odit patrem suum.*
Item quæ suauia: vt *Iugum meum suaue est, & onus meum leue.*
Tum quæ deuota: cuius generis multa in canticis.
Præterea quæ subtilia: vt, *Qui videt me, videt patrem.*
Sed & quæ animæ affectum erga Deum significant: vt; *Quid mihi est in coelo &c.*
Similiter quæ amorē Dei erga nos indicāt. vt *sic Deus dilexit mūdum.*
Ad hæc iustorum mores & attributa, de quibus in canticis frequens mentio.
Deinde quæ Dominus iustis pollicetur, vel quæ peccatoribus comminatur.
Eodem etiā spectant corporales, aut spirituales punitiones, quibus peccatores Deus afficit. Quo loco spiritales punitiones intelligi volo eas, quibus Deus quandoq. cordis duritie, & mentis cæcitate quosdam punit, permittens propter aliqua peccata, vt in alia maiora labantur.
Hūc etiā reuoca loca, inquibus scriptura in genere solet virtutes persuadere, & dissuadere vitia: vt *sicut exhibuistis membra vestra &c. Me dereliquerunt fontem aquæ viuæ &c.*
Possunt item hūc referri ex sacra scriptura testimonia deprompta, quę non modo ad Fidei dogmata confirmanda explicādaue pertinēt, sed etiā ad quattuor illa nouissima populo annuncianda, quæ ita passim sese offerūt, vt vix concio ad populum habeatur, quin frequens eorum mentio fiat.
Ad hoc deniq. primum promptuarij genus libenter ea loca reuocarē, quę in sanctis cōcilijs generalib', vel Prouincialib', to toq. Iure Canonico legūtur ad populi ędificarionē maxime spectātia: in quibus disponēdis, cū seruarē ordinē. quē D. Tho. In suma sactę Theologię retinuit: sēper m. ille mihi visus est omniū accōmodatissimus. Si vero cùm hęc loca tractauerit concionator, inuentionem, & dispositionem dialecticam, & amplificandi artem ob oculos habuerit, concionem proculdubio efficiet multò pleniorem.

alia multa, quæ in scriptura, & in sanctis Patribus reperiūtur. In quibus omnibus cùm tantū insit præsidij, committere non potui, quin aliquod ex ijs, quæ olim à me elaborata fuere, hoc loco inſererē. Quæ ratio me etiam mouet, vt librum illum Mediolanēsis Archiepiscopi de cōcionatorū institutionibus inſcriptum, huic nostro adiungendum putarem: scilicet vt possit cō cionator semel, iterum, ac sępius partem hanc euoluere, quouſq; illā plenè assequatur. In eo nāq; libro (vt breui multa cōmplectar) postquā vir ille doctrina, & pietate insignis multa de concionatoris vita, & præparatione ad concionandum dixiſſet: docuit sermone pio, & graui, vnde sumēda sit cōcionis materia: deinde quædam peccatorum genera enumerauit, in quibus euellendis debet concionator operā impēdere; quæ scilicet frequētiora, & aliorū quasi initia, & fundamenta tunt: tum docuit qua ratione populus circa Sacramentorū vſum sit instituendus: præterea quo pacto virtutū sint opera exponenda: deniq; ratione, & viā aperuit, qua possint Ecclesiæ instituta, precandi studium, & in Prælatos obseruantia populo commendari. Cetera quæ deinde sequuntur, ad octauum huius operis librum pertinent. Sed iam prōptuarium meum tibi lector trade reparo: ita tamen vt orare te non desistam, vt quod à me tantummodo incœptum est, augeas, & perficias.

In sequens Promptuarium Præfaciuncula.

Nisi me quotidianæ occupationes, & aliæ etiā extra ordinariæ propè innumerę ita opprimerēt, vt vix tēpus ad reſpirādū relinquāt curarē profecto, vt in singulis prōptuarijs quędā veluti initia cōcionatori ob oculos ponerētur, quibus adit' ad ea cōficiēda esset quā facillimus. Nūc quæ ad tertiū præsertim genus spectānt, decreui hoc loco indicare, vt ex ijs possit cōcionator reliqua sibi propria diligētia cōficere. Moneo autē illū vehemēter, vt si Verbi Dei adulterator esse non vult, Christumq́. Cruci affixum populo desiderat annunciare, hęc quæ hoc loco reponuntur, diligenter obseruet. In quibus enumerandis

S 3

meridis non est q̃ à me accuratã methodũ, immò nec mediocrem efflagitet. Tantùm enim curabo ea ita disponere, vt omnis absit confusio. Quod vt commodiùs præstare possim, totam hanc farraginem in quatuor partes secabo: in quarum prima generales quasdam regulas constituam, in secunda doctrinas generales indicabo, in tertia, quæ ad decem Decalogi mãdata spectãt proponã: in quarta deniq. adferan quæ ad potissima illa Caritatis mandata spectare videntur.

Generales quædam regulæ doctrinam prædicandam indicantes.

Quæ magis à peccatoribus contemnũtur, aut exsibilantor, illa sunt vehementiùs, & sępiùs persuadenda.

Contra ea vitia, quæ maiorem adferũt perniciem, acriùs pugnandum.

Peccatores ad pœnitentiam exhortandi sunt, atq; ad corpus castigandum.

Pij monendi sunt, vt per bona opera certam suam faciant vocationem.

Christi Passio nonnunquam, etiam mundo renitente, interponẽda: quattuorq́. nouissima prudenter inter concionandum inserenda.

Virtutes, quibus homo Deo gratus redditur, extollendæ.

Vitia, quibus peccatores iram sibi thesaurizant, ipsis improperanda.

Ad virtutes persuadendas, & vitia dissuadenda, prouerbijs grauibus quandoque vtendum: ea verò quæ impietatem redolent (quale illud est; Viuat vnusquisque iuxta statũ quem habet) omnino vitanda, aut certè piè explicanda, & ad sanum sensum traducenda.

Qua ratione suum animum peccatores à vitijs abducere possint ostendendum.

Virtus ita persudenda, vt simul etiam contrarium vitium testimonijs, & rationibus reprehendatur.

Peccãdi occasiones reprehẽdẽdæ: vt domꝰ, quæ peccandi fomenta

menta ministrant;colloquia,& consuetudines non sanctæ;socij,qui Deum non timent, quiq; facilè in peccata labuntur.

Illud etiam sæpe iterandum est, Deum in peccatores, si non statim, at quo tempore magis illi supplicium sentiant, animaduertere: contrà verò in pios beneficia spiritualia, & corporalia conferre, quatenus animæ saluti conducant.

Nullum malum impunitum.

Nullum bonum sine præmio.

Tametsi culpam peccatori Deus remittat; tamen adhuc remissa culpa pœnas temporales ab eo sumit.

Quouis opere bono, si ex dilectione oriatur, iustus gloriam æternam meretur.

Peccator quolibet mortali peccato æterna sibi supplicia cō parat.

Quæ vitia scriptura magis detestatur, vt libido, superbia &c. ea acerbius reprehendenda.

Quas virtutes magis commendat, vt humilitas, castitas, misericordia &c. illæ maiori affectu persuadendæ.

Peccatorum occasiones radicitus euellendæ: eis enim manentibus peccata indies renascuntur, & adolescunt.

Quod si ad ea, quæ magis specialia sunt descēdendū est; licebit in singulis anni tēporibus proprio quodā vti themate. Vt in Aduentu; Præparatæ locū puero vobis, & pro vobis nascituro.

In Quadragessima: Agite pœnitentiam,

A Resurrectione ad Assentionem: Inter nos gloriosus Christus versatur.

Post Ascensionem Eleuate ad cœlum corda, & præparatæ vos Spiritui sancto venturo.

Ab octaua Eucharistiæ, tribulationes Ecclesiæ, quas passa est, & patitur, interponendę sunt; cunctiq; excitandi, vt pro ea preces ad Deum fundant.

Huc etiā referuntur responsiōes ad ea, quæ aduersus cōcionatores solent quidā, falsa pietatis specie, proferre. Neq; enim desūt, qui ita dicāt. Quorsum ita discrutiaris, cùm parùm auditorib' prosis? nūquid arbitraris te cōsequuturū quod alij efficere non

DE SACRA RATIONE

re non potuerunt? cur tanto animi affectu, & contentione
dānas quę alij te doctiores, & sanctiores permittūt? vnde scis
te à Deo ad hoc munus fuisse vocatum? cur niteris omnes
perfectos reddere? non decet euangelicam doctrinam tā acer
ba oratio: filios enim alloqueris non mancipia. Hæc, et, si quæ
sunt his similia, qui sanam, & incorruptam doctrinam sustinere non possunt, concionatori obijciunt. Quibus facilé poterit
concionator respondere, si hæc in promptu habuerit. Facio
quod in me est. omnia sustineo propter electos. cansam Dei
iustifico. mei muneris est laborare; ferre fructum est Dei. vestra
res agitur, cùm de caussa Dei, animarumq́. salute agitur. quis tan
tam cernens christianorum cladem non ita affligitur, vt tamquam insanus, & à mente alienus clamet? à viris pietate, & do
ctrina præstantibus accepi, id quod prædico, Deo gratum esse,
hancq́. meam esse uocationem. licèt idem institutum Prophe
tæ omnes, & Apostoli in prædicatione haberent, non tamen ea
dem erat illis prædicandi ratio: aliter enim Elias, aliter Esaias,
& aliter Hieremias: aliter Paulus, & aliter Iohannes prædica-
bant. si Euangelij prædicator sum; Euangelium autem significat altissimam, sanctissimamq́. doctrinam, cui vita perfecta, &
omni ex parte absoluta copulatur; cur non orationis meæ sco
pus erit perfectio? euangelium non Capuccinis, ceterisq́. religiosis tātùm, sed omni etiam creaturæ præcepit Dominus præ
dicari. si de Christiani nomine gloriaris; cur legem tuam, hoc
est Euangelium renuis audire? euangelium (sicuti bonus etiam
pater) non blandè semper cum filijs agit, sed filios perditos,
aut inobedientes obiurgat. si filius esses, vel saltem esse exop-
tares, paternam susciperes disciplinam: sed cùm non filij, sed
serui spiritum habeas, ideò fit, vt cùm tibi perfectio prædicatur
& Dei amor proponitur, si vnum, aut alterum obiurgationis
verbum audis, totam concionem, & ipsum concionatorem o-
dio habeas; nimirum seruos imitatus: serui enim castigati, Dominum odio habent, patrem verò non item filij. Denique om
nia quæ de octauo promptuario indicauimus, in hunc locum
poterunt apte transferri.

Generales.

CONCIONANDI LIB. VII.

Generales quædam doctrinæ, quibus concionatores in quolibet euentu possint iuuari.

Absolutis regulis generalibus, oportet doctrinas quasdã im generales tradamus, quæ cōcionatori possint in quolibet euentu prodesse.

Meminerit ergo concionator prædicare, Deũ iustos quandoque in hoc mundo affligere, iuxta illud. *Multæ tribulationes iustorum.*

Magno Deum beneficio eos afficere, quibus crucem degustandam præbet.

Omne amarum posse appellari crucem.

A peccato tantùm fugiendum esse, quòd illud propriè malum censeatur.

Neminem nisi à se ipso lædi.

Oportere vt homo sit paratus mori: nescitur enim hora in qua Dominus cuiusque animam repetet.

Confessionem sacramentalem, & communionem frequentandam.

Statim atque in peccatũ lapsus quis fuerit, medicinam, hoc est confessionem sacramentalem quærendam.

Nihil sine gratia meritorium, aui satisfactorium esse apud Deum.

Punire Deum aliquos, cùm permittit vt à Hierusalem auferatur validus, & fortis: quod nostris temporibus in quibusdã Rebus publicis christianis videmus contingere.

Permittere Deum Prophetas esse quosdam, qui nos decipiant, quique cum ipso Deo non colligant, sed dispergant.

Cauendum esse à libris inutilibus; nedum à laciuis. Nam libri à quibus nihil, quod ad vitam bene instituendam pertineat, hauritur, nihil est quòd legantur.

De plorãdũ vehemẽter esse, quòd cùm omnes se peccatores fateãtur, nullus sit qui pœnitentiã agat, sed omnes genio indulgeant, pœnitẽtia exsibilata; cùm indulgẽtia corporis, Antichristo,

DE SACRA RATIONE
chrifto, pœnitentia verò Chrifto domino populū difponat.

Puniri nos à Domino, & affligi; neq. tamē an propter peccata id contingat, nos cogitare: itaq̃. nec inueftigare quęnam peccata punitione digna comittamus.

Cernere nos oculis, & deplorare maximā noftrorum temporum corruptelam: neminem tamen expendere, hęc mala omnia ex nimio cibo, potu, ornatu, lufu, nimiaq̃. noftri tem poris libertate prouenire; itaq̃. neque has tantorū malorum radices extirpare conari.

Timorē Dei ab hominib' receffiffe: experiri m. hoīes peccata in dies crefcere; neq. tamē fibi à diuina punitiōe timere.

Ferendā non effe hominū improbitatē, qui odio habent corripientē in porta, & loquentē perfectè abominantur.

Malè cum ijs agi, qui cùm femper peccēt, tamen temporalibus bonis abundant, nihilq̃. vnquā acerbitatis fentiunt.

Quacumq̃. ex re homines ad peccandum fumere occafionem. Nā fi abundant bonis, liberiùs peccant: fi ægeftate præmuntur, nullum aliud promptius remedium effe cenfent ad miferiam fubleuandam, quàm peccatum. O incredibilem impudentiam! Ferreus certè erit, qui cùm tot modis Deum offendi videat, maximā vim lacrymarum non profundat.

Bona temporaria magni ab hominibus æftimari: fanctitatem veram, & fpiritum Iefu Chrifti floccipendi.

Miracula, & Ectafes adorari ab hominibus: Euangelicam Chrifti doctrinam refpui.

Peccatum propter peccandi confuetudinem in peccatoris naturam conuerti.

Palliari ab hominib' bonæ (vt aiunt) intentionis fpecie, ea quæ doctrinæ Euangelicæ aduerfantur.

Numquā deeffe mundo, aut dæmoni, fortiffimos, liberaliffimos, & laborum patiētiffimos amicos, quiq̃. pro eis fanguinem, ne dum pecunias effundāt; at Chrifto effe perpaucos, & (q̃ fine lacrymis dici non poteft) maiori ex parte ignauos.

Vix effe quęquam, qui Euāgeliū, hoc eft perfectā doctrinā, & labores, dedecora, paupertatem, & reliqua, quæ Chriftus
Dominus

CONCIONANDI LIB. VII.

Dominus fecit,&'docuit, amplectatur, cùm vt ea homines do
cerentur. Deus ipse homo factus fuerit
Sine humilitate interna, & sine externa, quæ ad cōseruādā
internā necessaria iudicatur, nemine salutem consequuturum.
Deum esse in omni loco, omniq́ tempore bonorum, & ma
lorum cogitationes, verba, & opera intueri.
Iustū & rectū esse iudicem, ac vindicē, nō tantūmodo miseri
corde: tantā enim eius esse iustitiam, quāta est misericordia.
De omni verbo otioso reddendam esse rationem, tum in
morte, tum in die Iudicij generalis.
Mirandum esse, quot sint, non infideles tantùm, sed etiam
ex fidelibus, qui æterno supplicio damnētur; & quàm stulti sint
homines, qui nunquā huiusce rei consideratione resipiscāt.
Dolēdū esse, quòd in famuloru multitudine, in fastu, in orna
tu ad libinē incitāte, in cibis, porib', & alijs, quę scriptura in vete
ri, & nouo testameto cōtemnit, nobilitatē homines cōstituāt.
Húc referri potest ratio illa efficax. Vel Deus, vel mundus
est Deus. Vel Christus Iesus cruci affixus noster est dux & ma
gister, & exemplum ad imitandum propositum, vel non. Ita e
nim Elias argumentatur.
Húc reuoca rationem alterā, qua potes agere in hunc modum. Quis hodie Christianis imperat? Numquid Iesus Crucifixus, an mundus? Numquid humilitas, an superbia? Auaritia, an
Paupertas? Castitas, an libido? O stultitiam! O cecitatem!
Sæpe etiā reprehēdēdi sunt à cōcionatorib' hoīnes perditi,
qui cùm eos qui sacris excercitationib' dediti sūt, vidēt aliquid
ægritudinis pati: statim clamāt, jd ex pœnitētia, ex oratione, ex
maceratione ortū habuisse: cùm tamē quātumuis videant ser
uos mūdi ægritudine, ægestate, infamia, & alijs malis oppriṁi,
mundū tanquam horum malorum auctorem non accusent;
quinimo excusent, aut mala huiusmodi silentio' prætereant.
Cōquerendū similiter est generatim, quòd virtus nullos fere
habet fautores, vitiū verò, & hoīnes vinijs dedicos innumeros.
Itē quòd pueri, & puellæ in omni chrīana doctrina nō satis
accuratè instituātur; cùm tātùm referat à teneris insuescere.

l æc,& alia ijs fimilia poterit concionator populo prædicare.

Doctrinæ quædam, de iis, quæ ad decem Præcepta Decalogi spectant.

Nunc de ijs agendum, quæ ad maiorē Decalogi præceptorum expositionem videntur pertinere.

Igitur contra Symoniam, & eas permutationes aut perſonatus, qui Symoniæ ſpeciem habent, acriter agere, debet concionator.

Contra eos qui decimas, aut redditus eccleſiaſticos nec libenter, nec recte perſoluunt.

Contra eos, qui res Eccleſiaſticas non venerantur.

Contra eos, qui ſacrum ſolenne audire nolunt, ſed aliquem quærunt ſacerdotem, qui in quarta horæ parte ſe à Miſſæ ſacrificio expediat.

Contra eos qui Verbum Dei non libenter audiunt.

Contra eos, qui inuentum in via ſacramentum Euchariſtiæ, quod ad ægros deferatur, non comitantur.

Contra eos, qui cùm orant, ſtant recti, aut certè vnum tantummodo genu flectunt.

Contra turpes cantilenas, & libros inhoneſtos.

Contra eos, qui nec domi quidquam pium legunt, nec in tēplo Horas Canonicas, cùm id commodè facere poſſint, audiunt.

Contra eos, qui non debitè peccata confitentur, neque dignè ſacramentum Euchariſtiæ ſuſcipiunt.

Contra eos, qui negligunt, illis quibus poſſunt indulgentijs, frui.

Contra eos, qui cùm adeunt loca ſacra, vt indulgentijs fruātur, ita incedunt, ac ſi ad ſpectaculum ludorum proficiſcerentur.

Contra eos, qui eo tantùm conſilio templa adeunt, vt inſtrumentorū ſonos, & cantus, præſertim fœminarum, audiāt.

Contra eos, qui non in Domino, ſed in homine confidunt: cùm ſcripcùm scriptu sit, *Beati omnes qui confidunt in eo*: & *Maledictus homo qui confidit in homine*.

Contra eos, qui se ipsos, aut alios exsecrantur.
Contra detestabilem crebrò iurandi consuetudinem.
Contra periuros, scilicet qui vt proprijs, vel aliorum commodis inseruiant, falsò iurare non verentur.
Contra blasphemos.
Contra eos, qui sacros dies festos non colunt.
Contra eos, qui in Templo, vel prope Templum, aut ad Templi ianuas irreuerenter, magna cùm Templorum iniuria, negotia tractant, quantumuis ad Matrimonium spectantia.
Contra deambulantes in templis.
Contra eos qui sanctissima templa (O malum detestabile!) reddunt emporia fœminarum: scilicet contra fœminas ipsas, quæ perpolitæ, vt spectentur ab hominibus, ad Templũ accedunt, & contra homines ipsos, qui eas spectatum vadunt.
Contra eos, qui dies festos ita colunt, ac si Baccho, ac Veneri essent dicati, nimirum ingluuei, & luxui, se tunc maximè tradentes.
Contra eos, qui cupedias ad Templi ianuas, vendunt; idq́ ijs maximè diebus faciunt, quibus maior Templis veneratio debetur
Contra parentes, qui filios, aut filias nimis indulgēter nutriũt: quo iit, vt edaces sint, vinoq́ & summo dediti; & cùm iam inde à pueritia preciosis vestibus induātur, libidinem, ingluuiem, pœnitentiæ odium, & insolentiam imbibant: bonamq́ue indolē, virtutem, & politiam christianam odio habeant.
Contra inobedientiã subditorum.
Contra eos, qui corrigi nolunt, aut corripi.
Contra eos qui mancipia sexus fœminei negligunt à peccato ibidinis seruare: quos scilicet non piget, natis nouis mancipijs, familiæ suę numerum augere.
Contra eos, qui ancillas huc, & illuc, cum probabile peccandi periculo mittunt.
Contra eos, qui neque filiorum, neque seruorum, spiritalē, & corpo

CONCIONANDI LIB. VII

cùm scriptu n sit. *Beati omnes qui confidunt in eo:* & *Maledictus homo qui confidit in homine.*

Contra eos, qui se ipsos, aut alios exsecrantur.
Contra detestabilem crebrò iurandi consuetudinem.
Contra periuros, scilicet qui vt proprijs, vel aliorum commodis inseruiant, falsò iurare non vereantur.
Contra blasphemos.
Contra eos, qui sacros dies festos non colunt.
Contra eos, qui in Templo, vel prope Templum, aut ad Templi ianuas irreuerenter, magna cùm Templorum iniuria, nego tia tractant, quantumuis ad Matrimonium spectantia.
Contra deambulantes in templis.
Contra eos qui sanctissima templa (O malum detestabile!) reddunt emporia fœminarum: scilicet contra fœminas ipsas, quæ perpolitæ, vt spectentur ab hominibus, ad Templū accedunt, & contra homines ipsos, qui eas spectatum vadunt.
Contra eos, qui dies festos ita colunt, ac si Baccho, ac Veneri essent dicati; nimirum ingluuiei, & luxui, se tunc maximè tradentes.
Contra eos, qui cupedias ad Templi ianuas, vendunt; idq́ ijs maximè diebus faciunt, quibus maior Templis veneratio debetur
Contra parentes, qui filios, aut filias nimis indulgēter nutriūt: quo sit, vt edaces sint, vinoq́ & summo dediti; & cùm iam inde à pueritia preciosis vestibus induātur, libidinem, ingluuiem, pœnitentiæ odium, & insolentiam imbibant: bonamq́ue indolē, virtutem, & politiam christianam odio habeant.
Contra inobedientiā subditorum.
Contra eos, qui corrigi nolunt, aut corripi.
Contra cos qui mancipia sexus fœminei negligunt à peccato ibidinis seruare; quos scilicet non piget, natis nouis mancipijs, familiæ suæ numerum augere.
Contra eos, qui ancillas huc, & illuc, cum probabile peccandi periculo mittunt.
Contra eos, qui neque filiorum, neque seruorum spiritalē,
& corpo-

DE SACRA RATIONE

& corporalem curam habent.

Contra parentes, aut dominos, qui suo malo exemplo, aut domesticis, aut vicinis præbent occasionem peccandi.

Contra eos, qui superiores, ac præsertim Prælatos Ecclesiasticos contemnunt, eorumq́. præceptis nō obtemperant: latè enim patet hoc vitiū; itaq́. fortiter contra id pugnandum: Cōtra inimicitias, odia, lites, vindictas, intestina & ciuilia bella.

Contra prophana colloquia, & inhonesta.

Contra domos, in quas ad libidinem explēdam se homines recipiunt.

Contra mechanicos artifices, qui prophana quædam faciūt, quib' homines ad peccandū inuitātur: veluti contra eos qui vel muliebria vngueta, & fucos vendunt, vel insanissima quę dam capitis ornamenta, ac diademata, quibus vanæ fœminę apparere volūnt spectabiliores.

Contra saltationes, choreas, choraulas, eosq́. qui saltandi artem docent.

Cōtra histriones, & cōtra comœdias quas agūt nō pudicas.

Contra eos qui personati ambulant.

Contra hortos minimùm ornatos, & magnificos.

Contra omnem fœminarum ornatum, & fucum.

Contra earundē in loquendo, & aspiciendo libertatem.

Contra omnem libidinis occasionē, ac præsertim contra ingluuiem.

Contra cupedinarios, & contra eas domos, quæ Bacho videntur dicatæ, quas vulgus Tabernas appellat.

Contra eos, qui sole iam diu orto, électo surgunt: nimirū noctu cum diabolis vigilantes, diu verò, quo tempore vigilandum esset, dormientes, non sine maxima sua, & domesti corum pernicie.

Contra deplorandam cladem tot fœminarum, quæ in Vrbe impudicè viuunt, & corporis quæstum exercent.

Cōtra diuortia, & contra inhonestum modum, quo matrimonia contrahuntur.

Contra lenones, & libidinis proxenetas; pessimū genus hominum

hominum, & Reipublicæ peſtilentiſsimum.

Contra puerorū inuerecundiā, & puellarum pluſquā virilē libertatem: caius rei culpam in parentes ipſos conferre licet. Hoc autem loco prudenti enumeratione vtetur cōcionator, quæ magnā habet vim ad hominū animos cōmouēdos. Velu ti in hunc modum. Proh dolor! quot ſunt pueri Chriſtiani peruicaces, ac inobediētes: quot puellę ætate immatura corruptę! Hęc tanta mala inde proueniunt, quod parētes nō ad omnem diſciplinā liberos erudiunt, minimas quaſq; vitantes peccatorum occaſiones. Foeminæ enim iam inde à pueritia, auctoribus ipſiſmet matribus, incipiunt è feneſtris ſeſe hominibus oſtendere, in Templis capita detegere & pectora nuda oſtentare: quod quidem malum cùm ad omnium iam ſtatuum fœminas peruenerit, tamen nemo eſt, qui tam pernicioſo, & ingrauęſcenti morbo medicinam faciat.

Contra adulteros, fornicarios, ceteraſq; huius generis peccatorū ſpecies. Qua de re acriùs agendū eſt, his preſertim temporibus, quibus Dñi vineā carnis vitia vehemēter depopulantur: ita vt Chriſtianā fidem multi ideò dereliquerint, q; neglectis exercitationibus politicis, atq; ſobrietate poſthabita, ingluuiei, libidinibus, & impudicitijs totos ſe conſecrarunt.

Contra eos, qui in veſtitu, cibo, & alijs, cum ditioribus, aut nobilioribus contendunt.

Contra diuites, & nobiles, qui in ſumptibus excedunt facultates ſuas, indeq; ad ægeſtatem redacti, nec debita perſol uere, nec inopi ſubuenire poſſunt.

Cōtra prodigos, & bonorū decoctores, quiq; rei familiaris curam negligunt, filiaſq; aut ancillas cùm habeant nubiles, nihil de ijs cogitant.

Contra nimiam domus ſupellectilem.

Contra auaritiam.

Contra eos diuites, in quos Euangelium inuehitur: neque enim malos reprehendit (hi enim fures ſunt) ſed eos, qui ſuā ſpem, & conſolationē in diuitijs habēt repoſitā quiq; diuiores ſemper fieri percupiūt. Quo loco adferēdum eſt illud Chriſti
conſilium

DE SACRA RATIONE
confilium ex Paul. Habentes alimenta &c.

Contra vfurarios,& contra eos qui pauperculos opprimũt, impofitis oneribus, aut tyrannicis, aut à Caritate abhorrentibus; & ratione repræfentantæ folutionis viliùs ab ijs emunt,& pignoribus vtutur,nec aliquid ex debito dimittunt,

Contra eos,qui cùm poffint,nolunt aliena reftituere,aut de bita perfoluere : funt enim hi latrones; in idem enim eo incidunt rapere,& nolle foluere,cùm in vtroque alienum inuito domino retineatur.

Contra cauffarum patronos,qui dubiam cauffam,incertĩ,& dubij tuentur;immò aliquando eam,quam,fi vel mediocri diligentia examinarent,facilè viderent nullo iure niti. Qua in re, fi non ex negligentia,fed ex malitia peccent,grauiùs reprehẽdendi funt.

Contra maledicos,detractores,mendaces,irrifores &c.

Contra denfiffimas ignorantiæ tenebras,eorum, qui externa tantum,& quæ infamiam adferunt,peccata reputant; interiora verò pro nihilo ducunt.

In eos etiam,qui externam tantùm Decalogi obferuantiam, non tamẽ internã,& externã mortificationẽ doceri volunt.

Doctrina quadam, quæ in duobus præceptis Caritatis continentur.

MOdò reftat,vt de duobus caritatis præceptis dicamus. De quibus hæc concionator accipiat.

Non ita videntur Chriftiani Chriftum diligere,vt infideles falfos fuos Prophetas.

Mifericordiæ opera fæpe cõmendanda,fiue ea publica fint, fiue priuata:vt captiuorum,in carcerem coniectorum, peregrinorum,infirmorum, viduarum,orphanorum,Religioforum, & Religiofarum in paupertate vitam degentium fubuentio.

Reprehendendi funt ij,qui fcandala generant; præfertim fi fint genere,doctrina,ecclefiaftico charactere infignes: hos enim tanquam fectarios afictes fequitur imperita multitudo.

Conquerendum quòd his temporibus tot fint errones(quos
vagabun

vagabundos appellant)tot fœminę, tot pueri, & puellæ incertas habentes domos, vitamq́ue non secus ac belluæ transigentes, tot denique miselli homines, quibus nullū est publicè perfugium constitutum; cùm id Dominus summè nobis reliquerit commendatum.

De Sexto Promptuario
Præfatio.

ABsolutis ijs, quæ ad tertium Promptuarium conficiendū spectare videbantur, iam nunc quarto, & quincto prætermissis, ad sextum pleniùs explicandum accedamus: in quo iuxta quinq. concionis partes, curandum erit, vt in vnaquaq. parte loca communia indicentur. Quare breuissima Exordij, Narrationis, Confirmationis, Refutationis, & Perorationis exempla proponam: quæ poterit concionator sua industria reddere ampliora. Quòd si quis nostrum hunc laborem tanquam superuacaneū contemnat, nosq. reprehēdat, quòd bonas horas in eo consumpserimus, neq. tamē omni ex parte quę polliciti sumus præstemus: is meminerit illius vulgatissimi prouerbij, *Pone sapientem in via* intelligatq. alieno frui labore, interdum esse vtilissimum. Sępe enim accidit, vt quæ propria industria, nō nisi summo cū labore, & multo tēporis impędio reperiremus, ea alterius opera citissimè consequamur.

Communium exordiorum exempla.

Cùm multæ soleant à nobis conciones haberi, in quibus (vel ipsa Philosophia præcipiēte) vtilis est Exordiorū vsus, cumq. sæpe animus in varias distrahatur partes, dum neq. speciale, neque generale occurrit Exordium: non mediocriter cōcionatori consulemus, si exordiorū communium copiā hoc loco proposuerimus: vt cùm proprium non suppetit, communi vtatur; modò illud ad rem subiectam (quod nō erit difficile) traducat. Adnotandum tamen est, cuiusq́ue concionis Exordiū hùc referri, vt gratiam sibi concionator ab Spiritu sancto comparet per Christū, Virgine sanctissima intercedente: hunc enim modum Exordiorū tam sanctum, tam antiquum

DE SACRA RATIONE;
quum, tam in Ecclesia vsitatu, nusquam licet omittere. Igitur dú
hoc facere ni iuit cōcionator, multa potest Exordiorũ genera
cōficere, iuxta eas que in Exordium incidunt partes. Sumetur
enim aliquãdo ex rei magnitudine, de qua dicendũ est; quãdo
q. ex eiusdem difficultate; non numquam ex miseria, & tenuitate nostra, quæ omnia eó tendunt, vt spiritus Sancti gratiam à
Patre, per Christum, Virgine intercedente, consequamur.

Fundamentum autem Exorciorũ quandoque e sacræ scripturæ testimonio, nonnunquam ex sanctionibus Ecclesiasticis,
aut ex sacro aliquo doctore, aut ex simili, aut ex figura, aut ex
Naturali Philosophia desumetur. Philosophorum veró testimonio non vterer, nisi necessitas, aut concionis vtilitas id ex
posceret. Sed postulatur in exordijs amplificatio. Quare licèt
nos succinta quadam ratione exordia nunc proponamus; tamen, si iuxta amplificandi artem ea tractentur, magnam initia
hæc nostra, licèt rudia, tum verborum, tum sententiarum copiam suppeditabunt. Ea igitur initia proferamus.

Prouerb. 10. *Egestatem operata est manus remissa. &c.* Quare si
concionator segniter loquatur, vel auditores segniter audiant,
egeni erunt. Diuinum ergo petendum auxilium.

Genes. 33. Iob luctãs assequutus est benedictionē: luctare igitur debemus cũ Deo per orationē, & tãgere fœmur angeli testamenti, gratiamq́. per mysterium Incarnationis petere.

Esai. 2. *Erit in nouissimis diebus præparatus mons domus Domini
in vertice montium, & fluent ad eum omnes gentes. &c.* Christus,.
montium est vertex, Virgo collis: at per collem ascendimus
ad montem: ergo ascendamus ad Christum per Virginem.

Psal. 93. *Beatu homo quem tu erudieris Domine &c.* Si enim is
non erudiat, legemq́. suam doceat, quid populus discet? Porrò
simplices, & paruulos Deus erudit, eosq́. alloquitur; quare si ab
eo cupimus erudiri, cum humilitate petere debemus.

Eodem Psal. *Dominus scit cogitationes hominum. &c.* Cogita
tio humana, vana prorsus censentur, & vt solida sit à Deo habet. Quoniam ergo verba cogitationes sequuntur, vt ea vim
habeant ad persuadendã quæ æqua sunt; sanctas à Deo cogitatio

gitationes petamus &c.

Psa.91. *Quàm magnificata sunt opera tua Domine,&c. Vir insipiens non cognoscet, & stultus non intelliget hæc.* Stulti sunt in quibus non est sapientia Dei: Si igitur opera Dei cupimus intelligere, sapientiam ab eo postulemus.

Psal.103. *Inter medium montium pertransibunt aquæ &c.* Si ad te aquæ gratiam vis defluere, noli esse mons superbiæ, sed vallis humilitatis: cognosce te peccatorem, & indigum ad quem aquæ gratiæ descendat.

Prouerb.3. *Habe fiduciam in Domino ex toto corde tuo, & ne inniteris prudentiæ tuæ in omnibus vijs tuis.* In omni ergo concio ne iubemur ad Dominum confugere, licèt eam optimam ex cogitauerimus.

Prouerb.28 *Qui declinat aurem suam ne audiat legem, oratio eius erit exsecrabilis.* Attentè igitur audiat concionator quæ Dominus intùs loquitur, gratiamque petat, ne sit oratio eius execrabilis.

Psal.2 *Et nunc Reges intelligite &c.* Reges nos sumus: inquit enim B. Petrus, *Regale sacerdotium.* Intelligere verò nos oportet, erudirique à Deo in ijs, quæ ad Euangelicam spectant doctrinam: neque enim aliter intelligemus, vt probè dicebat Eunuchus ille Reginæ Candacis.

Psalm.69 *Deus in adiutorium meum intende.* Si Ecclesia sic ait in Horarum Canonicarum initio, quanto magis nos initio concionum? Huc etiam pertinet illud Psal.4 *Cum inuocarem, exaudiuit me Deus &c.* Docturus enim Dauid gentes, vidit se diuino auxilio egere, certoq́; sperauit se per orationem illud consequuturum. Adeamus ergo nos &c.

Exodi.20. *Non loquatur nobis Dominus &c.* Nos multò aliter quàm Iudæi precamur, vt nos Dominus adloquatur. Vos autē Auditores, per me adloquetur, si verba mea spiritu oris eius perfusa erunt. Precamini ergo Patrem per Filium, precamini matrem. &c.

Esai.30. de populo conqueritur Dominus, quòd diceret Prophetis. *Auferte à nobis semitam &c. Loquimini nobis placentia &c.*

T 2   Vos

DE SACRA RATIONE

Vos igitur, fratres, multo aliter precamini Dominum, vt serenitas vobis ipse sanctitatis ostendat, & ego illo inspirante Christum Iesum præ licem..

Esai. 32 *Non caligabunt oculi videntiū* Ad Ecclesiam Christianam hoc pertinet, cuius & nos membra sumus. Supplices igitur Deum rogemus, vt nec mei caligent oculi, & aures vestræ pareant. Quòd si Virginem adeamus, cuius oculi sunt limpidissimi, auresq́; integerrimæ: quod cupimus facilè consequemur.

Esai.30 *Ad vocem clamantium statim exaudiet.* O magna Dei in nos benignitas! Prope est Dominus omnibus inuocantibus eum, ac præsertim ijs, qui ad eius exequenda mandata auxiliū ab eo postulant.

Esai. 41. *Egeni pruperesq́; quærunt aquas.* Elegās locus. Si verbi Dei aquas sitiuius, habemus Domini verbum, qui dicit. *Ego Dominus exaudiam eos &c.*

Genes 2. In hominem ex limo terræ formatum inspirauit Dominus spiraculum vitę. Prædicator omnibus humanis instructus subsidijs, homo est de limo terræ: si Deus ei non adspirauerit vitam non habebunt eius verba.

Concionator est vt nauis, quæ non potest nisi flāte vēto. &c.

Est sicut campus, vel planta: hęc enim nisi irrigentur &c.

Est vt agricola, qui licet terræ mandet semina, nisi tamen aëris tranquillitas, lux Solis, & aqua &c.

Est item vt mercator Prouerb. 30. *Sindonē fecit, & vendidit Cananeo.* Sindon humanitas est Christi, per cuius passionem omnia nobis bona conceduntur.

Psal. 42. *Emitte lucem tuam &c.* id est spiritum, & verbum tuū, vt in tēplum verbi Dei, & in tabernacula mysteriorum Euangelij adducar. Neq. eni lex tantùm, sed Euāgeliū annunciādū.

Iohan 6. *Omnis quiaudit à Patre &c.* Petamus ergo, vt audiamus, & discamus. Neque enim audire est satis, sed discere.

Matt.10. *Confiteor tibi Pater &c.* Si volumus edoceri, oportet nos fieri paruulos per humilitatem.

Hierem. 23. *Si stetissent in concilio meo &c.* Consulendus ergo Do.

Dominus est, eiusq́. consilijs parendum: vt errantes nos ipse in viam veritatis reducat.

Ezech. 33. *Si me dicente ad impium &c.* Maximis periculis expositus est concionator: si enim populo scelera non annunciat, peccatorum sanguinem Deus ab eo requiret, si annunciat, me tuendum est illi. Rogemus ergo &c.

Prouerb. 18. *Qui inuenit mulierem bonam &c.* Mulier bona gratia est, propter quam relinquere oportet patrem, & matrem. Huic ergo adhęreamus.

Ad Col. 4. *Sermo vester semper sit sale conditus.* Sal Dei gratia est, sine qua insipidus est sermo. Matrem ergo salis precemur. &c.

Psal. 103. *Fecit lunam in tempora &c.* Sol Christus est, Luna verò peccatorū noctibus, Virgo lactissima. Illam ergo adeamus.

Esai. 6. *Forcipe tulit Angelus calculum.* Virgo Maria Angelus ille est. Comparabit ergo nobis gratię calculum, sicut in Esaia dicamus: *Væ nobis, quia viri polluti nos sumus.*

Pro. 14. *Doctrina prudentum facilis &c.* Et quisnā est prudens? Thren. 4. *Ego vir prudens, videns paucitatem meā.* Humilis ergo verè prudens: itaq́; as facilè scripturæ sensus percipiet. Nostram igitur tenuitatem agnoscentes Deum adeamus &c.

Prouerb. 15. *Sermo opportunus optimus*, id est qui circunstantijs congruat. Tribuit enim Dominus petentibus, non bonum quodcunq́; sed opportunum, quodq́; eis profuturū esse videt.

2. ad Thi. 4. *Predica verbum insta &c.* Sed quomodo prædicabunt, nisi (vt ait D. Paul. ad Rom. 15.) mittantur? Mitti verò est spiritum à Deo accipere. Ergo spiritum petamus.

1. Reg. 14. Ionathas in saltu fauum mellis reperit, extenditq́; summitatem virgæ quam habebat in fauum mellis, & conuertit manum ad os, & illuminati sunt oculi eius. Ionathas donum Dei, id est cui Deus dedit, contra Philisteos, id est mundum, pugnaturus, in saltum nouæ legis ascendit, & virga orationis fauū gratiæ admouet ad os, interiusq́; oculi illuminatur. Si ergo nos lumine gratiæ desideramus illuminari, oratione humili &c.

Thob. 11. Thobias senex per fellis fumum visum recepit. Venit Filius hominis quærere, & saluum facere quod perierat in ma-

quo huius mundi flumine, in quo piscis ille erat antiquus, quē Dominꝰ sua morte superauit, & à quo tel extraxit, id est arma quibus in humanum genus irruebat, nostrámq́; cęcitatem sanauit. Obsecremus ergo eum vt oculos nostros aperiat &c.
Prouerb. 16. *Cordis hominis disponit viam suam: sed Dominus dirigit gressus eius.* Quare parum prodest quempiam sibi concionem excogitasse, nisi Dominus cor eius per gratiam dirigat.
Prouerb. 10. *Qui tantum verba sectatur, insipiens est.* Non enim est in sermone verbum Dei. Igitur ne verba tantummodò au res audiant, sed cor etiam resipsas excipiat &c.
Prouerb. 20. *Aurem audientem, & oculū videntem, &c.* Dominus dat verbum prędicatori, & auditoribus aures, &c.
Totus ferè Sapientię liber exordijs conficiendis aptus est: neque enim à Deo esse sapientiam omnem petendam.
Item Iob. 12. 28. 32, 38. & Baruch. 3.
Eodem etiam spectat liber Ecclesiastici: vix enim in eo periodus reperitur, que nō possit communibus exordijs inseruire.

Habes iam concionator, exordiorū communium copiam, quam non licet neglıgere. Nam etsi non ignorem possea lios plura, maioríq́ industria elaborata prętare: tamen tenuitas nostra, temporísq́, angustię ad meliora edenda locum non relinquunt. Quod si ratiņuem desideras tenęre, qua possis exordia communia speciali argumento accommodare: facillimo negocio id facies, perpenso recte subiecto argumēto. Vt si dicturus sis de Verbi Dei Incarnatione: facies sic exordium. Cùm omnia diuina mysteria non possunt sine lumine gratię aut intelligi, aut doceri: tum maximè Incarnationis mysteriū quod adeò vires ingenij nostri superat, vt nec angelicę mentes illud valeant comprehendere. Quod si speciale aliquid habeat argumentum, quod cum exordio communi cohęrere possit, plenior erit accommodatio. Vt si de virginitate dicturus sis, ita poteris exordium instituere. Misericordia Domini plena est terra. Inter multa beneficia, quę ex Dei misericordia hominibus proueniunt, illud videtur pręstantissimum, quod eis auxilium conferat, quo & animum, & corpus immaculatum

CONCIONANDI LIB. VII.

culatum possint custodire. Hoc ergo auxilium mihi hodierno die ideo vellda ri, vt quibus decet laudibus virginitatē inter ceteras virtutes sydus fulgentissimum commēddare possim.
Hac ergo ratione si diligentiam adhibeas, facilè poteris à cō munibus Exordijs ad ea quæ propria sunt descēdere. Sed quo niam de Exordijs iam satis, nunc de alijs concionis partibus dicamus.

De Narrationibus.

EXordium sequitur Narratio, si naturalem orationis ordinē spectemus. Sed quo illam hoc inter Narrationem, & ceteras partes videtur interesse, quòd in alijs partibus communia quædam possunt assignari, quæ omnibus ferè cōcionibus conueniunt; Narratio verò non potest ferè non esse propria, cùm ipsum orationis statum, eiusq partes contineat: proinde nihil est quod de Narratione dici pro præsenti instituto possit. Qui igitur Narrationis faciendæ modulos à nobis hoc loco postulauerit, ei caput septimum libri tertij huius nostri operis adlegamus.

Exempla Confirmationum communium.

NArrationem statim sequitur Confirmatio. Parum enim videntur habere firmamenti quæ narrantur, nisi statim cō firmatio adhibeatur. Possem autem hoc loco innumerabiles adferre rationes, tum ad veritatem Fidei cōfirmandam, tum ad persuadendam Virtutem: quia tamen tota sacra scriptura, & sacriq libri sanctiq patres que ētiam Philosophorum monimen ta huiusmodi confirmationibus referta sunt, nōnullas tantum hoc loco indicabo.
Ad R.oni.
Iohan.5.
3. Reg. 18.
Denique huiusmodi confirmationibus scatet scriptura, sed

tent libri sancti : quos qui diligēter euoluet, singulasq. confir
mationes in locos communes conferet, thelaurum sibi ad
confirmandum aptissimum comparabit.

Exempla Confutationum communiorum.

Eiusdem artis est sua confirmare, & aliena refellere. Qua
propter cōcionator non solum debet confirmationes in
promptu habere, sed quæ vel Fidei aduersa sunt, vel bonos
mores corrumpunt refutare. Confutationum autem copiam
parabit, si ea omnia diligenter euoluat, in quibus diximus
confirmationes cōtineri. Nā sacra Biblia, sanctiq. Doctores,
libri pij, atq. alij, magnā suppeditāt cōfutationū copiam.
  Esai .1. *Cognouit bos possessorem suum, &c.*
  Hierem. 5. *Quid debui facere vineæ meæ, & non feci. &c.*
  Ezech. 16. *Peius Israel quàm Sodoma peccauit, &c.*
  1. Corinth. 5. *Omninò auditur inter vos fornicatio, & qualis nec
  inter gentes, &c.*
  Lucæ 21. *Si cognouisses, & tu, &c.*
Charta me deficeret, si eas quas possem confutationes addu-
cerem. Quare de hoc iam satis.

De communibus Epilogis.

Præfatiuncula.

POterunt concionatores locorum communium subsidio
etiam vti ad Epilogos conficiendos. Sed præmittendum
est, debere Epilogum cōcionis generi conuenire. Siue enim
concio in confirmandis Fidei dogmatis, siue in virtute asse-
renda, vitioq. oppugnando, siue in laudatione : siue in vitu-
peratione versetur, eligendi erunt communes Epilogi, qui
appositè cum concione cohæreant. Sumantur autem Epilogi (quemadmodum de Exordijs diximus) vel ex testimonio,
vel ex figura, vel ex simili, vel ex quouis alio argumento.
                                        Valent.

CONCIONANDI. LIB. VII. 297

Valent etiam ad Epilogos argumenta ab effectis; præmio scilicet, aut pœna: item à pulchritudine virtutis, & peccatorum ignominia. Effundendæ etiam erunt in Epilogis exclamationes ad Deum, ad Angelos, ad homines, ad dæmones, & ceteras creaturas; itemq́. obiectiones crebræ, atq. comminationes pœnarum. Deniq. si vlla pars cōcionis est, in qua debeat concionator amplificare quæ docet, hęc maximè tota ampli ficatione debet constare. Subijcemus autem hoc loco quædam Epilogorum exempla, vt ex his possint facilè conciona tores alia inuenire, & in suos commentariolos referre.

Exempla Epilogorum communium.

PSal. 4. *Filij hominum vsq. quò graui corde. &c.*
Prouerb. 1. *Vsquequo paruuli diligitis infantiam. &c.*
Prouerb. 5. *Nedes alteri honorem tuum.*
Prouerb. 6. *Vsquequo piger dormis.*
Esai. 40. *Nunquid non scietis &c.*
Psal. 118. *Maledicti qui declinant à lege tua Domine.*
Matth. 25. *Qui bona egerunt. &c.*
Ecclesiast. 7. *Deum time, & mandata eius serua. &c.*
Ecclesiast. 7. *Quæ præcepit Deus, illa cogita semper.*
Esai. 45. *Conuertimini, & salui eritis omnes fines terræ.*
Esai. 46. *Mementote, confundimini, redd.te præuaricatores ad cor.*
Hiere. 6. *Erudire Hierusalē, ne fortè recedat anima mea à te.*
Hierem. 8. *Nunquid qui cadit non resurget?*
Hierem. 13. *Audite, & auribus percipite. &c.*
Ibidem. *Væ tibi Hierusalem non mundaberis post me.*
Ad Roma. 6. *Quem fructum habuistis. &c.*
Thren. 3. *Scrutemur vias nostras. &c.*
Psalm. 40. *Hodie si vocem eius audieritis. &c.*
Psalm 118. *Cogitaui vias meas. &c.*
Deniq. tota sacra Scriptura Epilogis potest deseruire, modò curet concionator ea amplificare quę desumit.

Figuræ

DE SACRO RATIONE

Figura item, quemadmodum diximus, ad Epilogos erunt accommodatæ. Extat enim figura Rachelis, & Liæ cum Iacob abeutium, qua monemur nihil in hoc mundo reperiri, quod verè nostrum sit, nostrasque diuitias in Iesu Christo repositas esse. Figura item Ruth, quæ cùm patriam, in qua nata, & educata fuerat, reliquisset, socrum Nohemi sequebatur. Quo monemur mundum relinquere, legemque Dei dulcem sequi. Reliquit item Abraham patriam, & parentes. Non enim in hoc mundo permanentem habemus ciuitatem: Deoque non mundo nati sumus.

Iuuabit etiam hunc locum, si rationibus quibusdam, quod volumus persuadeamus. Vt: Nonne satis hactenus à vobis peccatū est? Restat ergo iam, vt reliquum vitæ temp*, quod in breue futurum sit nescitis, totum Domino consecretis, peccata detestemini, Dei misericordiam imploretis, aures vestras illi vocanti aperiatis. Si conuertuntur alij, & ad meliorem mentem Dei beneficio reducuntur, nonne poterit Deus vos quoque ad statum optimum reuocare? Sed dicetis, infirmos vos esse. Rectè verò: sed potest Deus vobis robur, ac virtutem tribuere. Testis est Dauid, quem Dominus, ex rege adultero, & homicida, regem fecit sanctissimum, & omnium regum exemplar insigne. Testis Matthæus, quem ex Publicano in theolonio sedente Apostolum fecit insignem, & Euangelistam clarissimum. Testis Paulus, qui ex persecutore fidelium, repentè Infidelium prædicator effectus, innumerabiles gentes ad Fidem Christi reuocauit. Testes denique sunt omnes Regiones, in quibus quotidie Domin* (quæ illius benignitas est) misericordiam suam copiosissimè ostendit. Quis igitur tot, tantisque exemplis non commouetur? O infelices illos, qui Dominum recipere nolunt ¡ O dissoluta peccandi consuetudo ¡ Adeòne homines insani erunt, vt pro nihilo vitam æternam amittant, acerbissimósque luctus comparent. Qui homini roganti obtemperas, cur Dei voluntati resistis? Valent apud te plurimùm amici, impetrant facilè à te quæ cupiunt; & Christum Iesum, qui te per passionē

acerba m

acerbam, & iï orte mignominiosam à poteſtate diaboli eripuit, qui te poteſt ad tenebroſa diaboli regna relegare, ita contemnis, vt contra eius voluntatem omnia tua facta ad Dæmonis, Carnis, & mundi voluntatem componas?

Denique nihil eſt quod ad virtutem perſuadendam, aut ad vitia deteſtanda poſſit afferri, quod non ſit Epilogis accommodatiſſimum.

Septimi libri Peroratio.

HAbes iam, amātiſſime Lector, breuia quorũdam Promptuariorum initia: quæ & augere tu potes, & ex ijs, aliorum quæ à me non traduntur, conficiendorum, artem colligere. Nos enim exhibere omnia nequaquam potuimus; cùm & liberum poſtulent hominem, & tempus ab occupationib' feriatum. Quod quidem cùm mihi minime concedatur, factum eſt, vt inuitus pené, ac multorum, efflagitationib' coactus, hos duos poſteriores huius operis libros, ſcilicet ſeptimũ & octauum, ſuperioribus addiderim, quib' meum iam quodammodo penſum videbar abſoluiſſe. Extat B. biliorum theſaurus, ex quo nã mediocrem habere poterunt promptuaria acceſſionẽ. Extat & alius theſaurus concionatorjj, quem nuper doctiſſimus, mihique amātiſſimus Pater Truxillus Dominicanus, non ſine maximo concionatorum fructu, in vulgus emiſit. Euãgelicarum etiam inſtitutionum liber extat Petri Garciæ à Galarza, qui primum promptuarium iuuabit. Denique permulti alij circunferuntur libri, quos ſi attentè legeris, materiam tibi ad concionandum ſubminiſtrabunt.

Interim tamen fruere hoc noſtro tepui labore, & noſtræ inopiæ ignoſce, meq́. iam ſenio confectum, & tot laboribus, & negocijs diſtractum, tuis orationibus Deo Opt. Max. commenda.

Liber octauus

acerbam, & mortem ignominiosam à potestate diaboli eripuit, qui te potest ad tenebrosa diaboli regna relegare, ita contemnis, vt contra eius voluntatem omnia tua facta ad Dæmonis, Carnis, & mundi voluntatem componas?

Denique nihil est quod ad virtutem parsuadendam, aut ad vitia detestanda possit afferri, quod non sit Epilogis accommodatissimum.

Septimi libri Peroratio.

Habes iam, amātissime Lector, breuia quorūdam Promptuariorum initia: quæ & augere tu potes, & ex ijs, aliorum quæ à me non traduntur, conficiendorum, artem colligere. Nos enim exhibere omnia nequaquam potuimus; cùm & liberum possident hominem, & tempus ab occupationibus feriarum. Quod quidem cùm mihi minimè concedatur, factum est, vt inuitus penè, ac multorum, efflagitationibus coactus, hos duos posteriores huius operis libros, scilicet septimū & octauum, superioribus addiderim, quibus meum iam quodammodo pensum videbar absoluisse. Extat Bibliorum thesaurus; ex quo nā mediocrem habere poterunt promptuaria accessionē. Extat & alius thesaurus concionatorū, quem nuper doctissimus, mihique amantissimus Pater Truxillus Dominicanus, non sine maximo conclonatorum fructu, in vulgus emisit. Euāgelicarum etiam institutionum liber extat Petri Garciæ à Galarza, qui primum promptuarium iuuabit. Denique permulti alij circunferuntur libri, quos si attentè legeris, materiam tibi ad concionandum subministrabunt.

Interim tamen finere hoc nostro tenui labore, & nostræ inopiæ ignosce, meq́. iam senio confectum, &
tot laboribus, & negocijs distractum,
tuis orationibus Deo Opt.
Max. commenda.

Liber octauus

LIBER OCTAVVS IN QVO DE VSV, ET EXERCITATIONE HVIVS ARTIS disseritur.

PRAEFATIO.

QVÆ ad concionandi artem pertinent libris superioribus sumus persequuti: quibus concionatori aditum aperuimus ad concionem aggrediendam. Sed quoniam omnes artes exercitatione perficiuntur; antequam huic operi manum extremã imponamus, visum est mihi, hoc vltimo libro de huius artis exercitatione disputare. Postquam enim libro 2.3.4.& 5. concionatori arma subminiſtrauimus; 6. verò & 7. ceteras res ad preliũ committendum parauimus, oportet nunc vt cum consilijs iuuemus, quò possit certiùs victoriam reportare. Tot enim periculis, tot incommodis ex positus est is, qui multitudinem, maxima ex parte imperitam, conatur ad perfectionem Euangelicam deducere, vt quamuis multi de hoc argumento disseruerint, non tamen hæc nostra opera inutilis, sed admodum fructuosa debeat existimari. Quid enim prodest rationem inueniendi concionem probè tenere, ceteraq. artis præcepta percepisse, si artem, cùm opus fuerit, nescias in vsum reuocare? Neq. enim solùm artis ratio habenda est, sed prudentiæ methodos tenenda, vt omnia loco, tempori, & alijs rei conditionibus coueniant. Iam igitur quoniam hæc pars tota ferè prudentiæ est, septem capita præcipua continebit, in quibus concionatorem de ijs rebus admonebimus, quæ ad suum munus rectè abeundum videntur quàm maximè spectare. Primo loco de præparatione concionatoris dicemus: Secundo explicabimus modum concionis excogitandæ: Tertio eius conficiendæ ratione aperiemus: Quarto ostendemus quid cùm eam confecerit,

præsta

præstare concionator debeat; quinto demonstrabimus qua ratione illam de superiori loco recitaturus sit: sexto præscribemus, quid vbi concion indi finem fecerit, toto reliquo die eum facere oporteat: vltimo tandem exercitationes concionatori congruentes persequemur.

Capit. I. De Concionatoris præparatione.

QVod ad præparationem concionatoris attinet, consideret primum concionator, se ad celsissimum, & sanctissimum munus vocatum esse: oportereq. vt talem se prębeat vita, & moribus, quālis suscepti muneris ratio requirit; vt cū Paulo possit dicere: *Obseruate eos qui ita ambulant sicut habetis formam nostram* Si enim idoneus non est ad tantum munus exercendum, caueat ne dicat Dominus: *Non mittebam Prophetas, & ipsi currebāt.* Orationi ergo serio vacare debet, cor pulque tuum affligere: hisce namque medijs Patres sancti, à Deo interius illustrari, sagittas acutas in auditorum corda transmittebant. Sacram deinde scripturam, & sanctos Patres sedulò debet euoluere: vt vt sanam doctrinam, omni gladio ancipiti penetrabiliorem hauriat, & ebibat: sic enim fiet, vt cùm eadem populo annunciabit, maiorem vim ad persuadēdum obtinēat. Præterea eos libros, qui ad pietatem pertinēt, siue illi antiqui fuerint, siue recentes, perlegat sæpe; eligens ex ijs, qui passim circunferuntur, præstantiores. Ad hæc, sit eius consuetudo cum viris sanctis, & senioribus; eosque loquentes de rebus sanctis, & ad populi ædificationem spectantibus, audiat libēter. Retineat verò in colloquijs, & sermone, doctrinæ grauitatem, & sinceritatem, vt sana, & irreprehensibilis phrasis in naturam conuertatur. Quod assequetur facilè, si scripturam sacram assiduè meditetur. Et quoniam munus hoc supernum est, atque diuinum; certò sibi debet concionator persuadere, plura diuinitus à Deo data, quàm humano partâ studio, sibi necessaria esse, vt hanc possit sustinere prouinciam. Vt enim hoc mun' ad Christi gloriam, & Ecclesiæ.

Ad Phi. 3.

Hiere. 23.

DE SACRA RATIONE

clefiæ ædificationē vehemēter pertinet:ita, permittente Deo, a
criùs dæmones pugnant, dolosq. machinātur, ne concionem
effectus exoptatus consequatur; tantoq. illñ conātur impedire
magis, quantò censent christiano populo fore fructuosiorem.
Multam igitur noctis partem debet concionator excubare, gra
tiamq. à Deo instantissimè petere. Atq. vtinam ad hanc gratiā
petendam, orationem quandam in promptu quisq. haberet,
qua à Deo per Iesum Christum illustrationem intellectus po-
stularet. Fieret enim vt Deus, qui fidelis est, neq. se ipsum potest
negare, illi omnia liberalissimè concederet, quæ ad sanctum
Euangelium populo rectè annūciandum necessaria sunt. Iam
verò quod ad peccatorum attinet remissionem, supplex à Deo
veniam debet concionator petere: ita vt de comissis vehemen
ter doleat, firmissimeq. statuat nullum se ampliùs, Deo auxilian
te, commissurum. Sanctum enim est concionādi munus, atq.
ita non nisi sanctè tractandum. Hactenus ergo de preparatio-
ne ante concionem facienda: anunc aliud caput aggrediamur.

Cap. II, De ratione excogitandi cōcionem.

Oncio excogitabitur cōmodè, si cōcionator quæ di
cēda erūt, ordine congruēti in cōmētariolū referat.
Quod nō debet absq. oratione præuia efficere. Si enī
aliq opus est, in quo mētē ad Deū sæpius attollere sit
necesse, illud maximè est sacra cōcio. Quare si libri sacri ad cō
cionē excogitādā euoluēdi sūt, oratio antecedat oportet: si sta
tus aliquis, aut scopus cōcionatori eligēdus, nōnisi præuia oratione id fieri debet: si Ecclesiæ spiritus est populo explanādus,
rogare oportet Dominū, vt congruā exhibeat concionatori do
ctrinam. Deniq. nihil excogirandū est, quod oratione im primis à Deo postulari non debeat. Excogitanda item erunt loca
vtriusq. Testamenti, ac præsertim Prophetarū, & B. Pauli, quæ
ad confirmandum concionis statum, & ad eundem am
plificandum conducunt. His accedent sanctorum Patrum te-
stimo

stimonia, & argumenta ab exemplo, vel à simili, vel alia huiusmodi, quibus tota concio solet illustrari. Hoc tamen vnum maxi nè laborandum, vt scripturam scriptura interpretemur, eaq; sæpe vt imur. Nihil enim est quod ad populi ædificationē possit pertinere, quod ex scriptura non corroboretur. Atq. vt vno verbo, quæ ad concionem excogitandam pertinent absoluam,is rectè concionem excogitabit,qui inuentionis artem probè fuerit assequutus.

Capit. III. De ratione componendi concionem.

On minore op° est industria in disponēdis quę inuēta sūt, quà m in excogitādis. Quare postquā cōcionator excogitauerit ea quæ cōcioni suæ visa fuerint accomodata, supe st vt man° operi admoueat, & quę ru di minerua inc ō mētariolū cōgessit, apta methodo distinguat, omnē tētās (si necesse fuerit) dispositionis rationē, vt quā aptio rē viderit eligat potissimùm. Postea verò, excogitata, & cōposi ta cōci onem cō scribere debet, ac præsertim exordium & epilogum: magnum quippe inde emolumentū consequetur. Multa siquidem interscribendum corrigenda occurrent, multa im mutanda; quæ nisi scriptis mandarentur, minimè forsan possent animaduerti. Cui accedit, quòd scriptio eiusmodi, memoriam maximopere iuuat. Demum verò vbi hic labor absolutus fuerit, consequitur, vt ea quæ excogitata, disposita, & conscripta sunt, memoriæ mandentur. Quo tamen loco, caue ò concionator, ne si (vt accidere solet) excogitata tibi tua arideāt, inani intumescas elatione, aut si displiceant, animo cadas. Quemadmodum enim neque in proprio labore, & diligentia, fiducia collocanda est; cùm non semper propriæ voluntati exitus respondeat, ita neque de concionis fructu despe randum est, si minùs quæ excogitata sunt, probentur. Quare humiliter nos in hoc gerere debem°: hoc est, quod nostri muneris est, accuratè præstare: reliqua verò omnia Deo præsta da relinquere.

Sed ali-

Sed aliquis occinet fortasse: Tantus ne mihi in conficienda concione subeundus est labor? Tantus certè. Quis enim est, qui dignam Deo concionem facere, rem esse facilem audeat existimare? Profectò qui Dei nomine loquuturus est ad populum; quiq́. publicè dicturus est, Hæc dicit Dominus: hunc dubitari non potest, maximum quoddam, & difficillimum obire munus. Quare necessaria illi hæc sunt omnia, quæ hactenus tradidimus: quæ vos, lectores, ne vestris excidant mentibus, obtestor.

Sed libet nonnulla hoc loco in memoriam reuocare ex ijs de quibus satis multa lib. 5. vbi de diuersis concionum generibus egimus, dicta sunt. Plura namque sunt ad illud præsertim concionis genus obseruanda, in quo, Euangelicæ historiæ succinta narratio, exordij vice præponitur. Nam si aliquantò longius est Euangelium (qualia sunt Euangelia Samaritanæ, & Lazari) conceptis verbis id narrandum est, & in pauca cō ferendum: eiq́. vel aliqua, si occurrant, acutè, & doctè excogitata, permiscenda; vel dogma aliquod, aut communis locus, breui proponendus, vt rei, aut rebus in concione tractandis, commodus locus relinquatur. Semper autem Euangelij scopus præsertim inuestigandus est; etiam si plura sint, quæ velit concionator explicare. Quanquam Euangelij scopo, aut Ecclesiæ spiritui omnia accommodare non est necessarium: sæpe enim propter vnum duntaxat verbum, ab Ecclesia Euangelium proponitur. Ceterùm qua ratione sint in quo uis genere disponendæ conciones, ad artem potiùs pertinet, quàm ad vsum: nos autem nunc de artis vsu tantummodo loquimur.

Nihilominus tamen, vt in promptu habeat lector, quæ iam lib. 3. 4. 5. tradidimus, eaque facilius ad praxim redigat, hæc modò accipiat.

Quo pacto conficienda sint exordia, suo loco dictum est: vbi à testimonio, a simili, ab exemplo, à figura, ab Euangelij expositione peti posse docuimus.

Deinde vbi insinuatus est in exordio orationis status, diximus

CONCIONANDI. LIB. VIII 305
sij expositione peti posse docuimus.
Deinde vbi insinuatus est in exordio orationis status, dixim9
necessariū esse, vt in Narratione tota rei in eocione tractādæ
summa proponatur, sumpto initio à simili, siue à figura, siue ab
alicuius propositione, quæstionis, siue aliunde, ita vt scopum
concionis Narratio contineat.
Adhæc (vti etiam diximus) cōfirmatio debet esse grauis, valida, neruosa, aptè digesta, distincta, perspicua, integra, nihil im-
probatum pertermittens, plurimūm deniq. roboris habens. Si
militer confutatio futura est acris, sed miussfutura est etiam se-
uera, pudica, & modesta, iū nō solūm, oblatia respondet obiectionibus, sed in peccata etiã inuehitur. Neq. verò solum pec
cata detegat cōfutatio, sed qua ratione declināda sint etiã do
ceat; atq. ad virtutes cōtrarias aditū aperiat; ita, vt & peccatori,
bus timorē incutiat, & virtutū desideriū in eorum animis exci-,
tet. Vnde fit, vt cōtinere debeat cōfutatio quædā verba, igniıæ
cuiusdã caritatis plena; ita vt accensa possiu am ore viscera, alie
niq; malı; cō miseratione cōmota, quãpı. iracundia, odiumq. in
peccatorē præseferat. Sed in esse illudebet, acerbitata non mihil,
quod non fit iniuriosum quadem actione, quàm in rationum pon
dere sit positum. Licèt enim, necessaria sit (nostris præsertim tē
poribus) eiusmodi actio, ad torpētia quędam corda excitan-
da: tamen cauendū est, ne modestiæ limites egrediamur. Duo,
itaq. imprimis in confutatione fugienda sunt. Aliud est, ne ita e,
xilis, & languida illa sit, vt ridicula videatur, vel quandam pec
candi occasionem peccatoribus præbeat, qui peccatum frigidè reprehensum, non esse magnū malum fortè arbitrabuntur.
Aliud verò est, ne vel impatientia, vel crudelitas, vel præcipita-
tio, vel iracundia ineptuiúe increpandi modus in concionatore notetur. Cum patientia enim, & doctrina, cum sancto ze
lo, iraque modesta progredi oportet.
Deniq. de Epilogis etiam actum à nobis est, in quibus est cura-
dum, ne frigida, tantum modo rerū, quæ dictæ sunt, repetitio
nē contineat, aut verbis prorsus eisdem, quę antea dicta sunt, cō
stent; immò in ijs curandum est maximè, vt res maneant au-
V   ditorum

ditorum animis infixæ. Sed esse debent præterea Epilogi suaues, efficaces, perspicui: itemq́; debent consolari, commouere, docere, atque conuincere.

Cap. IIII. De confecta Concione cum Deo conferenda.

PRædictas partes, quarta iā in ordine subsequitur, neq́; illa quidē vllo modo prætermittenda. Igitur con structa concione, ō cōcionator, ab initio vsq; ad si ne genibus flexis corā Deo Opt. Max. quasi eam ipsi recitans, propone, illúmque supplex ora, vt clementissimas tibi suas aures adhibens, suum iudicium interponat, & te doceat, an quæ excogitasti, ipsi grata sint, & an vtilitatem aliquā sint populo adlatura. Vbi verò conscientia tua bonum tibi reddent testimonium, maiori conatu Dominum obsecra, vt tibi præsto fit, ad ea quæ pro illius gloria excogitasti, in eiusdē etiam gloriam pronuncianda, vt labor iste tuus sit ipsi gratus, cunctis verò auditoribus, atque adeō ijs, qui ipsos auditores, concionem recitantes sint audituri, vtilissimus. Ad hæc, summis precibus contende, vt linguam tuam Dominus regat, orationis tibi aptum, & accommodatum genus tribuat: & inter concionandum alia suggerat, quæ Christianorum cordibus maximæ sint vtilitati futura. Facere autem potes orationem similem illi, de qua superius diximus, scilicet qua in exordio cōcionis: petiturus es coram populo gratiam. Nam per Mariæ semper Virginis intercessionem petenda semper gratia est, vt & excogitentur dicenda, & excogitata, Dei spiritu pronuntientur, & alia noua vtiliora, & efficaciora vnà cum sancto dicendi modo diuino munere tribuantur. Qui verò parum vsu, & exercitatione concionandi valet, non tantum secum tacitus quæ dicturus est, coram Deo attentè meditetur, sed etiam singulas voces, integrasque periodos perpendat, vt nihil concionatoris persona indignum proferat. Quod maximè obseruare debet is, qui naturæ impulsu, zelo, & feruore flagrat: scilicet vt sib vt sibi temperet ; nemque is qui nunquam ad dicendum prodijt. Sicut enim tyrones, antequam ad pugnam accedunt, indigent iugi, & assidua exercitatione: ita in hoc spirituali certamine, oportet concionatores nouos, multis exercitationibus, & tamquam prolusionibus instrui, & preparari.

Cap. V. De modo in ipsa Concione seruando.

Antequam aggrediamur quinctam partem nostro instituto magis propriam, & oppidò necessariam:in qua mod' que in concionibus habendis cöcionator seruare debet, est tradendus. Cuius rei cognitio accurata, cùm ea necessaria sit ad multos errores vitandos: hunc ordinem mihi obseruandum in ea præscripsi: vt vitia quæ in cöcionibus notati possunt, & pericula, quæ ipsis concionatoribus imminent enumerem, atq; consilia, & admonitiones quasdam, quibus vitia illa, & pericula declinari possint, adiungam. Quod si ea quæ dixero, breuius quàm oporteat, & minus exacto ordine perstrinxero, ignoscite mihi, angustia temporis, & præpropera quorundam typographiæ vrgentiu festinatione, oppresso: præsertim cùm manifestum sit, huius tractatus fructum, non tam ex ordine, & disputationis serie, quàm ex ipsis consilijs, & obseruationibus pendere.

De vitijs Concionatorum.

IGitur vitia illa, quæ (vt verum fatear) tum in me, tum in alijs concionatoribus deprehendi, hæc sunt potissimùm.

Sæpe in reprehendendis peccatis exardescimus, & veluti extra nos ponimur: vnde fit, vt neque veniat in memoriam, neque vacet nobis, ad virtutis studium auditores excitare; & dum æstu orationis huc illuc ferimur, sæpe eadem omnino verba repetamus, sese etiam histrionicè, & non grauiter,

V 2   vt vi-

DE SACRA RATIONE

ve virtu n plano decet, agamus. ...

Solemus etiam aliquando auditorum vitia diſsimulare, aut certe ita remiſſè, & leniter reprehendere, vt satius quidem futurum eſſet, ſi omnino taceremus.

Aliquando etiam ipſi nos laudamus; noſtras cogitationes, aut meditationes, non antea vſquam auditas, aut lectas, sed nouas eſſe proferentes, indeq́ue nobis attentionem conciliare conantes.

Præterea nonnumquam Hæreticorum ac Iudæorū nomina in cōcionibus frequētius, quàm par est, repetimus, vel auditoribus plusiuſto infidelitatem comminamur.

Ad hæc, ſpiritalia quæ ſi grauia, & apud viros ſanctos ſubtilia negligimus; & quæ pia, & acuta in ſcriptura, & in Sanctis ipſis ſunt, prætermittimus, vel obſcurè tantùm, ac ieiunè tractamus; dum ijs ſolùm, quæ ab ſcholaſticis, aut alijs ſimilibus auctoribus traduntur, ſumus intenti.

Ferocia potiùs, quàm teſtimonijs, aut rationum vi aduerſus peccata ſæpè inſurgimus.

Digreſsiones interponimus nimis longas, atq́; prætermiſsis illis, quæ tamquam rei præſentis propria excogitauimus, ad alia quæ ſe nobis aliunde offerunt, tranſimus; quibus aſſerendis neq́; teſtimonia ſuppetunt, neque rationes, neque aliud deniq́; quidquam ex ijs, quibus perſuaderi homines ſolent.

Nonnumquam tardè, ac lentè nimis agimus: nonnumquā verò nimis concitatè.

Vocem quandoque nimis extollimus, quandoque verò remittimus: quorum alterum aures offendit, alterum verò nec attingit quidem.

Indecorè ſæpe agimus, atq́; immodeſtè, vt pyrricharios vel gladiatores referre videamur.

Vociferamur abs re ſæpiſsimè: quippe, quia vel vehemētiorē vocis ſonum materia de qua tractamus non expoſcit, velſi ex poſcat, tamen Stentores quædam vocalitas, qua vtimur, nulli eſt omnino materiæ accommodata.

Exordia ſæpe facimus breuiſsima, ſæpe prolixiora.

Narra-

In narratione vagamur, neq; distinctè, perspicuè, atque apta cum ratione id de quo sumus dicturi proponimus.

Confirmationes facimus parùm efficaces: Confutationesq́, item infirmas, ac imbecillas.

In Epilogis, cùm prolixiores quàm par est, simus; tamen solùm quæ dicta sunt repetimus, nihilq́ue auditorum animos cō mouemus.

Immoramur in manifestis; vt difficilioribus, & necessariori. bus integrè explicandis locus reliquus non sit.

Nonnumquam eo vocis modulamine, ac veluti canore vtimur, vt non quidem concionari, sed aliquam canere cantilenā videamur.

Euangelium non ad populi vtilitatem, sed ad eruditionis nostræ, si qua est, ostentationem exponimus.

Sæpe quodam pio zelo commoti, eadem in vna, eademq́, cōcione ineptè refricamus: sæpe autem contrà, nostræ laudi inseruientes, cùm idem repetere oporteat, facere id erubescimus, ne ab auditoribus vitio nobis detur.

Nonnumquam ipsi, nosmet prædicamus; verbumq́. Dei, vt B.Paul.ait, adulteramus.

Ceterùm quis est, qui possit omnia, quæ in concionatoribus de prehendi possunt vitia, oratione complecti?

Præstat ergo iam, vt'his omissis, ad ea tradenda cōsilia, quibus hæc vitia declinari possint, sermonem couertamus. Nam ex ijs, quæ diximus, quæq́. dicenda restant, quæq́. à suis vniuscuiusque amicis admoneri potest, non erit ei, difficile, vitia, si quæ inter concionandum admittere solet, animaduertere.

Igitur primùm in genere constituimus, ea vitia, in quæ cōcionantes labimur, magna ex parte inde existere, quòd corde non simus satis mundo, ac mortificato; vel corpore non satis macerato; vel animo neq. piæ lectioni, neque sanctæ orationi verè & omnino dedito; vel quòd eam orationem, quæ ante excogitandam, & componendam concionem necessaria est, prætermittimus, ac illa quæ in superioribus de tota hac re tradita sunt præcepta contemnimus; vel quòd plura, quàm par

V 3   sit

DE SACRA RATIONE
fit, dicere conamur, aeq. ijs potissimùm contenti sumus, quæ futura videntur vtiliora.

Hoc constituto, erit velati summum quoddam consilium, vt ea præstentur omnia, quæ, cum christiani concionatoris vita, studijs, & exercitationibus conueniāt: quod & toto hoc nostro opere millies repetimus, & adhuc etiam, atque etiam repetere non grauamur; nimirum; vt ne id nobis excidat, quod toties, & tanto cum animi affectu identidem commendatur.

Præterea sit secundum salutare consilium: eo præsertim die, quo concionaturi sumus, silentium seruare; & ab omni humana occupatione ante cōcionem abstinere; atq. ea tantùm quæ dicturi sumus, meditari: item ad Templum congruo tempere, cum oculorum, totiusq. corporis modesto, humili, & graui quodam habitu accedere: & demum, ante concionem Sacrū facere, it vt paulò ante concionem absoluto Sacro, Christum Dominum intra pectus habentes, eiusq. præsentia accēsi, multò aptiùs, & vehementiùs concionemur.

Aliud consilium multiplex est, hęcq. maximè capita complectitur. Sit concionator in loquendo cautus, & modestus. Cautus quidem, ita vt si verba profert non nihil ambigua, quę ad prauum possint sensum detorqueri: illa explicet, sensum que catholicum amplectatur, impium verò reijciat. Modestiā verò, & in voci sono, & in corporis situ, & motu, & in modo dicendi seruare debet: miserationemque potiùs, quàm rigorem præseferre; ac rationibus magis innitens, quàm nimis concitatus, ac veluti furore quodam, & iracundia percitus, pec cata reprehendere. Nam etsi scimus Christum Dominum in Pharisæos acriter inuectum fuisse: tamen nullus credet, cùm ipse id faceret, aliquam prætulisse iracundiæ, aut vindictæ speciem; quinimo præ dolore nimio ex Pharisæorum cæcitate suscepto, in acria illa verba prorupisse. Quod vel ex eo apparet, quòd voce illa, *Væ*, dolorem significante, sæpe vtitur. Decet verò Christianum concionatorem, cùm de peccatoribus verba facit, se in eorum etiam numerum referre; cùm
verò de

verò de sanctis,& iustis,in tertia persona loqui: hec enim sancta humilitas populum ædificat.

Deinde conducit maximè, inter concionandum, publicè pro auditoribus orare:videlicet vel ad Dominum, vel ad sacram Virginem, vel ad Angelos, ac Sanctos oratione 'conuersa: item que cælum ipsum quandoque,& terram in testes appellare. Ad hæc monere solet maximè, epiphonematis, atque exclamationibus(parcè tamen,& non sine modo)vti. Tū oportet prudenter exordiola,transitiones, & epilogos interponere:ita tamen,vt caueamus,ne eadem repetentes, prolixi videamur. Nam etsi repetere eadem, sæpe auditorum vulitas cogit:tamen alio atque alio vocis sono,alijsque verbis,& nonnulla etiam facta additione,id est faciendum.

Præterea conuenit obsecrare auditores, vt quæ dicimus be neuoli excipiant:itemque vt pro nobis Dominum precentur, quó vtilius ipsis diuinum verbum exponamus.

Vtile est etiam exempla nostræ ætatis in medium adducere: hæc enim,vt quæ sensibus patent,multò se magis cordibus insinuant,& auditores multò magis mouent.

Hyperbolis parcissimè,& cautè est vtendum.

Res creditu difficiles,aut grauissimæ,nunquam (vt alio admonui loco)absque testimonio proferendę.

Vtile est sæpe ea quę dicimus attemperare his vocibus:quodammodo,quadātenus,vt vulgo dici solet. Alioqui enim,quæ dicimus, sunt sæpę calumnijs multorum, præsertim improborum,exposita.

Si vehementiori aliquo impetu feraris: contine te, & aposiopesi vtere:quæ est dicendi ratio vtilissima, & efficacissima. Quare iterum, atque iterum eam omnibus commenda tam velim: sed ijs maximè, qui ardentiori zelo flagrant. Nam vbi exardescunt vehementiùs,multa illis è memoria excidunt, multa prętermittuntur vtilia, alia vero dicuntur, quę dixisse nihil oportebat.

Vtile est inter concionandum alloqui aliquādo Deum, vel sacram virginem,vel Angelos,vel Sanctos,hominesque omnis

V 4　　　gene-

generis, siue pios, siue impios: immò & nonnumquam ipsos Dę nones; scilicet ea quæ dicuntur, illis proponendo; illosq; in testimonium vocando; aut Iudices etiam constituendo.

Ad pœnitentiam sæpe incitādi sunt homines exemplo Christi, & Ioannis Baptistæ, qui pœnitentiam prædicarunt.

Item inuitandi summoperè sunt ad amorem Dei.

Non solùm peccatores deterrendi sunt; sed pigri, & segnes etiā excitandi; timidi animandi; afflicti consolatione reficiēdi.

Oportet diligēnter curare, vt cùm vel personam, vel rem nomināmus, accommodata illis adiungamus epitheta, seu attributa.

Describere oportet nonnumquam impiorum, & iniustorum verba, cogitationes, & opera: vt illos detestemur, hos verò extollamus. Sed cùm grauitate vtrumque præstādum est; ita vt vbi eorum dicta, vel facta referuntur, actio moderata seruetur.

Infernum, Purgatorium, Gloria cælestis, Mors, Iudicium, & Christi Passio, in quibus ad mouendum plurimùm inest, sunt inter concionandum insinuanda.

Vbi occasio incidit, qua de rebus Fidei sit agēdum; eæ sunt, vt certę, & infallibiles statuendæ; &, si periculum ex obscuritate timeatur, explicandæ. Pugnandum verò est contra hostes Fidei: sed prudenter; vt magis stabiliatur veritas, quàm falsitas impugnetur; nisi fortè id pertransennam, & manifestissimis adductis rationibus, fiat: alioqui enim periculum imminet, ne indocti, & rudes, vel errores imbibant, vel scandalum patiantur.

Fugiendæ sunt actiones poëticæ, ridiculę, & iocosæ. Vnde imitari, inter concionandum, earum personarum actiones, quarum referimus verba, vel rarissimè, vel numquam decet concionatorem. Itaq. dicta, vel facta, pro natura rei, vel gaudentes, vel dolētes, modestè semper narrare debemus.

Deplorare peccatorum vice possumus nonnumquam, per interiectionem, væ; vt fecerunt Prophetę, & Dominus ipse, atque etiam Apostoli: viris autē iustis similiter possumus congratulari

gratulari. Quam ad vtramq. rem côfert referre verba exipsa Scriptura sacra petita, quibus peccatorum maledictiones, & probra, atque iustorum benedictiones, & laudes continentur.

In testimonijs, & similitudinibus afferendis, cauere concionator debet, ne sit nimis multus. Quòd verò attinet ad testimonia, aliqua sunt sermone latino proponenda, plura verò sermone vernaculo declaranda: item aliquod ex ijs accuratè ex pendendum, cetera obiter, & succintè, sed integrè, & clarè enarranda, summis tantùm capitibus indicatis. Est verò vale, loca ex quibus testimonia sunt petita; notare.

Similia verò ne sint nimis vel alta, vel infima; sed mediocria. Itemq́; neque latè nimis, neq nimis breuiter explicêtur.

Phrasis própria sit, pura, & nitida, neque affectata. Nam vt sermo rusticus, sic tumidus, grandis, & omninò quibuslibet oratorijs flosculis aspersus, dedecet concionatorem. Quare si naturâ vel arte is eloquens sit, sequatur ductum naturæ, ita tamẽ vt sibi ab affectatióne caueat: si vero est rusticus, ex Sanctorum simul, ac doctorum hominum imitatione suum emẽ dàre vitium conetur.

Nolit concionator vmquam phrasim, aut actionem propriam in alienam mutare. Si enim Ieremias proprium omitteret spiritum, & Esaiæ vellet fieri persimilis; neque terreret, neque alliceret. Retineat ergo vnusquisque quod à Domino accepit; neque si ad mediocrem concionandi modum vocatus est, credat se posse, vlla humana industria, ad summum peruenire. Non enim id litteræ præstant, non ars vlla humana; sed sola vocatio diuina. Quare neque illi quidquam perficient vmquam, qui si alienas conciones memoriæ mandauerint, vt tamquam suas proferant; putant se maximos concionatores euasuros. Hi enim non minùs ineptè faciunt, quàm qui exiguo corpori magnas aliquas vestes accomodant. Quamquam non eò hæc à me dicuntur, quòd in concionandi munere, imitationem plurimùm valere negem.

Consilia hæc omnia eo spectant, vt rectè concionator. dicat,

cat, neque vel in actione, vel in oratione quidquam admittat tanto munere indignum. Sed his omnibus alia sunt addenda, quorum est vtilitas ad omnia concionatoris obeunda munera non mediocris.

Primùm igitur fingere sibi debet semper, & vbique, concionator, omnis generis auditores, suæ concioni interesse: scilicet calumniatores, ac seueros iudices, illosque acutos, & doctos; atque adeo fortè nonnullos hæreticos occultos: item ex viris pijs permultos, vel incipientes, vel proficientes, vel in spiritu exercitatos: alios etiam, qui pulchra, & acuta audire cupiunt; nonnullos rudes, quos necesse est erudire: alios maleuolos, qui omnia quæ audiunt solent in deteriorem partem interpretari: quosdam qui sæpe eius concionibus inter fuerunt, alios, qui numquam eum audierint concionantem. Quod vbi secum imprimis cõstituerit: eam animo rationem inibit, vt omnibus, quoad facere possit, satisfaciat. Præterea existimabit Deum ipsum adesse; & multos Angelos; itemque malos spiritus, qui illum obseruent. Sic enim fiet, vt coram Deo reuerenter agens, & ab inimicis sibi cauens, circuspectè procedat.

Si quando accidat, vt quæ iam alias dixit, sint ei aliqua ex caussa repetenda: persuadere sibi debet, adesse multos, qui eadem illa iam ab eo audierint; itaque debet cauere, ne illis molestus, aut prolixus videatur. Sed & curare etiam debet, ne dum ab hac sibi auditorum molestia timet, sit præ nimia breuitate obscurus.

De periculis quæ inter concionandum
imminent concionatoribus.

INcommoda quæ concionatoribus nõnumquam accidurt, hæc sunt. Sæpe contingit, vt vel concionatorem fessum vox deficiat; vel non ei Dominus adspiret; vel non tantum suppetat temporis, quantum est necessarium, ad omnia, quæ excogitata

cogitata sunt persequenda : ex quibus fit, vt excogitatus Epilogus non satis cum ijs quæ dicta sunt, conueniat. Sed vbi id accidat, possumus mutato vocis sono, ea quæ prætermittere cogimur, breuiter, & sumatim percensere : ijsque demum ex cogitatum addere Epilogum. Velut in hunc modum. Hæc dicenda erant, Auditores, vt propositæ rei rationem totam intelligeretis : sed quando omnia explicare tempus non sinit, satis nunc fuerit insinuasse; dummodo vos ea cordibus excipiatis, & operibus præstetis. Quare obsecro vos. &c. Sed meminerit concionator, vbi hæc impendent discrimina, magno si bi adiumēto futurum, si Deum, quem sibi (vt superiùs monui mus) præsentem constituete debet, intentis animi oculis intueatur, & ab eo auxilium petat, quo, ad eius gloriam possit rectè absoluere concionem.

Hoc eodem vti debet adiumento, cùm viderit se, præ corporis defatigatione, nec memoria esse satis firma, nec prompto satis ingenio; præsertim si hoc inde proueniat, quòd nego cijs, & occupationibus distractus, non potuit concionē satis præmeditari, vel ex negligentia, & infrequentia concionandi, factus est quodammodo inhabilis. Tunc enim petere à Domino debet veniam, & misericordiam. Vtetur autem etiam hoc remedio antequam ad ipsam concionem accedat, curans Dominum aliqua poenitentia, seu maceratione corporis, atque aliquibus misericordiæ operibus placare, (spirituque principali ab eo confirmari. Quibus suam adiunget diligentiam, accuratè concionem excogitans, eamque vel totam, vel præcipua, & difficiliora capita conscribens, & mente volutans.

Hac igitur nos ratione, pericula, quæ nobis aliquando impenderunt, vitare Deo fauente potuimus.

Sed si appellatus, atque inuocatus Dominus in hisce periculis non videatur nobis præsto esse; sed vt amicos velle nos probare, patienter id feramus, eumque cum gratiarum actione benedicamus, & laudemus : nam post hanc humiliationem (quæ inter graues, grauissima est) exaltabit nos ipse, atque insperato aliquando fructu munerabitur. Sed si puniens, vt pater

ter, commissa à nobis peccata, videatur nos derelinquere, humiliemus ipsi nos, culpam fateamur nostram, agamus pœnitentiā, corrigamus mores, & si opus fuerit, recipientes nos in solitudinem, à prædicatione per aliquod temporis spacium abstineamus, donec propitium iam Dominū promeruimus.

Hæc habui, quæ concionatoribus traderem, in ipsis habendis concionibus obseruāda.

Cap. VI Quæ, per acta concione, obseruaturus concionator sit.

Lia huiꝰ instituti pars sequitur. In qua admonem° primùm cōcionatorē, ne peracta cōcione, statī é suggestu descēdat, si modò id liceat per corporis valetudinē: quinimò ibi manēs, ꝙ reliquū est Missę audiat, & Dominū oret, vt ꝙ disseminatū est verbū, penetret in auditorū viscera, altissimasꝗ. radices agat, & copiosissimum fructum ferat. Quod si concionator facit, circunstantem etiam populum eo ædificabit exemplo. Sed si hoc valetudo non permittit, maneat nihilominus vel tantillùm in suggestu: & inde silens, modestus, & humilis, nullamꝗ. gloriolę speciem præseferens, recedat. Toto verò eo die (si fieri potest) domi se contineat, nisi egrediēdum fortè sit aliquam ob rem necessariam, & Deo specialiter gratam. Dum verò domi manet, salutantes, atque inuisentes, benignè excipiat, & christianis moribus instituat; semper, pro temporis, & aliarum circunstantiarum ratione, prudenter concionatorem agens. Item orationi vacet, atq. adeò lachrymas fundat: nimirum id quod seminauit verbum irrigāt. Quòd si serotina hora concionari expediat, idq. sine salutis iactura præstari possit, in cibo, & potu temperantiam adhibeat, & in silentio, solitudine, & quiete manens, operi se præparet venturo. Oportet quippe populum intelligere, lectioni concionatorem, & orationi vacare; & non aliunde, quàm ab ipso Deo, ea quæ docet, accipere. Hæc enim si in eo auditores animaduertūt, atque simul eius sermoni mores (vt sæpius dictum est

conso.)

CONCIONANDI LIB. VIII. 317
ontbnare videntr fiet, vt quam doctrinam prædicat magnificiant, atque amplectantur.

Cap. VII. De Concionatoris exercitationibus.

IN hac vltima parte, in qua dicturi sum², quæ deceat concionatorem Euangelicum exercitationes: primùm constituimus, ita illum debere erga publicam rem esse animatum, vt non solùm propriæ virtutis conscientia contentus sit, sed de proximorum etiam vtilitate spirituali, & corporali laboret. Itaque quamuis cauendum est ei, ne omnibus se immiscere negocijs videatur: tamen cùm publicæ rei curam habere debeat antiquissimam, agere cum ijs debet qui Reipub. malis mederi possunt, de ijs rebus, quæ vel ad Xenodochia spectant, vel ad Orphanotrophia, vel ad Ptochotrophia, aliaue huiusmodi, vel pauperes carceribꝰ exi mendos, vel ad fœminas, quæ ex vitæ sordibus, ad melioreni frugem reduci volunt, honestè recipiendas. Quòd si his omnibꝰ in ciuitate, opportuno aliquo remedio publicè constituto, non consulitur; concionatoris erunt partes, curare, vt id fiat. Quod certè facietis diligenter, si sæpe ei in memoriam vene Christi Domini, qui ex datis sibi eleemosynis, pauperibus sub ueniebat; atque etiam Beati Pauli, qui docuit nos concionatores, vt pauperum memores simus, quique ipse coactam à se eleemosynam ex longinquis Regionibus ad Hierosolymita nos Christi discipulos attulit. Igitur nullum opus misericordiæ publicum, vel priuatum est à concionatore omittendum: im mò ita sciò omnia præstanda, vt ad eos qui aliquo labore præ munsur subleuandos, sæpe Gubernatores, ac Patres Reipub. Principetq. ac Reges ipsos adeat: ita tamen, vt neque lectionis, vel orationis quidquam prætermittat, neque plus iusto solicitus, auimportunus ijs cum quibus egerit, videatur.

Denum vtijs que diximus colophonem, & quasi summam omnia complectentem adiungamus, meminerit cōcionator, missum se esse tamquã agnũ inter lupos; atq. esse debere prudentem.

DE SACRA RATIONE

Excusatio Auctoris, ac veluti Apologia, ad eos qui in hoc opere aliquid reprehensione dignum iudicauerint.

T si non dubito futurum, vt ex ijs præsertim, qui me de sacra ratione concionandi è Cathedra docērem audierunt, quique me de facie norunt, meumque ingenium, ac naturam perspectam habent, multi meum hunc laborem probent: tamen existimo futuros esse permultos, quibus plura in hoc opere reprehensione digna videantur. Quidam enim phrasim, ac dictionem simplicem & inornatam reprehendent: quidam multa me ex humanis artibus petita immiscuisse conquerentur: nonnulli aduersos Promptuaria clamabūt; vel superuacanea illa iudicantes; vel (vt sunt varia hominum ingenia) perfecta, & absoluta potiùs requirentes: plerique nimiam eiusdem rei in plurimis locis repetitionem fastidibunt. multi conciones, vt indoctas, & nullo perfectas ingenio contemnent: aliqui denique hoc mihi superbiæ adscribēt, quòd post tot à viris clarissimis edita de hoc argumento volumina, ausus sim ego omnium minimus hoc emittere foras. His ergo omnibus nunc ideo satisfaciendum censeo, ne vllus in me scandalizetur. Ego enim (infallor) nō philautia adductus pro me nunc certo; sed caritate commot*us* consilij mei rationem lectoribus exponā.

Primùm ergo generatim, non solùm eos, qui hunc librum, sed eos etiam, qui aliū quemlibet ex meis legerint, monitos volo, me ab amicis neque indoctis, neque imprudentiūs iam pulsum omninò fuisse ad scribendum. Quod cùm ita sit: mirari nemo debet, quòd ijs potiùs crediderim, quàm aliorum iudicia formidarim. Nam cùm nihil sit in rebus humanis certum, nihil non in varijs hominum controuersijs, ac opinionibus positum: non est, quod vnam magis quàm aliam sequi opinionem cogar.

Sed vt de toto hoc genere iam speciatim disseram; prim*ùm* quod attinet ad phrasim, eo sum à Domino affect*us* beneficio, vt orationis elegantia, & splēdore non capiar: non quòd eloquentiam

quentiam damnem, vel parui faciam, sed quòd mediocritate quadam contentus, perspicuè magis, quàm comptè loqui nitor; quippe quia mihi iam diu persuasi, in maiori verborum exilitate, maiores fortasse ad proximorum aedificationē latere thesauros.

Deinde, vt ad obiectionē aliam, quae facilior est, accedam: cùm videam hodie, à Theologis nostris (qui se totos ad scrupulosas quasdam, quas vocant scholasticas, disputationes conuerterunt) veram Dialecticam, quae in inueniendo, & disponendo est posita, penitus exsibilari; Rhetoricam autem, vt peregrinam reijci; ac tandem Poëticę nec nomen quidem in eorum scholis audiri: conatus sum, hasum artium, quae haud dubiè Theologis concionatoribus necessariae sunt, aliqua tradere precepta. Vtinam sic Latinam etiam, vel Graecam linguam, atque adeò Grammaticam ipsam, cunctis notam facere possem. Cur enim, vel si doctissim' ego Theologus essem, non me ad haec leuiora, proximorum vtilitate commotus, demitterem?

Iam verò si Promptuaria tanquam inutilia damnēt illi, qui non sunt in habendis concionibus exercitati; meminerint illius antiqui adagij: *Dulce bellum inexpertis*. Etenim qui frequenter cōcionari solent (praesertim si in eadem vrbe per multos annos commorentur) ij sunt qui intelligunt, quatùm insit in promptuarijs adiumenti, atque praesidij. Sed si alij appellent me tanquam malum debitorem, quòd breuia quaedam tantum modo promptuariorum initia tradiderim: his ego imprimis meam fateor tenuitatem, & inopiam; deinde etiam adijcio, mihi tantum tēporis non fuisse, quantum huic operi absoluendo erat necessarium. Sed & aliud est praeterea quod leuiorem hāc meam culpam facit: scilicet, quòd promptuariorum haec est natura, vt extremam manum non admittant; quinimo nouam semper recipiant accessionē. Futurum autem est vtilius, initia tantùm eorum commonstrasse, & id totum, quod reliquum est operis, singulis concionari volentibus praetermisisse; cùm ea quae proprio sibi quisq. labore parat,

X

DE SACRA RATIONE

v: virum p..u decet, agamus. ..

Solemus etiam aliquando auditorum vitia dissimulare, aut certè ita remisse, & leniter reprehendere, vt satius quidem futurum esset, si omninò taceremus.

Aliquando etiam ipsi nos laudamus; nostras cogitationes, aut meditationes, non antea vsquam auditas, aut lectas, sed nouas esse proferentes, indéque nobis attentionem conciliare conantes.

Præterea nonnumquam Hæreticorum acsudtorū nomina in cōcionibus frequētius, quàm par est, repetimus, vel auditoribus plusiusto infidelitatem comminamur.

Ad hæc, spiritalia quæ ii grauia, & apud viros sanctos subtilia negligimus; & quæ pia, & acuta in scriptura, & in Sanctis ipsis sunt, pretermittimus, vel obscurè tantùm, ac ieiunè tractamus; dum ijs solùm, quæ ab scholasticis, aut alijs similibus auctoribus traduntur, sumus intenti.

Ferocia potiùs, quàm testimonijs, aut rationum vi aduersus peccata sæpè insurgimus.

Digressiones interponimus nimis longas, atq. præter missis illis, quæ tamquam rei præsentis propria excogitauimus, ad alia quæ se nobis aliunde offerunt, transimus; quibus asserendis neq. testimonia suppetunt, neque rationes, neque aliud deniq. quidquam ex ijs, quibus persuaderi homines solent.

Nonnumquam tardè, ac lentè nimis agimus: nonnumquam verò nimis concitatè.

Vocem quandoque nimis extollimus, quandoque verò remittimus: quorum alterum aures offendit, alterum verò nec attingit quidem.

Indecorè sæpe agimus, atq. immodestè, vt pyrricharios vel gladiatores referre videamur.

Vociferamur abs re sæpissimè: quippe, quia vel vehementiorē vocis sonum materia de qua tractamus non exposcit; vel si ex poscat, tamen Stentorea quædam vocabitas, qua vtimur, nulli est omninò materiæ accommodata.

Exordia sæpe facimus breuissima, sæpe prolixiora.

Narra

CONCIONANDI LIB. VIII. 309

In narratione vagamur, neq; distincte, perspicue, atque apta cum ratione id de quo sumus dicturi proponimus. Confirmationes facimus parùm efficaces: Confutationesq́; item infirmas, ac imbecillas.

In Epilogis, cùm prolixiores quàm par est, simus; tamen solùm quæ dicta sunt repetimus, nihiĺque auditorum animos cō mouemus.

Immoramur in manifestis; vt difficilioribus, & necessarioribus integrè explicandis locus reliquus non sit.

Nonnumquam eo vocis modulamine, ac veluti canore vtimur, vt non quidem concionari, sed aliquam canere cantilenā videamur.

Euangelium non ad populi vtilitatem, sed ad eruditionis nostræ, si qua est, ostentationem exponimus.

Sæpe quodam pio zelo commoti, eadem in vna, eademq́, cōcione inepte refricamus: sæpe autem contra, nostræ laudi inseruientes, cùm idem repetere oporteat, facere id erubescimus, ne ab auditoribus vitio nobis detur.

Nonnumquam ipsi, nosmet prædicamus; verbumq́. Dei, vt B. Paul. ait, adulteramur.

Ceterùm quis est, qui possit omnia, quæ in concionatoribus deprehendi possunt vitia, oratione complecti?

Præstat ergo iam, vt his omissis, ad ea tradenda cōsilia, quibus hæc vitia declinari possint, sermonem couertamus. Nam ex ijs, quę diximus, queq́; dicenda restant, quæq́. à suis vniuscuiusque amicis admoneri potest, non erit ei difficile, vitia, si quæ inter concionandum admittere solet, animaduertere.

Igitur primùm in genere constituimus, ea vitia, in quæ cōcionantes labimur, magna ex parte inde existere, quòd corde non simus satis mundo, ac mortificato; vel corpore non satis macerato; vel animo neq; piæ lectioni, neque sanctæ orationi verè & omnino dedito; vel quòd eam orationem, quæ ante excogitandam, & componendam concionem necessaria est, prætermittimus, ac illa quæ in superioribus de tota hac re tradita sūt ut præcepta contemnimus; vel quòd plura, quàm par

V 3 sit

sit, dicere conamur, neq. ijs potissimùm contendi sumus, quæ futura videntur vtiliora.

Hoc constituto, erit veluti summum quoddam consilium, vt ea præstentur omnia, quæ, cum christiani concionatoris vita, studijs, & exercitationibus conueniât: quod & toto hoc nostro opere millies repetimus, & adhuc etiam, atque etiam repetere non grauamur; nimirum; vt ne id nobis excidat, quod toties, & tanto cum animi affectu identidem commendatur.

Præterea sit secundum salutare consilium: eo præsertim die, quo concionaturi sumus, silentium seruare; & ab omni humana occupatione ante cōcionem abstinere; atq. ea tantùm quæ dicturi sumus, meditari: item ad Templum congruo tempore, cum oculorum, totiusq. corporis modesto, humili, & graui quodam habitu accedere: & demum, ante concionem Sacrũ facere, it a vt paulò ante concionem absoluto Sacro, Christum Dominum intra pectus habentes, eiusq. præsentia accēsi, nihil tò aptiùs, & vehementiùs concionemur.

Aliud consilium multiplex est, hęcq. maximè capita complectitur. Sit concionator in loquendo cautus, & modestus. Cautus quidem, ita vt si verba profert non nihil ambigua, quę ad prauum possint sensum detorqueri; illa explicet, sensumque catholicum amplectatur, impium verò reijciat. Modestiã verò, & in vocis sono, & in corporis situ, & motu, & in modo dicendi seruare debet: miserationemque potiùs, quàm rigorem præseferre; ac rationibus magis innitens, quàm nimis concitatus, ac veluti furore quodam, & iracundia percitus, peccata reprehendere. Nam etsi scimus Christum Dominum in Pharisæos acriter inuectum fuisse: tamen nullus credet, cùm Ipse id faceret, aliquam prætetulisse iracundiæ, aut vindictæ speciem; quinimo præ dolore nimio ex Pharisæorum cæcitate suscepto, in acria illa verba prorupisse. Quod vel ex eo apparet, quod voce illa, *Væ*, dolorem significante, sæpe vtitur. Decet verò Christianum concionatorem, cùm de peccatoribus verba facit, se in eorum etiam numerum referre; cùm verò de verò de sanctis, & iustis, in tertia persona loqui: hec enim sancta humilitas populum ædificat.

Deinde conducit maxime, inter concionandum, publicè pro auditoribus orare: videlicet vel ad Dominum, vel ad sacram Virginem, vel ad Angelos, ac Sanctos or;tione 'conuersa: item que cælum ipsum quandoque, & terram in testes appellare. Ad hæc mouere solet maxime, epiphonematis, atque exclamationibus (parcè tamen, & non sine modo) vti. Tũ oportet prudenter exordiola, transitiones, & epilogos interponere: ita tamen, vt caucamus, ne eadem repetentes, prolixi videamur. Nam etsi repetere eadem, sæpe auditorum vtilitas cogit: tamen alio atque alio vocis sono, aliisque verbis, & nonnulla etiam facta additione, id est faciendum.

Præterea conuenit obsecrare auditores, vt quæ dicimus beneuoli excipiant: itemque vt pro nobis Dominum precentur, quò vtilius ipsis diuinum verbum exponamus.

Vtile est etiam exempla nostræ ætatis in medium adducere: hæc enim, vt quæ sensibus patent, multò se magis cordibus insinuant, & auditores multò magis mouent.

Hyperbolis parcissimè, & cautè est vtendum.

Res creditu difficiles, aut grauissimæ, nunquam (vt alio admonui loco) absque testimonio proferendæ.

Vtile est sæpe ea quæ dicimus attemperare his vocibus: quodammodo, quadatenus, vt vulgo dici solet. Alioqui enim, quæ dicimus, sunt sæpe calumnijs multorum, præsertim improborum, exposita.

Si vehementiori aliquo impetu feraris: contine te, & aposiopesi vtere: quæ est dicendi ratio vtilissima, & efficacissima. Quare iterum, atque iterum cam omnibus commenda tam velim: sed ijs maximè, qui ardentiori zelo flagrant. Nam vbi exardescunt vehementius, multa illis è memoria excidunt, multa prætermittuntur vtilia, alia vero dicuntur, quæ dixisse nihil oportebat.

Vtile est inter concionandum alloqui aliquãdo Deum, vel sacram virginem, vel Angelos, vel Sanctos, hominesque omnis gratulari. Quam ad vtramq. rem cófert referre verba exipsa Scriptura sacra petita, quibus peccatorum maledictiones, & probra, atque iustorum benedictiones, & laudes continentur.

In testimonijs, & similitudinibus afferendis, cauere concionator debet, ne sit nimis multus. Quòd vero attinet ad testimonia, aliqua sunt sermone latino proponenda, plura verò sermone vernaculo declaranda: item aliquod ex ijs accuratè ex pendendum, cetera obiter, & succintè, sed integrè, & clarè enarranda, summis tantùm capitibus indicatis. Est verò vtile, loca ex quibus testimonia sunt petita, notare.

Similia verò ne sint nimis velalta, vel infima; sed mediocria. Itemq. neque latè nimis, neq nimis breuiter explicētur.

Phrasis propria sit, pura, & nitida, neque affectata. Nam vt sermo rusticus, sic tumidus, grandis, & omninò quibuslibet oratorijs flosculis aspersus, dedecet concionatorem. Quare si naturâ vel arte is eloquens sit, sequatur ductum naturæ, ita tamē vt sibi ab affectatione caueat: si verò est rusticus, ex Sanctorum simul, ac doctorum hominum imitatione suum emēdare vitium conetur.

Nolit concionator vnquam phrasim, aut actionem propriam in alienam mutare. Si enim Ieremias proprium omitteret spiritum, & Esaiæ vellet fieri persimilis; neque terreret, neque alliceret. Retineat ergo vnusquisque quod à Domino accepit: neque si ad mediocrem concionandi modum vocatus est, credat se posse, vlla humana industria, ad summum peruenire. Non enim id litteræ præstant, non ars vlla humana; sed sola vocatio diuina. Quare neque illi quidquam perficient vnquam, qui si alienas conciones memoriæ mandauerint, vt tamquam suas proferant; putant se maximos concionatores euasuros. Hi enim non minùs ineptè faciunt, quàm qui exiguo corpori magnas aliquas vestes accomodant. Quamquam non eò hæc à me dicuntur, quòd in concionandi munere, imitationem plurimùm valere negem.

Consilia hæc omnia eo spectant, ut rectè concionator. dicat,

cat, neque vel in actione, vel in oratione quidquam admittat tanto munere indignum. Sed his omnibus alia sunt addenda, quorum est vtilitas ad omnia concionatoris obeunda munera non mediocris.

Primùm igitur fingere sibi debet semper, & vbique, concionator, omnis generis auditores, suæ concioni interesse: scilicet calumniatores, ac seueros iudices, illosque acutos, & doctos; atque adeo fortè nonnullos hæreticos occultos: item ex viris pijs permultos, vel incipientes, vel proficientes, vel in spiritu exercitatos: alios etiam, qui pulchra, & acuta audire cupiunt; nonnullos rudes, quos necesse est erudire: alios maleuolos, qui omnia quæ audiunt solent in deteriorem partem interpretari: quosdam qui sæpe eius concionibus inter fuerunt, alios, qui nunquam eum audierint concionantem. Quod vbi secum imprimis cōstituerit: eam animo rationem inibit, vt omnibus, quoad facere possit, satisfaciat. Præterea existimabit Deum ipsum adesse, & multos Angelos; itemque malos spiritus, qui illum obseruent. Sic enim fiet, vt coram Deo reuerenter agens, & ab inimicis sibi cauens, circuspectè procedat.

Si quando accidat, vt quæ iam alias dixit, sint ei aliqua ex caussa repetenda: peruadere sibi debet, adesse multos, qui eadem illa iam ab eo audierint; itaque debet cauere, ne illis molestus, aut prolixus videatur. Sed & curare etiam debet, ne dum ab hac sibi auditorum molestia timet, sit præ nimia breuitate obscurus.

De periculis quæ inter concionandum imminent concionatoribus.

INcommoda quæ concionatoribus nonumquam accidunt, hæc sunt. Sæpe contingit, vt vel concionatorem fessum vox deficiat; vel non ei Dominus adspiret; vel non tantum suppetat temporis, quantum est necessarium, ad omnia, quæ excogitata

cogitata sunt persequenda: ex quibus fit, vt excogitatus Epilogus non satis cum ijs quæ dicta sunt, conueniat. Sed vbi id accidat; possumus mutato voci sono, ea quæ prætermittere cogimur, breuiter, & sumatim percensere: iisque demum ex cogitatum addere Epilogum. Veluti in hunc modum. Hæc dicenda erant, Auditores, vt propositæ rei rationem totam intelligeretis: sed quando omnia explicare tempus non sinit, satis nunc fuerit insinuasse; dummodo vos ea cordibus excipiatis, & operibus præstetis. Quare obsecro vos. &c. Sed meminerit concionator, vbi hæc impendent discrimina, magno si bi adiumēto futurum, si Deum, quem sibi (vt superius monui mus) præsentem constituere debet, intentis animi oculis intueatur, & ab eo auxilium petat, quo, ad eius gloriam possit rectè absoluere concionem.

Hoc eodem vti debet adiumento, cùm viderit se, præ corporis defatigatione, nec memoria esse satis firma, nec prompto satis ingenio, præsertim si hoc inde proueniat, quòd nego cijs, & occupationibus distractus, non potuit concionē satis præmeditari, vel ex negligentia, & infrequentia concionandi, factus est quodammodo inhabilis. Tunc enim petere à Domino debet veniam, & misericordiam. Vtetur autem etiam hoc remedio antequam ad ipsam concionem accedat, curans Dominum aliqua poenitentia, seu maceratione corporis, atque aliquibus misericordiæ operibus placare, spirituque principali ab eo confirmari. Quibus suam adiunget diligentiam, accuratè concionem excogitans, eamque vel totam, vel præcipua, & difficiliora capita conscribens, & mente volutans.

Hac igitur nos ratione, pericula, quæ nobis aliquando impenderunt, vitare Deo fauente potuimus.

Sed si appellatus, atque inuocatus Dominus in hisce periculis non videatur nobis præsto esse; sed vt amicos velle nos probare; patienter id feramus; eumque cum gratiarum actione benedicamus, & laudemus: nam post hanc humiliationem (quæ inter graues, grauissima est) exaltabit nos ipse, atque insperato aliquando fructu munerabitur. Sed si puniens, vt pa-

DE SACRO RATIONE
ter, commissa à nobis peccata, videatur nos derelinquere, humiliemus ipsi nos, culpam fateamur nostram, agamus poenitentiã, corrigamus mores, & si opus fuerit, recipientes nos in solitudinem, à prædicatione per aliquod temporis spacium abstineamus, donec propitium iam Dominũ promeruimus. Hæc habui, quæ concionatoribus traderem, in ipsis habendis concionibus obseruãda.

Cap. VI. Qua, per acta concione, obseruaturus concionator sit.

Lia huius instituti pars sequitur. In qua admonemus primùm cõcionatorē, ne peracta cõcione, statĩ é suggestu descẽdat, si modò id liceat per corporis valetudinē: quin mò ibi manēs, ꝙ reliquũ est Missę audiat, & Dominũ oret, vt ꝙ disseminatũ est verbũ, penetret in auditorũ viscera, altissimasꝗ radices agat, & copiosissimum fructum ferat. Quod si concionator facit, circunstantem etiam populum eo ædificabit exemplo. Sed si hoc valetudo non permittit, maneat nihilominus vel tantillùm in suggestu: & inde silens, modestus, & humilis, nullamꝗ gloriolę speciem præseferens, recedat. Toro verò eo die (si fieri potest) domi se contineat, nisi egrediẽdum fortè sit aliquam ob rem necessariam, & Deo specialiter gratam. Dum verò domi manet, salutantes, atque inuisentes, benignè excipiat, & christianis moribus instituat; semper, pro temporis, & aliarum circunstantiarum ratione, prudenter concionatorem agens. Item orationi vacet, atq. adeò lachrymas fundat: nimirum id quod seminauit verbum irrigãs. Quòd si serotina hora concionari expediat, idꝗ. sine salutis iactura præstari possit, in cibo, & potu temperantiam adhibeat, & in silentio, solitudine, & quiete manens, operi se præparet venturo. Oportet quippe populum intelligere, lectioni conciona torem, & orationi vacare; & non aliunde, quàm ab ipso Deo, ea quæ docet, accipere. Hæc enim si in eo auditores animaduertũt, atque simul eius sermoni mores (vt sæpius dictum est
conso-)

contribuere videnter, fiet, vt quam doctrinam prædicat magnificiant, atque amplectantur.

Cap. VII. De Concionatoris exercitationibus.

IN hac vltima parte, in qua dicturi sum, quæ deceat concionatorem Euangelicum exercitationes, primùm constituimus, ita illum debere erga publicam rem esse animatum, vt non solùm propriæ virtutis conscientia contentus sit, sed de proximorum etiam vtilitate spirituali, & corporali laboret. Itaque quamuis cauendum est ei, ne omnibus se immiscere negocijs videatur: tamen cùm publicæ rei curam habere debeat antiquissimam, agere cum ijs debet qui Reipub. malis mederi possunt, de ijs rebus, quæ vel ad Xenodochia spectant, vel ad Orphanotrophia; vel ad Ptochotrophia, aliáue huiusmodi, vel pauperes carcerib' eximendos, vel ad fœminas, quæ ex vitæ sordibus, ad meliorem frugem reduci volunt, honestè recipiendas. Quòd si his omnib' in ciuitate, opportuno aliquo remedio publicè cõstituto, non consulitur; concionatoris erunt partes, curare, vt id fiat. Quod certè faciet is diligenter, si sæpe ei in memoriam vene Christi Domini, qui ex datis sibi eleemosynis, pauperibus sub ueniebat; atque etiam Beati Pauli, qui docuit nos concionatores, vt pauperum memores simus, quique ipse coactam à se eleemosynam ex longinquis Regionibus ad Hierosolymitanos Christi discipulos attulit. Igitur nullum opus misericordiæ publicum, vel priuatum est à concionatore omittendum: immò ita sedulò omnia præstanda, vt ad eos qui aliquo labore præmuntur subleuandos, sæpe Gubernatores, ac Patres Reipub. Principésq́. ac Reges ipsos adeat: ita tamen, vt neque lectionis, vel orationis quidquam prætermittat, neque plus iusto solicitus, aut importunus ijs cum quibus egerit, videatur.

Denum vt ijs quæ diximus colophonem, & quasi summam omnia complectentem adiungamus, meminerit cõcionator, missum se esse tamquã agnũ inter lupos; atq. esse debere prudentem.

DE SACRA RATIONE·

dentem vt serpentem, simplicem verò vt columbam. Quare Chistum crucifixum, vt propriũ sibi scopum proponat, eiusq́. honorem, & gloriam, populiq́. ædificationem totis viribus procuret. Quòd si hoc animo futus° nõ est; relinquat, obsecro alijs concionandi prouinciam: etenim non prodesse, quàm obesse, minus est malum.·

Hæc habui quæ toto hoc libro Octauo, ac vltimo, de concionandi vsu scriberem, cùm ex nostris, tum etiam ex aliorum concionatorum experimentis deprehensa. Quæ quamuis nõ dubito, quin superuacanea, aut grauia nimis aliqui iudicent; vt pote quibus nihil aliud curæ est, quàm pulchram memoriæ commēdare concionem, eamq́ue, vti facere solent in scholis pueri, publicè recitare: tamen nos illis consulimus, qui Christi Iesu amorem, & obsequium, vt finem sibi, & scopum, in quem sua òmnia dirigantur, proposuerunt.

Totius Operis peroratio.

Vidquid in toto hoc opere, nulli labori parcens, assequi, Deo adiuuēte potui, id tuæ, carissime Lector, vtilitati, nõ meo nomini cõsulēs, ĩ lucē proferre decreui. Faxit pijssimus ille, qui & Magister, & Dñs, & Deus noster est, Iesus Christus, vt ex hoc labore, magna illa gloria, tibi verò emolumentum non mediocre obueniat. Tu ergo, si concionatoris scopum, officia, & materiam; si excogitandi, & disponendi artem, atque exornandi etiam aliqualem cognitionem, itemque concionis recitandæ, ac memoriæ inuandæ modum; si alia quædam peculiaria concionatoris instrumenta; si copiosam materiæ suppellectilem; si denique concionandi vsum tenere cupis: id totum ex ijs, quæ pro nostrarum virium exiguitate, cùm ex nostris, tum ex alienis experimētis tradimus, poteris deprehendere. Neque verò, si quicquam hac in re de te benemeriti sumus, aliam gratiarum actionem desideramus, quàm vt quamcũque ex nostro hoc opere vtilitatem ceperis, Christo Iesu acceptam referas; atque in ædificandis proximis, cetera omnia post habens, neque vilis sæcularibus negocijs te immiscens

CONCIONANDI. LIB. VIII 319

immisceens, omnes ingenij & industriæ tuæ neruos cõtendas. Precipit enim tibi ille viuorum, ac mortuorum iudex Christus Iesus, vt eas, & fructu afferas; vt prædices opportunè, & importunè; vt arguas, obsecres, increpes in omni patientia; & doctrina; vt proximis exemplo sis, vt denique Christi Iesu ministrum te diligentem, atque mysteriorum eius fidelem dispensatorem ostendas, Christianoque populo tritici mensurã in Christi nomine tribuas.

Non autem sine Dei munere factum est, vt quo tempore huius optiæ editionem cogitabam, ne vota nostra felici exitu fraudarentur, præclarus ille, & verè aureus liber (cui titulus est Instructiones Prædicationis verbi Dei) editus nuper iussu persancti, & doctissimi viri Caroli S. R. E. tituli sanctæ Praxedis Cardinalis, in meas manus venerit. Statim enim atque illum vidi, ingentes Domino gratias egi, quod tam præclarum mihi opus obtulisset, vt scilicet eo, meum hoc rude, atque impolitum, tanquam auro ferrum, decorarem. Curaui igitur illud hoc loco adnectere, vt ex quæ à nobis dicta sunt, videre sta-
· ti ni possit Lector tanti viri auctoritate confirmata, & alia multò plura, maiorisque momenti discat, ex quibus plurimum ci vtilitatis ad concionandi vsum accedet. Docetur enim ibi, qua lis esse debeat concionatoris vita, qualis doctrina, qualis ad concionandum præparatio, simulque concionum materia iuxta circunstantias omnes designatur, vt tædere iam neminē debeat nostrarum opinionum, quandoquidem sunt tam præstantis viri doctrinæ persimiles. Accipe igitur Lector has omnes elucubrationes, quæ in tui gratiam, diuino adspirante numine, in lucem prodeunt, easque (si concionatoris munus in Christi gloriam, in tuam vtilitatem, & proximorum ædificationem obire cupis) attentè consule, studiosè euolue, tuisque vsibus acommoda.

Finis totius Operis.

Excusatio

Excusatio Auctoris, ac veluti Apologia, ad eos qui in hoc opere aliquid reprehensione dignum iudicauerint.

ETSI non dubito futurum, vt ex ijs præsertim, qui me de sacra ratione concionandi è Cathedra docerem audierunt, quique me de facie norunt, meumque ingenium, ac naturam perspectam habent, multi meum hunc laborem probent: tamen existimo futuros esse permultos, quibus plura in hoc opere reprehensione digna videantur. Quidam enim phrasim, ac dictionem simplicem & inornatam reprehendent: quidam multa me ex humanis artibus petita immiscuisse conquerentbr: nonnulli aduersus Promptuaria clamabūt, vel superuacanea illa iudicantes, vel (vt sunt varia hominum ingenia) perfecta, & absoluta potiùs requirentes: plerique nimiam eiusdem rei in pluribus locis re petitionem fastidibunt. multi conciones, vt indoctas, & nullo perfectas ingenio contemnent: aliqui denique hoc mihi superbiæ adscribēt, quòd post tot à viris clarissimis edita de hoc argumento volumina, ausus sim ego omnium minimus hoc emittere foras. His ergo omnibus nunc ideo satisfaciendum censeo, ne vllus in me scandalizetur. Ego enim (infallor) nō philautia adductus pro me nunc certo, sed caritate commot⁹ consilij mei rationem lectoribus exponō.

Primùm ergo generatim, non solùm eos, qui hunc librum, sed eos etiam, qui alium quemlibet ex meis legerint, monitos volo, me ab amicis neque indoctis, neque imprudentiōus im pulsum omnino fuisse ad scribendum. Quod cùm ita sit: mirari nemo debet, quòd ijs potiùs crediderim, quàm aliorum iudicia formidarim. Nam cùm nihil sit in rebus humanis cer tum, nihil non in varijs hominum controuersijs, ac opinioni bus positum: non est, quòd vnam magis quàm aliam sequi opinionem cogar.

Sed vt de toto hoc genere iam speciatim disseram; prim ùm quod attinet ad phrasim, eo sum à Domino affect⁹ beneficio, vt orationis elegantia, & splēdore non capiar: non quod elo quentiam

quentiam damnem, vel paruifaciam, sed quòd mediocritate quadam contentus, perspicuè magis, quam comptè loqui nitor; quippe quia mihi iam diu persuasi, in maiori verborum exilitate, maiores fortassè ad proximorum ædificationē latere thesauros.

Deinde, vt ad obiectionē aliam, quæ facilior est, accedam: cùm videam hodie, à Theologis nostris (qui se totos ad scrupulosas quasdam, quas vocant scholasticas, disputationes conuerterunt) veram Dialecticam, quæ in inueniendo, & disponendo est posita, penitus exsibilari; Rhetoricam autem, vt peregrinam reijci; ac tandem Poëticæ nec nomen quidem in eorum scholis audiri: conatus sum, harum artium, quæ haud dubiè Theologis concionatoribus necessariæ sunt, aliqua tradere præcepta. Vtinam sic Latinam etiam, vel Græcam linguam, atque adeò Grammaticam ipsam, cunctis notam facere possem. Cur enim, vel si doctissim' ego Theologus essem, non me ad hæc leuiora, proximorum vtilitate commotus, demitterem?

Iam verò si Promptuaria tanquam inutilia damnēt illi, qui non sunt in habendis concionibus exercitati; meminerint illius antiqui adagij: *Dulce bellum inexpertis*. Etenim qui frequenter cōcionari solent (præsertim si in eadem vrbe permultos annos commorentur) ij sunt qui intelligunt, quātùm insit in promptuarijs adiumenti, atque præsidij. Sed si alij appellent me tanquam malum debitorem, quòd breuia quædam tantummodo promptuariorum initia tradiderim: his ego imprimis meam fateor tenuitatem, & inopiam; deinde etiam adijcio, mihi tantum tēporis non fuisse, quantum huic operi absoluendo erat necessarium. Sed & aliud est præterea quod leuiorem hāc meam culpam facit: scilicet, quòd prom ptuariorum hæc est natura, vt extremam manum non admit tant; quinimo nouam semper recipiant accessionē. Futurum autem est vtilius, initia tantùm eorum commonstrasse, & id totum, quod reliquum est operis, singulis concionari volentibus prætermisisse; cùm ea quæ proprio sibi quisq. labore parat,

X

DE SACRA RATIONE

rat, firmiùs hæreant memoriæ, & perfectiùs intelligantur.

Superfluæ autem repetitionis vitium, quod mihi opponi solet, hanc habet excusationem: quòd ea, quæ me penè obrunt negocia, subcissimis me tantùm horis scribere permittunt: quo sæpe fit, vt multa iam alio loco dicta, quæ propter temporis intercapedinem mihi exciderunt, inutiliter repetã. Cui & hoc accedit, quòd cùm in schola publicè rationem concionandi docerē, reuersus domũ, singulis diebus, ea quę auditoribus prę legeram, scripsi: vnde accidit, vt cùm sæpe (methodo doctrinę, vel etiam prudentiæ id efflagitante) eadem varijs in locis eisdē auditoribus proposuerim, hinc non potuerim in libri scriptione repetitionem vitare. Sed fateor præterea, hūc scribendi modũ mihi nunquã displicuisse: quem nõ solùm à sacris scripturis, sanctisque Patribus non esse alienum comperi, sed neque ab ipso Aristotele, qui diuersis in locis eadem sępe solet iterare. Quid enim est incõmodi, si quod ad exactã singularũ rerũ cognitionē cũducit, quodq́ memoriã iuuat, & laborē alia loca inuestigandi minuit, mutatis verbis, & mutata methodo, breuiter repetatur? Si cui superuacaneũ hoc videtur, id omittet: si cui verò vtile, legat. Quò fiet, vt non possit vllus molesta hanc appellare repetitionem; cùm possit quicumque velit, superflua præmittens, ad vlteriora transire. Sed si quis dicat, hanc repetitionem non decere viros doctos: is intelligat, eum cui proposita est lectorum vtilitas, hoc tantùm fructu esse contentum. V tinam tractatum alium de ratione intelligendi, interpretandi, & amplificandi sacram Scripturam, quem auditoribus etiam meis in Schola prælegi, in lucem edere possem: certè non puderet me, illa quæ de inuentione, & Dispositione in hoc opere scripsi, ibi repetere; quæ quidem propter auditorum recens aduentantium vtilitatem, coactus sum cùm prælegerem iterare. Quòd si quis, ad huc me vrgeat, conferat totam hanc culpam in ignorantiam meam, & senilem prolixitatem: huic ego non resistam: orabo tamen eum, vt mihi ignoscat, & intelligat, si non acutis, & doctis, at ijs qui medio-

cri va-

CONCIONANDI. LIB.VIII.

cui valent ingenio, meam hanc vtilem esse posse repetitionem. Ego enim ita mecum statui: nequaquam me ad res magnas, sed ad tenues, & humiles vocatum esse à Deo; si modo vocatus sum.

Nunc vt ad conciones accedamus, illæ quidem à me non so lent haberi, vt ab alijs magni nominis concionatoribus, doctissimę, acutissimæ, multisq́; similiū, & allegationum millibus stipatæ, non item elegantes, & comptæ, neq. omni ex parte Rhetorum statera appensæ: at, quæ (Christo Iesu gratia) doctrinam contineāt piam, catholicam, solidam, ex Euanegelij scilicet visceribus exortam, simplicibusq́ue cordibus accomodadatam.

Tandem commodam habet responsionem obiectio vltima, de alijs huius argumenti operibus, quæ aliqui ante me viri doctissimi conscripserunt. Sunt enim illa præstantis ingenij, ac perspicacis iudicij lectoribus accommodata, hoc verò meū, alijs humilioribus, & minùs doctis aptum: quibus vtile (in fallor) erit, non modò ad concionandum, sed etiam ad exomologeses audiendas, atque adeò ad omne gens disputationis.

Sed iam in nobis defendendis plùs fortasse quàm docuit sumus immorati.

Auctoris Responsum de Concionandi ratione, roganti cuidam Concionatori datum.

Berit nihil, immò proderit maximè, adiūgere hoc loco, veluti in modū sumæ, responsū quoddā, q̃ memini me dedisse pio cuidā viro, atq. in cōcionādi munere laudabiliter quidē exercitato. Is enim (vt erat sin gulari præditus humilitate) petijt à me, vt aliqua sibi consilia

X 2 præscri-

DE SACRO RATIONE

præscriberem,quibus adiutus Verbum Dei prædicare commodiùs posset. Quam ego petitionem,cùm ex corde quodā, sanctā humilitate imbuto,atque diuina caritate accenso, profectā esse viderē:coactus sum,viro alioqui perito, à quo me discere satiùs fuisset,hæc tradere consilia,partim ab alijs accepta, partim à me ipso proprijs experimentis deprehensa.

Primum igitur statuere secum concionator debet, se ad concionandi munus à Deo esse vocatum. Quomodo enim prædicabit,nisi(vt B.Paul.ait)à Deo mittatur?

Præterea vitam debet agere concionatore dignam. Quemodo enim arbor mala,fructus bonos faciet? Certè qui docuerit,& non fecerit,hic minimus vocabitur in regno cœlorū: tantum q. aberit vt perficiat quidquam,vt potiùs contemnendi Verbi Dei cauſſam sit daturus.

Debet item concionator non quærere quæ sua sunt:sed quę Christo gloriæ,proximis autem vtilitati sint futura : alioqui enim(vt inquit B.Paul.)Verbum Dei adulterabit.

Debet esse præterea ad sustinendas quaslibet iniurias paratus:quippe cum veluti agnus inter lupos mittatur,modò hāc, modò illam acerbitatem perpessurus:adeò,vt si aliter illi cōtingat,videri possit,nō euāgelicè prorsùs ipsū euāgeliū prędicare.

Deinde habere debet sibi maximè persuasum,in sapiētia humana non esse confidendum:ne scilicet Christi crux euacuetur. Non enim ex humanæ sapientiæ vi,sed ex diuino spiritu,atque virtute,prædicationis fructum licet expectare. Verba siquidem grauia,solida,atque sincēra,ex intimis præcordijs,vnà cum Dei spiritu erumpentia:hæc sunt veluti sagittę potentis acutę,qnæ vt à corde proficiscuntur,ita ad vltimos vsque cordium recessus penetrant.

Consueueuisse etiā eum oportet,singulis diebus caput aliquod ex sacris litteris,præsertim ex B.Paul.aut etiam ex Prophetis,sibi priuatim explicare:vt ita diuinum sensum , & phrasim imbibat.

Pręterea aliquem ex sanctis Patribus sibi potissimùm eligere debet in magistrum,quē semper ob oculos habeat, cuius scripta num.

pta numquam è manibus deponat,quem denique imitari nitatur. Non enim in oratione solùm, a'ijsque huiusmodi pijs exercitationibus, sed in sacra etiam lectione debet esse versatus, vt bonum è corde verbum eructet.

His ergo præsidijs munitus concionator, vbi concionem aliquã erit habiturus, contendat à Domino, peculiari quadam (præter ordinariam) adhibita oratione, vt & res, & phrasim, & modum, atque ordinem concionis illi inspiret. Deinde ex Patribus sanctis, vel interpretibus doctis, & pijs, aliquem præsertim consulat, notans tamen simul quæ illi Dominus inspirauerit. Eum enim (vt diximus) intenta consideratione consulere imprimis debet, vt ab eo accipiat, quæ pro præsenti tempore, & pro alijs circunstantijs, futura sint auditoribus vtiliora. Hoc enī si fecerit, sperare decet, Dominū illi haud dubiè affuturū.

Præterea, si qd̃od, inproposito Euāgelio, Fidei dogma cõtinea tur, si qua virtus cõmẽdetur, si quod reprehẽdatur vitiū, si qua de Sacramẽto, ritu q̃ aliquo Ecclesiæ tradatur doctrina; si quis denique locus communis inducatur, in quirere debet diligenter, quæ figuræ, quæ similia, quę ex B. Paulo, aut ex Prophetis testimonia, in ipsum Euangelium aptè conueniant.

Si exordiū ex Euãgelio ipso, vel ex Epistolo, vel ex alia Officij diuini parte sumere possit, erit illud quidè & vtile, & iucũdũ. Sin minùs, cõmune faciet exordiũ; dũmodò statui statibusúe cõcionis illud accomodet. Petere vero exordium petes à te stimonio, à figura, à simili. Quòd si breuem ipsius Euangelij enarrationẽ (vt fieri solet) exordij loco preponat, addere debet in fine, quę sint el, ex toto illo Euangelio, explicanda; quantãq̃ & vtilitatem, & difficultatem contineãt: cui tamen addere debet, si auditores attenti adfuerint, & à Domino gratiam postu lauerint, futura omnia esse intellectũ facilia.

Si vnus sit concionis status, ab imis principijs ducendus est. Vbi in Euangelio miraculum contineturtid totum ad ægritudinis spiritalis curationem est traducendum. Est verò in hoc, methodus communis, & iam satis nota: ostendere qualis ægritudo illa sit, itemq̃ ægritudinis caussas, effecta, signa, & remedia

perse

DE SACRA RATIONE
persequi.

Talis ergo futura est concio. Quam vbi præmeditat' sic fuerit concionator, rursus spiritum ad ea quę excogitauit tractanda petat à Domino; libros'q, etiam, si opus fuerit, reuoluat. Non debet concionator aut verborum splēdorem, aut subtilia, & arguta, vel etiam denota (vt dici solet) quædam dicta affectare: sed doctrinæ solidæ, sinceræ, graui, atque com di uinis præceptis, & consilijs maximè cōsentaneę, totus incumbere. Equidem non omninò ea quæ pulchra, & subtilia sunt, reijcio: sicuti neq. Rhetoricæ, ac Dialecticæ vsum damno: sed modum in his esse adhibendum censeo. Omnis enim aut verborum, aut sententiarum splendor, rapit auditorum animos, & à rerum ipsarum, quæ prædicantur, consideratione abducit. Quantumuis enim mundus obganniat, & obijciat nobis, alliciendos esse huiusmodi lenocinijs homines, vt verbum Dei concupiscant: audiendus certè non est: cùm experimenta doceant, his blandimentis auditores ita capi, vt in ijs tantùm, nihil amplius attendentes, acquiescant. Quare ita se comparet concionator, vt & in rebus, & in vocibus, ipsam Scripturam sacram, quoad possit, sanctósque Ecclesiæ Doctores referat, atq. exprimat: nimirum pondus, grauitatē, & sinceritatem, non autem vllomodo venustatē affectans. Non enim licet nobis mundo iam senescente, prædicationis modū mutare; quem exante mille, & quadringentos annos retinet Ecclesia; quemque & scriptura docet; & Sancti omnes suo exemplo suadent; & nascentium nunc Sanctarum Religionum vsus, viriq́. omnes pij, & humiles retinent; & sancta denique Tridentina Synodus commendat. Quid enim? Plus apud nos poterit leuissimorum quorundam, & superborum hominum exemplum, quàm sancta, & apostolica auctoritas? Non est discipul' supra magistrum, neq. legatus est maior eo, à quo missus est. Quare Christi Iesu, atque discipulorum eius doctrinam, & phrasim imitemur: præsertim verò D. Pauli, quem seminiuerbium (hoc est frequenter verbum Dei seminante) non tamē in verbi sapiētia loquentē homines incusabāt

Essis

CONCIONANDI LIB. VIII.   317

Estis certè seminiuerbi°, & ad Pauli similitudinem accedit, qui tametsi non eleganter loquatur, tamen seminat Dei verbum: quod quidem vtcunque seminatum, in æternum manet. Cui & hoc addendum est, quòd si Euangelica est doctrina; dubitari non potest, quin esse quoq. debeat phrasis Euangelica. Mūdo enim, vel etiam carni nostræ ad malum propē fissinæ, nihil est indulgendum: cùm non flosculis, sed cādenti ferro, grauia, & inueterata vulnera sanentur. Neque verò verbum Dei humanis salibus indiget. Non enim aurum opus habet terra; non lux vmbris. Vnde in prædicatione Euangelica, humanæ artes nullum principem habent locum; sed tanquam ministrę, & ancillę, diuino verbo subseruiunt. Igitur ne mo sit iam ex concionatoribus, qui ineptas mundi voculas audiat. Quis enim mundo auctoritatem dedit, ad ferendum de diuina prædicatione iudicium? Quamquam neque ipsi certè mundani (præsertim si sint ex electis, propter quos omnia sustinenda sunt) sincerum, & graue Christi verbum fastidire audent; quinimò illud reuerentur: & aliquando tādem, sępiùs eo audito, ad bonam mentem conuertuntur. Sed de his iam satis: de quibus etiā in nostri operis de Sacra ratione concionādi lib. 1. cap. 6. & sparsim etiā per totū op° latè disseruimus.

Ad hæc vti debet concionator graui, & modesta actione; non histrionica, aut effœminata: non item cōcitata; sed quę caritatem potiùs, & animum in Dei gloriam, & proximorū ædificationem propensum, quàm iracundiam, vel indignationem præseferat. Sed de hoc etiam nos sępe in quinque libris prioribus de sacra ratione concionandi, atque etiam in octauo diximus.

His omnibus addenda sunt alia duo, quæ consultò in hunc postremū locum ideo reseruauimus, quia reliquorum veluti summam continent, suntq́. totius concionandi rationis prin cipium, medium, & finis.

Primum est; debere concionatorem intelligere, diuinum planè esse concionandi munus; itaque omnia quæ necessaria illi sunt, esse à Deo potissimùm imploranda, Nā etsi præter

X 4   spiritum

fficultatibus ò concionator, à suscepto concionandi munere deterrearis.

Porrò si postquam concionatus es, non tibi res ex animi sententia cedat, diuinumque non tibi videatur auxilium affuisse; vel si laboris tui fructum nullum colligas; vel si auditoribus displiceas; vel si ab ijs qui honestiori loco sint despiciaris; vel si à populari tantùm turba audiaris; vel si alia denique huiusmodi tibi accidere videas: noli quæso angi, aut mœrere: quinimò Deo tua omnia cōmitte, & quolibet euentu contentus esto. Nam cùm pro tua virili parte conatus fueris tuo muneri satisfacere; tametsi aliquid fortè imprudēs admiseris: futurus non est tibi Dominus iudex rigidus, sed pius pater, & misericors. Non enim imparem tuis viribus à te operam requirit; sed diligentiam quandam humanam, scientiam mediocrem, & voluntatem ad prædicādum in eius gloriam verbum maximè propensam. Hæc igitur si animaduertas, impositam tibi concionandi prouinciam non depones: immò alacriter sustinebis. Illucebit autem aliquis tandem dies, In quo diuinum tibi affulgeat numen: quod quidem ijs, qui cor de afflicto sunt, semper adesse solet, rectosq̀ & humiles spiritu saluare. Interim tamen fac, vt auditorum corda lacrymis (saltem spiritalibus) irriges, & fœcundes; petens scilicet à Domino vt illis gratiam impertiat suam: itemque cura, vt eadem publicis & priuatis misericordiæ operibus confirmes, candidisque moribus informes.

Neque verò te ad ferendos fructus maximos, sed ad mediocres, & fortè minimos vocatum esse à Domino credas: vlJúmue tibi alium honorem, quàm eum quem tibi Dominus designauerit, assumas. Non enim Sancti omnes pari muneris dignitate, aut æquali prædicationis efficacia, & vi excelluerunt. Felix ille, qui humilis, & obediens, suo munere fungitur, & id ministerium, ad quod vocatus est, tametsi sit in Ecclesia minimum, honorificentissimum sibi, ac longè suis superius meritis existimat: itaque nihil aliud curat, quàm vt diuinæ obsequatur voluntati; eiq̀ si minùs se videt satis fecisse;

Y   pœni

pœnitet vehementer; corpus suum punit, sese castigat, &
corrigit; ac tandem in sola diuina bonitate spem suam
locans, eique omnia sua, seque omnino totum
committens, in pace in idipsum dor
mit, & requiescit.

CHRISTO IESV GLORIA

Index Librorum & singulorum Capitū
huius operis.

Liber Primus qui
totius huius tractatus generale continet exordium, & de fine, materia officio, & instrumētis concionatoris disserit.

Cap. j. De quo Ecclesiæ ministerio dicendū sit pag. 1.
Cap. ij. In quo quā sit vtile de Concionandi ratione disserere insinuatur, & obiectionibus quibusdam satisfit. pag. 3.
Cap. iij. In quo difficile concionandi munus esse ostenditur, multaq; in concionatore postulantur. pag. 8.
Cap. iiij. In quo iuuantur præsertim y, qui cum litteris non sint ornati, volūt tamen caritate, aut necessitate impulsi, concionari. pag. 13.
Cap. v. Qua ratione ars hæc tradenda sit: & de Concionatoris fine concionis fine. pag. 23.
Cap. vj. De Materia Concionatoris. pag. 28. Vbi & de phrasi qua prædicandum sit Euangeliū agitur.
Cap. vij De Officio Concionatoris. pag. 49.
Cap. viij. De Instrumentis concionatorū. pag. 55.

Liber Secūdus de
primo Concionatoris instrumento, scilicet de Inuentione: in quo decem illa loca Dialectico, & Rhethori communia breuissimè explicantur, ex quibus Concionator rationes sumat ad explicandum, probandum, confutandum quod uis thema sibi proposituum.

Cap. j. In quo decem Inuentionis loca enumerātur, ac facili & accōmodato exemplo explicantur. pag. 57.
Cap. ij. De loco à caussis. pag. 58.
Cap. iij. De caussa finali pag. 60.
Cap. iiij. De caussa formali. pag. 63.
Cap. v. De caussa efficienti. pag. 65.
Cap. vj. De caussa materiali. pag. 67.
Cap. vij. Quo traduntur notationes vtilissimæ circa caussarum ? sum. pag. 68.
Cap. viij. De loco ab effectis. pag. 71.
Crp. ix. De loco à subiectis, & ad iunctis. pag. 74.
Cap. x. De loco à dissentaneis. pag. 76.
Cap.

INDEX.

Cap.xj. De Priuantibus. pag.79.
Cap.xij. De Relatis. pag.79.
Cap.xiij De Contradicentibus. pag.82.
Cap.xiiij. De Repugnantibus. pag.83.
Cap.xv. De loco à Consentaneis. pag.83.
Cap.xvj. De loco à Diuisione. pag.87.
Cap.xvij. De loco à Definitione. pag.89.
Cap.xviij. De loco à Nomine rei. pag.91.
Cap.xix De loco à Testimonijs. pag.92.

Liber tertius de secundo Concionatoris Instrumento: scilicet de Dispositione in quo docetur Concionator qua ratione argumenta collocare, ijsq́ commodè vti possit.

Cap.j. De primo dispositionis genere, nempe de iudicio seu argumentatione. pag.97.
Cap.ij. De Iudicio, seu argumentatione quoad analasim. pag.102.
Cap.iij De methodo, altera dispositionis parte. pag.106.
Cap.iiij De fine in omni opere primum inuestigando. pag.108.
Cap.v De Quinque cuiusque operis partibus. pag.109.

Cap.vj. De Exordio. pag.113.
Cap.vij. De Narratione. pa.114.
Ca.viij. De Cōfirmatione. pa.116.
Cap.ix. de Cōfutatione. pag.120.
Cap.x De Epilogo. pag.119.
Appendix de conficiendis Exordijs & Epilogis. pag.125.
Cap xj. De Methodo analiseus. pag.133.
Cap xij. De Elocutione, tertia dicentis parte. pag.134
Cap.xiii. de Actione quarta dicentis parte. pag 139.
Cap.xiiij De Inuanda concionatoris memoria, quincto, vt dici solet, concionatoris Instrumento. pag.143.
Cap xv De naturalibus memoriæ subsidijs. pag.143.
Cap. xvj. De memoriæ arte & exercitatione inuanda pag.147,

Liber quartus de Specialibus concionatoris Instrumentis.

Cap.j Iu quo ostēditur, ad cōcionādum Instrumentis tum diuinis, tum humanis opus esse. pag.150.
Cap ij De Cōcionatoris spiritualibus Instrumentis pag.152.
Cap iij. De Specialioribus concionatoris instrumentis, scilicet vitæ exemplo, & oratione. pag.157.
Cap iiij. De medijs humanis in
Spe-

INDEX.

specie. pag.160.

Liber Quinctus de Speciali proprioq. cōcionā di genere.

CAP. j. In quo quid agere velit auctor in hoc libro, breuissimè proponit. pag.162.

Cap. ij. De diuersis concionandi generibus. pag.163.

Cap. iij. De primo concionandi genere, quo in Homiliæ modum Scriptura exponitur. pag.164.

Cap. iiij. Qua ratione in hoc primo concionandi genere nectere possit omnes Euangelij partes, illiusq́; explicare historiā. pag.170.

Cap. v. De secundo concionandi genere. pag. 173.

Cap. vj. de tertio concionandi genere. pag.176.

Cap. vij. De Dispositioni, partibus in secundo, & tertio concionandi genere seruandis. pag.178.

Cap. viij. In quo agitur quid facere debeat, quando idem Euangelium sæpe incidit prædicandum. pag.180.

Cap. ix Qua ratione de Epistola tractari possit. pag.184.

Cap. x. Quibus partibus constare debeat concio, in qua vel Ecclesiæ ceremoniæ, vel Fidei dogmata explicantur. pag.185.

Cap. xj) Qua ratione de festis concionandum sit. pag.187.

Liber Sextus In quo exempla Concionum aliqua proponuntur.

Admonitio. pag.192.
Argumentum. pag.196.
Concio in festo S Ludouici Galliarum Regis. pag.197.
Obseruatio de superiore concione. pag.210.
Admonitio ad lectore. pa.211.
Concio in festo S Iohannis ante portam Latinam. pag.212.
Concio in Dominica Quinquagessimæ. pag.221.
Concio in Dominica in Ramis Palmarum. pag.231.
Concio in festo Spiritus sancti. pag.239.
Concio in festo Sanctissimæ Trinitatis. pag.245.
Sermo de Monachæ Virginis Professione. pag.255.
Concio in alia Monachæ Virginis Professione pag.260.
Peroratio huius libri sexti pag.266.

Liber Septimus in quo de Promptuarijs, quibus maximè possint iuuari Cōcionatores, disputatur.

INDEX.

Vnde Promptuariorum ratio petenda. pag. 269.
Quid Promptuarium sit, & quotuplex. pag. 270.
De Promptuariorum speciali diuisione. pag. 271.
De specialioribus Concionatoris Promptuarijs. pag. 272.
De primo promptuario pag. 274.
De alijs Promptuarijs summatim. pag. 276.
De tertio Promptuario. pag. 276.
Generales quaedam regula do Etrinam. praedicandam indicante. pag. 278.
Generales quaedam doctrinae, quibus Concionatores in quolibet euentu possint iuuari pag. 281.
Doctrina quaedam, de ys quae ad decem praecepta Decalogi spectant. pag. 284.
Doctrina quaedam, quae in duobus praeceptis Caritatis continentur. pag. 288.
De Sexto Promptuario. pag. 289.
Communium exordiorum exempla. pag. 289.
De Narrationibus. pag. 295.
Exempla Confirmationum communium. pag. 295.
Exempla Confutationum communium. pag. 296.

De communibus Epilogis pag. 296.
Exempla Epilogorum communium. pag. 297.
Septimi libri Peroratio pag. 299.

Liber Octauus in quo de vsu, & exercitatione huius Artis disseritur.

Cap. j. De concionatoris praeparatione. pa. 301.
Cap. ij. De ratione excogitandi concionem. pag. 302.
Cap. iij. de ratione componendi concionem. pag. 303.
Capit. iiij. De confecta Concione cum Deo conferenda. pag. 306.
Cap. v. De modo in ipsa concione struendo. pag. 307.
Cap. vj. Quae peracta concione obseruaturus concionator sit pag. 316.
Capit. vij. De Concionatoris exercitationibus. pag. 317.
Totius Operis Peroratio pag. 318.
Excusatio Auctoris, ad veluti Apologia ad eos qui in hoc opere aliquid reprehensione dignum

INDEX.

num iudicauerint. pag. 320. *cionandi ratione, roganti cui-*
Auctoris Responsum de Con- *dam Concionatori datū* pag. 323.

FINIS.

INSTRVCTIONES PRAEDICATIONIS VERBI DEI EX CONCILII PROVINCIALIS III DECRETO, OMNIBVS CONCIONANDI munere in Vrbe Diœcesi, Prouinciaq, Mediolanensi fungentibus editæ.

Caroli S. R. E. Cardinalis tit. S. Praxedis, & Archiepiscopi Mediolanensis iussu.

Carolus S. R. E. tit. S. Praxedis Cardinalis Dei, & Apostolicæ Sedis gratia Archiepiscopus Mediolani, vrbis, diœcesis, prouinciæq́. Mediolanensis concionatoribus salutem in domino.

PRAEDICATIONIS *verbi Dei officium in Ecclesia sancta tanti illud sanè est, vt & ad Dei gloriam, & ad cœlestis regni propagationem, & ad animarū salutem plurimum intersit, non solum quales sint, qui præstantissimo illo munere fungūtur, verū etiam qua via, quaue ratione illud præstent. Quare superioribus annis eo de genere nos decreta aliqua in concilio prouinciali primo confecimus: deinde alia concilio item prouinciali tertio, tū alia etiam quarto adiunximus ad rectā illius sacræ prædicationis disciplinam. V erū quò accuratius, vberioriq́. spiritali fructu concionatores tantæ rei munus administrarēt, atq. exequerentur: nos de Episcoporū prouincialium, qui præsentes in eo tertio concilio adfuerant, sententia, & assensu, instructionem grauissimæ illius functionis, quæ vniuersæ nostræ prouinciæ vsui esset per nos illis edendam decreuimus. Itaq certis regulis, quas partim ex eisdem nostris conciliis, partim ex sapientum virorum sanctorumq́. hominū disciplina, partim ex optimorum concionatorum vsu accepimus, illam, Deo iuuante, conferimus: in eaq concionatoris imaginem, si minus omnibus numeris absolutam, perfecteq́. expressam, at certe aliquo modo adumbratā, iis omnibus, & singulis proponimus, qui vel pro pastorali officio, vel pro ratione datæ facultatis, munus prædicationis in vrbe, diœcesi, prouinciaq. Mediolanensi nostra obeunt. Multa sunt, quæ ad concionandi rectum officiū*

Aa 3   perti

pertinent: sed ea tantum breui complexi sumus, quæ oppositum ora videntur, quæq concionandi rationibus accommodatur a concionatorem adiuuare, atq. ad ea imprimis instruere possunt, quæ proposuimus. Hæc enim, si ad vim illam diuinā, quam sacrarum litterarum verbis Spiritus sanctus inseuit, recte accesserint, vix dici potest, quam facile, cælesti imprimis ope, non modo bonorum mentes ad omnem partem pietatis, religionisq. inflamentur; verumetiam malorum, & peccantium durissima corda infringantur, animiq. hominum sceleratorum tenebricosa vitiorum nocte circumfusi, suauissima luce veritatis collustrentur. Huius igitur instructionis regulis cum illi omnes & se, suumq. officium, & ceteras actiones conformare debeāt, tum vero, ut id ipsum omni studio ijdem præstent, in sua quisque diœcesi Episcopus prouinciæ nostræ, decreti etiam prouincialis auctoritate, curabit. Verum, quo instructio hæc omnis, ad singulas prouinciæ partes rectius accommodata, eo vberiorem pietatis fructum fidelium animis afferat: ab vnoquoq. prouinciæ Episcopo aliquid ei, præterquam illa, quæ decretis nostris prouincialibus speciatim, sigillatimue cauta sunt, addi, detrahi, rursusq. mutari liceat, prout ex Ecclesiæ, diœcesisue sua casu viderit. Et vero nos sicut diligentiam, quam eo in genere Episcopi prouinciæ ponent, magno his instructionibus adiumento fore arbitramur: ita non dubitamus, quin ex studio, quo ad eas ipsas exequendas concionatores vtentur, spiritualia illa commoda existant, quæ vehementer expetimus, cum ad Dei gloriā, tum ad animarum salutem procurandam.

DE IIS, QVIBVS VERBI
DEI PRÆDICANDI MVNVS IN-
cumbit. Cap. I.

TESTIFICOR coram Deo, & Christo Ie
su, qui iudicaturus est viuos, & mortuos, &
per aduentum ipsius, & regnum eius, prædi
ca verbum, inquit sanctissimus Apostolus
Paulus in epistola, quam Timotheo Episco
po, & discipulo scribit. Quibus ex verbis per
spicuum plane sit, quod & sacrarum litterarum monimetis perpetuò proditum, & aliorum Apostolorũ,
veterumq́; Patrũ exemplis demonstratũ Occumenica etiam
Synodus Tridentina proximè censuit, verbi Dei prædicationẽ
Episcopi esse munus præcipuum, idemq́; maxime necessariũ.
Toto igitur pectore in eam curã incumbens, gregem sibi cõ-
missum, tum per se ipse, tum per alios, verbo Dei pascet ad illius Tridentinæ Synodi, & Conciliorum prouincialium præscriptum.

Parochus præterea, animarũue curator, sollicitudinis pastoralis memor, in eius sanè partem vocatus est, tamquam fidelis operarius ad messem missus, qui Episcopum opera sua ad-
iunet, eam præcipuam prædicationis verbi Dei curam sibi quo
que impositã præstet, atque exequatur ex præscripto item de-
cretorũ, & œcumenicæ eiusdẽ Synodi Tridentinæ, & prouincialium conciliorum.

Si quis id aliquando præstare non poterit, subsidio omni,
quod illis Synodis commostratum est, omnino vtatur, vt verbi Dei pabulum statis diebus nullo modo desit gregi sibi in curam tradito.

Et verò quam quam Episcopus assiduis officij sui pastoralis
laboribus, muneribusq́; occupatissimus, sæpe ad omnem popu
lum sibi commissum concionem habere non potest: tamen
tam veterem, atq́; adeò ab Apostolicis vsq́; temporibus deriua
Aa 3   tam

altera parte respondere debet, vsque adeo, vt & vitam doctrina colluftret, & doctrinam rursus vita corroboret, vireſq́. eidē perpetuò addat. Nā de abſtinentia, ieiunio, lacrymis, oratione, eleemoſynaq́, patientia, aliaq́; chriſtiana virtute cum concionatur, magnum certè pondus, maximumq́, momentum apud auditores habet, ſi in omni eius vita virtus elucet, cuius præcepta concionando tradit.

Sciat item ſe exiguum porro fructum ſpiritalem fidelibus allaturum, niſi verè, ex animo, totoq́, ſpiritu dicat. ita verò dicere is certè poteſt, q̇ verè ſpiritualis eſt, ſanctisq́. vitæ inſtitutis atq. vſui plane deditus.

Hoc præterea in animum inducet, ſe nõ poſſe vitiorum, nec verò virtutum vim, naturamq́. ſatis planè oſtēdere; neque rurſus docere, quemadmodum hæ amplectendæ ſint, & illa fugiēda, cum tamen in vtroq. eo genere officium cōcionatoris maximè eluceat, niſi depulſis primum vitijs, & mundi huius cupiditatibus abiectis, maximarum virtutum præſidium, vſu, atque exercitatione benè religioſeq́. agendi ſibi comparauerit. Mundari enim priùs oportet, quàm mundare, inquit, beatiſſimus Pontifex Gregorius Magnus.

Erit igitur concionator ſingulari vitæ innocentia, moribus ſanctiſſimis, & diuinis virtutibus inſtructus. Dei igitur timore, terrenarum rerum deſpicientia, animarum ſalutis zelo, humilitate, manſuetudine, patientia, charitate, cæteriſq́. religioſę diſciplinæ ornamentis benè munitus ſit.

Quo de genere toto audiet ſanctiſſimum virum, Iohannem Chryſoſtomum ita monentem: Doctor, cōcionatorue omnibus debet virtutib' eſſe exa, ltus: debet enim pauper ſpiritu eſſe, vt auaritiæ ſtudium, atq. omnem quæſtus cupiditatem liberè reprehendat. Debet perpetuò & ſua, & aliena peccata lugere, vt eos exagitet, qui antequam peccent, peccare non verentur; & ybi peccauerint, dolorem non cōcipiunt ſcelerum, quæ admiſerint. Debet eſurire & ſitire iuſtitiam, vt operum bonorum ſtudio langueſcentes excitet verbo Dei, & exemplo ſuo accendat. Debet eſſe manſuetus, vt ametur potius quàm timea
tur

tur. Debet esse misericors erga alios, & seueritatem sibi adhibere. Debet esse mundo corde, vt ne cogitationes quidem inanes & inutiles huius sæculi suscipiat, nedum sæcularibus negotijs se implicet. Debet esse pacificus, vt populus, quem docet, sollicitus sit seruare vnitatem spiritus in vinculo pacis. Debet esse paratus ad omnes res, vel difficillimas pro gloria Dei, proq́ue. Ecclesia ferendas, non inani quodam animi impetu, sed solida, veraq́ue constantia digna martyribus.

Neque sanè solum his Chrysostomi monitis se conformabit, sed disciplinam imitabitur aliorum duorum etiam Græcorum patrum, qui & sanctitatis & doctrinæ laude celebrantur, Basilij & Gregorij Nazianzeni. Hic in libro primo, quem de Theologia elucubratus est, ille in epistola, quam de vitæ solitudine ad eum ipsum scripsit aliquando docet, qualem eum esse oporteat, qui concionatoris officium, & personam sustinet.

At verò vitæ perfectæ, quam optimus quisq́; concionator instituat, genus potissimum sequetur ad præscriptum Gregorij Magni pontificis: qui cùm sæpe concionatorem informat: tu verò & in libro Pastorali, & in Moralibus præsertim lib. 30. cap. 21. & lib. 6. cap. 25. alijsq́. præterea locis, quibus perspicuum fit, qui verbi diuini ministerium suscipit, talem esse debere, qualem se fuisse sanctus Paulus Apostolus ostendit his verbis: Mihi mundus crucifixus est, & ego mundo.

De scientia Concionatoris. Cap. III.

AM verò concionator, antequàm prædicationis officium aggrediatur, in omnis sacræ, ecclesiasticæq́. doctrinæ studijs, vt maximè potest, versari debet: præsertim si adhuc nullum docēdi munus vnquam gessit.

Habebit omnes Theologiæ notos, & tractatos locos.

Traditionum apostolicarum, ecclesiasticarumq́. notitiam tenere studebit.

In sanctorum Patrum scriptis atq́. sermonibus peritè versatus erit.

Sanctio

INSTRVCTIONES

Sactiorum item spiritualiumq́. interpretationum vsu litterateè peritus erit.

Nec vero ignorabit sacros ecclesiæ ritus, qui in sacramentis, in diuinorũ officiorum cultu, in tota denique ecclesiastica ratione instituti sunt, eorumq́. mysteria & significationes, quibus explicandis mente es fideliũ accendantur ad pietatis studium.

Cognoscet item rerum in ecclesia sancta gestarum, ac memoriæ veteris, & antiquitatis ecclesiasticæ ordinē: maximè autem sanctorum Patrum historiam, Summorumq́. Pontificũ & Episcoporum, quorum sanctitas præclarè eluxit, vitae.

Tenebit præterea aliquam veterum Canonum scientiã, sum morumq́. Pontificum descripta iura, atq́. instituta, & Conciliorum decreta.

Theologiæ illius, quæ tota in spiritalis vitæ institutis tradendis, quæq́. in purgandis affectibus, in reformationeq́. interiori versatur, atq. ob eam cauſsam Mystica atq. Therapeutica vocatur, præcepta atq. exercitationes benè norit.

Sanctarum meditationum, orationisq́. mentalis vsum, ac peritiam habebit: vt alios ad cælestium contemplationum studiũ erudire concionando possit.

Casuum conscientiæ doctrina instructus erit.

Morum, & virtutum christianarum locos, non solum ordine collectos, sed rectè notos habebit.

Locos item omnes sibi comparabit, quibus auditorum animi commoueri, atque excitari solent ad Dei amorem, ad cœlestis patriæ desiderium, ad pœnitentiam, ad scelerum detestationē, ad virtutũ studium, ad metum diuini iudicij, ad spem misericordiæ, ad misericordiam, caritatemque erga proximum, & ad cœteras præterea affectiones, quæ ad cælum excitatæ, christianas virtutes pariunt.

Locos etiam illos tenebit, qui sæpissimè vsu veniunt: vt pote de diuitiarum & honorum despicientia, de condonandis iniurijs, de rebus aduersis constanti christianoque animo ferendis, de immoderatis sumptibus, alijsque morum erroribus eripiendis.

Copio

PRÆDI. VERBI DEI. 7

Copiosa quasi suppellectile instructus erit doctrinarũ, quib9 aliquando vtetur, cum opus erit, tum ad coarguendam impiorum hominum audaciam, qui de fide catholica male sentientes, ecclesiæ veritatem oppugnant; tum ad ecclesiæ dogmata recte, pieque commostranda, tum verò ad alia multa eius generis.

Præcepta etiam recte intelliget officiorum, quæ magistratuum, quæ ciuium, quæ seniorum, quæ adolescentum, quæ viri, quæ vxoris, quæ parentum, quæ liberorum, quæ dominorum, quæ seruorum, quæ deniq. præcipua singulorum: vt si quando visuenerit, de illis ex præscripto diuinarum litterarum, sancto rumq. Patrum, quamoptimè concionetur.

Illud denique non parum expediet, si concionator etiam Græce, & Hebraicè nosce studebit: nam harum linguarum peritia, cùm ad alia multa vtilis est, tum maximè ad eliciendos ex eadem scriptura plures catholicos sensus, & ad explicandas illas sacrarum litterarum voces, ac dictiones, quę magnam vim, magnamq. emphasim habent.

Vim & copiam habebit similitudinum, quæ ab agricultura, vinea, senete, Sole, Luna, alijsq. rebus ducũtur, quæ sub sensum cadunt, atq. intelligẽtiam, præsertim eorum, etiam rudium, ad quos concio habetur.

Agricolis porrò si concionabitur, plurimùm ad rem proderunt similitudines ab agro, vinea, frumento, vitibus, lino, cannabi, arboribus, stirpibus, alijsq. agriculturæ partibus ductæ. Id dem eueniet, si alterius conditionis auditoribus aptè illas ita ac commodabit; vt eorum ordo postulabit: qui sanè quidẽ, cùm ad certam quandam status sui cognitionem, doctrinamq. naturà ducantur, tum certè facilius multo trahuntur, si vel à vitæ, vel ab artis, vel ab alterius rei, quam profitentur, genere documenta sumuntur.

Multiplicem etiam, variamq. copiam argumentorum colliget, quę propriè, ac rectè accommodetur. Sunt vrbani, & rustici, sunt nobiles, & ignobiles, sunt magistratus & priuati, sunt docti, rursusq. imperita multitudo.

Pro

INSTRVCTIONES

Pro audientium igitur genere locos doctrinarum, ex quibus concionem conficiet, non modo distinctos, sed optimè explicatos habebit.

Atque in hoc quidem multiplici genere concionator videbit, ne quęcunque (vt sanctus Gregorius scitè monet) legerit, aut scientia comprehenderit, omnia enunciet, atque effundat: sed delectum habebit, ita vt documenta alia exponat, alia tacita relinquat, prout locus, ordo, conditioq́. auditorū deposcit.

Sicut autem rerum, quæ supra mox cōmemoratæ sunt, quarumq́. prior cura esse debet, scientiā tenere cōcionatorē opor tet: ita etiam sibi parare necesse habet bene concionādi modū.

Ex præceptis igitur Rhetoricæ ecclesiasticę locos discet, vnde concionis exordium, quando eo vtendum esse iudicauerit, rectè ducat, vt à vitiosis exordijs longè refugiat.

Disponendæ concionis modum intelliget.

Dilucidè, districtéq́. rei enarrandæ rationem percipiet.

Benè pronunciandi, decoréq́. agendi vsum tenebit.

Verborum pondera, vimq́. ita habebit, vt audientium animos penetret.

Quare priusquā concionandi munus aggrediatur, vires suas bene cognitas habebit: vt nec materiam, quæ ingenij sui virib' præstet, nec formam dicendi sumat, ad quam appositus nullo modo videatur.

Ad quam sanè rem multùm adiumenti hoc affert, si amicū, aut alium adhibebit presertim, concionādi vsu peritum, qui semel, iterū, atq́. adeo sępius publicè concionātem audiat: quid non ambitiosè corrigat, sed liberè priuatim, remotísque arbitris moneat, siquid in aliqua parte erratum sit.

Ad imitandum etiam sibi constituet aliquem predicādi laude florentem.

Quo in genere illud accuratè cauebit, vt ne quod plerique faciunt, leuia quædam, ac sępe etiam vitiosa imitetor: sed illa tantum quæ sapientum iudicio præclara, atq́. egregia in eo põ- sītum cernuntur.

Verùm enimuero sicut diligentissimè videre debet, quem è con-

PRÆDI. VERBI DEI. 9

concionatoribus, qui nunc sunt, aut certè superioribus tempo
ribus extiterunt, ad imitationem dehgat:ita maximè sibi veteres patres proponat, quorū in dicendo virtutes sequatur: Gregorij Magni, & Chrysostomi disciplinę moralis copiam: Leonis Magni & Basilij grauitatem: Nazianzeni vim: Nisseni sub-
tilitatem: Augustini acumen: Ambrosij temperatum dicendi
genus: Bernardi dulcem, deuotamq́. orationē: atque omnino
admirabilem, & diuinam eloquentiam sanctissimi Pauli Apo
stoli, cui vni omnia, quæ summi sunt concionatoris, atq. adeò
oratoris multis præclaris exemplis tribuunt doctissimi patres,
Augustinus & Chrysostomus.
 In concione autem, quam habiturus est, illud sibi potissimū
pponet, in quo omnes neruos, roburq́. industrię suę adhibeat,
& in quo munus suum versari cognoscat, vt auditorū scilicet
animos commoueat: cum presertim peccēt homines non tam
quia verum ignorent, quàm quòd malè affecti sint.
 Dabit igitur operam, vt quemadmodum per singula corpo
ris membra sanguis diffunditur: ita in omnibus concionis suæ
partibus quædam insint, quæ ad commouendum valeant.
 Quare locos omnes optimè percipiet sanctarum affectionum, quæ mox supra commemoratæ sunt.
 Postea verò quàm ijs doctrinarū ornamentis, Deo benè iuuante, instructus ad prædicationis functionem accesserit, hæc
quę sequuntur, omninò curabit, atque exequetur.

De præparatione, quam concionator vniuersè, generatimq́.
adhibebit ad concionandi munus salutariter exe-
quendum. Cap. IIII.

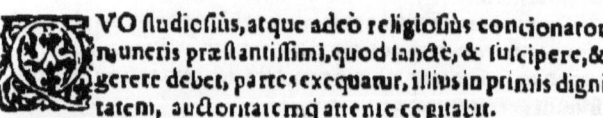VO studiosiùs, atque adeò religiosiùs concionator
muneris præstantissimi, quod laudè, & suscipere, &
gerere debet, partes exequatur, illius in primis digni
tatem, auctoritatemq́ attente cogitabit.
 Qua in cogitatione hæc quottuor facilè perspiciet.

Pri-

Primùm, scilicet ad Dei omnipotentis gloriam, ad animarúq́.
salutem referri omnem concionandi vim, ac rationem.

Deinde se, qui prædicationis munus aggreditur, mini strū esse, per quem verbū Dei, ab ipso diuini spiritus fonte ducitur ad fidelium animas diuinitus irrigandas,

Post, res etiā sanctas, diuinéq́. traditas à se tractari oportere.

Tum præterea id prædicationis munus, quod capesset, non modò san tissimis, ac diuinis viris Prophetis, Apostolisq́. à Deo commissum: sed ab ipso etiam Dei filio Christo Domino præstitum esse.

Verum quò magis atque magis sese excitet, videbit diligenter, quanta & quam summa difficultas ei proponitur, qui in tā ta, tamq́. perpetua, & mundi, &Satanæ oppugnatione fidelium animas ad viam Domini reuocare contendit. Atque ijs quidē sempiternis aduersarijs cum ad resistendum se imparem esse senserit, non modo illis virtutum armis, vt ostendimus, se communiet, sed assidua prece, & ieiunio frequenti Dei auxilium implorabit ad impetus hostium adeò importunorum repellendos.

Cum autem benè, appositéq́. dicere, sit omnium iudicio, vel maximè difficilè; huius sanè rei difficultatem aliquando, ac potius frequenter meditabitur, vt ardentiori studio confugiat ad Deum, qui diuini sui spiritus afflatu, omnia dicendi adiumenta subministrare potest.

Neque porro viribus suis fidet, sed imbecillitatem suam recte agnoscens, sese coram Deo abijciet. cuius cælesti benignitate ipse, quamuis abiectus, & prædicationis munere indignus ad iuuetur.

Vtque ad omnia sancta studia, quibus iuuare possit, vehementius accedatur, secum sæpe reputauit, quàm magnum præmiū consequatur, qui ab errore viæ suæ peccatem abduxerit. Qui enim conuerti fecerit peccatorem, inquit sanctus Iacobus, ab errore viæ suæ, saluabit animam eius à morte, & operit multitudinem peccatorum.

Hæc sæpe pieq́. meditatus is, qui cælestis doctrinæ conciona
tor

PRÆDI. VERBI DEI.

tor futurus est, cum viderit, quanta res sit, quàm diuina rota cōcionandi ratio, tantæ rei quasi horrore quedam perfusus, ad
eam suscipiendam, se diuina imprimis ope præparabit, atque
muniet.

Hæc igitur supplex continenter petet, vt diuino adiumento
propriæ laudis, aut gloriolæ non modò studio, sed ne opinione quidem efferatur, nullamq́; illius rationem plane habeat: vt
se vehementius in dies inflammet, cùm ad pręclaram illam diuinæ gloriæ cupiditatem, tum ad singulare erga proximos caritatem concipiendam: ad quas res duas potissimum, ipse omnes neruos intendet pietatis suæ.

Vt denique ope diuina, & rei, cuius tractandæ munus suscę-
pit, sanctitati, & personæ, quam concionatoris sustinet, dignitá-
ti, atq. officio respondere possit.

Sibi verò, quàm maximam potest vim in eo adhibebit: vt tota mente, totoq́; animo defixus in cælesti Christi Domini regno propagando, in procurandaq́; animarum salute, (suorum), &
commodorum, & vtilitatum obliuiscatur omnino.

His igitur virtutibus, nempe sacris doctrinis, vitæ innocen-
tię, morum sanctitate, & cælestium rerum contemplationibus,
is, qui concionator futurus est, excultus idoneum se præbebit,
vt ad prædicandum missus, populo valde profit tribus his,
quæ sanctus Bernardus commemorat, verbo, exemplo, & oratione.

Fugiet autem tamquam pestem, omnem ambitionem, om-
nemq́; illius suspicionem. Ne loca insigniora, vbi prędicationis
suæ semen spargat, ambiat, affectetue memor Christi Domini,
quem à Patre è cælo demissum ad erudiendū genus humanū,
pagos, & vicos, & castella obijsse legimus.

Nunquam in opinionem inducet, maiori, atque nobiliori
suggestu se dignum esse. Fuit hæc quondam incredibilis ambi-
tio Ethnicorum Oratorum. Christianus autem concionator
ab istius ambitionis suspicione alienus esse debet, qui ad prædicandum Christum crucifixum, non ad sui ingenij ostentationem vocatus est.

De

INSTRVCTIONES

De præcipua vitæ ratione, quam scilicet speciatim concionator adhibebit, vbi concionandi munus susceperit. Cap. V.

QVOD sanè verò ì ìm initio positum est, quodq́; San-ctus Augustinus scitè præscribit, in illud toto animo totítq́; viribus, adiutrice diuina gratia, cōcionator cū concionandi munus susceperit, incumbat, vt verbis perpetuò æqualem, paremq́; vitam agat. Est porro Euangelica doctrina, verbiq́; Dei prædicatio, ignis ille semper in altari exardescens, cui perpetua sollicitudine, is subministrare debet ligna, nēpe optima, præclaraq́; vitæ suæ sanctissimæ exempla, officia, atq́; opera virtutū, quibus corda fidelium accendat ad sanctè agendi studium. De diuino illo viro Iohāne Baptista illud Euangelij litteris proditum est: quod lucerna erat ardens, & lucēs, quippe cùm cœlestem illam doctrinam, quam docuit, vir tutum sanctarum splendore perenni collustrauit.

Quare perpetuam sanctissimæ vitæ consuetudinē seruabit.

In incessu, statu, accubatione, deiectione vultus, oculorū demissione, capitis inclinatione, genuum inflexione, in omni denique motu corporis tenebit grauitatem, & decorum à persona, quam sustinet non alienum.

Erit in omni colloquio grauis, mansuetus, ac salutaris.

In habitu, vestituq́; religioso, sacerdotaliue modestus.

In victu temperatus, & parcus, ac ciborum varietaté fugiēs, frugalitatis, abstinentiæq́; studiosissimus.

Nec verò piæ concionum laboribus, aliaué caussa, nisi necessaria, id studium remittat: tantum absit, vt à statis ieiunijs se exi mat: immo verò illa religiosè colat, vt ceteros exemplo suo accendat ad leges abstinentiæ, ieiunijq́; rectè seruandas.

Si quo autem in loco, vbi concionatur, moris est, cibum à fidelibus cōcionatori opiparè; præterq́; modum apparari, & verbis, & ipsa frugalitate, qua perpetuo vtetur, omniq́; alia ratione ab eo apparatu eos reuocare studebit.

Apud.

Apud laicos cœnare, pranderéue, vt potest maxime, recusabit.

Venientium ad se hominum salutationes quotidianas, atq. frequentes, ne patietur.

Familiaritates, & consuetudines laicorum valde euitabit.

Cum autem eius vita debeat esse specimen virtutum omnium, non solum ne peccato, sed etiam ne exemplo vnquam nocebit.

Caueat quàm diligentissimè fieri potest, ne cuiquam etiam arripere volenti, vel obloquendi, vel male suspicandi quauis de re, quæ reprehendi merito possit, occasionem dictis aut factis præbeat: ne eius ministerium, quod sanctum est, vituperetur.

Quare cùm cetera, quæ supra præscripta sunt, accuratè seruet, tum hæc infra descripta.

In proprio monasterio, qui regularis est, habitet, aut in ædibus parochialis, collegiatæue Ecclesiæ, vbi concionatur, aut saltem in alijs ecclesiasticis domicilijs, si vllo modo potest, ac distinctis omnino à laicali habitatione.

Ne eò fœminas ad colloquium secum ineundum introducat, admittatue.

Ne ad mensam, & conuictum adhibeat aliquem præsertim laicum, nisi spiritualis, religiosæq. vitæ studiosum.

Næ ostentet quæ ad propriam laudem referri posse videntur.

Communi autem vtilitati seruiet.

Erit in omnes beneficus: vt quisq. adiumēto indiget, ita opitulabitur & consolando, & consulendo, & benigne faciendo.

Nihil, nisi quòd honestum, quod pium, quod religiosum, quod sanctum sit aut admirabitur, aut optabit.

Prædicationis porrò nomine, occasióneúe concionator regularis eleemosynam nullam pasciscetur: si quæ sponte datur, præter illum, quando extra monasterium degit, quotidianum cibum, monasterio ordinis sui eam in commune conferet, aut superiori pro instituti cuiusq. ratione, & regula tradet, memor voti

INSTRVCTIONES

voti paupertatis, quo aſtrictus nihil proprium habere debet: immo illud proprietatis vitiũ in homine regulari deteſtabile fugiet, & corde & ore & opere.

Nihil ſibi petet, nec verò extorquebit.

Non veſtem, non induſia, nõ ſudariola, non cetara id genus ſibi quæritabit.

Nec vllũ præterea munus, etiam cibarium cupiet: niſi valetudinis imbecillitas aliquid eſculentæ, aut poculentæ rei donum requirit.

A ſuperiore autem expectare debet indumenta, & alia neceſſaria vſui vel vitæ, vel ſtudiorum.

Parochus etiam, aliuſue, quicumq. in ſacræ prædicationis munere verſetur, ididem rectè ſeruabit.

Omnis deniq. concionator quicunq. ſit, cauebit, vt non ſolum crimine, ſed etiam omni vel leuiſſima ſuſpicione auaritiæ careat: quæ vbi in animum irrepſerit, paulatimq̃ illum occuparit, omnem ſanctè agendi curſum, atque adeò progreſſum impedit.

Ne animo quidem appetat, nedum petat quicquam, quod ſibi aliquam cupiditatis notam inurat.

Nullis etiam perturbationibus animi ſuccumbet.

Ne irecundiæ cedet.

Non alij in eadem vrbe, eodemq̃ oppido concionanti, frequentiorē auditorum multitudinem inuidebit. Et verò quod diligētiſſimè cauere debet, neque aut verbo, aut facto, aut alio modo ei detrahet. Auditores ab illo auocare nõ ſtudebit. Sed, vt eſt Apoſtoli præceptum, honore præueniens illum diliget, colet, obſeruabit. Nec præterea deſpondebit animũ, ſi perpaucos auditores ad ſe conuenire viderit: quoniã ſummus ille magiſter vitæ Chriſtus Ieſus, cum Dei ſapientiã, vitamq̃, æternam monſtraret mundo, paucitate diſcipulorum cōtentus fuit. Immo aliquando ſolam mulierem Samaritanam habuit, quę illum, & de diuino cultu, & de cæleſti gratia loquentē audiret.

In rebus aduerſis, omnem animi abiectionem vitabit.

Pro gloria Chriſti, pro ſalute animarũ, in omni oppugnatione, ne, nihil non fortiter, constanterq́. aget.

Amore Dei inflammatus non modo probra, conuicia, contumelias patiēter feret, sed mortem ipsam, si opus fuerit, for ti, inuictoq́ animo subibit. Offeret, commēdabit(c diuinæ luci, & pręclusis sensibus, in illius infinito amore, immensāq́. caritate conquiescet.

Superbiam, fastidium, atq. arrogantiam valde cauebit. Ac propterea illa tantùm sola proferre studebit, non quę, qualis, aut quantus ipse sit declarent, sed quę audientibus salutariter profutura sint.

In omni denique actione, functioneq́, vniuerso populo spirituale gaudium, virtutumq́ sanctarum exemplum presęferet.

Hæc veró, vt Dei beneficio, donoq́. rectè assequatur, id valde curabit, vt singulis diebus matutinas, & ceteras canonicarū horarū preces, officiumq. ritè distinctè, pleq́ ex instituto, atq. ex præscripto regulæ, quam profitetur, si regularis est, aut si se cularis clericus, choro astrictus, ex illius disciplina, cùm potest, in Ecclesia, atq. in ipso choro vnà cum ceteris præstet.

Recitato officio, aliquid temporis in diuinarum rerum cōtemplatione, pioq́. tacitæ meditationis studio ponet. Ita enim fiet, vt diuini amoris ardore inflammatus, qui orando, meditādoq́. maximè exardescit, auditores suos ad caritatis, quę semi narium est omnium virtutum, studium incendat ardentius.

Missæ sacrificium quotidie offerre non prætermittet, nisi le gitima caussa impediatur. Hoc sanctissimi sacrificij offerendi vsu frequenti cùm sibi in omnes sanctæ agendi partes plurimum proderit, tum fideles etiam excitabit, vt sacrificij sanctissimi sint cultores, & diligentiores, & religiosiores.

De praeparatione, qua Concisnator vtetur ad
  singulas Conciones. Caput. VI.

Primum cum prædicādi munus non humanæ scientiæ; aut

eloquentiæ, sed diuinæ virtuti, ac Spiritus sancti gratiæ inniti concionator intelligat, diligentissimè sibi cauendum existimabit, ne mortali culpa affectus Spiritum sanctum contristet, & Apostolicum opus, atq. adeò Domini nostri Iesu Christi munus attingat. Sed conscientiã aute ab omni peccatorun impuritate pœnitentiæ sacramento expurgabit, quàm ad verbi Dei tractationẽ accedat. Et verò grauissimam illam prophetæ obiurgationem vehementer pertimescendam ducat: peccatori, dixit Deus, quare tu enarras iustitias meas,& assumis testamentum meum per os tuum?

Deinde cum Concionis, quam proximè habiturus est, caussa, se studio dabit, sanctum Thomam Aquinatem, & alios sanctitatis laude claros viros ad imitationem sibi proponet, qui religiosa aliqua precatione nisi sunt, priusquam studijs se dederent.

Post, breui oratione ad Deum vsus, id omnino studebit, vt quod in Concione dicturus est, antea bene cognitum habeat: vbi vero ex studio, libroruq. tractatione cognouerit ac perceperit quod concionaturus est, tum singulas cõcionis partes, quas animo concepit, etiam atque etiam diligenter, pièq. meditabitur. Qua in meditatione ita religiosè sese afficere conabitur, vt audientium animos, mentesq. ad illum ipsum pietatis affectum, sanctèq. agendi ardorem, quantum in se est, excitet.

Ad se ardenti pietate inflammandũ, dum etiam in concionis studio tractationeq. versatur, Christi Domini cruci affixi, vel Apostoli Pauli prædicantis, vt sanctus Chrysostomus fecisse traditur, imaginem sibi ob oculos ponet: quam tacita meditatione intueatur.

Maximè verò nocte, quæ concionis diem præcedit, eam præparationem adhibebit, vt ardenter Deum oret, omnis sapientiæ, omniumq. sanctarum virtutum auctorem, qui & sibi & alijs, qui audituri sunt, largiatur, vnde diuinus cultus, & salus animarum adiuuetur. Nec porrò nostra ætate defuerunt, qui non solum profusis lacrymis, sed cæso etiam verberib' corpore, id à Deo petere consueuerunt.

Ide-

PRÆDI. VERBI DEI.   17

Id etiam institutum habebit, vt antequam suggestum ascendit, perpetuo sibi proponat concionem eiusmodi, quę scilicet vel multitudo sit hominum esurientium, cibumq́; à prædicatione sua expectātium, vel coetus clandorum, paralyticorum, hydroposi laborantium, mutorum, cæcorum, surdorum, malo dęmone æstuantium, leproforum, valetudinis beneficium quærentium. Hȩc cum spectare debeat, ita in omni concionā di parte se comparet, vt eorum rationibus, salutiq́ prospiciat & consulendo, & consolando, & omni officio præstantiq́ remedio.

Cōsideret præterea se piscatorem hominum esse: ideò ner nos omnes intēdere debet, atque adeo expiscari, vt sagenam euāgelicam impleat, nempe animas pereuntium, Christo domino lucrifaciat. Quare videat, ne in prædicationis effici ō languescat. Sed vt sanctas commotiones in alijs excitet, tales primum animo suo ipse concipiet, atq́, in sese exsuscitabit: ita vt quales in aliorum mentes transfundi cupit, ipse illas animi sui sensibus recte conceptas quasi spectandas ceteris proponat.

Id assequi studebit primum ardenti precatione, deinderei, de qua dicturus est, explorata cognitione, tum vehementi cogitatione, & quasi ob oculos posita specie ipsius rei, quā meditatione concepit: ac preterea attenta lectione loci sacræ scripturę, qui cum re conueniat, quam animo excogitatam habet.

Et quoniam ad commouendos animos parùm valet concio alieno labore conscripta, nunquam ad affectionum excogitationē, aliēę cōcionis industria vtetur: sed ingenio suo cōcipiet, ac gignet, quó vehementius primum se deinde alios affi ciat. Disciplinæ enim cibus, qui populo proponitur, mete propria quasi stomacho concoctus, vires maiores habet ad omnē sanctam commotionem.

Ne igitur concionator se totum in alienas cōciones temeré ingurgitet: satius est, eas ex sanctissimorum ecclesie doctorū Gregorij Magni, Ambrosij, Augustini, Chrysostomi, aliorūq́. Patrum homilijs, sermonibus, & tractationibus confici &

Bb 3   quasi

INSTRVCTIONES
quasi conflari.

Eam quoq. præparationem in omni concione rectè expuncta adhibebit, vt quem deuotionis ardorem ex religiosa diuinarum precum recitatione, sacra celebratione, & pia meditatione, Deo iuuante, conceperit, eundem studiosè curet secum in suggestum deferre.

De concionatoris officio in suggestu. Cap. VII.

ATque hæc quidem sunt, ad quæ concionator se paret, antequam suggestum ad concionandum ascendat. Quem vbi ascendit, illud inprimis breui tacita oratione rursus à Deo precabitur, vt syncerum, castúq. sit prædicationis suæ studium, vt nemini noxium, vt & sibi & omnibus in commune salutare.

Hocq. etiam summa prece tacitus contendet, vt si fortasse in concionando se vel gloria inani, vel alio vitio attentari aliquando contigerit, id & alia omnia, quæ aliorsum, quàm ad diuinam gloriam, ad animarumq́. salutem spectent, Deus diuinæ suæ gratiæ virtute deficiat, atq. planè auertat.

Deinde quod antiquissimi instituti est, ac non sine mysterio quidem Salutationē angelicam, non festinanter, non canorè, sed graui, piaq́. pronūciatione, ac genibus flexis recitabit ad præscriptam verborum formulam, qua Ecclesia sancta vtitur: ita vt ne verbum quidem vel addat, vel detrahat, vel mutet, quod ab illius instituta ratione diuersum sit.

Si concionatur intra Missarum solennia, quæ ipse celebrat, Salutatione angelica non vtetur.

Dum in concione versatur, sibi ob mentis oculos perpetuo proponet, tanquam in aduerso pariete Christum Dominum in maiestate iudicantem: qui ab se quoq. iam iam villicationis rationem deposcat.

Post concionem verò, prout ratio valetudinis tulerit, antequā cibum capiat, paulisper orabit: sicq. quos progressus cōcionando

PRÆDI. VERBI DEI.

nando facere cępit, eos orando profequetur:&sic deinceps adiuuabit perpetuo opere fanctitatis, ac voce virtutis.

De ritu concionandi. Cap. VIII.

Actam concionem, intra Miſſarum ſolennia, Euangelio, ſcilicet recitato, haberi antiqui inſtituti eſt. Id igitur ſeruabitur non ſolum ab Epiſcopo, parocho, animarumúc curatore, aut ſacerdote Miſſam celebrante, ſed à quocunq́. alio concionaturo, etiam qui tunc ce lebrat ſibi.

Epiſcopus in Miſſæ ſolennis ſacrificio concionem habebit, mitra, Epiſcopaliq́. ſacro omni veſtitutu indutus.

Miniſtros, ſacris indumentis veſtitos ſibi concionanti ab vtroq́. latere aſſiſtentes adhibebit, ex veteri canone ſeptem, vbi poteſt: ſin minus, pauciores.

Miniſtrum præterea pluuiäli indutum : qui à latere ſiniſtro baculum paſtoralem ante ſe ſuſtineat.

In Miſſæ ſacrificio non ſolenni, cum concionatur, vtetur ſtato Miſſæ veſtitu, mitra, baculo, & miniſtris ſaltem duobus ſuperpelliceo indutis: qui ſi Canonici ſint, canonicali chori veſti tu induentur.

In alia actione, quàm in Miſſę ſacrificio, alioúe tempore, pluuiale, mitram, baculumq́. adhibebit, &ſuos, pluresúe miniſtros ſibi aſſiſtentes arbitratu ſuo, prout actio ſolennis, & frequentia populi, & Eccleſiæ, vbi concionatur, ratio poſtulat.

Qua etiam in actione cappam Epiſcopalem, & ſtolam potius quàm pluuiale, & mitram adhibeat licet, & duos item ſibi aſſiſtentes ſuperpelliteo, alioúe chori habitu indutos, & duos præterea miniſtros, vnum qui paſtoralem baculum, & alterum qui mitram à dextero latere teneat.

In actione minus ſolenni, in Eccleſiaúe non inſigni, rocheto, mozeta vtetur, ſtola adiuncta, adhibitis etiam aſſiſtentibus & miniſtris vt ſupra, cum inſignibus Epiſcopalibus.

Bb 4 Sed

Sed in omni alia functione, præterquam in Missæ sacrificio, triplici hac indumentorum ratione, prout maluerit, vtetur: ita vt modò pluuiale, modò cappam Episcopalem, modò rochetum, mozetamq́. cum stola induat pro temporis, loci, personarumúe ratione.
Si quando ex tempore vsu venerit, vt concionetur: vbiq́. etiam sine stola gregem suum verbo Dei, salutaribusq́. monitis pascet.

In Ecclesia cum concionatur, id muneris obibit, sedēs in medio altari in faldistorio, aut in sede loco eminentiori collocata, aut in cathedra Episcopali: aut etiam suggestum, ambonēue ascendet, vbi itidem sedens concionem habebit, mitra itē, cetcrisq́. vt supra, pro ratione adhibitis.

Si in oratorio alioúe loco concionem habebit de suggestu, si vllus est; aut de sede aliquanto altiùs collocata concionabitur.

De libro etiam vbique concionetur licèt, ad præscriptum Cōcilij prouincialis quinti, itaut velipse, velArchidiaconus, aliusúe quem maluerit, ei per clausulas sacræ scripturæ verba distinctè de libro pronunciet, quæ ipse deinceps ordine sigillatim explicet.

Parochus autem, animarumúe curator, qui inter Missarum solennia concionem habet, aut in altari ab Epistolæ latere, capite aperto concionando stabit; aut opportuniùs suggestum ascendet, vt faciliùs præsertim cum populus frequens conuenit, ab omnibus exaudiri possit. Quo in loco capite operto erit, & stabit, aut sedili inhærebit, casula dum concionatur indutus, vel exutus prout maluerit.

Alius verò sacerdos cum non celebrat, inter Missarum sollennia concionaturus, non in altari, sed de suggestu concionē habebit.

Quod si Parochus, animarumúe curator, aut alius sacerdos aliquando intra Missarum solennia, quæ alter sacerdos celebret, aut alio tempore, quàm in Missa concionatur, ad eius muneris functionem superpelliceo, & stola vtetur. At vero regula

ris

PRÆDI. VERBI DEI.

ris,qui parochus non est, stolæ & superpellicei loco vestitum adhibebit, qui ex regula præscripto in Choro ad diuinorum officiorum celebritatem adhibetur.

Diaconus, si quando ex facultate permissa concionatur, superpelliceo etiam vtetur, & stola in transuersum ducta.

Si præterea parochus, aliusue concionator, in oratorio, aut sacello, alibiue cöcionem habiturus est, vbi suggestus nullus sit: aptiorem, decentioremue locum ibi deliget, vnde concionetur.

Poterit autem idem parochus aliquando, cum ita expedire viderit, concionando, libro Euangeliorum vti: de quo libro ipse sacra verba per clausulas, & sententias distinctè pronunciabit, tum ordine sigillatim explicabit.

Quibus temporibus concionandum est. Cap. IX.

Prædicationis munus nullo, neque tempore, neque loco sibi Christus Dominus præfiniuit: neque Apostoli item, qui omni loco, omniq́ tempore sacro sanctum Euangelium disseminarunt. Huncq́. prædicandi morem sanctissimi viri, Dominicus, Franciscus, & Vincētius secuti sunt: qui vel in ipsis agris conciones habuisse dicuntur. Cum igitur vel temporis vel loci opportunitas tulerit: non solū in Ecclesia, qui locus prædicationis proprius est, sed vbiq. omniq. tempore sacra concione populus Dei pascendus erit.

Quamobrem Episcopus in primis oblata sibi occasione, semper & vbiq. gregem suum verbo Dei, salutaribusq́. documentis pascet pro munere suo pastorali: cum eius & dicta & facta, quasi perpetuam quandam prædicationem ministrare, præbereue debeant.

Omnibus autem saltem Dominicis & solennibus diebus festis, In Quadragesimaq́. & Aduentu quotidie, aut saltem tribus hebdomadæ diebus, quemadmodum Oecumenica Synodus Tridentina sanciuit, sacras scripturas, diuinamq́. legem annun ciabit: & aliàs quotiescunq. id opportune fieri posse iudicauerit.

INSTRVCTIONES

uerit.
Idem officium præstabit in sacris quattuor Téporibus, statu
anni solennitatibus, supplicationibus solennibus, Iubi'ęi Indul
gentiæúe celebritatibus, in synodalibus actionibus, in omni sacramentorum administratione, in omni consecratione & be
nedictione solenni, & in omni denique muneris Episcopalis
functione, quæ mysterij quod agit explicationem postulare vi
deatur.
Quo in pascendi munere vsque adeò diligens erit, vt si quā
do Episcopum, qui aliunde venerit, hospitio acceperit, hanc e
tiam occasionem nactus, cum eo agat, vt concionem populo
habeat: id quod ex Clementis Pontificis, & martyris constitutione, in Concilio prouinciali quinto cautum est.
Parochi verò, omnesq́. animarum curatores itidem omnibus Dominicis & solennibus diebus festis, & in Quadragesima,
Aduentuq́ diebus singulis, aut tribus saltem, quibus Episcopus
iusserit, ex Tridantina sanctione & prouinciali decreto, verbo
Dei populum pascent.
Cum item Quattuor ieiuniorum Tépora, Aduentus Domi
ni, Septuagesima, & anniuersariæ Domini solennitates instant:
idq́. constitutis aliquot ante diebus, ad præscriptum prouincia
lis tertij.
Idem præstent quoties sacramenta ministrabunt: idq́. præ
sertim Catechismo Romano, ijs etiam diebus, cum proximè sa
cramentum Confirmationis ab Episcopo ministrandum erit:
ac præsertim de eo sacramento; quò populus ad illud religiosè suscipiendum instructior accedat.
Id ipsum etiam agere non omittent, cum aliquę statę proces
siones, vel aliæ supplicationes, ob publicam caussam extra ordi
nem indictæ agentur.
Cum Iubilęum item celebratur.
Quo præterea die, vel exequias agent vel ædium benedictionem, vel alterius rei benedicendæ, vel piæ societatis institu
endæ, vel cuiusuis rei agendæ, quæ parochi, sacerdotisue officium attingat, munus aggredientur.

Nemo

PRÆDI. VERBI DEI. 23

Nemo autem præter parochum, animarunque curatorem, cuiuscunq. ordinis sit, aut quocunq. loco concionetur, concionem habebit, vt à Clemente quinto Pontifice in Concilio Viennensi sancitum est, qua hora Episcopus in eadem vrbe, oppido, loco ue concionatur: nisi aliter is concesserit.

Nec verò etiam parochus, quando Episcopus ita iusserit. Illud enim Episcopo, cui prædicationis munus præcipuè incumbit, tribui æquissimum est. Proinde ceteri concionatores quibus prædicatio delegata est, id etiam non est, cur ægrè ferant, si in Quadragesima, Aduentu Domini, alioúe tempore, certos aliquos dies potissimùm Episcopus aliquando deligat, quibus in Ecclesia Cathedrali, alioúe loco, vbi illi concionentur, oues sibi commissas, ipsemet pabulo verbi Dei pascere, aut reficere velit.

Dum concio habetur in Ecclesia, vbi habetur, Missa non celebretur: ne in loco quidē subterraneo, quæ concessio dicitur.

Videbit etiam concionator, ne à prādio, qua hora doctrinę Chrisianæ scholæ habentur, concionetur: neque item qua hora diuina officia in cathedrali Ecclesia vel parochiali celebrantur, à quibus populus abduci non debet.

Ne noctu vnquam concionem habebit. Sicubi verò concionem de passione Domini haberi de nocte moris est, in matutinum tempus sextæ feriæ transferat.

Materia sacra concionis vnde sumenda. Cap X.

Rimo concionator ita suam instituet concionem, vt ex doctrina constet Euangelica: quæ vbiq. gentiū & terrarū, omni creaturæ, à Christo Domino & magistro vitæ iubetur prędicari. Ita verò constabit, vt ad illam ipsam pręclarè contexendā, alia diuinæ legis, diuinarúq. litterarum testimonia, sanctorum Patriū disciplinas & exēpla, sacras Ecclesiæ traditiones, sanctiores interpretationes, & totius Ecclesiasticæ antiquitatis cognitionem rectè, appositéq.

vt

vt vsu venerit accommodet.

Euangelicæ igitur historię commemorationem nunquam omittet: vt quod sæpe fit, aliud dicendi argumentum non sumat: nisi vel temporis, vel celebritatis, vel officij, quod peragitur, ratio aliter aliquando deposcere videtur. aut opportunius aliquando censuerit, alias Missæ partes tractare, vt mox infra. Epistolæ etiã, quæ in Missa ex instituto Ecclesiæ recitata est, explicationem dilucidam cum Euangelij interpretatione interdum coniunget.

Ex vna & altera explicatiõe locos aliquot cõmunes deliget: quibus populum ad Dei caritatem, ad proximi dilectionẽ, ad vitę christianę instituta, ad pietatis opera atq. officia inflāmet.

Proponet itẽ sæpius fidelibus, quid eo die Ecclesia Dei precetur, quidq. potissimùm oret. Quãobrem aliquando precationes, seu orationes, quæ collectæ nominãtur, præsertim quæ primo loco ponuntur, fidelibus accuratè, pieq́ exponet. Sacrificij etiam Missę, diuinorumq́. officiorum, & anniuersariorum solennitatum, ac temporum mysterij auditoribus diligenter explanabit: vt ritè, recteq́. instructi Ecclesiæ filij à matre in tanta mysteriorum celebritate non modò operibus non discordẽr, sed ad omnem religiosum eorum, quæ sanctè aguntur, cultũ ardentiùs inflammetur: atque adeò vberiorem spiritalem fructum ex rebus diuinis capiant.

Instituta præterea Ecclesię, sanctasq́ consuetudines, vt occasio tulerit docebit.

Sancti cuiuis dies festus agitur, vitam verè, grauiterq́. conscriptam, Patrum iudicio comprobatam, vt infra præscribitur, cõmemorare non omittet, aliquo delectu exemplorum, quibus animos conformet in omnes benè sanctèq. agendi partes.

Digredietur interdum, vt & occasio & argumẽti ratio feret, ad Symboli Orationis Dominicę, Salutationis Angelicæ, decẽ præceptorum, & Sacramentorum explicationem.

In omni ... materia, genere cõcionis, tractationisue, hęc cauebit, ...

Ne ... vulgataq́ Bibliorum editione, perpetuo sanctę Ec-

PRÆDI. VERBI DEI. 25

Ecclesiæ vsq[ue] comprobata, proferendis diuinarum litterarū sen
tentijs, discedat: sed illam pro auctentica habeat, vt decreto Tri
dētino cauetur. Ad planiorem tamen illius explicationem vbe
rioremq[ue]. vti etiam licebit Græca & Hæbraica lectione,

Ne sacram scripturam ad suos sensus contorqueat contra
eum sensum, quem tenuit, & tenet sancta mater Ecclesia, aut
contra vnanimem Patrum consensum, vt sapienter eadem Tri
dentina Synodus cauit.

Si qu[a]m verò nouam interpretationem ab Ecclesiæ sensu,
Patrumq[ue]. sententijs non alienam, quæ vel fidei catholicę do
ctrinam illustret, vel pietatis studium excitet, aliquando afferre
cogitat: aliquid breui præfabitur, quo id sibi licere, humiliter
præsertim, ab Episcopo presente petat.

Subtiliores quæstiones apud imperitā multitudinem ne at
tingat.

Ne de beatissimę Virginis immaculata Cōceptione disputare
ausit, contra prescriptum sanctionis pontificiæ Pij Quinti.

Ne hæreticorum nomina, portenta illa quidem, & monstra
in vulgus dicat; nisi cùm aliquando, & in locis eorū finitimis,
vbi ea nota, peruulgataq[ue]. sunt, istorum nefaria doctrina exagi
tanda & explodenda est.

Ne facetias, ridiculeue dicta afferat.

Ne res ineptas, vel superuacaneas, vel parum fructuosas affe
rat: sed eas tantum quæ dignæ Dei templo, dignæ caritatis mo
ribus, auribus iudicentur.

Ne nouas allegorias comminiscatur: sed eas seligat ex recep
tis ab Ecclesia scriptis.

Ne quidquam ab Ecclesia, eiusq[ue]. institutis, ritibus, cōsuetudi
ne, perpetuoq[ue]. vsu alienum, quodq[ue]. cum probatis Ecclesię do
ctoribus consentiens non sit, proferat.

Ne historias ex apocryphis scriptoribus narret.

Ne vulgaria, ac minùs comprobata, cùm de sancto cōciona
tor in medium afferat: sed quę vera, grauiumq[ue]. virorum litteris
prodita, fidem augent doctrinæ catholicæ, atq[ue]: audientium me[n]
tes ad pietatis studium incendunt.

Proinde

Proinde aliquod peculiare, præcipuum.q. donum diuinitatis ei datum,exquirat.quod auditoribus enunciet.Neque id in omni loco,sed potissimùm in extrema parte concionis.

Ne miracula narret, quæ certi auctoris testimonio non commendentur.

Ne incerta,quæq. speciem falsi præseferunt,commemoret.

Ne futurorum prædicationem sibi sumat.

De extremo iudicij die,& Antichristi aduentu, ita ad populū verba faciat,vt ea expectatione peccatores terreantur.De tēpore autē quo illud futurū sit, nihil pro certo affirmare audeat.

Ne ex prophanis libris,qui non sine reprehensione ab hominibus religiosis legi posse videntur,quidquā in mediū afferat.

Ethnicorum doctrinam,Poëtarum versus, Philophorū disciplinas,quæ religioni christianæ nō alienæ,sed accommodatę videntur,ad vtilitatem & vsum reuocari,sancti doctores Augustinus,& Hieronymus,alijq. censuerunt.Sed concionator hoc faciat quàm rarissimè,neq. vbi primo disputationem aliquam est aggressus est,sed posteaquam sacrarum litterarum testimonia attulerit. Nec vero in illis doctrinis longior sit,quā deceat; sed paucis quicquid ab eis afferet,complectatur;atq. ita quidē, vt multæ cognitionis ostentationem caueat.

Ne Patrum sentētiam temerè vnquam refutet.Cum autem in medio attulerit,ante sapienter perpendat, præsertim Græcorum Patrum,quorū interpretatio fidei catholicę hostibus contaminata,aut deprauata est.

Ne singulares quasdam opiniones,quamquam illæ quidem in scholis afferuntur,ad concionem adhibeat.

Si quādo doctrinam scriptoris alienæ scholę afferret,de eo honorificè aliquid paucis præfabitur.

Ne doctores, & auctores neotericos in mediū afferat. Ea est enim suggestus auctoritas, vt sacram scripturā imprimis, & sanctorum veterum Patrum doctrinam requirat.

Ne sanctorum doctorum prolixas sententias,sed breues, latino sermone recitet.

Si eos complures aliquando nominatim appellare cōtigerit

rit: primò veteres, tum ordine deinceps alios, ab illorum ætate recentes nominabit.

Ne prophanum quicquam, ne edicta laicalia, ne cetera id genus de suggestu enunciet.

Ne pauperem quidem eleemosynæ nomine commendet, nisi Episcopi eiusúe ministrorum auctoritate.

Ne Indulgentias item populo promulget, nisi vt per Episcopum iussus erit.

Ne quemquã nominatim infectetur, vel ita verbis depingat, vt de quo loquatur, facilè possit auditor animaduertere.

Ne in ordinem vllum aut statũ, aut vitæ genus ab Ecclesia receptum inuehatur.

Ne Episcopos, aliosúe Prælatos, nec verò ciuiles magistratus in cõcione asperiùs obiurget: sed si quando occasio tulerit, piè potiùs admoneat. Ne eũ reprehendit, id hominũ, sed peccatorum odio, immo pietatis, & caritatis studio du ctus, faciat.

Ne vitijs exagitandis quasi furenter iratus excãdescat nimis.

Ne iniuriosa verba proferat, neue ignominiosa.

Ne obtrectationibus, quæ aliquando fiunt, & querimonijs de suggestu respondeat.

Ne de suggestu vnquam conqueratur sibi coronam non adesse frequentium auditorum. Reprehendat tamen, licèt præsertim parochus, negligentiã populi, si quando non frequens ad concionem conuenit.

Ne aures facile præbeat laicis clericorum vitæ detrahentibus, aut ciuitatis rectorum, præsiduũúe culpam aliquam calumniabus: sed omnia ante diligenter, diuq. perpendat, quàm ad reprehensionem descendat.

Ne statim cum concionari aggressus est, sed postquã aliquot concionibus habitis, prudentis, docti, & religiosi concionatoris nomẽ adeptus est, ad vitia acriùs infectanda se conferat.

Sed in eo genere, in omniq. admonitionis, atq. exhortationis officio, eã beneuolentiam & caritatem auditoribus suis ostẽdat, atq. adeò præstet, qua parens liberos amplectitur. Assiduéq. secum reputet quod B. Apostolus Paulus scripsit:

Filio

Filioli, quos iterum parturio, donec formetur Christus in vobis.

Peccata studio concionatorii tollenda, quae frequentius contra diuinae legis praecepta committuntur. Cap. XI.

ET quoniam animarum salus in eo posita est, vt populus fidelis, quae mala, peccataq́. sunt, fugiat; & rursus quae bona, virtutumq́. officia, pietatis studio consectetur: ideò hæc genere assiduè concionator vrgeat, atq́. instet pro conditione loci, rationeq́. personarum, quibus praedicat.

Vniuersè verò peccata omni Increpatione exagitet; erucia tus, tormentaq́. perennia, ac sempiterná damnatorum exageret: sæpe mundi res caducas, breuiq́, interituras, & eius infinita incommoda ad omnem exagitationem studiosè proponat, ac recenseat calamitates.

Atque mala quidem, itia, ac peccata, quae concionator tollere studebit, permulta sunt: sed quae contra legis diuinæ præcepta committuntur, quæq́. eripere omni perpetuò prædicationis officio contendet, hæc frequentiora sunt.

Detestabile blasphemiæ scelus, ac nefaria maledicta, quæ in Deum, sanctosq́. conijciuntur.

Superstitiones, auguria, diuinationes, veneficia, cantiones, & cetera id genus, quibus castissimus Dei cultus violatur.

Dierum festorum violatio.

Immodestus, ac parum pius quorumdam accessus ad Ecclesias, indulgentias, stationes, & supplicationes publicas: quò omni religiosa pietate frequentissimus concursus esse debet ad vberiorem gratiam promerendam.

Impura in illis item, aut in earum atrijs & cæmiterijs conuersatio, ac nequaquam cum pietatis christianæ rationibus conueniens, præsertim cum diuina celebrantur.

Nefarium rei familiaris cum alterius iniuria parandæ, atq́. augendæ studium.

Pecuniæ conficiendæ sitis, & omnis deniq́. auaritia.

Tot

PRÆDI. VERBI DEI.

Tot contractuum genera, quæ excogitata sunt in fraudem legis omnem vsuram prohibentis.
Litium, & controuersiarum immoderatum illud studium, christianoq́. nomine indignum.
Improbitas eorum qui malas cauſſas defendunt.
Auaritia atq́. negligentia illorum, qui lites longius ducunt.
Nequitia item illorum, qui litibus iurgijſq́. odia & inimicitias alunt.
Malitia præterea quorundam, qui tanquam hirudo litigantium, omni litigandi arte immoderatos ſumptus exhauriunt.
Calumniæ, quæ paſſim in foro verſantur.
Adulteria, ſtrupa, inceſta, fornicationes, operaq́. carnis.
Impia licentia falſi teſtimonij dicendi, aut falſo jurandi, etiā in re aut vita cuiuſcunq́. tuenda.
Impurus vſus ganeas frequentandi, heluandiq́. auiditas, atq. omne gulæ & ventris explendi vitium.
Nec vero ſatis putet vniuerſè generatimq́. peccatum & vitiū reprehendere: ſed ad ſpecies, præcipuaſq́. actiones, quæ prauæ inde exiſtunt, in vſuq́. ſunt, deſcendat, quò rectius auditores peccata cognoſcant, multoq́. cautius fugiant.
Et quoniam pleriq́. ſunt, qui certis vulgaribus argumentationibus diſciplinæ chriſtianæ repugnantibus vtuntur ad peccatorum excuſationem; de induſtria aliquando, prout vſuuenerit, concionator, piè doctéq́. oſtendat, quàm magnopere iſti argumentationis, atq. opinionis humanę errore decepti, à via ſalutis aberrent.
Atq. ij quidem alij ſunt qui honorum ſtudijs, ambitioniq́. ſeruiunt, propterea quod & mundo, & propinquis ſatisfacien dum putent.
Alij anguſtam illam viuendi viam ad Euangelij præſcriptum minime tenent, quia communem vitæ conſuetudinem amplectendam arbitrentur.
Alij pietatis opera multa aſpernantur, quoniam anicularum, ea potius eſſe arbitrantur. quàm virorum.
Sunt qui à perfectiori vitę ratione, atq. a frequenti ſacramē
Cc torum

torum vsu se, atque adeò alios abducent, quòd sine eo diligen
tiori studio homo salutem consequi possit.

Sunt item qui peccata excusent adolescentiæ nomine, vel
aliam caussam prætexunt. Atque ita quidem multi male agere
pergunt vulgi opinionibus falsis, ineptisq́. argumentationibus
ducti: quæ à concionatore coarguendæ, atque refutandæ
sunt.

Officium concionatoris in perpetuo reprehendendu, tollendisq́.
prauis consuetudinibus, vnde peccandi semi-
naria extant. Cap. XII.

Vblicorum peccatorum illecebras, quas homines
deprauatæ consuetudinis errore decepti, pro nihilo
putant, concionator perpetuò reprehendat, atq. in
summum odium adducere contendet, ostendetq́.
quàm grauiter Deum offendant, quàm multa mala, atque a-
deò publicæ etiam calamitates, infinitaque detrimenta inde
existant.

Spectacula, ludos, ludicrasq́. res id generis, quæ ab Ethnicorum moribus originem ducunt, disciplinæq́. christianæ aduersantur, perpetuò detestabitur, execrabitur: demonstrabit incōmoda, publicasq́. ærumnas inde in Christianum populum di-
manare. In quam sententiam valde populum confirmabit argumentis, quæ grauissimi viri Tertulianus, Cyprianus martyr,
Saluianus & Chrysostomus afferunt.

In eoq. argumenti genere nullum alium omittet, quò tanta
corruptela radicitus extirpetur.

Choreas, saltationes, ac tripudia, è quibus mortiferæ cupidi-
tates excitantur, de suggestu sæpe grauiter reprehendet, atq. in-
sectabitur.

Scenicæ personatæq́. actiones, vnde tanquam è quodam se-
minario, semina malefactorum, ac flagitiorum pænè omnium
existunt, quàm à Christianæ disciplinæ officijs abhorrentes,
quàm

quàm valde cum paganorum inſtitutis conuenientes,atq. diaboli aſtu inuentæ,omr.i officio à populo Chriſtiano exterminandæ ſint,qua maxime poteſt religioſa contentione ager.

Omnem in muliebri veſtitu luxum,caudatas veſtes,ſuperbũ ornatum,deformem illam capitis ornandi ſpeciem,muliebres fucos ac pigmenta,ceteraq̃. ad mollitiem,atq. adeò ad libidinis incitamentum ſædè excogitata,omni perſuaſionum vi, & argumentorum quaſi telis oppugnabit:quæ multa ſubminiſtrabunt magni illi Eccleſiq̃ viri,Cyprianus martyr,Baſilius,Auguſtinus,& Ambroſius inprimis.

Effuſam etiam virorum impenſam,& omnem intemperantiam,quæ ad barbararum gentium à fide alienarum ſimilitudinem tam valdè accedit,omni ſtudio coarguet.

Seruorum,quorum opera nulla eſt,neque domi,neque foris multitudinem inutilem,ac deſidem ſuperuacaneam diſſuadebit.

Epulas illas ſumptuoſas, & comeſſationes immoderatas à frugalitate chriſtiana alienas,omnis intemperantiæ,impudicitiæ,libidinis,aliorumq̃. vitiorum illecebras arguet, increpabit, atq. planè diſſuadebit.

Omnem aleam, omnemq̃. eius generis ludum,vndè iurgijs, furto,maledictis,ac alijs malis,maleficijſq. quaſi fores aperiuntur,grauiter obiurgabit,atq. exagitabit.

Eorum peccatum inſectabitur,qui ædes ſuas, quaſi ludum aleatorium exponunt.

Multorum otioſam vitam,ac voluptariam ita facile peccatis expoſitam reprehendet quàm ſæpiſſimè.

Concionatoris officium in inſtituendis fidelibus ad ſanctiſsimum Sacramentorum uſum.
Cap. XIII.

Cum

INSTRVCTIONES

Vm autem nihil possit esse populo christiano vtilius, quàm scientia, & rectus vsus sacramentorum: quàm religiosè, quàm piè, quàm humiliter ad illa accedendum sit, accurate docebit.

De Baptismo cum loquetur, cetera cùm exposuerit, quæ ex cathechismo Romano sapienter præscripta sunt, tum in eo versabitur, vt deprauatum viræ morem fidelium exagitet, qui, contra quàm in Baptismo spoponderint, viuant & carni, & mũ do, pompisq́. eius, & Sathanæ, atq. illius operibus, Deo autem mortui sint: & quàm laboriosa putent quæ Dei sunt, quàm rursus facilia quæ mundi, quæ carnis, quæ sathanæ. Quo in genere omnem concionis suæ vim concionator adhibebit.

Neque præterea omittet, compatres docere, ac monere, quã solliciti esse debeant, vt quos in Baptismo susceperunt, fidei christianæ rudimetis, sanctarum virtutum officijs, quibus ad salutem via munitur, rectè instituant.

De Confirmationis sacramento concionem instituet, in qua diuina illa dona cum commemorauerit quæ Deus illis impartitur, qui ritè, sanctéq́. hoc sacramentum suscipiunt, cùm osten det, quàm sollicitè, quantáq́. religiosi animi præparatione fideles ad id suscipiendum conuenire debeant.

Exponet item, ad quæ vsui sint ea Spiritus Sancti munera.

Arguet qui negligentes sint, at planè desides in ijs accipiendis.

Admonebit & hortabitur ad illa rectè obeunda.

Monebit, vt qui ad hoc sacramentum accedunt, in primis instructi sint fidei Christianæ rudimentis, & virtutum Christianorum officijs.

Cohortatione itẽ aget, vt cum hoc sacramẽtum ministratur, & proijs qui suscipiunt, & pro illis qui eosdem adducunt, offerũtúe, attentè, pieq́. orent.

Cetera præstabit ex præscripto litterarum Episcopalium.

Pœnitentiæ, & sanctissimæ Euchariſtiæ frequentiam esse fructuo

PRÆDI. VERBI DEI.   33

fructuosissimam, & maximè commendandam, rationibus multis, & sacræ scripturæ testimonijs comprobabit.

Eam consuetudinem concionando inducere studebit, vt populus, si minus dominico quoq́. die, saltem semel in singulis mensibus confiteatur, & sacram communionem sumat. At in Quadragesima, & in Aduentu, vt singulis diebus dominicis hoc faciat: id quod antiquæ fidelium pietatis est.

De Ordinis sacramento cùm tempus postulat, aget quàm diligentissimè.

Quo in genere cùm cetera commemorabit, quæ multa cathechismi Romani litteris prodita sunt, tum clericorum vitæ instituta, muneris sui partes ac functiones. Quainq́. ab omni labe puros esse oportet.

Quàm à perturbationibus animi alienos.
Quàm continentes & quàm abstinentes.
Quàm castissimis moribus præditos.
Quàm spiritalis vitæ studiosos.
Quàm omni virtutum exemplo præstantes.
Quàm imprimis caritatis, quæ seminarium omnium virtutum est, amantes.
Quàm diuini cultus zelo accensos.
Quàm salutis animarum cupidos & appetentes.
Quàm doctos, omnisq́. disciplinæ sanctæ peritos.
Quàm liberales eleemosynis dandis, qui præsertim vberes fructus ex Ecclesiasticis prædijs capiunt.
Quàm hospitales item.
Quàm benignos salutaribus consilijs dandis.
Quàm munificos ac promptos in omni spiritali dono, ope req́. misericordiæ.
Quàm valde diligentes & sollicitos in ordinis sui functione.

Hæc omnia, longeq́. plura, prout in Domino expedire viderit, piè, doctè, sapienterq́. ita explicabit, vt populus accendatur ad honorem & obseruantiam, quam nauare, præstareq́. ijs debent, qui Ecclesiasticis ordinibus adscripti sunt.

Quod argumenti genus nactus concionator, fideles docebit

Cc 3   officia

INSTRVCTIONES

officia erga clerū. Oſtendetq́. Imprimiſ, quàm magnus honor tribuděus ſit Epiſcopo, vt patri, vt dño, vt paſtori, vt ſpiritualiũ cõmodorũ auctori. ſalutemq́. populi omni ſollicitudine pro curàti. Quam in ſentētiam multa dicet cùm ex ſacris litteris, tũ ex ſanctorum Patrum documentis, ex doctrinaq. præſertim beatiſſimi Pontificis, & martyris Clementis.

Eius præterea monitis, iuſſis, edictis, decretorum ſanctionibus, quàm prompta voluntate, & obſequio parendum ſit, ſæpe numero grauiter docebit. Epiſcopo enim, inquit diuinus Igna tius martyr, ſublecti eſtis velut Domino; nam ipſe vigilat pro animabus veſtris, vt qui rationem deo redditurus ſit. Reueremini, alio loco ſcribit, Epiſcopum ſicut Chriſtum, quemadmo dum nobis præceperunt Apoſtoli. Epiſcopus enim typum Dei patris omnium gerit. Sed hæc & alia id generis communia tor è fontibus hauriet diuinarum, Eccleſiaſticarumq́ue literarum.

Quanta ſit ſacerdotij dignitas demonſtrabit, qua reuerentia, quo honore populus eos proſequatur, qui ſacerdotio iniciati ſunt.

Parochos præſertim quàm valde colet, qui curatores animarum ſunt, qui paſtores, qui parentes ſpirituales, quiq́. paterna ſollicitudine in populi ſalute, ſalutaribuſq́. commodis euigilant.

Quàm grato propterea animo, quàm pia liberalitate, quàm libenter decimas, primitiaſúe eis debitas ſoluat.

Quàm paratiſſima ad obediendum voluntate eorum cóhor tationibus, monitis, præceptiſq́: obtemperet.

Quàm frequenter, cum vſuuenerit, eos adeat, à quibus ſalu taria conſilia petat.

Quàm ſæpe præſertim diebus dominicis, feſtiſq́. ad parochia lem Eccleſiam conueniat, vbi ſalutariter erudiatur ad omnem benè, rectèq́. agendi diſciplinam.

Rurſu concionando mouebit parentes, quàm diligentem educationem filijs adhibere debeant, quos ordini Eccleſiaſtico deſtinant. Qua in re multa, quę his temporibus neceſſaria ſunt, tum

PRÆDI. VERBI DEI.

tum ad parentum inftructionem, tum ad filiorum rectā in difciplina clericali educationem, illos commonefaciet grauiter, & accuratè.

Populum hortabitur, vt ftatis illis quattuor anni temporibus, & priuatim in fuis quifq́. ædibus, & publice in Ecclefia oret, ad litanias conueniat, Deum precaturus pro ijs, qui Ordinis facramento initiātur, ceteraq́. præftet ex præfcripto litterarum Epifcopalium.

Tractationem de facramento matrimonij quàm fæpiffimè fufcipiet, cùm ad omnem licentiā prolapfa fit hominū libido. Docebit illius facramenti vim, & fanctitatem.

Monebit, quam religiofa præparatione idem fit ineundū.

Hortabitur Thobiæ exemplo ad orationem, ad ieiunium, tum ad confeffionem, & communionem, antequam matrimonium conficiant.

Inftruet inprimis fideles, cur nubendum: quo in genere multa dicet de educatione filiorum.

Commonefaciet etiam, vt antequam matrimonium contrahant, rectè difcant, fe filios effe, nempe parentibus obedientes effe, illifq́. fe amorem, metum, obferuantiam, & venerationem debitam præftare. Quo fiat, vt cùm ex matrimonio liberos fufceperint rectè, fanctéq. educent: alioqui fi contra faciāt, inde & fibi, & alijs infefta proles exiftet.

Admonebit item, vt videant cui nubant: à Deo precentur, vt rectè nubant, ne tribulationem carnis, quam habituri funt, habeant ad perniciem, fed ad falutem: nam proprium donum Dei eft vxor bona & prudens.

Vt in re tanta parentum confilium adhibeant. Quod quam uis neceffarium non fit, lex tamen naturalis, humanaq́. fuadet, & facrarum litterarum exempla docent.

Vt confiderent ætatem, & mores.

Vt pro dote magna virtutem putent.

Vt qui fe continere non poffunt, melius effe doceat vt nubant.

Alia multa fpeciatim admonebit, prout opportuna effe

Cc 4   vide

viderit. Præcipuè vero in id incumbet, vt si quæ morum corruptelæ nuptijs celebrandis, ex deprauato vsu adhibentur, radicitus extirpentur, præsertim saltationes, choreæ, cyathorum confractiones, vocum à prophano gentilium more non abhorrentium, strepitus in vijs, plateisq. ac præterea fascinationes, veneficiaq. in ijs impediendis.

De sacramento quoq. Extremæ vnctionis dicet accuratè, præsertim cum de morte concionem habet. Qua in tractatione fideles docebit, vt quando in febrim, morbumúe incidunt, ipsi statim tum Confessionis, & sanctissimæ Eucharistiæ sacramenta, tum hoc Extremæ vnctionis in tempore petant, & præsertim cum integra mente sunt.

Docebit vim sacramenti; ex qua consolationem illis inijciet, cùm viderint nullum sibi remedium defuisse, quod mater Ecclesia adhibet ad filiorum salutem. Ostendet religiosas preces quæ in eo sacramento peragūtur, salutariter prodesse, & cetera multa adiunget ad sanctam spem excitandam.

De virtutum officijs, bonisq́. operibus exponendis.
Cap. XIIII.

Sicut autem in vitijs dissuadendis atq. exagitandis, nō modo vniuersè sed speciatim singulas partes, vitiosasq́. actiones perse qui concionator debet, ita virtutes, earumq́. præcipua officia exponet non modo in vniuersum, sed sigillatim ac diligenter.

Quare ad certas species descendet, quæ ad verum Dei cultum, quæq́. ad animarum salutem pertinent. Hocq́. diligentiùs, atq: enucleatiùs præcepta, instituta q́. huius generis præcipua tradet, quò negligentiùs his temporibus tractari solent.

Spiritalis vitæ partes atq. officia, quæ ex intima sanctissimorum virorum disciplina depromentur, exponere studebit præclarè, atq́. vsque adeò accuratè, vt nullum spiritalis sanctæq́. institutionis locum relinquat.

Ad

PRÆDI. VERBI DEI.

Ad Euangelica consilia amplectenda, ad perfectioris vitæ disciplinam suscipiendam, ad mundi contemptum audientiū animos sæpe impellet: quò studiosiùs cęlestis spiritualisq́. vitæ instituta amplectantur. Atq. hic quidem amplissimus campus est, in quo sæpe christiani concionatoris excurrat sermo.

Nec prætermittet auditores ad misericordię, eleemosynęq́. opera perpetuo excitare. Nam hic locus latè patet, pertinetq́. ad omnes.

Huic consequens est, concionari aliquando de hospitalitatis officijs, de hospitalibus, de societatibus, seu sodalitatibus caritatis, atque de omni cura pauperum.

Alter locus etiam, atque is quidem vberrimus est, de eleemosyna spirituali. Qui locus à concionatore nunquam omittatur, cùm viuuenerit, venietautem sæpissimè.

Correctionis igitur fraternæ, quæ ad eleemosynæ spiritualis speciem refertur, necessitatem demonstrabit: corrigendi fraternè modum docebit, præcepta atque instituta vuliter, prudenterq́. tradet.

Ad pœnitentiæ exercitationes, corporis macerationem ca stigationemq́. populum sæpe accendet.

Ad ieiunium, prout vigiliæ, & Aduentus, Quadragesimęq́. tē pora incidunt, sæpe concionem transferet: qua & ieiunij necessitatem, & salutares fructus qui inde existunt, vberrimè exponet. Et, quod plurimum interest, docebit sancti ieiunij certas leges, quas religiosi viri non modo instituerunt, sed exe cuti sunt diligentissimè. Atque in hoc genere versabitur & sæpius, atque diligentius, quò grauius ab omnibus fere peccatur.

Q̇uò autem frequentiùs, atq, adeo studiosiùs non modo sermonibus suis, sed etiam tractationibus ad pietatis opera, & spiritalis vitæ studia, exercitationesq́. populus excitetur, quàm sæpissimè concionator piorum librorum lectionem suadebit, ostendetq́. salutares vtilitates, quæ inde vberrimæ existent. Contraq́. nihil non agat, vt librorum inutilium, atq. adeò turpium, quorum studio morum disciplina corrumpitur, vsus omnis plane.

INSTRVCTIONES
planè extinguatur.
Idem aget de turpibus, obſcænisq́. imaginibus, atq. alia ratio
ne improbatis.
Sacras tantum imagines, quæ ad pietatẽ animos inflammẽt,
domi, & vbiq. haberi debere docebit.
Ethnicorum libri, qui in falſorum deorum, commentitia-
rumq́ue fabularum commemoratione verſantur, vt ex omni puerorum ſchola, litterariaq́ue infantium exercitatione tol
lantur, cùm occaſio tulerit, concionando ſuadere ne deſi-
ſtet.
At doctrinæ chriſtianæ inſtitutionem, qua pueris prima fidei rudimenta traduntur, quàm ſæpiſſimè atq. maximè populo ſuadebit, & commendabit. Quo in genere oſtendet, quò no
biliores ſunt, in illius doctrinæ ſcholas eò frequentiores conuenire debere, & ad docendum, & ad perdiſcẽdum quæ is Chri
ſtiana nobilitate præſtantiſſima ſunt, ſalutis noſtræ neceſſaria
inſtituta, ac præcepta.
Nec vero verbis ſolum & cohortatione aget, ſed exemplo
ſuo accendet.
Ideò eas ſcholas ſæpenumero ipſe adibit: ſuam item operā
illis nauabit, prout Epiſcopus, epiſcopaleſue vicarij candem ab
ipſo requiſierint.
Porrò illud omnino præcipuum munus ſuum eſſe putabit,
vniuſcuiuſq́. ſtatus homines docere, atque inſtruere beati
Pauli exemplo, qui excellens, omnibuſq́. numeris abſolutus
vniuerſarum gentium concionator, omnes ad officij ſui fun
ctiones erudiuit.
Monebit igitur ſæpiſſime parentes, liberos, virum, vxorem,
dominum, ſeruum, clericum, laicum, priuatum, magiſtratum,
eius officij quod cuiuſq. propriũ erit, quáue ratione fieri poſſit, vt bonis animi, corporis, & externis ad conſequendam ſem
piternam beatitudinem vtantur, quā moderatione proſpera,
qua patientia rurſus aduerſa ferre debeant.
De filiorũ autem educatione, & totius familiæ cura quā diligẽ
tiſſime aget & crebrò: itẽ cum optima hæc inſtitutio maximè
interſit

PRÆDI. VERBI DEI. 39

interfit id omnes totius christianę disciplinę rationes. Quo in officio matrum ad vanitatem filias instruentium, & dominarum in pudicitia ancillarum tuenda negligentium, culpas valde coarguet.

Commendabit, vt supra, obseruantiam & obediētiam, quæ præstanda est pastoribus, & sacerdotibus, ac quæ item principibus & magistratibus, & denique maioribus.

Monebit quàm crebrò pro illis Deum precentur, Qua moderatione de eis loquantur, cùm in hoc sæpissime peccetur.

Rursus magistratus, cum opus est, & alios qui præsunt, com monefaciet, populi commoda, non sua spectare debere, exē plo & auctoritate ad veras virtutes, adoptimamq́. disciplinam illum dirigere, paterno amore eundem amplecti, religionem imprimis, iustitiam, clementiam, fortitudinem, & temperantiā in omni vita colere.

Nobiles, humilitatis officia, modestiæ partes, ceterasq́ virtutes, quæ nobilitatis splendore prælucęt, accuratè docebit: nullam nobilitatem esse ostendet, quæ cum christiana nobilitate sit conferenda.

Proinde homines nobiles, præsertim qui ruri habitant, cùm aliquando insolentiùs se gerant, admonebit, quàm benignè quàm modestè cum rusticis cum pauperibus, cum ceteris inferioris ordinis agant, ac docebit, quàm valdè indecorum sit atque adeo turpe, & christiana nobilitate indignum, imbecilliores iniuriosiùs tractare, opibus oppugnare, & (quod flagitiosissimum est, & ad infamiæ notam insigne) puellarum pudicitiam attentare.

Ignobiles ad veram nobilitatē, quæ in religionis, pietatisq́. cultu, & in preclaris humilitatis, patientiæ, christianarumq́. aliarum virtutum officijs elucet, vehementer accendet.

Diuites monebit quomodo ad salutem dirigant diuitiarum vsum.

Quo item modo omnia misericordiæ opera.

Doce-

Docebitq́ omnes diuites esse, quia participes diuitiarum & thesaurorum cælestium fecit nos Christus cæli & terræ rex, & bonorum omnium Dominus. Pauperes frequenter ad patientiam cohortabitur,cõsolatione leniet:atq. excitabit ad sanctarum virtutum copiam & vsum.

Pro hominum deniq. conditione varia salutis præcepta illis tradet,ita vt & rusticanis hominib⁹. & colonis, ceteris cuiusuis ordinis ac status deesse nolit, neque cohortatione, neq. admonitione, neq. officio ad vniuscuiusq. institutionem christianã accommodato.

Hæc atq. adeò alia multa, vt & locorũ & temporum,& personarum ratio postulabit, sibi ad concionandum piè prudenterq́. concionator comparabit:ad quæ item sicut expedire viderit,ab Euãgelij tractatione opportunè,apteq́. digredietur; cùm digreßionis locus erit.

Denique id concionator sibi statuet, ad auditorum salutem quidquid dicturus est referre.itaque omnia planè cauebit, quę cunq. ab eo proposito aliena sint. Quę vero meditanti sibi in mentem venerit, omnia ad eum finem referet.

De Ecclesiæ institutis, & precandi studio, fidelit. vt proponendo. Cap. XV.

CVM cetera Ecclesiæ instituta, vt paulò antè cõmemoratum est, ritusq́. pro ratione temporum populo concionator proponet, tum sæpe in omni concione illũ docebit, quãdo, pro quibus, & modo oret.

Vt mane saltẽ & vesperi precari ne omittat, ex instituto vespertinæ, & matutinæ orationis.

Vt statis canonicis horis, cum diuinorum officiorum significatio campanis datur, si minùs ad Ecclesiam conuenire potest cum intelligat eo signo se ad orationem vocari, saltem paulũ se mente colligens, tacitè precetur, vel orationem, salutationemq́. angelicam piè attenteq́. pronunciet.

Vt

PRÆDI. VERBI DEI. 41

Vt cum datur & vesperi,& mane, & meridie signum salutationis angelicæ,genibus flexis,vbi vbi sit,oret,,vt sanctissimi instituti est.

Idem faciat feria sexta ad nonam,cum cāpanæ pulsantur ad orandum,& ad passionem Domini paululum pia mentis cogitatione recolendam.

Vt certum diem sumat,quo pro defunctis oret:secundā scilicet quamq. feriam.·

Vt cum orationis signum campana parochiali datur pro eo,qui nuper ex hac vita migrauit,illius animam pia precatione commendet.

Absoluta item concione,præsertim diebusfestis,fideles excitabit ad orationem, preces adhibendas pro fidei christianæ propagatione,pro summo Pōtifice Romano, pro Episcopis, pro Principibus,pro magistratibus,pro emendatione vitę pec catorum,pro exirpatione hæreticorum,pro conuersione in fidelium,pro auersione calamitatis,si quę impendet,ac deniq. pro publicis alijs necessitatibus,si quæ vnquam præcipuę sunt: ac pro alijsetlam caussis,quas pro temporum varietate Episcopus indixerit,aut significauerit. ·

Docebit,quomodo oret piè,attentè,perseueranter,humiliter, toto spiritu, & quo statu etiā corporis tam in Ecclesia quā domi,nempe genibus flexis,iunctis manib',aut erecto aut pro strato corpore & capite demisso, aut rursus brachijs expāsis in star crucis,sublatis in cælum oculis. ·

Si quid in eo genere peccatur, vt ab ijs fit qui vnum tantum genu in oratione flectunt,aut certè quicquam id generis committunt,quod precantis pietati non conueniat, id graui sermone coarguer. oratio enim humilē & religiosam corporis positionem requirit.

Cura Concionatoris in eripiendis corruptelis,instituendis operibus pietatis,in concione accommodanda ad episcopalis gubernationis rationem. Cap. XVI.

CVM

INSTRVCTIONES

VM verò ad concionandum aliquò concionator venerit, vel ab Episcopo vel à Parocho, alicuè Ecclesiæ rectore, accuratè illius loci morum corruptelas conquiret, quas vt occasio feret, verborum vi, & sententiarum pòdere, & inprimis sacrarum litterarum testimonijs, exemplisq́. constantissime vsq. adeo exagitabit, vt funditus, quantùm in se est, extirpet, Deo ben.è iuuante.

Eas item consuetudines, quæ etsi malæ non videntur, tamen occasionem præbent peccandi. Nec verò semel atq. iterum, sed sæpenumero, prout vsuuenerit, illas ipsas detestabitur.

Immo perenni quadam doctrinæ, ardentisq́. cohortationis perseuerantia, & perpetua quasi contentione, id quod olim sanctissimos viros, Ambrosium, Augustinum, & Chrysostomū fecisse traditum est, inueteratos male viuendi mores, deprauatamq. consuetudinem radicitus euellere studebit.

Curabit etiam rursus in omni loco vbi cōcionatur, si quod pietatis opus ei loco ad pie agendi studium, Episcopi iudicio, aptiùs, cōuenientiusq́. institui, aut institutū vehemētius excitari.

Pia item instituta, religiosasq. consuetudines quàm diligentissimè, ac perpetuo retinendas esse, ac si quæ vel antiquatæ sunt, vel intermissæ, ad vsum reuocandas ostendet.

Id verò omne persuadere non desistet, quoadrem confecerit, quam salutariter in Domino optat.

Omnem præterea concionū suarum vim ad Episcopalis, pastoralisq. gubernationis rationes accōmodabit: Episcopi monita, iussa, edicta, decreta, instituta, ac disciplinam omnem perpetuò commendabit, atq. adeò tuebitur, vt & clerus & populus concionibus suis bene excitatus ei obtemperet, pareat omni sanctæ obedientiæ spiritu.

Sanctæ præterea Inquisitionis perpetuo se studiosissimum præbebit, illius officij partes acri defensione tuebitur; illorum qui præsunt, auctoritati, edictis, decretis quàm diligentissimè parendum sit, crebrò, vt vsuuenerit, præclare ostendet; populum docebit, quanta vnicuique necessitas imposita sit deferendi illorum nomina, qui vel factis vel dictis, vel alio quouis

modo

modo à doctrina catholica aberrant, quiq́. contra sanctiones,
decreta, edicta uè, eiusdem officij caussa, nomineúe promulgata, agunt, aut dicunt.

Si vero ipse aliquando, vt euenire potest, vel verbo vno la-
betur, errabitúe: confestim, nullaq́. mora interposita ex Episco
pi Inquisitoriue præscripto, sententiam aut concionem rete-
xat, atq́. adverum fidei, doctrinę́q́. orthodoxę dogma reuocet,
quicquid fuerit, in quo ab illius doctrinæ decretis aberrarit.
Idq́. non obscurè agat, neque aliqua verborum circuitio-
ne, sed apertissimè, planissimeq́. erratum suum emendet, aut
sententiam, si ambiguè dixerit, explicet ad illorum præscriptum.

Concionator quoq. regularis parochorum curæ omninò
prodesse studebit: ita scilicet, vt non modò nihil quicquā proferat, quod parochialis curationis officia interturbet: sed omne studium adhibeat, quo populus in omnes parochialis curæ
partes piè, sanctę́q́. conformetur.

Facultate autem, si qua sibi dabitur, vel sacræ confessionis au
diendæ, vel etiam absoluendi à casibus reseruatis, ita vtetur, vt
& parochialem vtilitatem, & populi disciplinā nusquam vllo
modo labefactet: sed communiat omni studio, atq. officio.

Quo in genere toto instructiones de ministerio pænitentiæ
quàm accuratissime adhibebit.

Et veró in primis proponet sæpe auditoribus Concilij Tridentini decreta: ex quo tamquam è purissimo fonte hauriet,
quæ pertinent ad mores omnium ordinum corrigendos, fidem explicandam, & christianam disciplinam restituendam.
Conciliorum item prouincialium nostrorum, & episcopalium
Synodorum constitutiones, ac decreta non modò ad populi
memoriam reuocet, sed docebit, quàm vtilis eorum executio-
nis vsus, quàm inde vberrimus fructus. Proinde crebrò in hoc
officij genus incumbet, ac nullam planè occasionem prætermittet.

De ijs quæ ad formam concionis pertinent. Cap. XVII.

Mate-

44 INSTRVCTIONES

Ateriam concionis cum ex Euangelij tractatione, i-lijſq́. locis aptè appoſitis, digreſſionibuſq́. concionator ſibi parauerit;ita eam diſponat, vt oratoriz illius concionis partes,quatenus vel Euangelij vel rei alterius,de qua dicturus eſt, ratio patitur, nullæ deſiderentur, præſertim quæ illuſtriores ſunt, quæq́. ad commouendum pertinent.

Inſtruat autem,atq. exornet non verborum vel lectiſſimorum inani ſonitu,& ſermone nimis elaborato,& pænè calami ſtrato,ac fucato;quo nihil poteſt eſſe in fructuoſius: ſed graui, plenoq́. ſanctæ doctrinæ,ac referto diſciplina, quæ vere chriſtiana,præſtanſq́. ſit ad ſalutem.

Ita præterea quæcunque ad dicendum piè meditatus eſt, diſtinctè partiatur,vt auditores omnia & facilè percipiant & memoria teneant,quò maiorem inde fructum capere queant.

Memoriæ cuncta ita mandare ſtudeat,vt fugiat tamen memoriæ oſtentationem, vt pote in ſententijs quamplurimis pronunciandis, aut certè rebus permultis recenſendis.

Vbi ad finem concionis venerit, breui Epilogo ſæpe vtetur, quo partes concionis breuiter repetat.Tum concionem concludet, more ſanctorum Patrum, breui precatione, gratiarum actione, & laudibus benignitatis Chriſti Ieſu Domini noſtri.

Abſoluta concione,paululum de ſuggeſtu, vel apud altare genibus flexis tacitus orabit;tum auditores aliquando moneat, vt itidem faciant.

Si apud rudem multitudinem concionatur, Orationem dominicam, Salutationem Angelicam,& Symbolum Apoſtolorum à populo vnà ſecum purè,ac diſtinctè toto corde pronunciari, tum Dei miſericordiam humiliter voce implorari, aliquando curet.

De decoro. Cap. XVIII.

Primò

PRÆDI. VERBI DEI. 45

Rimò totam concionem accommodabit conciona
tor ad ingenium, conditionemq́. hominum, apud
quos concionaturus est. Nihil enim ineptius, & abſur
diùs dici fingiue potest, quàm ſi in pauperrimo pago
apud rusticos fame, frigoreq́ue confectos ita concionatur, vt
in opiparas epulas, ſplendidiſſimas veſtes auro, argento intex-
tas, quas homines indigentiſſimi ne ſomniarunt quidem, perpetuò inuehatur.

Concionaturo igitur hæc erunt cogitanda omnia; non ſolùm ſcilicet auditorum status, ſed etiam locus, tempus, res de
qua dicturus eſt, & perſonæ ſuæ auctoritas, & vitæ genus, vt aptè decorè, conuenienter, & cum dignitate concionetur.

Itaq. quæ inuoluta, vt commonuimus, quæq́. explicatu diſſi
cilia ſunt, de ijs apud rudes nullam concionem inſtituet: nec ve
rò Græce, Hæbraice, Chaldaicæ, Syræq́. dictionis vim, quando
cum ijſdem aget, interpretari ſtudebit.

At contrà, ſi ad eruditiſſimam quamq. explicationem apti
ſunt qui audiunt, nullum genus prætermittet diſſertæ interpre
tationis, quam ipſe rectè norit.

Sed quando non æqualis eſt omnium conditio, vt diximus,
non idem vitæ modus, certè concionis argumentum non diſſi
mile erit à ſtatu eorum qui audiunt.

Et verò quemadmodum ab audientium conditione diſcre-
pare non debet, ita talem etiam eſſe conuenit, qualem eorum
mores requirunt. Mendaces cretenſes, malæ beſtiæ, ventres pigri, inquit ſanctus Paulus. Omnis porro obiurgatio vel acerri-
ma ad eorum emendationem adhibenda fuit. Duri certè ob-
iurgandi ſunt, & tractandi duriùs: at mitiùs qui in peſtifera viuendi conſuetudine non perſiſtunt. Hoc docet idem ſanctiſſi
mus Pontifex Gregorius exemplo galli: qui vt media nocte in
arctiſſimo hominum ſomno raucè quodammodo canit, dein
de ſub auroram ſuauiùs cantum emittit, ita concionator homi
nes in peccatorum quaſi ſomno grauiſſimè dormientes, ob-
iurgationibus acribus excitet; cum ijs verò, qui in via virtutis tã
quam vigilantiores facti ſunt, cohortationum ſuauitate alliciat

Dd   ad

ad omnem in recte, sanctéq. agendo progressionem.

Neque præterea concio diuersa erit ab Euangelij, quod eo die à populo auditum est, historia: quæ si subministrat genus concionandi de pœnitentia, non aliud cöcionator sumet, quod nullo modo conueniat cum illius diei Euangelica lectione: ni si aliquando à re proposita digrediendi materia aliquis locus, aut occasio præbeat.

De elocutione concionatoris. Cap. XIX.

Locutionis genus exquisitum ne affectet.

Fucum omnem fugiat.

Imperitæ multitudinis consuetudinem loquendi ne sequatur: cum in ea sint multa absurda, multaq́. indigna concionantis grauitate.

Dicendi forma vtatur, cui per artem, atq. exercitationem par esse potest. Verba antiqua & peregrina fugiat.

Fati, fortunæ, infortunij nomina, aliaq́. id generis ab Ecclesiæ vsu iam pridem explosa, omninò cauebit.

Epithetorum item nimium vsum, & poëticum dicendi genus ne consectetur.

Anicularum non adhibeat prouerbia.

Inflata oratione ne vtatur, sed graui.

Exordiatur moderato, & temperato dicendi genere: in quo exordio vitentur similitudines, præsertim poëtico more explicatæ.

Vocabulorum frequentem synonimã omnino caueat, nisi cum vnum altero significantius, aut magis proprium fuerit.

Metaphoras, similitudines, & exempla à rebus maximè notis, & insignibus sumat: nam deijcit maiestatem orationis, qui à rebus humilibus similitudines frequenter trahit.

Vim illam dicendi vehementem & concitatam ne affectet importunè: sed ijs præparationis vijs, quæ supra commostratæ sunt, ad eam Spiritus sancti ope, atq. auxilio feratur, vt auditoribus prosit.

Eiusdem

PRÆD'I. VERBI DEI. 47

Eiusdem rei repetitionem vitet:quoniam molesta est,& affectum restinguit.

Cùm de peccatis ad luxuriam pertinentibus agit, cautionē adhibeat, ne imprudens in obscœna verba incidat.

Et videat imprimis, ne loquendo, turpes cogitationes inijciat.

Exclamationes videat, quo loco adhibeat: ac rarò quidem certè.

Adulationis verba omninò fugiat, cùm de magistratibus, aut apud eos verba facit.

Ambiti osum dicendi genus caueat.

Splendidos titulos,& nomina adiuncta illustria, vt sereniſſimus Dauid, planè reijciet.

Honorifica tamen, breuiq. præfatione eos viros excipiet, quorum exempla proponit ad imitationem:id quod aliquos antiquos Patres, præsertim Gregorium Nazianzenum facere animaduertimus.

Verba Ecclesiastica,& si minùs elegantiæ habent, ne dicere recuset:at prophana,& noua repudiet omninò.

Apostolos,Martyres,Virgines,Confessores, & qui cælesti gloria perfruuntur, sancti nomine semper appellet.

Dictionem vitet, quæ indignationem,& fastidium parit: præsertim cum de incommodis suis loquitur.

Attentionem cùm petit, ne arroganter faciat:neue se magna dicturum & admirabilia polliceatur.

Ne ambiguè loquatur, vt eadem oratio varium sensum possit afferre.

Ne concisè itē, vt auditores incerti sint,& animo pendeant.

Ne obscurè, vt dictum facile percipi non queat.

De voce, & corporis motu. Cap. XX.

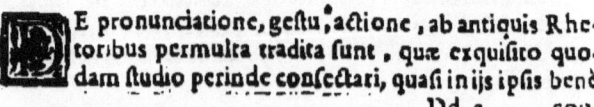

E pronunciatione, gestu, actione, ab antiquis Rhetoribus permulta tradita sunt, quæ exquisito quodam studio perinde consectari, quasi in ijs ipsis benè
Dd 2 con-

concionandi finis positus sit, hoc longè alienum esse debet à concionatore verbi Dei: cum ij præsertim motus corporis ali quos commostrarint non modò leues, pueriles, sed planè histrionicos, ob eamq́. rem indignos & persona concionantis, & auctoritate suggesti, qui locus grauissimus est. Quæ igitur de toto illo genere isti præceperunt, eorum tantùm quæ ad grauitatis decoriq́. laudem insignia sunt, delectum quendam à concionatore haberi conueniens est, vt aliquid etiam adiumenti inde sibi comparet ad fidelium animos inflammandos studio rei, de qua concionem instituit.

Vocem igitur & actionem ita temperare concionator conabitur, vt non ex arte petere, sed verè & ex natura dicere videatur.

Pro rerum, quas dicit, varietate, voce, & gestu vario vti studebit: ne fortè res mediocres, aut etiam sortasse leues magna contentione tractet: quasi sola voce, & gestu velit pérsuadere: aut verò quæ magna sunt imminuat: aut cuidam recitanti potiùs, quàm ex animo dicenti similis videatur.

Ita illud vitium quoq. cauebit, ne vno vocis sono tota constet oratio: quod satietatem parit.

Vocis mollitiem, vel suauitatem quandam, magnitudinem item ne affectet: ne item in quouis genere, nimiam contentionem.

Vt nimiam tarditatem, quasi verba difficilè inueniens, ita nimiam celeritatem fugiat: non enim proficit oratio ita effusa, sed quasi animos auditorum præteruolitatq́ue pro re & pro opportunitate nunc tardè, nunc celeriter eloquatur.

Canoram vocem in exordio, & magnam fugiat. hæc enim & modestum exordium esse vetat, & reliquæ orationi pronunciandæ nocet.

In alijs fortasse imitandis prudentiam adhibeat, ne vel leuia quædam, aut etiam vitiosa imitetur: aut ea quæ cum alijs conueniant, à se tamen aliena sunt.

In gestu ac corporis motu tantum item faciat, quantum natura rei ferre patitur. ꝗ vel ex eo discere potest, si aliquos rectè

natura

PRÆDI. VERBI DEI

natura tantùm pronunciantes in communi consuetudine obseruet. Ita neque eodem gestu semper vtetur, neq. manu eodem modo composita, neque vno brachio tantùm, neque eodem motu corporis, & eadem vultus moderatione.

Non importunè suggestum palmis feriat, sed cùm rei magnitudo poscit.

Non per suggestum quasi volitabit, nunc ex hoc, nunc ex illo angulo prosiliens.

Non quasi ex suggestu mediũ corpus demittet, aut alijs multis motibus vtetur, qui aut deformes sunt, aut digladiantis potius, quàm dicentis esse videntur.

Hæc omnia facile cauebit, si Christianam modestiam, & grauitatem prædicatoris non obliuiscetur: nihilq́. audebit, quod supra vires, artem, & exercitationem suã esse suspicetur, quodq́ ex concepto affectu non proficiscatur.

Sed vt distinctiùs de pronunciatione præscribatur quæ in voce & corporis motu versantur, hæc concionator teneat.

In exordio vocem sedatam adhibeat, & quotidiano sermoni proximam.

In narratione vocis varietate vtatur, vt quo quidq́. p ctò gestum sit, ita narrare videatur. Res enim strenuè gestæ vocis celeritate, quæ verò dignitatem habent, plenis faucibus & sedatissima voce narrandæ sunt.

In cohortatione, quæ in epilogo concionis sit, primò voce vtatur attenuatissima, quæ sit faucibus contractis, deinde clamore leni, non obstepero, mox sono æquabili, ac postremò uoce celeri.

In conquæstione item, quæ pars etiam epilogi est, vocem adhibeat depressam, crebra interualla, longa spatia, & magnas commutationes.

In corporis statu & motu hæc caueat.

Ne in suggestu vnquam corpore innitatur: sed rectus stet, aut sedeat.

Ne deiecto, ne supino, ne præduro, ne in latus inclinato capite sit, sed planè recto.

Ne:

INSTRVCTIONES

Ne supercilia contrahat, ne diducat, ne remittat.
Ne nares corruget, ne moueat, ne inflet, ne digito diducat, ne plena manu resupinet, ne labra lambat, ne mordeat.
Ne mentum pectori affigat.
Ne humeros attollat, ne rursus contrahat.
Ne brachium tanquã gladiator immoderatè proijciat.
Ne laeuam manum iactet, nisi rarò, & in maximo concionis aestu.
Ne manum supra oculos tollat, ne dimittat infra pectus.
Ne digitorum gestum indecorum adhibeat, sed decentem: nempe in principijs lenem & in vtramq. partem modicè prolatum, in narrando paulo pro ductiorem, in reprehendendo acrem & instantem.
Ne argutijs digitorum vtatur.
Ne femur feriat, nisi rarò, cùm indignationẽ mouere studet.
Ne pedibus supplodat, nisi opportunè in summa cõtẽtione.
Ne tussiat, ne expuat crebrò, nisi necessitate coactus.
Ne in eloquendo, per nares maiorẽ spiritus partẽ effundat.
Ne cebro anhelitu iumẽta imitari videatur, onere laborãtia.
Haec atque adeò alia, vt fugiat, in consilium adhibeat praedicationis vsu peritos.

FINIS.

P. Galesinus Protonotarius Apostolicus pro Illustriss. Archiepiscopo, & pro Reuer. Inquisitore.

BARCINONE:
Ex Typographia Petri Mali. Anno
Domini. 1588.

www.ingramcontent.com/pod-product-compliance
Lightning Source LLC
Chambersburg PA
CBHW051740300426
44115CB00007B/643